KB194226

대공황에서 세계화까지

20세기
경 제 사

대공황에서 세계화까지

20세기
경제사

양동휴 지음

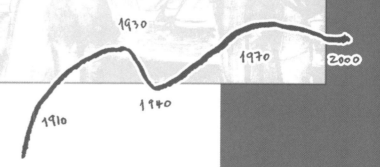

일조각

책머리에

이 책은 『미국 경제사 탐구』(서울대출판부, 1994)에 이은 내 두 번째 논문집으로서 경제사를 수강하는 학생들의 학습에 도움을 줄 것도 고려하여 만들어진 것이다. 그간 단행본이나 공저서, 번역서 등을 낸 적은 있지만 한 권으로 묶을 수 있는 주제의 글들을 모아 책으로 낸 것은 10년 만의 일이다. 첫 논문집에서 20세기를 다룬 글은 두 편이었다. 그 책 서문에서 나는 앞으로 20세기 연구에 주력하겠다고 다짐한 바 있으며 실제로 그때부터 1930년대 세계대공황 연구를 본격적으로 시작했고, 이후 20세기 경제사의 세부 주제를 다룬 글을 주로 썼다. 현실을 역사적 안목으로 바라보는 데에는 일차적으로 현대사가 더 중요할 것이라고 생각했기 때문이다. 또한 주로 신경제사적 연구방법론에 입각한 연구를 해 온 나로서는 이 방법론을 적용하기에 가장 적합한 시기가 바로 20세기라는 점도 20세기 연구에 주력하게 된 또 다른 이유다.

신경제사란 역사를 해석하는 데 근대경제학적 분석틀에 입각한 가설을 세우고 이를 수량적 사료에 의거하여 검증하는 방식을 말한다. 그러한 신경제사적 연구방식을 적용한 20세기 경제사에 관한 글은 얼핏 지나치게 전문 경제학적인 연구일 것으로 생각할 수 있다. 그러나 여기에 모은 글들은 전문적인 연구논문들이 아니라 그러한 전문연구들을 체계적으로 개관하면서 가능한 한 일반용어로 풀어 쓰는 방식을 통해 20세기를 이해한다는 주제에 접근하고자 한 것이다. 따라서 20세기를 다룬 다른 전문 연구논문들보다는 일반독자에게 비교적 쉽게 다가갈 수 있으리라고 희망한다.

　신경제사 방식을 적용한다는 관점에서 볼 때 경제학이자 역사학인 경제사라는 학문분야는 점차 경제학 쪽으로 편향되게 마련이고 역사에서 멀어지는 것이 아닌가 하는 아쉬움과 우려가 있을 수 있다. 클로디아 골딘 하버드대 경제사 교수가 언급한 바에 따르면[1] 경제학에서 경제사는 의학에서 일반의(가정의)에 해당한다. 경제학의 각 전문 분야가 특정 신체 부위를 치료하는 전문의에 해당한다면, 경제사는 환자의 종합적 병력을 통해 그 사람의 몸 전체를 파악하는 분야라는 것이다. 이러한 비유를 확대해석하면 역사학에서 경제사는 세분된 전문의에 해당할 것이다. 경제사 연구에 경제학적 도구를 더욱 많이 사용할수록 연구주제가 경제전문적인 것으로 편향되어 환자를 종합적으로 진단하기 힘들 수도 있다. 그렇더라도 '20세기'라는 환자에게는 경제사 전문의가 더 필요하지 않을까?

　어느덧 20세기도 마감하였다. 20세기를 조망하는 방식은 다양하겠으나 19세기 말부터 형성되기 시작한 미국의 헤게모니가 더욱 확고해져서 아직도 지속되는 흐름으로 보는 견해가 비교적 다수를 차지한다. 경제적으로는 대공황, 대호황, 경기침체로 이어진 '초장기 파동(One Big Wave)'으로 해석될 수 있을 것이다. 이 책을 읽는 독자는 이러한 견해가 이 책을 관통

1　골딘Goldin, C.: 'Cliometrics and the Nobel', *Journal of Economic Perspectives*, 9-2, Spring(1995)

하고 있음을 알아차릴 것이다.[2]

책은 크게 두 부분으로 나뉜다. 1930년대 세계 대공황을 다루는 제Ⅰ부의 제1장은 대공황의 원인, 경과, 회복과정을 개관하며 나머지는 영국, 독일, 미국의 회복과정을 비교사적으로 분석한다. 이는 대공황 관련 문헌이 그 발발원인 모색에 치우쳐 있는 상황에서 정책적 시사점이 더 클 수 있을 회복과정에 대한 내 관심을 반영한다. 일견 전통적 해석과 상반된 결론만 주목할 수도 있겠으나 지나친 단순화를 경계하려는 뜻에서다. '한국형 뉴딜'을 논의하는 시점에 제4장이 다소나마 타산지석이 될 수 있다면 다행이다.

제Ⅱ부에서는 제2차 세계대전 이후의 여러 가지 경제사적 면모를 다루었다. 제5장에서는 마셜플랜을 재평가, 특히 그 경제적 성과를 서독경제의 재건 그리고 유럽통합의 발돋움이라는 시각에서 살폈다. 이런 주제들은 구소련 동구권에 대한 경제적 지원 논란 그리고 앞으로 어떤 형태로 진행될지 모르는 한반도 통일 후 북쪽 경제에 대해서도 더 깊이 생각할 기회를 준다면 더 바랄 것이 없다. 제6장은 20세기 경제의 초장기 파동에 대한 더욱 종합적 관찰이다. 제8장과 함께 현실 경제의 파악에 역사적 자료가

2 오브라이언O'Brien, P.K.과 클레스Clesse, A.(eds.): *Two Hegemonies: Britain 1846-1914 and the United States 1941-2001*, Ashgate Publishing(2002); 고든Gordon, R.J.: 'Two Centuries of Economic Growth : Europe Chasing the American Frontiers', NBER Working Paper, 10662, August.(2004)

갖는 의미를 가늠해 보고자 하였다. 제7장은 요즈음 국내외적으로 학술적 지면이나 회의장, 정치적·외교적 협상테이블뿐만 아니라 이익집단 또는 NGO들의 물리적 실력행사에서까지 심각한 관심사가 된 '세계화'에 관한 나름대로의 성찰이다. 내 주장보다는 제시된 문제점을 따지는 것이 중요할 것이다.

제I부나 제II부를 막론하고 각각의 글들이 다른 곳에 첫 선을 보인 때문에 가끔 중복서술이 있는데 장별로 따로 읽어도 자기완결적이 되도록 조정하지 않고 그냥 두었다.

마지막에 20세기가 아닌 영국산업혁명에 관한 내용이 포함된 이유를 설명해야겠다. 개설 교과서를 교재로 강의하다 보면 지루해지고 학생들의 관심을 모으기도 어렵게 되는 문제점이 생긴다. 그래서 주요 주제에 논문 한 편씩 택해 이를 중심으로 토론 형식으로 수업을 진행하고 미진한 부분을 교수가 종합적으로 설명하는 방식을 쓰기도 한다. 강의를 하다 보면 개설서 이외에 수업진행용 교재[3]가 유용함을 깨닫곤 하는데 그러한 내 경험에 비추어 그런 용도에 맞는 글들을 모았다. 이 과정에서 가장 중요한 '산업혁명'에 관한 글이 첫 논문집에 누락되어 있어 이번에 무리하게나마 첨부하였다. 이 두 권의 책을 근현대 부문 경제사 교재로 쓰는 동안 책을 계

3　예를 들어 에이택Atack, J.과 파셀Passell P.: *New Economic View of American History*, 2nd ed., Norton.(1994)

속 수정하면서 최근 연구 동향을 각각의 장에 덧붙여가게 될 것이다.

논문 아홉 편을 쓸 때마다 여러 선배 · 동학들의 조언과 논평, 각종 단체의 연구지원이 있었다. 책으로 엮는 과정에서 감사의 말은 지면관계상 생략하고, 각 장의 출전을 밝혔으므로 그 곳을 참조할 수 있게 했다. 그래도 연구에 직접 지원을 아끼지 않은 한국학술진흥재단, 서울대학교 발전기금과 두뇌한국21사업, 제원연구재단, 한국무역협회 무역연구소, 미국 풀브라이트 재단, 독일 훔볼트 재단 등에 감사를 표하지 않을 수 없다.

구상 단계부터 자문해 준 이철희 교수, 책의 편집, 모양새와 교정까지 신경을 써 준 서울대 대학원 석사과정 유동우, 문병순, 배연호 군 그리고 일조각의 발행인 이하 편집실무자들께 큰 신세를 졌다. 또한 이 글들을, 또다른 글들도, 쓰느라 소홀해진 집안일을 도맡는 것은 물론 글마다 읽고 조언을 해 주고, 매우 축약적인 내 문체를 풀어 쓰고 고치고 다듬어 준 김영완 박사에게 감사드린다. 그런 의미에서 이 책을 내 친구이자 동료, 아내인 김영완에게 헌정한다.

2006. 2
반포 남동서실에서
양동휴

차례

보론

제9장 영국 산업혁명과 신경제사 재론

세계 대공황과 회복과정

제1장

세계 대공황의 원인, 경과, 회복과정

1. 머리말

　1930년대에 미국을 비롯해 전세계를 휩쓸었던 경기침체는 매우 길고 혹
독해 자본주의 역사에서 아직까지도 전무후무하게 기록될 정도다. 이 전
간기戰間期 대공황은 '경제사가의 리히터 스케일로 측정된 사상최강의 세
계적 지진'이었다. 대중에게 미치는 대공황의 가장 민감한 영향은 무엇보
다도 그들이 일자리를 잃는다는 사실이다. 런던의 일간지 「타임스The
Times」 논설위원 아른트H.W.Arndt의 말대로 '실업은 전쟁 다음으로 우리
세대에 가장 널리 전염된 잠행성, 부식성 질병이었다. 그것은 우리 시대
서구문명 특유의 사회적 병폐'였다. 정부는 실업에 대응하는 과정에서 경
제보다 사회적 고려를 우선하는 쪽으로 정책방향을 선회했고, 이는 장기
적으로 경제적 자유주의를 반세기 동안 단절시키는 계기가 되었다(인용은
Hobsbawm 1994: 86, 94; Arndt 1944: 250).

　대지진의 진원지인 미국은 물론 '절망의 안개로 대지가 뒤덮여 있었다
(Schlesinger 1937: 3)'. 대공황이 미국경제사에서 새로운 국면으로 접어들
게 하는 '규정적 계기(defining moment)'가 되었다는 가설은 광범위하게
받아들여지고 있다. 즉 공황은 그 심도와 지속성으로 인해 경제를 움직이

는 기본규칙, 제도, 태도 등을 근본적으로 바꾸어 놓았다는 것이다(Bordo, Goldin and White, eds. 1997: 1).

1929년 미국 주식시장의 붕괴로 촉발된 세계대공황은 경제학계에도 영향을 미쳤다. 그리하여 결국 거시경제학이라는 새로운 분야가 뿌리내리게 되었다. 1930년대 공황이 경제학에서 갖는 의미는 빅뱅Big Bang이 물리학에서 갖는 의미와 비슷하다거나, 심지어 성배聖杯라고 표현하기도 한다 (Margo 1993: 41, Bernanke 1995: 1). 빅뱅 이후 70년이 흘렀고 그 동안 세태와 학문이 급변하였다. 그런데 사학자나 경제학자가 이에 관해 밝혀 놓은 것은 무엇인가. 1980년대 초 한 원로 경제사학자는 다음과 같이 통탄하였다. 세계 대공황이 50년이나 지났는데도 경제학자들이 이에 대해 충분한 이해나 일치된 견해를 내놓지 못하고 있는 것은 '기이하다(odd) (Kindleberger 1986: 1)'.

이에 비해 최근 경제학자들의 계몽적 선언은 매우 낙관적이다. 아직도 사학자들이 30년대 공황을 20세기 최대의 불가사의 혹은 수없이 많은 요인이 서로 맞물린 종합적인 결과라고 여기는 것은 그들의 오해 때문이라는 것이다. 대공황의 원인에 대해 전문가들의 의견은 상당한 정도로 합의에 도달했으며, 소위 대공황의 수수께끼는 거의 풀렸다고 주장한다 (Eichengreen and Temin 1997: 1). 그렇다면 최근 20년 가까이 축적된 대공황 연구에서 어떤 사항을 합의했고, 아직 더 풀어야 할 과제로 무엇이 남아 있는가. 무엇이 정리되었고 무엇이 남았는지를 살피는 일이 이 글의 목적이다.

경제학자들이 흔히 찾는 공황의 지표는 산업생산지수다. 이것이 광범위하게 채택되는 이유는 실업률이나 물가수준 등 다른 지표들과 상관관계가 클뿐더러 비교적 신뢰도가 높은 추계를 구할 수 있기 때문이다. 국제연맹에서 내놓은 24개국 산업생산자료를 보면, 대부분의 국가에서 1929년에 지수가 정점에 이르렀다가 1932년에 최저점을 보인다.[1] 정점에서 저점까지 산업생산지수의 하락폭은 미국이 62퍼센트로 가장 높았다. 캐나다·체코·독일 등은 50퍼센트가 넘어 그 뒤를 이었다. 반면 영국·스웨덴·일본 등 몇몇 주요공업국은 비교적 완만한 하락세를 보였다(〈그림 1〉 참조).

각국이 회복국면에 접어드는 시점은 거의 같지만, 지수가 공황이전 수준까지 회복되는 시기는 나라마다 다르다. 일본은 1933년, 덴마크·스웨덴은 1934년, 노르웨이·영국은 1935년, 독일은 1936년, 캐나다·이탈리아는 1937년에 이르러야 1929년의 수치를 넘어선다. 미국·프랑스·네덜란드는 제2차 세계대전 발발까지도 '완전한' 회복이 지연되었다. 즉 미국이 경험한 공황은, 이를테면 영국에 비해 훨씬 극심하고 길었다.

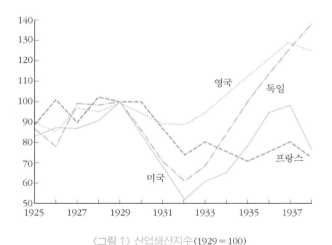

〈그림 1〉 산업생산지수 (1929 = 100)
자료 : Temin(1989: 2)

---

1 League of Nations(1936/1938). 이들 자료는 루이스Lewis(1949)가 많이 이용하였다. 이하의 논의는 로머Romer(1993: 20~23)를 따랐다.

1920년대 미국은 세계대전 중에 막대한 해외자산을 축적하고 지속적으로 국제수지 흑자를 냄으로써 대외적으로 강력한 우위를 구축했다. 그러나 미국은 유럽경제 부흥에 신경을 쓰기보다 자국 내 안정을 가장 먼저 추구했다. 전시에 억압되었던 주택경기와 소비재산업 부흥을 중심으로 미국경제는 빠른 속도로 회복되었다. 라디오, 각종 가전제품, 화학제품, 자동차 등이 널리 보급되면서 경제뿐 아니라 미국인의 생활양식도 근본적으로 변했다. 당시 사회상을 묘사한 글에는 '스포츠, 미인대회, 세일즈맨과 광고업자, 센세이셔널하고 인기를 위주로 삼는 언론, 린드버그Lindbergh의 대서양횡단 비행' 등이 자주 등장했다. 이러한 대량소비풍조 속에서 토지투기 붐이나 주식시장 과열 현상 등은 충분히 예상할 수 있는 일이었다. 이처럼 사회가 전반적으로 들뜬 분위기에서는 어느 한 부문에 주어진 충격이 아주 거대한 연쇄반응을 일으키게 될 소지가 잠재되어 있기 마련이다(Allen 1931).

미국은 1920년대에 상대적으로 보기 드문 호황을 누린 반면 영국은 이미 장기적 경기침체에 돌입했다. 따라서 영국은 상대적으로 1930년대를 그다지 심각하게 느끼지 않았을 뿐이다. 실업률 추계를 보자. 1921~1929년에 미국 제조업 부문의 실업률은 7.7퍼센트, 경제 전체의 실업률은 4.9퍼센트였다. 그러다가 1930~1938년에 각각 26.1퍼센트, 18.2퍼센트로 급격히 증가했으나, 영국은 같은 기간에 12.0퍼센트, 6.8퍼센트에서 15.4퍼센트, 9.8퍼센트로 증가하는 정도였다(〈표 1〉 참조). 영국에서는 1920년대에 실업률이 이미 높았기 때문에 대공황이 더 오랜 기간에 분산되어 있었던 셈이다. 이렇듯 1920년대 상황이 교차하게 된 것은 당시에 금본위제로 복귀하는 과정에서 파운드화를 과대평가했기 때문이라는 지적이다. 고평가된 환율 때문에 영국은 긴축정책 기조를 유지해야만 했고, 그 결과 불황과 높은 실업률에 허덕일 수밖에 없었다.

　　　　　　　　　주요국의 실업률 　　　　　　　(단위 : %)

	제조업		경제전체	
	1921~1929	1930~1938	1921~1929	1930~1938
미국	7.7	26.1	4.9	18.2
영국	12.0	15.4	6.8	9.8
프랑스	3.8	10.2	–	–
독일	9.2	21.8	4.0	8.8
호주	8.1	17.8	–	–
벨기에	2.4	14.0	1.5	8.7
캐나다	5.5	18.5	3.5	13.3
덴마크	18.7	21.9	4.5	6.6
네덜란드	8.3	24.3	2.4	8.7
노르웨이	16.8	26.6	–	–
스웨덴	14.2	16.8	3.4	5.6

자료 : Eichengreen and Hatton(eds.)(1988: 9)

이 글의 구성은 다음과 같다. 먼저 제1차 세계대전과 1920년대에 걸친 경제의 구조적 변화를 살필 것이다. 다음으로 불황의 발발을 둘러싼 논의를 검토하며 이 불황이 세계대공황으로 심화되고 전파되는 경로를 분석한다. 마지막으로 회복국면으로의 전환과 실제 회복과정을 고찰한다. 이 단계에서 채택되었던 각종 정책의 효과를 가늠하고 장기적으로 이들이 제2차 세계대전 이후 세계경제에 어떠한 유산을 남겼는지를 평가한다.

2. 1920년대 경제의 구조적 변화

제1차 세계대전과 1920년대를 거치면서 경제구조의 불안정성이 진전되어 1930년대 공황을 불러일으켰다는 것, 이것이 대공황 연구에서 가장 지속적으로 다루어지는 주제 중의 하나다. 경제구조 변화와 관련하여 몇 가지 가설이 문헌에 자주 등장한다. 이들을 차례로 살펴보자.

과소소비론자들은 자본제의 특성으로 보아 소득과 부의 분배가 점차 불공평해지고, 이에 따라 소비성향이 낮은 부유층으로 자원이 이전되므로 소비지출수요가 줄어들게 되었다고 주장한다. 미국에서 실제로 최고 부유층 5퍼센트가 차지하는 소득 비중은 1920년대에 25.8퍼센트에서 31.9퍼센트로 늘었다. 국민소득 가운데 이윤의 비중은 5퍼센트 포인트 커졌다(Williamson and Lindert 1980:.ch.4, Appendix F). 그러나 자본가와 노동자의 소비성향 차이를 아무리 크게 상정하더라도, 1930년 한 해에만 미국의 총 소비지출이 약 10퍼센트 가까이 줄어든 것에 비하면 소득분배효과로 인한 소비수요 감소의 크기는 미미했다.[2]

소비구성의 변화도 따져 보자. 내구소비재의 중요성이 경기변동의 불안정성을 증대시켰다는 지적이 있다. 내구재는 비싸기 때문에 되팔 때 가치에 대한 염려도 할 수 있고, 또 할부로 구입할 경우 할부금 미납 가능성 등으로 인해 위험부담이 따르기 마련이다. 따라서 경기변동에 대한 소비지출의 민감도가 커지는 경향이 있다. 그러나 미국 소비에서 내구재 비중은 1900~1919년에 9퍼센트 미만에서 1920년대에 11퍼센트로 늘어난 정도였다(Olney 1989).[3] 또한 다른 국가에서 자동차, 가구, 가전제품 등 내구재 소비 대중화가 훨씬 늦었으므로 그 효과는 크지 않았을 것이다.

농산물을 비롯한 1차산품 시장의 변화도 대공황과 관련하여 오랫동안 주목받았다(Lewis 1949, Kindleberger 1986: ch.4). 우선 동유럽과 러시아의 곡물수출이 제1차 세계대전으로 중단되었다. 그러자 미국과 캐나다 농민들은 곡물 생산과 수출을 늘리고, 아르헨티나, 뉴질랜드 등에서는 육류와 낙농제품 생산을 증대시켰다. 전쟁이 끝나고 유럽의 곡물공급이 재개되면서 가격은 떨어지기 시작했고, 토지가격 역시 급락했다. 그리고 전시특수

---

2 또한 1920년대에는 총소비지출도, 국민소득에 비한 소비의 비중도 줄지 않았다.
3 앞 절에서 언급한 1920년대의 과소비 풍조는 앨런Allen의 과장인 듯 보인다.

가 일었을 때 대부까지 받아 경지를 늘렸던 농민들은 가격하락으로 인해 무거운 부채에 허덕이게 되었다.

1차산품 과잉생산과 가격폭락은 농산물이나 광물 수출이 주된 외화획득원인 나라들에게 엄청난 타격을 주었다. 이들은 평가절하 등의 수단으로 대처했고, 그 파급효과도 컸다. 반대로 1차산품의 순 수입국은 이득을 보았다. 미국에서는 농민이 극심한 피해를 입었겠지만 소비자는 오히려 생활비를 절약할 수 있어 순효과는 긍정적이었을 것이다. 따라서 농산물 교역조건 악화에 따른 지출수요 감소를 바로 공황의 시작과 연결짓기란 힘들다고 본다. 다만 농가부채누적이 농촌지역 은행의 파산으로 이어져 공황의 악화에 기여했을 수는 있다.

최근에는 경제구조변화라는 측면에 주목하는 이들이 많이 있는데, 주로 국제적 채권채무관계를 살핀다. 제1차 세계대전 이전에는 영국이 주된 자본수출국이었다. 오랫동안 영국에서 자본을 수입하던 미국은 그 무렵 이제 겨우 대외채무액을 줄여나가기 시작한 정도였다. 전쟁비용 지출을 위해 영국은 해외자산을 대폭 처분했는데, 이 가운데 상당부분이 미국으로 유입되었다. 이렇게 몇 년 사이에 미국은 순채무국에서 세계 최대의 채권국으로 부상했다. 경상수지상의 불균형에 전쟁부채와 배상금 문제가 덧붙여졌다. 전승국들은 1924~1929년에 독일에서 거의 20억 달러를 받았다. 그런데 이중 상당부분이 전쟁부채에 대한 원리금 명목으로 서유럽에서 미국으로 유입되었다. 그 결과 뉴욕은 1920년대에 런던을 앞지르는 국제금융의 중심지로 부상했다. 미국의 해외대부가 급증한 것은 이와 같은 국제수지결제 양상이 변했기 때문이다.

원칙적으로 경상수지 적자국이 외채를 도입하거나 적자를 해결하기 위해 국내경제를 조정할 수 있는 방법은 두 가지다. 일시적 적자라면 외환보유고를 안정적으로 유지하기 위해 외자를 도입해야 한다. 국제경쟁력이 항구적으로 악화될 것을 우려하면 경쟁력을 높이기 위해 실질임금을 떨어뜨리고 국내소비를 감소시키는 등의 조정방식으로 대처해야 한다. 그러나 예를 들어 1920년대에 미국이 독일에 해 준 대부와 같은 방식은 문제해결에 별 다른 도움이 되지 못했다. 배상금은 장기적으로 국제수지를 교란시킬 수 있는 요인인데도 '너무 많은 대부와 너무 작은 조정'으로 대응했기 때문이다(Eichengreen 1992a: 220, Schuker 1988 등). 이와 같이 전세계의 상업·금융 체계가 미국의 지속적 대부에 크게 의존하게 된 상황에서 갑자기 대부가 중단되면 돈을 빌린 측이 심각한 혼란에 빠질 위험이 언제든 있게 되었다.

또한 전간기 국제통화제도는 매우 취약했다. 1925년 영국이 금본위제로 복귀하고, 1926년 프랑스 프랑화의 실질적 안정(*de facto* stabilization)을 통하여 진정 국제적 금본위제가 재건되었다. 그러나 전간기 금본위제는 세계대전 이전에 운영되던 금본위제에 비해 국제수지의 교란을 조정하는 능력이 상당히 떨어졌고 충격에 더욱 취약했다.[4]

금본위제 아래에서 환율을 안정적으로 유지하기 위해 국제수지조정은 어떻게 이루어지는가. 금의 이동에 따른 물가수준의 변화를 강조하는 가격정화 플로우 메커니즘, 이자율의 상대적 수준을 강조하는 자본이동설, 경제활동의 변화에 중점을 두는 개방경제 승수이론, 소비자와 생산자의 합리적 기대와 행동 때문에 항상 국제가격과 국제이자율이 같은 수준을 유지한다고 주장하는 국제수지에 대한 통화론적 접근 등 다양한 설명이 있다. 그러나 이들은 같은 현상에서 특히 어느 한 측면을 특히 강조한 것

---

4 금본위제는 여러 가지로 정의될 수 있으나 대략 다음과 같은 조건이 충족되는 국제통화제도를 지칭한다 : ① 개인간 국가간 금의 자유로운 이동 ② 금으로 표시된 각국 화폐가치의 유지, 즉 국가간 고정환율의 유지 ③ 국제적 조정기구의 부재. 이러한 조건은 자연히 국제수지 흑자국과 적자국 간에 비대칭적 부담을 초래한다. 더욱이 적자국의 국제수지조정 메커니즘은 평가절하보다는 디플레이션, 즉 국내물가와 생산의 하락이었다(Temin 1989: 8-9).

에 불과하다. 실제로는 그 모든 과정이 동시에 진행된다. 따라서 이들 이론은 서로 경쟁적이라기보다는 보완적이다. 다음과 같이 설명해 보자.[5]

어느 한 나라의 국제수지가 적자라고 하자. 그러면 금이 그 나라에서 흑자국으로 유출될 것이다. 이에 따라 통화량이 감소하면 물가가 하락하여 자국의 재화가 국제가격 이하로 싸지므로 수출이 증가하고 수입이 감소하여 결국 국제수지가 호전된다. 또한 화폐부문의 초과수요는 국내이자율을 상승시켜 자본의 유입을 불러일으키므로 국제수지가 개선된다. 동시에 통화량 감소는 국내의 유효수요를 감축시켜 지출이 감소하고 고용이 위축되어 수입수요를 줄인다. 이러한 지출효과는 구매력평가(purchasing power parity)와 이자율평가(interest parity)의 회복이 빠를수록 그 중요성이 커질 것이다. 이와 같이 네 가지 조정과정이 동시에 진행되므로 이들 이론은 서로 보완적이라고 할 수 있다.

각국의 중앙은행이 이러한 국제수지 조정과정을 허용하거나 촉진시키는 것이 금본위제의 국제규칙(rule of the game)이었다. 즉 적자국에서는 금 유출의 효과를 강화하기 위해 재할인율을 올리고 공개시장매각을 행하고, 흑자국에서는 그 반대로 정책을 수행한다. 그러나 전간기 즉 1920년대 후반의 금본위제 하에서는 실제로 적자국이 오히려 금 유출의 효과를 불태화(sterilize)하고자 재할인율 인하, 공개시장구매 등의 정책을 수행함으로써 규칙을 위반했다는 사실이 밝혀지고 있다. 특히 필요한 분량을 초과하는 금을 보유한 프랑스, 스웨덴 등은 국내 금융시장에서 보정적 정책을 수행할 여유가 있었다. 영국은 경상수지흑자로 금이 유입되고 이자율이 하락하자 파운드화를 계속 유출했다. 이러한 과정이 지속된 것이 금 유입의 효과가 영란은행이 불태화한 때문인지, 이자율에 비탄력적인 자본유출

---

5 아이켄그린Eichengreen(ed.)(1985: Introduction). 편자는 금 공급의 외생적 증가의 예시로 이를 설명하고 있으나 이하에서는 국제수지의 외생적 악화에서 이야기를 시작한다.

이 누적된 결과인지는 분명치 않다.

제1차 세계대전과 대전 직후의 인플레이션으로 각국은 금본위제를 일단 포기한다. 그러다가 전전평가로 금본위제로 복귀할 것을 주장한 논의들이 나왔다. 이들은 금융긴축을 권고했다(Cunliffe Committee). 실제로 영국을 비롯하여 여러 나라가 1925년을 전후하여 전전평가로 금본위에 복귀하였다. 그러나 전간기의 금본위제는 1931년에 다시 와해되고 관리변동환율제 기간을 맞게 된다.

1920년대의 금본위제가 실패한 원인은 무엇인가. 케인스J. M. Keynes도 참여한 맥밀란 위원회(Macmillan Committee of Finance and Industry) 보고서가 이를 잘 지적했다. 그 내용은, ① 각국이 국내경제 위주의 불태화 정책을 고수함으로써 국제수지 조정과정이 원활하지 못했다. ② 금 부족으로 통화량 증가가 억제되고 물가하락의 압력이 가중되었다. ③ 임금과 물가의 하방경직성으로 디플레이션의 압력이 생산과 고용의 하락을 초래했다. ④ 금에 비해 화폐가 많아 태환 문제를 야기했다. ⑤ 국제적인 금보유 상황을 볼 때 금보유 비중이 미국과 프랑스에 치우쳐 있어 균형 있는 조정이 어려웠다. ⑥ 금융 중심지가 런던과 뉴욕으로 나뉘어 통일성 있는 협력 체제가 유지되기 곤란했다. ⑦ 나라마다 보호주의정책을 강화했기 때문에 국제수지 조정에 한계가 있었다.

하지만 이러한 문제들이 전쟁 이전에는 없었을까? 그렇지 않다. 전쟁 이전에도 존재했다(Triffin 1964, Bloomfield 1959). 그렇다면 왜 고전적 금본위제에 비해 전간기의 금본위제가 훨씬 더 불안정적이었을까? 투자가들의 전망과 태도를 바꾼 근본적인 환경변화가 있었다면 그것은 무엇인가? 금융정책의 질이나 신뢰도가 달라졌다는 것일까(Eichengreen, ed., 1985)?

전간기에는 금본위제의 취약성이 증대했다. 그래서 자본이 급격히 이동할 위험성이 컸다. 또한 각국의 중앙은행은 국내와 해외 부문의 균형을 위한 정책 가운데 어느 하나를 선택해야 하는 상황이었다. 흔히 주장하듯이 전간기 이전에 고전적 금본위제가 안정적으로 유지될 수 있었던 것은 그 시스템의 주도자인 영국(그 대리자인 영란은행)이 이를 효율적으로 관리할 수 있었기 때문이기도 했다. 경기침체기에도 영국 자본시장의 해외 대부는 증가하는 경향이 있었다. 영란은행이 이러한 국제적인 최종대부자 역할을 함으로써 금본위제가 안정적으로 작동했던 것이다. 그러나 전간기에는 상황이 달라졌다. 제1차 세계대전을 치르면서 영국은 국제 금융질서를 주도할 능력을 잃었고, 미국은 그런 역할을 수행할 의사를 갖고 있지 않았다. 즉 전간기 금본위제도가 불안정성을 보인 것은 국제적인 헤게몬의 부재 때문이라는 것이다(Kindleberger 1986: ch.14).

이에 대한 반론은 다음과 같다. 전쟁 전에 금본위제가 원활히 작동했던 것은 어느 한 지배적인 정책단위가 안정적으로 개입한 덕분이 아니었다. 전쟁 이전의 고전적 금본위제는 분산된 다극화 체제였다. 그 상황에서 각국 간에 신뢰(credibility)와 협조(cooperation)가 작동했기 때문에 금본위제가 안정적으로 움직일 수 있었다. 그리고 전간기에 헤게모니가 예외적일 만큼 부재상태인 것도 아니었다. 전쟁 전과 마찬가지로 파리와 베를린은 런던 금융시장의 경쟁자로서의 역할을 일정 수준 유지하고 있었다. 여기서 신뢰도란 경제정책 당국의 여러 목표 중 국제수지 균형 유지를 가장 중요하게 생각하는 것을 말한다. 따라서 중앙은행은 금보유고 유지, 통화의 금태환성 유지를 위한 정책들을 최우선으로 여겼다. 협조란 각국 정부의 정책협조를 말한다. 그 중에서도 가장 중요한 은행인 영란은행이 주도하고 각국 중앙은행들이 공동으로 보조를 맞추는 것이 필요했다. 그런데 이러한 신뢰와 협조 체제가 제1차 세계대전을 거치면서 붕괴되고 그에 따라 전간기 금본위제가 불안정해졌다는 주장이다(Eichengreen 1992b: Intro-duction).

상대적으로 안정된 시기에는 영란은행이 국제적인 협조체제에서 주도권을 행사했다. 그러나 위기가 닥쳤을 때 영란은행은 여러 중앙은행 가운데 하나에 불과했고 그 지도력도 상실했다. 가장 심각한 위기인 1890~1907년 사이에 중요한 안정화 역할을 수행한 것은 사실 다른 중앙은행들이었고, 영란은행은 차입자였다. 이 위기의 시대를 어떻게 평가할 것인지도 상당히 중요한 문제이며 앞으로 검토 대상이다. 연구 결과 만약 이 시기에 금본위 제도가 불안정적인 작동을 보였던 것으로 확인된다면 그것은 헤게모니가 효율적으로 제 역할을 해야지만 금본위제의 안정성이 유지될 수 있음을 입증하는 사례로 제시될 수 있을 것이다.[6] 물론 금본위제 자체를 포기하는 대안을 고려한다면 헤게모니의 부재론을 따질 필요가 없다.

경제구조의 불안정성이 곧바로 공황을 촉발하지는 않는다. 하지만 1920년대의 변화들은 1930년대 공황의 여건이 조성되는 데 촉매작용을 했다. 이러한 변화 때문에 1920년대 말 미국의 긴축적 통화정책의 충격이 훨씬 더 커졌다. 그리고 이것은 다른 나라들의 정책을 변경시켰다. 결국 이들은 상승작용을 일으키면서 충격을 극대화한 것이다. 앞으로 이러한 충격과 정책실패의 본질과 아울러 구조적 변화의 역할이 이론적 · 실증적으로 많이 연구되어야 할 사안들이다.

3. 공황의 발발

이제 1929년과 1930년 미국의 경제침체와 관련된 논의들을 검토해 보자. 1928~1929년에 점점 경색된 미국의 통화정책이 공황발발의 큰 요인이라는 것에, 학자들 사이에 어느 정도 합의가 이루어진 것으로 보인다(〈그

6 금본위제의 역할에 대한 이해에 따라 주장이 달라지는 듯이 보인다(양동휴 1992: 232-233).

〈그림 2〉 미국 통화량의 연성장률(1923~1930)(%)
자료 : Hamilton(1987: 151)

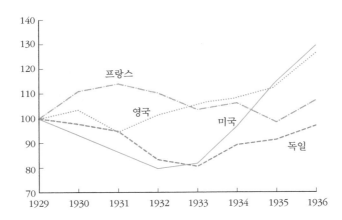

〈그림 3〉 Broad money(본원통화＋상업은행 일람불 예금)(1929~1936)(1929＝100)
자료 : League of Nations(1936/1938a: table 3)

림 2〉, 〈그림 3〉 참조)(Eichengreen 1992a 등). 이러한 합의 이전에 논란이 되던 것이 1929년 10월 주식시장 붕괴, 1930년 6월 스무트-홀리(Smoot-Hawley) 관세법안, 11월과 12월의 은행위기다.

1920년대 말 미국은 주식시장 과열을 억제하기 위해, 그리고 영국과 독일은 환율방어책으로서 긴축금융을 취했다. 후버Hoover정권은 은행들이 주식투기자금을 과잉 대부하는 것이 당시 경제의 큰 문제점이라고 판단해 금리인상 등 특단조치를 내렸던 것이다. 그러나 오늘날 경제이론에 따르면, 투기 붐은 주식매매자금수요를 감당할 만큼 오히려 돈을 풀어야 가라앉힐 수 있다(Field 1984, Hamilton 1987). 주식시장 과열이 과연 '거품'이었는지에 대해서도 논란이 없지 않다. 1929년 미국 주가의 급상승이 거품이 아니었다는 견해는 백과사전에도 소개되어 있다. 따라서 민스키-킨들버거의 거품론을 고스란히 인정하기는 어렵다(Cecchetti 1992b, Kindleberger 1978, Minsky 1982).

1929년의 주식시장 붕괴가 여러 명의 투신자살을 불러일으킬 만큼 사회적 충격을 준 것은 사실이지만, 이 사건을 대공황과 연결시키는 학자들의 논리 고리는 매우 취약하다. 이와 관련해서는 크게 세 가지 논조가 있다. 주식가치 하락으로 보유자산 즉 부의 실질치가 감소하여 소비지출 수요가 줄었다. 소비자의 부채자산비율은 높아졌다. 소비자의 장래에 대한 불확실성이 가중되었다. 그러나 통계수치를 보면 부의 감소효과는 10퍼센트 미만이었고, 주식가격과 배당수익의 비율(P/E ratio)은 불변이었다(Temin 1976, 양동휴 1992). 주가는 소득의 변동흐름에 따라 등락하기 마련이다. 예를 들어 미국의 1987년 주가폭락을 보면 낙폭이 그 당시와 정확하게 같다. 요즘의 정보통신시대의 위력을 감안할 때 1987년 사건의 충격이 오히려 더욱 컸을 것이다. 그렇지만 1987년의 폭락이 세계적인 금융위기로 전파되지는 않았다. 따라서 대공황 당시의 주식시장 와해는 심리적 효과 이외의 아무 의미도 없었다고 볼 수 있다. 물론 심리적 효과를 고집하는 학자도 있다(Romer 1990).

관세에 관한 논의는 공황과 다른 방향으로 전개되는 듯이 보이지만(Eichengreen 1989), 스무트-홀리 관세 논의가 공황과 관련해서 대표적이다. 관세가 보복관세를 유발하여 국제무역규모를 줄이고 세계대공황을 심화시키는 데 한몫했다는 설명이다. 물론 당시에 세계무역규모는 엄청나게 줄었다. 다만 공황을 촉발시켰다는 미국은 해외의존도가 극히 낮을 뿐더러 총수출액의 감소분도 1929년~1930년 사이에는 거의 없다. 관세가 내수 진작에 기여했을 부분을 감안할 때 인근궁핍화이론도 별 의미가 없다(Temin 1994). 케인스가 맥밀란 위원회에서 영국의 보호관세도입을 주장했던 것도 이와 같은 맥락에서였다. 1932년에 영국은 백 년 동안 지켜온 자유무역주의를 포기하고 거의 모든 제조업 제품 수입에 10퍼센트의 일반관세를 부과하였다.

1930년의 은행위기가 대공황을 촉발시켰다는 설(통화설)에 대해서는 논쟁이 많다. 사실 이보다 더 중요한 1931~1933년의 은행위기를 연구하는 이들이 위축되는 경향이 있을 정도다. 프리드만-스워츠의 책(Friedman and Schwartz 1963: ch.7)으로 시발된 이 논쟁의 논점은 1930년 12월 금융위기를 둘러싼 것이다. 은행위기의 원인은 단점고수, 다각화 거부 전략을 고수하는 농촌은행들의 문제점과 경영개혁을 추구하는 도시 대은행들의 방만한 경영 등이 거론되고 있으나 아직 연구단계다.

은행위기는 어떤 메커니즘으로 공황을 가져올 수 있을까? 첫째, 은행들이 보수적인 경영을 하고 소비자들이 은행을 믿지 못하여 소위 통화승수가 낮아지고 따라서 통화량이 감소하고 금리가 높아져서 기업들이 피해를 본다는 것이다. 둘째는 전반적인 비관론이 만연한다는 것, 셋째로는 금융중개비용이 증대하여 경색현상이 벌어진다는 것이다. 금융중개비용이 증가했다는 근거로 제시된 자료는 우대금리와 기타 이자율의 차이를 시계열로 검증하는 것이었다(Bernanke 1983).[7]

이에 대한 반론이다. 우선 당시에 통화량은 줄지 않았다. 물가수준으로 나눈 실질통화량도 정상을 유지했다. 또한 통화량 감소의 지표라고 볼 수 있는 이자율도 상승하지 않았다. 이 밖에도 11월과 12월의 은행파산들은 테네시 주의 칼드웰Caldwell 은행과 뉴욕시의 뱅크 오브 유에스Bank of US, 두 은행이 부실채권으로 망했기 때문이라는 주장도 있다. 두 은행의 부실채권을 두 달간 총은행부채에서 뺀다면, 1930년 말 은행위기는 1931년 여름과 가을의 은행공황과 비교가 되지 않는다.[8]

이자율은 명목이자율과 실질이자율, 예상실질이자율을 따져야 하므로 더욱 어렵다. 공황과 관련된 이자율이라면 예상실질(ex ante real)인데, 자료에는 명목(ex post nominal)만 나올 수밖에 없다. 기업인은 대출할 때 예상수익율과 예상실질이자율을 저울질한다. 높은 금리를 감당하고는 사업이 안 되기 때문에 기업이 도산하고 실업자가 늘어나는 것이다. 당연히 이자율의 명목, 실질격차는 물가상승에 대한 기대로 연결된다. 사후적 명목금리와 사후적 실질금리 외에 사전적 실질금리가 더 중요하다는 사실을 염두에 둘 필요가 있다. 사전적 실질금리는 어떻게 측정하는가. 미시킨의 선구적인 업적을 이어받아 로머가 약간의 성과를 거뒀다(Mishkin 1981, Romer 1992). 또한 많은 연구들이 적어도 1930년 9월까지 물가가 하락하리라는 예상이 널리 퍼지지 않았다는 것도 밝혔다. 따라서 통화설은 공황촉발보다는 공황의 심화를 설명하는 것으로 볼 수 있다(Hamilton 1987, 1992; Cecchetti 1992a Nelson 1990).

7 반면 같은 접근방식의 횡단면 분석 결과는 반대로 나타났다(Temin 1994).
8 테민Temin(1976, 1989). 이 자료를 놓고 통화론자들과 여타 학자들의 길고 긴 싸움이 지속되었다. 예를 들자면 브루너Brunner(ed.)(1981)등을 들 수 있다.

다시 본론으로 들어와 1928~1929년 미국의 긴축정책을 살펴보자. 1920년대를 통틀어 미국과 프랑스는 대규모로 금과 외화를 유입하였다. 국제수지관계가 그러했는데도 프랑스는 중앙은행법 때문에 금을 보유하였다(Eichengreen, 1986). 게다가 이미 언급했듯이 미국은 증권투기억제 목표 등 때문에 긴축정책을 고수하였고, 프랑스는 법적, 정치적 요인 때문에 금융긴축을 실행하였다. 이렇게 대표적인 흑자국들이 긴축하기 시작하면 적자국들이 충격을 받는 것은 당연하다. 가장 먼저 피해를 본 채무국은 국제적 경쟁조건의 변화에 적응하는 데 실패하고, 이에 따른 필연적 결과로 해외차입에 의존하면서 그들의 대외적 지위는 극도로 약화되었다. 이렇듯 미국이 긴축정책으로 전환한 것이 사태를 더욱 악화시키는 결과를 낳았다.

각국의 중앙은행들이 금본위제와 이를 유지하는 데 필요한 긴축정책에 집착하자 경제활동은 위축되었다. 미국에 공황이 대두하기 전에 이미 독일, 아르헨티나, 브라질, 오스트레일리아, 캐나다, 폴란드 등지에서는 침체 경향이 뚜렷했다. 이 나라들은 모두 1920년대에 대규모로 자본을 유입했다는 공통점을 가지고 있다. 자본유입에 크게 의존한 상황에서 미국의 대부가 중단되자 국제수지가 극도로 악화되었다. 이 나라들의 중앙은행들은 매우 가혹한 대응방안을 채택할 수 밖에 없었다. 이들이 맨 먼저 공황으로 빠져든 것은 필연적이었다. 이들 국가가 침체에 들어가자 사실상 규모가 그다지 크지는 않지만 미국의 수출시장이 약간 위축되었고, 여기에 주식시장 붕괴의 심리적 효과와 금융긴축의 큰 충격이 겹쳐 공황이 발발했던 것이다. 이처럼 세계적 경제불황의 시작에는 제1차 세계대전과 1920년대의 경제 구조적 변화, 그리고 이 절에서 언급한 몇몇 사건들이 함께 관련되어 있다.

긴축정책은 물가하락을 야기했다. 1929년부터 3년 정도에 서구 공업국

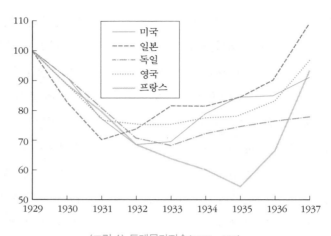

〈그림 4〉 도매물가지수(1929 = 100)
자료 : League of Nations(1936/1938b: 54)

들의 물가수준이 30퍼센트 이상 떨어졌다. 매우 기록적인 일이었다(〈그림 4〉 참조). 물가하락은 유효수요를 증대시키고, 노동시장의 상황에 따라 약간 달라지기는 하겠지만 실업을 감소시킨다. 이를 케인스Keynes 효과라고 하기도 한다. 그러나 물가하락이 지속되리라는 예상이 계속 되면 실질이자율이 명목이자율보다 계속 높을 것을 예상하므로 투자심리가 위축되어 불황을 가중케 한다. 이를 먼델Mundell 효과라고 부르기도 한다. 이 효과들의 반전이 발생한 시점이 1931년 여름이라는 주장과 1930년 가을이라는 주장이 다투고 있다. 이에 따라 공황촉발을 설명하는 통화설의 적절성 여부가 결정된다.

4. 공황의 심화와 전파

경제대공황의 발발이 매우 충격적이다 보니 1929년, 1930년 사건들이 중시되는 경향이 있다. 자본주의경제에서 주기적인 경기변동은 항상 있어 왔고 미국을 비롯한 세계경제가 1930년 전후에 하강국면으로 반전하는 것도 주기적 경기변동을 설명하는 여러 이론틀로 접근할 수 있다. 예를 들어 투기나 증권시장과열이 심화되면 결국 금융공황으로 치닫게 된다는 가설 등으로도 경기 국면의 변화를 해석할 수 있다. 문제는 일단 시작한 하강국면이 왜 그렇게 오랫동안 깊은 공황으로 빠져들었는지다. 이를 설명하는 것이 더 중요한 과제가 될 것이다.

경기침체가 세계대공황으로 확대된 것을 설명하는 학자들 간에 합의된 결론이 나왔다는 주장을 들어 보자. 그 원인은 두 가지다. 하나는 1931년 미국의 통화긴축 때문이라는 것이고, 다른 하나는 국제적 금본위제를 지키기 위해 여러 나라가 동시다발적으로 긴축에 의존했기 때문에 공황이 확대심화됐다는 설명이다.

최대채권국인 미국이 긴축정책을 쓰자 미국 내에서 이자율 상승과 외자 유입, 외채감소 등이 이어져 채무국들이 곤란에 빠졌다. 독일-오스트리아 관세동맹설이 언론에 유포되며 프랑스 금융계가 흔들렸다. 그러자 오스트리아 크레디트 안쉬탈트Creditanstalt의 파산을 시작으로 독일과 영국에 은행공황이 잇달았다. 유럽 내부의 심각한 재정위기와 노동 문제, 그리고 자생적 자본유출도 심각한 요인으로 지적되었다. 이어서 미국의 은행과 기업도산 등이 여러 차례 기록되었다. 미국은 1932년 3월에서 6월까지 잠시 공개시장매입을 약간 시도하던 시기를 제외하고 계속 금융과 재정긴축정책을 고수했다. 1931년에 후버 정권이 긴축을 강화함으로써 공황을 심화시켰다는 것이다. 이는 2절에서 언급한 금본위제 유지와 관련이 있다.

그러면 도대체 이것이 왜 문제인가. 먼저 금본위제 유지와 국내정책 간의 관계다. 같은 해 여름 일련의 외환위기가 유럽을 휩쓸었다. 예금 출금 파동이 오스트리아, 독일 등의 가장 큰 은행들, 중앙은행까지 흔들었고 영국의 중앙은행도 타격을 받아 파운드화 매입에 시달렸다. 이 상황은 오래 가지 못했고, 결국 영국은 1931년 9월 20일에 금태환을 포기하였다. 금본위를 유지하려면 2절에서 소개한 것처럼 긴축기조를 지켜야 했다. 금본위를 포기하든지 팽창정책을 포기하든지, 양자택일이었다. 국내 경제정책을 제대로 쓰려면 사실 금본위제의 족쇄에서 벗어나야 했다. 1931년 미국의 긴축정책강화는 두고두고 문제로 삼을 대상이다. 당시의 고정환율제는 세계적으로 공황이 파급되도록 하는 전달기제가 되었다.

미국은 왜 그렇게 긴축 정책을 폈는가? 정책입안자들이 무식한 탓이라는 설이 있다. 또 다른 설명은 1931년 영국의 금본위 이탈 이후로 미국의 자유보유 금준비가 감소했고, 이에 따라 팽창적 공개시장 조작범위가 크게 제한되어 긴축하게 되었다는 것이다. 또한 1934~1935년에 프랑스는 적자지출정책에 따른 지불준비금 감소 때문에 외환위기가 있었던 것도 사실이다. 그렇다 하더라도 무슨 까닭으로 금본위제를 고수했을까? 그리고 그러느라 역효과가 오히려 큰 경제정책을 왜 계속 마다하지 않았을까?

그것은 당시에 금본위를 살려야 고용도 증가되고 생산도 회복된다는 믿음이 팽배했기 때문이다. 1932~1935년에 프랑스 재무상을 지낸 루이 제르맹-마르맹Louis Germain-Martin이나 프랑스 중앙은행 총재 클레망 모레 Clement Maure, 미국 연방은행조직의 린 탤리Lynn Tally, 조지 해리슨 George Harrison, 재무장관 앤드류 멜론Andrew Mellon, 독일 재무장관 출신인 칼 헬프라이히Karl Helfreich 뿐만 아니라 케인스가 주도하던 영국 맥밀란 위원회마저도 금본위제를 포기하는 것만큼은 절대불가라는 의견이었다. 모두 그야말로 19세기 발상인 골드스탠다드 망딸리떼Gold standard mentalité에 사로잡혀 있었다. 이는 영국의 중앙은행이 1931년 금태환을 포기한 이후에도 할인율 인하를 주저한 일에서 확연히 드러난다. 1932년 여름까지 케임브리지대학 경제학자 제임스 미드James Meade, 로이 해로

드Roy Harrod까지 언론에 등장하여 할인율 인하를 촉구했는데도 영란은
행은 몇 달 동안 이를 지연시켰다. 이런 면에서는 독일의 브뤼닝Brüning
정권이 더욱 심했다. 그러므로 사람을 바꾸지 않고서는 금 망딸리떼를 없
애버릴 수 없다는 주장도 일리가 있었다. 결국 이러한 정책변화는 대규모
시위나 투표를 통해 미국·영국·독일·프랑스의 국가 지도자가 대대적
으로 바뀌고 나서야 가능했다(Eichengreen and Temin 1997).

금본위를 지키기 위해 긴축정책기조를 유지하면 생산은 위축되기 마련
이다. 그 과정은 대개 두 가지로 설명된다. 처음 하나는 물가가 하락하면
서 임금하락 속도가 그 수준을 따라가지 않아 실질임금의 상승효과가 있
다고 본다. 불황기에 임금상승은 고용감소를, 다른 말로 하면 실업증가를
가져온다는 이론이다. 불황기인데도 왜 실질임금이 상승하는지에 대하여
논의가 많다. 이는 대공황 자체가 노동시장의 유연성 결여에 기인한다는
가설과 맞물려 있다(Eichengreen and Hatton 1985: 15). 미국은 1930년대
초반의 실질임금 수준이 압도적으로 높았고 계속 상승추세였다(〈그림 5〉

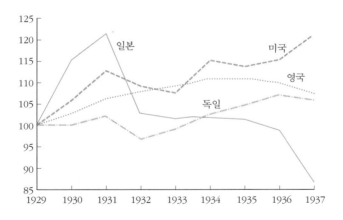

〈그림 5〉 실질임금(1929 = 100)
자료 : Eichengreen and Hatton(1985: 15)

참조). 영국이 그 다음이다. 독일은 히틀러 집권 전까지의 수준에 대해 논란이 있다. 특히 1920년대의 높은 임금수준이 바이마르공화국 경제를 파탄시켰다는 주장에 관한 논쟁은 유명하다(Borchardt 1982, Holtfrerich 1990, James 1986, 이헌대 1992).

미국에서 후버대통령은 노동자들의 수입이 안정되면 이것이 수요를 지탱하게 하리라고 생각했다. 그리하여 고용주에게 압력을 가해 임금을 삭감하지 않겠노라고 공언하게 했다. 그러나 기업들은 비용이 많이 드는 노동자들을 일시해고하거나 노동시간을 제한하는 방식으로 대응했다. 영국에서는 실업수당이 물가나 임금과 같은 폭으로 감소되지 않았기 때문에 임금에 대한 실업수당의 비율을 높이는 결과를 낳았다. 노동수요가 감소하자 노동자들은 낮은 시간당 임금으로 전임직을 갖기보다는 사흘은 일하고 사흘은 실업수당으로 지내면서 그들이 누릴 수 있는 고용기회를 함께 누리고자 했다. 한편 경영진의 인사부처 설립과 노사협의의 경직화를 강조하는 내부 거래설도 각광을 받고 있다. 취업자의 입김만 노조의 임금투쟁에 반영되므로 임금합의가 실업자군의 상대임금보다 훨씬 높은 수준으로 되었다는 것이다(Baily 1983).

둘째, 물가하락은 금융제도를 통해 실물 부문에 영향을 준다. 자산과 상품가치의 하락은 채무자들이 소유한 자산을 매각토록 압력을 가한다. 이것이 다시 자산가치를 더욱 하락시키고 금융 경색을 야기한다는 것이다. 그러나 이러한 물가하락의 효과는 채권자로부터 채무자로의 단순한 부의 재분배에 불과하므로 거시적 효과는 의문이다. 물론 자본시장에서 정보의 비대칭성을 감안한다면 이야기는 달라질 수 있다(Calomiris 1993, Bernanke 1995). 또한 물가하락은 채무자의 빚 갚기를 어렵게 하여 은행수지를 악화시켰고 은행제도에 대한 신뢰를 손상시켰다. 그 결과 은행위기와 금융공황이 만연하였다. 이는 또한 금융서비스의 공급과 자본의 효율적 배분을 붕괴시켰다. 운영자금이나 투자자금이 필요한 기업들은 높은 이자로 돈을 구할 수 없었고 이 때문에 생산을 줄여야 했다. 금융공황은 1930년대에 일반적 양상이었다. 단지 은행제도가 고도로 집중되고 지점망이 방대하며 또 산업과의 직접적 연결이 덜한 영국, 캐나다와 같은 나라들은 금융 불안정으로 인한 손실이 비교적 작았다.

금융공황의 화폐적 · 비화폐적 영향은 최종대부자의 개입을 통해서만 제어될 수 있었다. 여기에서 금본위제가 또다시 제약으로 작용한다. 금과 외환보유가 이미 법적 최저한도까지 감소한 상태에서 국내여신의 추가확대는 금본위제의 기본조항을 위반하는 것이다. 각국은 금으로 보유해야 하는 한도규정의 적용을 일시중지시키거나 완화하는 방식을 이용할 수 있었다. 하지만 어느 쪽이나 태환성에 대한 신뢰를 손상시킬 위험이 있었다. 금본위제를 지키기 위해 중앙은행은 개입하고 싶은 충동을 자제해야 했으며, 국내은행제도의 안정성을 희생시키는 대가를 치러야 했다. 따라서 금본위제에 강하게 집착한 나라에서 은행공황이 가장 만연했던 것은 우연이 아니다. 사실 금본위제가 지배적이면 최종대부자의 개입은 어려울 뿐 아니라 비생산적이기까지하다. 통화량(monetary liabilities)에 대한 금보유 비율이 법적 최저한도에 다다랐을 때 정부가 통화를 추가 공급한다면 이것은 정부가 금태환보다 은행제도의 상태 유지에 더 큰 우위를 부여하고 있다는 신호다. 예금주들은 일단 평가절하 가능성이 보이면 예금을 인출해서 금이나 외환으로 교환하려 한다. 은행제도로 통화유입이 빨라질수록 누출 역시 빨라진다. 최종대부자의 개입은 예금인출을 부추기고 자본유출을 야기할 따름이다. 그러므로 은행제도 안정을 위한 정부 개입이 효과를 내려면 금태환을 일시 정지해야 한다(Eichengreen 1992b: ch.9, Temin 1994).

이러한 딜레마를 피하려면 국제적으로 조정된 최종대부자의 개입이 필요하다. 만약 금본위국가 전체의 여유 보유금이 투기로 인해 위기를 겪는 나라에 사용될 수 있다면, 통화증발은 더 이상 평가절하를 강요하지 않게 된다. 마찬가지로 팽창적 통화, 재정정책이 국제적 조정을 거친다면, 금본 위제라는 굴레 때문에 방해받는 일 없이 이러한 정책을 추구할 수 있다. 국내의 팽창정책은 물론 여전히 국제수지를 악화시키겠지만, 해외부문의 팽창정책은 이를 호전시켜 줄 것이다. 국내와 해외부문의 개입이 조정을 거친다면, 이것들이 국제수지에 미치는 영향은 없앨 수 있었을 것이다.

그렇다면 조정을 통한 팽창을 엮어나가는 것이 왜 그렇게 어려웠는가? 한 가지 문제는 전후 인플레이션에 대한 기억으로 만들어진 법적 제약들 이 중앙은행의 자유로운 활동을 제한했다는 점이다. 프랑스 은행과 독일 제국 은행은 팽창적인 공개시장조작에 개입하는 것 자체가 금지되어 있었 다. 1932년 연방은행권에 대한 담보요구조항이 완화되기 이전 미국의 연 방준비제도 역시 실질적으로는 그들과 같은 처지였다. 이러한 제약들 자 체가 공황에 적절히 대응하는 방식에 대한 각국간의 견해가 심각하게 불 일치했었음을 상징적으로 보여 주는 것이다. 공황이 일어나기 전에 지나 치게 팽창한 기업들을 정리함으로써 투기적인 과잉부문을 체제로부터 축 출해버리는 것이 장기적으로는 더 건전하다는 것이 프랑스에서 지배적인 견해였다. 이와 비슷한 청산주의적 견해가 1933년 루스벨트 집권 이전까 지 미국의 통화정책을 주도하였다.

금본위와 긴축정책에서 벗어나는 길은 물론 있었다. 경쟁적 평가절하는 인근궁핍화가 아닌 파레토Pareto 우위였다(Eichengreen and Sachs 1985). 실제로 이것은 실행되지 못한 방도였으므로 그냥 언급만 해두고 다음 절 의 회복과정에서 그 함의를 따져 보기로 한다.

5. 회복의 시작

조정된 팽창이 불가능했다면 대안은 각국이 독자적으로 경기를 팽창시키기 위해 국제경제체제에서 이탈하는 것이다. 그렇게 할 수 있는 가장 중요한 수단이 평가절하였다. 금태환을 일시 중단하고 통화가치 하락을 허용함으로써 각국은 자국의 수출경쟁력을 향상시킬 수 있었다. 금본위를 포기한 나라들은 그것을 계속 고수한 나라들보다 더 빨리 수출이 회복되었다. 이것의 효과는 다른 나라들의 경쟁적인 평가절하로써 중화되어 버릴 수 있었다.

하지만 더 중요한 점은 평가절하가 독자적인 팽창정책을 추구할 수 있는 추가적인 영역을 제공하는 것이다. 자국화폐의 가치하락을 허용한 나라들은 국제수지에 대한 걱정 없이도 통화공급을 늘릴 수 있었다. 통화가치의 하락은 환율을 유지하기 위해 정부지출을 감축하고 세금을 올려야 하는 압박도 제거하였다. 게다가, 다른 나라들 역시 통화가치를 낮춘다고 하더라도 이 나라는 통화감가를 통해 촉진된 한층 팽창적인 정책으로부터 계속 이득을 얻는다.

언제 얼마만큼 통화가치가 하락했는지는 경제회복의 시기와 정도 차이를 상당 부분 설명해 준다(Eichengreen and Sachs 1985, Bernanke 1995). 예를 들어 영국이 일찍 평가절하를 단행했다. 〈그림 1〉에 뚜렷이 나타나는 것처럼 회복 시기가 이르다. 이른 시기에 대폭적인 통화가치 하락을 허용한 일본도 1930년대에 유례없는 빠른 성장을 보였다. 미국의 회복시기 역시 달러화의 평가절하와 일치한다. 프랑스의 회복이 지연된 것은 1936년까지 평가절하를 유보한 것과 밀접한 관련이 있다.

평가절하를 한 나라들이 모두 같은 정도의 팽창방안을 실시한 것은 아니다. 몇몇 나라 정책당국자들은 금본위제 탈피 이후 적극적으로 국내여신을 늘렸다. 그 결과 통화량과 국내수요가 상승했다. 건축처럼 이자율에 민감한 분야들이 저리자금의 특별수혜자였다. 회복은 국내시장 주도로 이루어졌다. 더 일반적으로는 정책당국자들이 새로 맞이한 자유를 만끽하는 데 주저했다. 통화가치하락이 인플레이션을 야기하리라는 우려는 1920년대 유산으로서 아직도 강하게 남아 있었다. 국내여신의 증가가 제한적이면 국내수요에 대한 자극도 제한되며 물가상승폭도 작다. 완전히 회복되기까지 매우 오랜 시간이 걸렸다. 왜 그랬을까? 당시에는 실제로 물가하락이 현존하는 위험이었다. 그런데도 중앙은행과 재무부 관료들은 신기하게도 물가상승을 두려워했다. 그들은 당시 위기에 실제로 상응하는 정책을 펴는 데 주저했던 것이다. 단지 몇몇 나라에서만 팽창적 통화정책을 체계적으로 실시하였다.

통화팽창이 잠정적이었기 때문에 1930년대에 평가절하를 한다는 것은 제한된 의미에서 인근궁핍화였다. 자국통화의 가치하락을 허용하고 국내산업의 생산품으로 수요를 전환한 나라들은 해외로부터 금과 자본을 유입함으로써 화폐와 자금에 대한 수요 증대를 만족시켰다. 그 나라들의 준비금 증가는 아직 금본위제를 유지하는 나라의 준비금 손실이었다. 여전히 금본위를 유지하던 나라의 중앙은행들은 그에 따른 긴축을 해야만 했다. 그러나 1930년대에 새로이 통화가치가 하락한 나라들에게 문제는 진정 경쟁적인 통화가치하락 발생에 있는 것이 아니었다. 오히려 통화가치하락이 더욱 확산되지 못하고 국내정책이 더 팽창적이지 못했다는 데 있었다.

미국도 1933년 4월 금수출 금지와 1934년 1월 평가절하를 단행해 놓고도 팽창적 통화정책(예를 들어 공개시장매입 등)을 체계적으로 실시하지 않았다. 그런데도 통화량은 늘어났다. 그것은 재무성이 상승한 금가치만큼 금증서를 발행하여 연방준비제도이사회에 예치했기 때문이었다. 더 중요하게는 값이 싸진 달러를 구입하기 위해 외국에서 금이 유입된 사실과

1934년 유럽의 정치혼란 때문에 미국으로 금이 유입된 점 등을 들 수 있다. 또한 1920년대와 달리 이 당시는 금유입을 불태화하지 않았다. 이 결과 통화량이 2년 동안 50퍼센트 가까이 증가했다. 이 때문에 실질이자율이 하락하고 투자와 내구소비재 수요가 늘어 경기회복이 시작된 것이다 (Romer 1992). 하지만 정책이 적극적이지 못했기 때문에 회복이 매우 느리고 불완전했다.

뉴딜New Deal정책에 대한 평가도 다양하다. 사람들은 흔히 뉴딜을 경기회복과 사회적 재분배에 목표를 두고 금융, 산업, 농업, 임금결정에 정부가 직접 개입하는 여러 조치들로 이해한다. 이들 조치 중 중요한 것이 은행제도의 개혁, 생산에 대한 정부의 통제강화 그리고 사회적 '안전망' 구축이다. 첫 두 가지는 1933년의 유명한 '100일'에 시작되었다. 루스벨트는 1933년 2사분기에 수많은 법안을 내어 의회를 분주하게 만들었다. 이 법안들이 경기회복을 촉발하기도 하고, 미국경제의 형태를 장기간에 걸쳐 바꾸기도 했다. 셋째 즉 구호정책은 나중에 시작되었다. '제2차 뉴딜'은 경기회복의 이득을 모든 인구구성원에 분배하려는 시도였다.

은행휴점(Bank Holiday)이 흔히 금융개혁의 시발점으로 간주된 적이 있으나 이는 오히려 위기의 일부였을 뿐이다. 뒤이은 1933년 6월 글래스-스티걸Glass-Steagall 은행법의 목적은 은행제도의 불안정성을 줄이는 데 있었다. 이를 위해 공황이전 대규모 은행들의 관례이던 투자은행과 상업은행업 겸무를 금지했다. 당시 은행들의 그러한 업무관례가 주식시장에서 금융취약성을 고조시켰다고 판단한 결과였을 것이다. 그러나 연구결과 겸업을 한 은행의 성과가 우월했다. 이론적으로도 포트폴리오 분산이 좀 더 안정적인 선택이었다(Huertas 1984, White 1986).

여하튼 이 법은 동시에 연방준비제도 가입은행들에 예금보험을 제공할 것을 규정했다. 그에 따라 연방예금보험공사(FDIC)가 조금 늦은 1935년부터 일을 시작했다. 예금보험제도가 뱅크런이 광범하게 전파되는 것을 저지하는 역할도 했을 것이다. 하지만 다른 한편으로는 장기적으로 은행들의 도덕적 해이를 조장했다. 그래서 또 다른 형태의 규제가 필요했다 (Calomiris 1993). 물론 글래스-스티걸 법은 공황을 방지하지도 은행제도의 안정성을 유지하지도 않았다. 단지 단기적인 미봉책이 되었음은 인정할 수 있다.

뉴딜정책의 다음 기조는 경제 운행을 시장에 맡겨 둘 것이 아니라 정부가 직접 개입해야 한다는 것이었다. 이러한 이데올로기는 산업부흥법 (NIRA)과 농업조정법(AAA)에 대표적으로 나타난다. 1933년 6월에 통과된 산업부흥법은 노사협의체에서 노동시간, 임금, 기타 근로조건을 정하고 이들이 이 규정에 어긋나지 않는 한 독점금지법에서 면제해 주었다. 그러나 실제로는 규정 자체가 경제단체에서 고안된 경우가 많았다. 특히 직물, 철강, 석유 등 구산업 대기업의 정치력이 커지고 항공, 화학 등 장래성 있는 신산업 기업과 중소기업의 의견은 반영되지 못했다. 다시 말해 구조조정이나 산업합리화를 통한 산업부흥의 기회가 정치적으로 제약되어 있었다(Hawley 1966, Bernstein 1987: ch.6).[9]

노사합의의 조건은 대개 노동시간을 단축시켜 고용을 증가시키고, 임금을 인상한다는 것이었다. 기업가들도 제품가격을 올릴 수 있었으므로 임금비용 상승을 허용했다. 그러나 물가보다 임금이 더 빨리 상승하여 실질임금이 높아졌기 때문에 실업이 줄기는커녕 오히려 늘었다. 이와 같이 산업부흥법의 단기적 효과는 부정적이었다(Weinstein 1980: ch.4).[10] 장기적으로 볼 때 노동조건의 개선을 가져온 효과는 있었다. 그것은 노동자의 단

---

9 구조조정과 산업합리화의 실패 사례는 영국도 마찬가지였다(Hannah 1976).
10 부적절한 시기 즉 프랑화의 평가절하 이전에 이와 비슷한 마티뇽화의(Accord Matignon) 정책을 시도한 프랑스는 더욱 피해가 컸다(Temin 1989: 124).

결권과 단체교섭권을 보장한 산업부흥법 조항 7-a 때문이었다. 어려운 시기였는데도 새로이 노조가 결성되고 조합참여율이 높아졌다. 1935년 5월에 산업부흥법이 위헌판결이 난 뒤에도 1935년 와그너 노사관계법이 산업부흥법의 노동권조항을 부활시켰다. 덕분에 노조 활동은 1950년 무렵까지 신장되었다.

농업생산을 정부가 통제할 수 있게 한 농업조정법은 산업부흥법보다 먼저 1933년 5월에 입법되었다. 이에 따라 정부는 생산량을 제한하여 농산물 가격을 지지하고자 했다. 그러나 경작지 제한은 소작농 축출을 불러일으켜 전반적으로 농업불황을 성공적으로 해결하지 못했다(Whatley 1983).

제2차 뉴딜은 1933~1937년 동안 경기회복에도 불구하고 실업률이 10퍼센트 이상 높은 수준으로 유지된 실업자들을 구제하기 위한 재분배정책이었다. 노동권 개선을 목표로 한 와그너 법을 위시해 많은 조치들이 동원되었다. 농촌 전기화사업, 농가 부채탕감, 사회보장법, 실업자 구제를 위한 FERA, WPA, CCC, CWA, REA, USHA, PWA(제4장의 약어표 참조) 등 구호사업에 막대한 예산을 투여했다. 실제 뉴딜이 시작되면서 국민소득에 대한 정부예산의 비중이 12퍼센트 정도 수준에서 20퍼센트 이상으로 급증했다. 이중 절반 이상이 구호사업에 투입되었다(Wallis 1984, 1991).

이미 재정운용에 문제가 있는 나라라면 공공근로사업을 위해 이처럼 막대한 예산을 지출할 수 없었을 것이다. 실제로 1937년에 재정긴축이 불가피해지자 미국경제가 다시 침체국면으로 반전한 것도 무리가 아니다. 또한 이들 공공근로사업은 생산효과나 고용유발효과가 극히 낮은 부문에 대한 투자였다. 그래서 경제적으로 효율성 있게 운용하기 힘들었을 것이다(강광하, 양동휴 1994, Yang 1995).

지금까지 미국을 주로 자세히 살폈다. 하지만 어느 나라라도 어느 한 정책이 낸 효과를 회복의 계기로 삼기는 부족하다. 회복에 중요한 전기가 된 것은 긴축기조를 과감히 탈피한 시점, 평가절하의 폭, 그에 뒤따른 통화량 증가였다. 이를 가능케 한 것을 가리켜 테민Temin은 팽창기조로 전환한 정책체제(policy regime)라고 한다. 공황이 지속될 것이라는 민간기대를 반전시켜야 했다는 것이다(Temin and Wigmore 1990, Eichengreen 1992a, 양동휴 1997).

6. 대공황의 유산

제2차 세계대전 이후 세계 경제의 모습은 여러 모로 대공황 이전과 다르다. 이것이 대공황을 경험한 때문인지, 혹은 다른 요인들 즉 세계대전과 냉전의 효과, 도시화와 기업규모의 거대화, 기술진보에 대한 반응 때문인지 뚜렷하게 가리기는 힘들다. 다만 대공황 이후 정부 역할에 대한 민간의 인식이 변했고 이와 함께 정부부문이 양적·질적으로 확대된 것은 분명하다. 〈그림 6〉에서 몇몇 주요국의 정부지출이 국민총생산에서 차지하는 비중은 대공황을 기점으로 상당히 단절적인 증가가 있었음을 알 수 있다. 이는 특히 미국에서 두드러진다. 미국에서는 1920년대까지 정부부문이 다른 나라에 비해 상대적으로 작았기 때문에 급속히 커질 여지가 있었기 때문이기도 하다.

정부지출의 크기뿐만 아니라 중앙정부로의 권력집중도 주목해야 할 변화다. 각국에서 지방정부의 역할이 줄고 중앙정부가 담당하는 사업이 늘었다. 이는 공황회복을 위한 정책과 실업자와 빈곤층을 구호하는 사회안전망 구축을 중앙정부에서 주도해야 했기 때문이다. 예산구성을 보더라도 비교적 자료가 풍부한 미국은 대공황을 분기점으로 연방과 지방정부 지출 비중이 교차한다. 1946년 국민고용법(National Employment Act)은 연방정

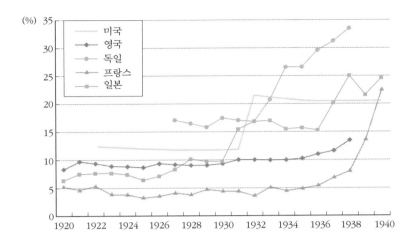

〈그림 6〉 정부지출/국민소득(1920~1940)

자료 : 1) 미국 : U. S. Department of Commerce Bureau of the Census(1975), Part I, p. 224,
Part II, p.1123

2) 영국 : Feinstein, C. H.(1972: tables 10, 78, 80)

3) 독일 : Cohn, R. J.(1992: tables 1, 2)

4) 프랑스 : Mitchell, B. R.(1978: 377, 411)

5) 일본 : 大川一司 外 編, 長期經濟統計 推計, vol.1(1974: 178)

부가 국민경제 안정을 책임져야 한다는 규정을 담고 있기도 하다. 이것은 정부의 역할에 대한 민간기대의 확대가 반영된 것이라고 할 수 있다.

지출규모뿐 아니라 정부의 직·간접 규제도 일단 늘면 줄지 않는 경향이 있다. 유럽에서는 국유화와 공기업화의 물결이 일었다. 미국에서는 대공황 이후 연방정부규제가 계속 커졌다(양동휴 1994: ch.8). 이와 같이 정부개입이 양적·질적으로 계속 늘어서 19세기를 풍미했던 경제적 자유주의가 반세기 넘게 유보되었다.

정부개입이 크게 늘고, 이를 지지하는 민간의 인식은 종종 극단적인 민족주의 형태를 띠었다. 즉 개인주의적·지방주의적·자유민주주의가 쇠퇴했다. 국민적 결속력의 강조는 배타적 지방색을 가장 강하게 유지하고 있던 미국에서도 돋보인다. 대공황은 전쟁이나 침략에 대한 반응에 따른 애국심 고취와도 또 다른 국민의식의 고조를 가져왔다. 이제 미국은 한 나라라는 것, 경제문제는 개인만의 문제가 아니라 국가 차원의 문제라는 것, 공황의 비참함도 국가적이라는 것, 해결책도 국가 수준에서 마련되어야 한다는 등의 인식이 팽배했다. 당시 지식층이나 작가들의 저술 속에서도 이러한 경향이 확인된다(Harrey Swados, ed., 1966: Introduction).

　이 시기에 지방주의를 제약하고 중앙집권의 방향으로 선회한 국가들로서 이탈리아, 스페인 그리고 독일이 있다. 그러나 파시즘을 공황의 산물로 보기에는 무리가 따른다. 무솔리니의 집권은 20년대 일이고, 프랑코는 피비린내 나는 내전 이후에야 권좌에 올랐다. 바이마르 정권이 몰락한 것도 공황에 이유를 돌리기 어렵다(양동휴 1996). 이와 관련하여 공황이 제2차 세계대전을 초래했다는 설이나 대전이 공황을 종식시켰다는 설도 논리적 근거가 빈약하다. 물론 미국이나 영국도 '완전한' 회복에 다다른 것은 군비확장 이후이며, 경제적 번영이 이 같은 방식으로 확인되었기 때문에 평화로울 때 적합한 산업구조와 기술변화를 탐색할 기회를 대부분 상실해버렸다고 주장할 수는 있다(Yang 1995). 그러나 전쟁은 결과적으로 경기회복의 촉매가 되었을지언정 필연적인 결과도 아닐뿐더러 대안이 없는 단 하나의 수단도 아니었다. 다만 국민적 의식이 공고해졌다는 의미에서 대공황의 충격을 다시 음미할 수 있다는 이야기일 뿐이다.

　대공황 시절에 경기회복 또는 빈민구호를 목적으로 도입한 제도개혁들이 제2차 세계대전 이후에도 비슷한 형태로 유지되고 있는 사실 또한 공황의 유산이라고 할 수 있다. 미국은 농산물 가격 지지를 위해 경작지 제한과 작목할당정책을 고수하고 있는데, 이는 농업조정법의 선례를 따른 것이다. 세계 각국이 예금보험제도를 채택한 사실도 그 연원을 미국의 연방예금보험공사에서 찾아야 한다. 실업보험, 노인연금, 사회보장제도 등도 멀리는 프러시아나 스웨덴에서 모태를 볼 수 있으나 뉴딜 이후 구체화되어 확산되었다(Bordo, Goldin and White, eds., 1998, ch.9).

한편 국제무역제도, 국제통화제도, 국제자본이동에 관한 정책, 이러한 환경 하의 각국 거시경제정책의 운용 등에 있어서는 세계대공황의 경험이 그다지 '규정적'인 것 같지 않다(Bordo, Goldin and White, eds., 1998: chs. 1, 11, 12).

이제 세계공황의 재발가능성에 대한 언급으로 글을 마무리하자. 냉전이 끝난 1990년대 상황은 1930년대 대공황의 환경을 제공한 제1차 세계대전 이후와 비슷한 점이 많다. 전시에서 평상시로 자원배분을 재조정하는 것에 따른 애로점, 헤게모니의 부재, 국제협력의 제한 등이 그것이다. 무엇보다도 국제채권채무관계의 변화가 주목거리다. 국제자본이동의 통계를 보면 1924~1930년에 최대 채무국 독일에서 44억 달러가 유출되고, 최대 채권국 미국으로 50억 달러가 유입되었다. 이제 1984~1993년에는 미국에서 1조 달러가 유출되고, 일본으로 8천억 달러가 유입되었다. 선진국 간의 이 같은 대규모 자본이동은 국제결제제도를 불안하게 한다. 이글에서 살펴본 것처럼 전간기 금본위제의 불안과 이러한 금본위제 유지를 위한 긴축정책기조의 연속이 대공황을 심화시켰다. 대공황에 관한 소위 '합의된' 견해는 대공황이 '잘못된 정책'에서 비롯된 것임을 강조한다. 그런데 요즈음 유럽통화제도(EMS)를 비롯한 통화블록 움직임도 이런 면에서 조심스럽다(Feinstein, Temin and Toniolo, 1994). 변동환율제와 자유로운 국제자본이동도 결코 국내 경기정책에 완전한 안전판을 제공하지 못하고 있다. 이런 상황에서는 '잘못된 정책' 특히 국제적으로 조율되지 않은 잘못된 정책 역시 어떤 형태로든 공황을 일으킬 가능성을 배제할 수 없다.

대공황의 수수께끼가 풀렸다고 주장하는 전문가들은 금본위제 고수를 위한 긴축정책이 진범이었음을 강조한다. 수많은 설명 중에 묻혀 버린 근간을 부각시키려는 노력이 아닐까(Temin 1989, Eichengreen 1992b). 잘못된 정책이, 특히 금융정책이 문제라는 가설이 오늘날 어떤 의미를 갖는지 구체적으로 음미할 필요가 있다.

『경제논집』37-4, 1998. 12

참고문헌

강광하, 양동휴(1994): 「1930년대 미국과 영국의 산업구조와 경기회복」, 『경제논집』, 33.
양동휴(1992): 「1930년대 미국 대공황의 원인과 성격」, 『미국학』, 15.
──(1994): 『미국경제사탐구』, 서울, 서울대학교출판부.
──(1996): 「바이마르 공화국 사회경제사 연구서설」, 『경제논집』, 35.
──(1997): 「나치정권 초기 경기회복의 과정과 성격」, 『경제사학』, 22.
이헌대(1992): 「바이마르 공화국 말기 브뤼닝 정권의 경제정책-보르하르트 논쟁을 중심으로」,
『경제사학』, 16.
大川一司 外 編(1974): 『長期經濟統計 推計』, vol.1, 東洋經濟新報社.
Arndt, H. W.(1944): *The Economic Lessons of the 1930s*, London.
Allen, F. L.(1931): *Only Yesterday*, New York, Harper.
Baily, M.(1983): "The Labor Market in the 1930s," in J. Tobin(ed.), *Macroeconomics, Prices and Quantities*, New York, Basil Blackwell.
Bernanke, B. S.(1983): "Nonmonetary Effects of the Financial Crisis in the Propagation of the Great Depression," *American Economic Review*, 73.
──(1995): "The Macroeconomics of the Great Depression: A Comparative Approach," *Journal of Money, Credit, and Banking*, 27.
Bernstein, M. A.(1987): *The Great Depression: Delayed Recovery and Economic Change in America, 1929-1939*, Cambridge, Cambridge University Press.
Bloomfield, A. I.(1959): *Monetary Policy under the International Gold Standard, 1880-1914*, New York: Federal Reserve Bank of New York.
Borchardt, K.(1991): *Perspectives on Modern German Economic History and Policy*, Cambridge, Cambridge University Press.
Bordo, M. D., Goldin, C., and White, E. N.(eds.)(1997): *The Defining Moment: The Great Depression and the American Economy in the Twentieth Century*, Chicago, University of Chicago Press.
Brunner, K.(ed.)(1981): *The Great Depression Revisited*, Boston, Kluwer-Nijhoff.
Calomiris, C. W.(1993): "Financial Factors in the Depression", *Journal of Economic Perspectives*, 7.
Cecchetti, S. G.(1992a): "Prices during the Great Depression: Was the Deflation of 1930-1932 Really Unanticipated?" *American Economic Review*, 82.

────────(1992b): "Stock Market Crash of October 1929" *The New Palgrave Dictionary of Money & Finance*, vol. 3.

Eichengreen, B. J.(ed.)(1985): *Gold Standard in Theory and History*, New York, Methuen.

────────────(1986): "The Bank of France and the Sterilization of Gold, 1926-32," *Explorations in Economic History*, 23.

────────────(1989): "The Political Economy of the Smoot-Hawley Tariff," *Research in Economic History*, 14.

────────────(1992a): "The Origins and Nature of the Great Slump Revisited" , *Economic History Review*, 45.

────────────(1992b): *Golden Fetters : the Gold Standard and the Great Depression, 1919-1939*, New York, Oxford University Press.

Eichengreen, B. J. and Hatton, T. J.(1985): "Interwar Unemployment in International Perspective: An Overview" , in Eichengreen and Hatton(eds.), *Interwar Unemployment in International Perspective*, Dordrecht, Kluwer Academic Publishers.

Eichengreen, B. J. and Sachs, J.(1985): "Exchange Rates and Economic Recovery in the 1930s," *Journal of Economic History*, 45.

Eichengreen, B. J. and Temin, P.(1997): "The Gold Standard and the Great Depression," *NBER Working Paper*, No 6060, June.

Feinstein, C., Temin, P. and Toniolo, G.(1994): "Three Shocks, Two Recoveries? Historical Parallels for the End of the Cold War," *Rivista Di Storia Economica*, 11.

Field, A.(1984): "Asset Exchanges and the Transactions Demand for Money, 1919-29," *American Economic Review*, 74.

Fisher, I.(1933): "The Debt-Deflation Theory of Great Depression," *Econometrica*, 1.

Friedman, M. and A. J. Schwartz(1963): *A Monetary History of the United States, 1867-1960*, Princeton, Princeton University Press.

Hamilton, J.(1987): "Monetary Factors in the Great Depression" , *Journal of Monetary Economics*, 13.

────────(1992): "Was the Deflation during the Great Depression Anticipated? Evidence from the Commodity Futures Market," *American Economic Review*, 82.

Hannah, L.(1976): *The Rise of the Corporate Economy: The British Experience*, Baltimore, Johns Hopkins University Press.

Hawley, E.(1966): *The New Deal and the Problems of Monopolies: A Study in Economic Ambivalence*, Princeton, Princeton University Press.

Hobsbawm, E.(1990): *Nations and Nationalism since 1780*, Cambridge, Cambridge University Press.

────────(1994): *Age of Extremes: The Short Twentieth Century*, Pantheon Books.

Holtfrerich, C-L.(1990): "Economic Policy Options and the End of the Weimar Republic" , in I. Kershaw(ed.), *Weimar: Why did German Democracy Fail?*, London, Weidenfeld and Nicolson.

Huertas, T. F.(1984): "An Economic Brief against Glass-Steagall," *Journal of Banking Research*, 15.

James, H.(1986): *The German Slump: politics and economics 1924–1936*, Oxford, Oxford University Press.

Kindleberger, C. P.(1978): *Manias, Panics and Crashes: A History of Financial Crises*, New York, Basic Books.

—————————(1986): *The World in Depression, 1929–39*, 2nd ed. Berkeley, University of California Press.

League of Nations(1936/1938a): *Monetary Review*.

—————————(1936/1938b): *World Production and Prices*.

Lewis, W. A.(1949): *Economic Survey*, London, Allen & Unwin.

Margo, R. A.(1993): "Employment and Unemployment in the 1930s", *Journal of Economic Perspectives*, 7.

Minsky, H.(1982): "The Financial Instability Hypothesis: Capitalist Processes and the Behaviour of the Economy," in C. P. Kindleberger and J. P. Laffargue(eds.), *Financial Crises: Theory, History, and Policy*, New York, Cambridge University Press.

Mishkin, F. S.(1981): "The Real Interest Rate: An Empirical Investigation", in K. Brunner and A. Meltzer(eds.), *Carnegie–Rochester Conference Series on Public Policy*, 15.

Nelson, D. B.(1990): "Was the Deflation of 1929–30 Anticipated? The Monetary Regime as Viewed by the Business Press", *unpublished manuscript*, University of Chicago.

Olney, M.(1989): "Consumer Durables in the Interwar Years: New Estimates, New Patterns," *Research in Economic History*, 14.

Romer, C. D.(1990): "The Great Crash and the Onset of the Great Depression," *Quarterly Journal of Economics*, 105.

—————————(1992): "What Ended the Great Depression?", *Journal of Economic History*, 52.

—————————(1993): "The Nation in Depression", *Journal of Economic Perspectives*, 7.

Schlesinger, A. M. Jr.(1937): *The Crisis of the Old Order*, Boston, Houghton Mifflin.

Schuker, S. A.(1988): "American 'Reparations' to Germany, 1919–33: Implications for the Third World Debt Crisis," *Princeton Studies in International Finance*, 61.

Swados, H.(ed.)(1966): *The American Writer and the Great Depression*, Indianapolis, Bobbs–Merrill.

Temin, P.(1976): *Did Monetary Forces Cause the Great Depression?*, New York, Norton.

—————————(1989): *Lessons from the Great Depression*, Cambridge, Massachusetts, MIT Press.

—————————(1994): "The Great Depression", *NBER Historical Paper*, No. 62, November.

Temin, P. and B. Wigmore(1990): "The End of One Big Deflation," *Explorations in Economic History*, 27.

Triffin, R.(1964): *The Evolution of the International Monetary System: Historical Reappraisal and Future Perspectives*, Princeton, Princeton University Press.

Wallis, J. J.(1984): "The Birth of the Old Federalism: Financing the New Deal", *Journal of*

Economic History, 44.

————(1985): "Why 1933? The Origins and Timing of National Government Growth, 1933–40," Research in Economic History, 10.

————(1991): "The Political Economy of New Deal Fiscal Federalism," Economic Inquiry, 29.

Weinstein, M.(1980): Recovery and Redistribution under the NIRA, Amsterdam, North Holland.

Whatley, W. C.(1983): "Labor for the Picking: The New Deal in the South" , Journal of Economic History, 43.

White, E. N.(1986): "Before the Glass–Steagall Act: An Analysis of the Investment Banking Activities of National Banks," Explorations in Economic History, 23.

Williamson, J. G. and P. H. Lindert(1980): American Inequality: A Macroeconomic History, New York, Academic Press.

Yang, D.(1995): "Recovery from the Great Depression in the United States, Britain and Germany," Seoul Journal of Economics, 8.

제 2 장

미국 · 영국 · 독일의 대공황 회복과정

1. 문제 제기

1970년대 중반 이래 세계경제가 상대적 침체국면으로 돌입하자 1930년대에 대한 경제학자들의 관심이 고조되었다. 이는 대공황 연구가 갖는 현시성 때문이다. 그러나 그들은 대공황의 원인과 성격을 구명하는 데 집중했고, 회복과정에 대해서는 그다지 관심을 기울이지 않았다. 회복국면을 연구하는 학자들도 일단 전환점의 배경을 설명한 뒤 회복은 매우 느리고 불완전한 것이었다고 결론짓는 정도다. 또 기존 연구들은 주로 정부의 정책대응과 그 효과를 다루었다. 그러면서 대개 개별 국가의 몇몇 특정 정책에만 초점을 맞추었다.[1]

여기에서는 미국 · 영국 · 독일이 대공황에서 회복하는 과정을 비교사적으로 분석하려고 한다. 특히 산업간 파급효과를 분석함으로써 다소 소홀히 다룬 주제라고 할 수 있는 유효수요의 구조와 이것이 회복의 성격에 갖는 함의를 집중적으로 살핀다.

우선 각국이 겪었던 공황의 특징을 개괄해 보자. 전간기 미국, 영국, 독

---

[1] 회복과정에 대한 국제 비교를 시도한 사례로는 DIW(1984), 테민Temin(1989: ch.3), 가사이드Garside(ed.)(1993)가 돋보인다.

일의 경제는 다소 서로 다른 경로를 밟았다. 1920년대 미국은 상대적으로 보기 드문 호황을 누렸고 따라서 1930년대 공황을 더욱 혹독하게 겪을 수밖에 없었다. 반면 〈그림 1〉에서 보는 것처럼 영국은 1930년대의 경기하락폭이 상대적으로 작았다. 영국이 1930년대에 경기가 덜 나빴기 때문이 아니라 1920년대에 영국경제가 만성적 불황에 빠져 있었기 때문이다. 다시 말해 이로 인해 침체가 오랜 기간에 걸쳐 분산되어 있었기 때문이다. 이처럼 1920년대 상황이 교차한 것을 흔히 금본위제로 복귀하는 과정에서 파운드화가 과대평가, 달러화가 과소평가된 때문이라고 지적한다. 고평가된 환율을 유지하기 위해 영국은 긴축정책 기조를 유지할 수밖에 없었다. 그 결과 불황과 높은 실업률에 허덕여야 했다. 패전국인 독일은 과중한 전쟁배상부담과 하이퍼인플레이션 등으로 극심한 경기 불안을 겪었다. 〈그림 1〉에서 미국과 영국의 중간 정도에 자리 잡은 독일의 위치는 〈표 1〉의 실업률에 나타나는 독일경제의 실제 파탄상태와 모순이 있다. 독일의 '1920년대 황금기'는 1920년대 영국의 불황과 종종 비교된다 (예를 들어 Broadberry and Ritschl 1994).

산업별로도 차이가 있었다. 전간기 영국경제는 직물, 탄광, 철강 그리고 조선과 같은 전통적 주요산업이 특히 취약했다. 이는 구조조정 실패의 결과를 드러낸 것이다. 미국은 여기에 덧붙여 건축자재, 목재, 기계, 자동차 산업 등이 타격을 받았다. 독일의 경우 불황은 기계설비와 같은 투자재 산업을 포함해서 독일 경제의 모든 부분에 비슷하게 충격을 가했다. "그러므

〈표 1〉					각국의 제조업 실업률						(단위 : %)	
	1927	1928	1929	1930	1931	1932	1933	1934	1935	1936	1937	1938
미국	5.4	6.9	5.3	14.2	25.2	36.3	37.6	32.6	30.2	25.4	21.3	27.9
영국	9.7	10.8	10.4	16.1	21.3	22.1	19.9	16.7	15.5	13.1	10.8	12.9
독일	8.8	8.6	13.3	22.7	34.3	43.8	36.2	20.5	16.2	12.0	6.9	3.2

자료 : Eichengreen and Hatton(1988: 6-7)

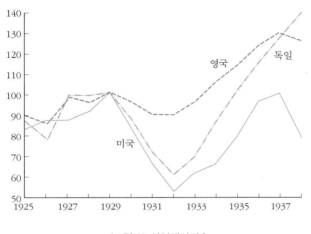

〈그림 1〉 산업생산지수

자료: Temin(1989: 2)

로 '구산업'의 쇠퇴와 관련된, 구조적으로 문제가 있었다는 식의 설명은 독일의 불황에 대해서는 설명력을 갖지 못한다(Balderston 1994: 4)." 이것이 가진 함의는 이하에서 살펴볼 것이다.[2]

자본주의경제에서는 주기적으로 경기변동이 있게 마련이다. 미국 주식시장 붕괴를 시작으로 1929~1930년에 경기가 하강국면으로 반전한 사건도 주기적인 경기변동을 설명하는 여러 이론으로 접근할 수 있다. 그러나 일단 시작한 하강국면이 왜 그렇게 극심한 공황으로 치닫고, 경기가 왜 그렇게 오랫동안 불황의 늪에서 헤어나지 못했는지를 설명하기란 그리 단순하지 않다. 대공황을 초래한 직접적 원인이 무엇인가? 이에 관해서 통화주의자들과 그에 대립하는 논자들 간의 오랜 논쟁이 있었다. 이후 이 논쟁은

2 이것은 1933년 산업별 실업통계에 근거한다. *U. K. Ministry of Labour Gazette*(1933: 256-7, 414-5); *Statistik des Deutschen Reichs*(1933: 2), Balderston(1994: 3), 〈table 1.2〉를 참조. 미국에 대한 통계는 U. S. Bureau of Census, *Abstract of the 15th Census*(1933: 478-82)에서 구할 수 있다. 아울러 U. S. Department of Commerce, *Survey of Current Business*(1934)의 각호 참조.

일시적인 휴전상태에 이른 것으로 보인다. 그런데 여기에 새로운 차원이 부가되어 거시경제학적 해석에서 새로운 관점들이 시도되고 있다. 그럴 뿐 아니라 국제적인 파급효과가 점차 분석대상으로 부각되었다.

대공황 연구를 개관한 한 논문이 지난 20여 년 동안의 문헌들에서 성공적으로 도출한 대공황의 '일관된 모습'은 다음과 같다. 즉 이들 연구는 1930년대 공황을 제1차 세계대전과 1920년대에 걸친 경제의 구조적 변화와 연결짓는 데 성공하였다. 미국에서 내구재 생산팽창과 노동시장의 경직화, 한편 국제통화제도의 취약성, 국제결제방식이 점차 미국의 대부에 의존하게 된 점 등이 충분히 검토되었다. 이러한 상황에서 미국 긴축통화정책의 파급효과가 치명적이었다는 사실도 부각되었다. 특히 각국은 금본위제에 얽매어 있어서 긴축정책을 추구할 수밖에 없었다. 따라서 투자수요와 내구재수요도 감소했다는 것이다(Eichengreen 1992a, 1992b).

〈그림 1〉과 〈표 1〉이 보여 주는 것처럼, 세 나라 모두 1932년에 최저점을 지난 이후 회복국면으로 돌아섰다. 독일은 특히 회복이 빨랐다. 설령 초기의 실업률 감소치 중 일부가 통계적 조작 때문일 수 있음을 감안한다 해도 이 현상을 설명하기가 쉽지 않다(Silverman 1988, Buchheim 1994).[3]

대공황의 원인이 위의 설명대로라면, 경기회복의 원인은 당연히 금본위제 포기, 팽창정책 실시 그리고 유효수요 팽창 등에서 찾아야 할 것이다. 다시 말하면 국내에서 팽창적 재정·금융 정책을 쓰고, 대외적으로 관세정책, 외환정책을 쓴 덕에 경기가 회복국면으로 접어들 수 있었다. 이 모든 요인이 경제의 자생적 회복능력(예를 들어 가격과 임금하락)을 강화했을 것이다. 이러한 힘들이 동시에 서로 작용하여 총수요를 증대시켰다.

---

3 등록된 실업자 수는 1933년 1월 600만 명에서 1934년 1월 380만 명으로 감소하였지만, 총실업에 대한 한 추계(Willi Hemmer 1935)에 따르면 '보이지 않는(unsichtbar)' 실업, 준(quasi-)실업을 포함할 때 760만 명에서 600만 명으로 훨씬 느리게 감소했다고 한다(Buchheim 1994: 106).

아울러 이 글은 수요증대의 크기뿐 아니라 수요구성이 어떠했는지가 회복의 건전성과 지속가능성 여부를 결정한다는 데 주목한다. 대공황 당시 실업대책으로 실업자들을 모두 거리의 사과장수로 활용하자든지, 구덩이를 팠다가 다시 메우는 작업에 고용하자든지 하는 농담들이 회자했다. 그러나 이것들이 당시처럼 광범위하고 구조적인 불황에 대한 대책은 될 수 없었다. 그런 형태의 수요 자극 효과는 기껏 실업보상 등 몇몇 정부에서 시도된 이전지출 정도였다.

여기에 모두 것을 충분히 해결할 수는 없겠지만 앞으로 다루게 될 주제들은 다음과 같다. 팽창적인 금융정책과 재정정책의 총체적 효과는 어느 정도인가? 그 전달경로는 어떠하였는가? 연쇄효과나 유발효과가 큰 부분은 어떤 것들이었으며, 실제 투자가 이들 부문에 집중되었는가? 어떤 부문이 가장 침체되었는가? 이들 부문에서 경기 회복과 고용 증대를 위한 정책조치가 취해졌는가? 이러한 요인들이 우리가 다룰 세 나라에서 어떻게 달랐는가?

이 글의 구성은 아래와 같다. 2절에서는 미국, 영국, 독일의 거시경제정책과 그 성과를 추적한다. 3절에서는 투입산출분석을 도입, 세 나라의 회복과정에서 이루어진 투자 배분을 평가하는 데 적용할 것이다. 마지막 절에서 정책대안에 대한 논의를 살피고 대공황에서의 회복이 어떤 성격의 것이었는지에 대한 심도 있는 연구가 필요함을 제시할 것이다. 비교사적 개괄을 위해 기존 연구들을 종합하는 서술방식이 될 것인 이 부분도 이 글에서 중요한 몫을 차지할 것이다. 4절에서는 이제까지 경시되었던 면모들, 즉 수요구조나 투자배분 등이 회복과정에 대해 가지는 함의를 살피고자 한다.

2. 정책과 성과

미국에서는 대공황에서 회복된 요인을 거시적인 유효수요확장정책에서 찾는 것이 전통이었다. 그러나 실제 재정수지가 아닌 '완전고용흑자' 개념에서 볼 때 재정정책은 1930년대를 통틀어 계속 흑자재정기조였다. 즉 팽창적 재정정책은 '그 결과가 미미해서가 아니고 정책자체를 시도하지 않았기 때문에' 성공적인 회복방안이 되지 못했다(Brown 1956: 863).[4] 연방정부의 공공사업들은 정치적 목적을 달성하기 위해 오히려 자원배분을 왜곡했을 가능성이 있다는 연구까지 있다(Wright 1974, Anderson and Tollison 1991).

금융정책의 효과에 대해서는 대체로 긍정적 평가다. 물론 연방준비위원회가 1933년 이후에도 공개시장매입이나 재할인율인하 등의 방식을 써서 본원통화를 증가시키는 데 소극적이었다는 비난이 없지 않다(Friedman and Schwartz 1963: 511-4). 그러나 1933~1937년에 통화량(M1)이 연평균 거의 10퍼센트씩 증가한 것도 사실이다. 이처럼 통화량이 높은 비율로 계속 증가한 것은 1930년대 초 금융공황의 여파로 통화승수가 감소한 것을 감안하면 본원통화가 같은 기간 연율 10퍼센트 이상 증가한 데 기인한다. 연방준비위원회의 적극적인 노력이 없었는데도 본원통화가 급증한 것은 1933년 미국이 금본위제를 이탈하고 달러화를 평가절하한 이후 금이 계속 유입되었기 때문이다. 또한 정치적 상황 때문에 유럽자본이 많이 유입되었다.

---

4 완전고용예산은 경제가 완전고용상태에 있을 때 정부지출과 조세수입이 어떨지를 보여 준다. 당연히 실제 예산보다 이전지출이 더 적고 세금수입이 더 많을 것이다. 페퍼스 Peppers(1973)는 수정된 추계를 제시하고 그로부터 더 강한 결론을 도출하였다. 하지만 레나간Renaghan(1988)은 '가중표준흑자(weighted standardized surplus)' 개념을 이용, 이들이 추계한 재정정책의 긴축적 효과가 과장되었다고 지적하였다.

통화량이 증가함과 동시에 명목이자율이 낮아졌다. 상업어음할인율이 1933년 한 해에만 2.63퍼센트에서 1.25퍼센트로 떨어졌고, 1934년 이후에는 거의 제로에 가깝게 되었다. 회사채 수익률도 신용평가순위에 따라 약간씩 다르기는 하지만 1933~1936년 동안 4.5퍼센트 수준에서 3.2퍼센트 수준으로 하락했다. 통화를 팽창시키면 이자율이 하락하여 유효수요를 증대시킨다는 전달메커니즘을 생각해보자. 투자에 대한 지출을 결정하는 데는 명목이자율보다 사전적(*ex ante*) 실질이자율이 더 결정적 요인이다. 따라서 이것을 구해야 한다. 둘 사이에 괴리가 생기는 것은 물가상승 또는 하락에 대한 기대가 작용하기 때문이다. 물가변동에 대한 기대가 어떻게 형성되는지의 문제는 아직 만족할 만큼 풀리지 않고 있다. 최근에 추계된 사전적 실질이자율은 1933년에 급격히 하락했고, 1937년까지 지속적으로 떨어져 마이너스 값을 보였다.[5] 이자율 하락은 고정자본투자와 내구소비재 수요를 자극하여 1933년부터 경기회복을 주도하였다. 잇달아 기타 소비재나 서비스에 대한 수요도 증대하였다. 이와 같이 유효수요증대는 재정팽창에서 온 것이라기보다 통화량증가로 인한 이자율하락에 기인한 것이었다. 그렇다면 전쟁의 효과도 달리 해석되어야 할 것이다. 즉 군비지출 때문에 통화가 팽창한 것이 아니라 그보다는 전쟁발발 전 유럽에서 자본이 유입되었기 때문으로 이해해야 한다(Romer 1992).

이제 뉴딜 정책을 살필 차례다. 일반적으로 뉴딜의 정책들은 구호대책(relief), 경기부양책(recovery), 개혁조치(reform), 세 범주로 구분된다. 뉴딜에 대한 학자들의 견해는 각양각색이다. 흔히 구호대책은 적어도 당면

---

5 이 방법은 미시킨Mishkin(1981)이 처음 시도한 것으로, 사전적 실질이자율과 사후적 실질이자율의 차이가 예상되지 못한 인플레이션이라는 관계에 착안하여 사후적 실질이자율을 금융적·산업적 정보를 나타내는 같은 기간과 시차를 둔 여러 변수에 회귀한 후 회귀식에 의거한 예측치를 사전적 실질이자율로 간주한다. 최근의 추계결과는 로머Romer(1992: 778 〈그림8〉) 참조.

목표를 달성했다고 할 수 있고, 개혁조치는 호불호好不好를 떠나 장기적·제도적 효과를 가졌으나, 경기부양책은 그다지 성공하지 못했다는 평가를 받는다.

우선 산업부흥법(NIRA)을 보자. 이것은 노동시간을 주당 35시간 내지 40시간으로 제한하고 시간당 40센트의 최저임금을 보장하며, 노동조건을 개선하고, 상대적으로 숙련도가 낮은 고령자와 연소자를 우선 보호하며, 아동노동을 통제할 것 등을 규정했다. 평소라면 모르겠지만 대공황기에는 이와 같은 입법이 적절하지 않았다. 즉 이 법은 미숙련노동자의 임금을 인상시켜 전반적인 임금인상의 요인만 높였다. 또한 노동시간을 단축시킴으로써 비효율적 노동자의 고용을 증대시켰다. 결국 노동비용만 높이는 결과를 낳았다. 최저임금제 시행 덕분에 미숙련노동자의 임금이 인상되자 전반적 임금수준이 상승하였다. 이 법은 나중에 미연방재판소에서 위헌판결을 받았다. 하지만 그때까지 산업부흥법은 실업률을 2년 만에, 산업부흥법이 없었다고 가정했을 때에 비해 무려 5퍼센트나 늘려 놓았다는 추계가 있다(Weinstein 1980: ch.4). 농업부문에서도 정책실패의 예가 확인된다. 농업조정법(AAA)은 주로 과잉생산과 수요부족의 문제를 해결하는 데 역점을 두었다. 이를 위해 경작지를 감축시키고자 신용축소정책을 썼다. 그 결과 소작농은 임금 노동자가 되거나 농촌에서 축출되었다. 이것은 산업공황을 오히려 깊게 만들었고 오랫동안 억압되었던 사회문제를 드러냈다(Whatley 1983).

미국의 뉴딜정책을 대공황이 탈피하는 기점으로 삼는 설도 많다(Chandler 1970: ch.8, Fearon 1987: part 3). 그러나 위에서 살펴본 것처럼 개별정책에 대한 평가는 회의적이다. 이에 대하여 생소하지만 설득력 있는 논지를 펴는 학자들이 있다. 뉴딜이 대공황이 지속될 것이라는 민간기대를 반전시키는 '체제적 변화(regime change)'를 가져왔다는 것이다. 정책수단들의 일관성이 부족한데도 뉴딜정책은 기업가들의 신뢰를 되살렸고, 투자지출의 증대를 끌어냈다(Temin and Wigmore 1990). 아울러 뉴딜정책은 정부의 예산규모를 확대시켰다. 또한 주정부, 지방정부에 비해 연방정부의 비중을 늘렸다. 대공황에 대한 긴급대책으로 정부지출이 폭발적으로 팽창하였고, 뉴딜 이후 국민총생산에서 정부지출이 차지하는 비중도 지속적으로 증가했다(1920년대에 약 12퍼센트이던 것이 뉴딜 기간에 20퍼센트 이상으로 증대되었다. Wallis 1985). 이제 정부가 경제와 사회의 안정에 책임을 져야 한다는 사고방식이 자리잡게 되는 계기가 된 것도 부인할 수 없을 것이다.

영국의 경기회복을 설명하는 가설들은 다양하다. 1931년 금본위 이탈과 파운드화의 평가절하, 신용팽창에 따른 이자율 하락과 투자증가, 1932년의 일반관세도입과 장기자본수출의 규제, 투자수익률에 대한 기업가들의 낙관적 기대, 주택건설호황, 직물, 철강, 조선 등 구산업의 침체와 대비되는 전기, 화학, 자동차 등 신산업의 급속성장 그리고 1935년 이후 지속적으로 증가하는 군비지출 등이 경기회복에 기여한 것으로 꼽히고 있다(Winch 1969, Alford 1972).

거시정책부터 살펴보자. 맥밀란 위원회에서 적극적으로 활동하던 케인스는 1930년에 이미 유효수요 진작을 위해 공공사업을 추진해야 한다고 주장했다. 그러나 당시에는 균형재정의 원칙이 재무성을 지배하였다. 이에 따라 적자재정을 운영하여 정부지출을 증대시키는 일은 이루어지지 않았다. 오히려 재정지출은 보정적이 아니라 순순환적(pro-cyclical)으로 움직였다. 또한 국민총생산에서 차지하는 재정규모 자체도 1935년까지 하락세였다. 따라서 재정정책은 경기회복에 기여한 바가 전혀 없었다는 결론이다(Richardson 1967).[6] '불변고용-재정구조'의 개념으로 보면 대공황 발발 후 1933~1934년에 흑자가 빠르게 누적되었다. 그 이후 재정긴축도가 낮아지기 시작하여 재무장전비지출이 급증할 때에야 적자재정으로 돌아섰다(Middleton 1981). 그러나 실업문제를 해결하기 위해 적자재정을 통한 공공사업을 실시한다고 해 보자. 당시에 실업자 수는 300만 명이 넘었다. 이 실업자들을 고용할 만한 유효수요를 창출하기 위해서는 재정지출 규모를 엄청나게 늘려야 했을 것이다. 투자승수의 값을 낙관적으로 크게 잡는다고 하더라도 공채관리에 허덕이고 있던 정부로서는 정치적, 행정적으로 불가능했을 것이다. 승수효과가 경기침체와 실업문제가 심한 산업이나 지역에 집중되어 나타났을 것인지에 대해서도 회의적이다(Glynn and Booth 1983).

맥밀란 위원회에서 케인스가 주창한 둘째 경기대책은 보호무역이었다. 실제로 채택된 이 정책은 관세를 도입하여 국제수지를 호전시키고 교역조건을 높이자는 내용으로 되어 있다. 이로써 영국은 유효수요증대와 고용창출을 위해 1840년대 이후 계속 굳게 지켜오던 자유무역주의를 포기하였다. 1932년에 영국은 거의 모든 제조업 제품 수입에 10퍼센트 일반관세를 부과했고 이후 상당품목에 대해 관세율을 인상했다. 일반관세 도입으로 대외적으로는 기존 교역상대국에서 수입하던 상품을 영연방국에서 수입함으로써 상대적으로 불리한 결과를 낳았다. 그것은 기존 교역대상국의 보복적 보호주의 정책을 심화시킨 면이 있는 반면 총수입액을 줄이는 효과가 컸다. 국내적으로는 영국제품 수요를 늘리고 보호된 산업에 대한 투자를 촉진했다. 이는 단기적으로 유효수요를 증가시켜 승수효과에 의해 소득을 증대시키는 효과를 낸다. 일반관세 도입으로 파운드화의 평가절하와 함께 제조업 제품 수입성향을 떨어뜨리고 수입대체산업의 경쟁력을 높였다. 이런 과정에서 일반관세 도입이 평가절하보다 더 중요한 역할을 수

---

6 재무성 견해는 정부지출이 민간투자와 경쟁한다는 '구축효과'를 강조하고 있으나 이에 덧붙여 균형재정의 유지가 정부정책에 대한 민간의 신뢰를 유지하여 투자심리를 안정케 한다는 설명도 포함한다.

행했다는 주장도 돋보인다(Kitson and Solomou 1991: ch.4). 일반관세는 또한 보호율이 낮은 산업부문에서 높은 부문으로 자원을 재배분하는 효과를 갖는다. '실효보호율'을 계산한 연구들에 따르면 직물, 자동차, 화학, 비철금속, 유리제품 등이 보호를 많이 받았다. 철강, 조선, 판유리, 전기 등은 비교적 보호를 받지 못한 산업이었다(Capie 1978).[7]

영국에서 경기회복에 가장 중요한 정책결정은 미국과는 달리 급박한 상황으로 인한 금본위제 이탈일 것이다. 1931년 9월 금본위제 대신 변동환율제를 채택함과 동시에 파운드화는 평가절하되었으며, 수출증가, 수입감소, 고용증대를 통하여 영국경제는 개선되었다. 금본위에서 이탈하자 영국정부는 금융정책을 독자적으로 수행할 수 있게 되었다. 영국은 이제 대외균형을 유지해야 하는 부담에서 벗어나 금융정책을, 국내경기를 호전시킬 방책으로 사용할 수 있게 된 것이다. 이것이 금본위제 이탈의 가장 큰 효과였다. 또한 자금을 싸게 공급하기 위해 이자율도 인하했다. 이는 국공채 이자부담을 줄여 균형재정을 유지하려는 재무성의 전통적인 정책의 일환으로 이해할 수 있다. 그러나 금리인하는 민간산업의 회복을 가능케 한 직접적인 요인으로도 작용했다. 중앙은행의 재할인율이 1932년 2월~6월에 6퍼센트에서 2퍼센트로 인하되어 1939년까지 이 수준에 머물렀다. 장·단기 이자율도 비슷한 추이를 보였다. 이자율이 급속히 하락하자 전반적으로 투자지출이 늘면서 이것이 경기회복을 주도했다. 당시 투자수익률에 대한 기대심리가 호전된 것도 투자증대에 중요했다.

---

7 킷슨Kitson, 솔로무Solomou와 윌Weale(1991)은 약간 다른 결과를 보고하고 있다. 즉 철강이 상당 정도 보호를 받았고 항공기, 주류, 담배 등이 보호를 덜 받은 상품에 포함된다는 등이다. 미국의 경우에도 1930년의 스무트-홀리Smoot-Hawley 관세의 효과에 대한 분석이 많다. 아마도 수입의존도가 낮은 미국은 관세의 경기회복효과가 미미했을 것이다. 흔히 인근궁핍화정책으로 알려진 이 관세와 경기회복과의 관련성에 대한 문헌검토와 실효보호율 추계에 대해서는 헤이포드Hayford와 퍼서카Pasurka(1991), 김두얼(1994) 참조.

주택조합(building society)의 신규대부 이자율도 하락하여 주택건설 호황에 한몫했는데, 이 주택건설 호황이 경기회복에 가장 큰 역할을 담당했다. 당시 GDP(국내총생산)의 약 3퍼센트를 차지하는 정도이던 건축산업은 1933~1934년 동안 GDP 성장에 17퍼센트 기여했다. 간접적인 효과까지 포함한 고용창출 효과는 1932~1935년 동안 증가분의 30퍼센트 정도로 추계된다. 이를 근거로 당시 경기회복에서 주택건설의 중요성이 강조된다 (Worswick 1984). 그러나 당시 주택건설은 새로운 산업의 입지인 남부, 동부, 중부에 집중되었다. 다시 말해 전통적 산업인 석탄, 직물, 철강, 조선 등이 침체되어 실업의 폐해가 가장 컸던 북부나 웨일즈 지역에까지 파급 효과를 준 것은 아니었다.

이러한 주택건설 호황의 지리적 분포는 자동차, 화학, 정밀기계와 같은 신산업의 급속한 성장을 반영한 것일 수도 있다. 그래서 신산업의 성장이 회복을 이끌었다는 주장들도 있다(Richardson 1962, Aldcroft 1986: ch.6). 그러나 그때까지 이들 산업이 경제 전체에서 차지하는 비중은 20퍼센트에 미치지 못했다. 신산업의 중요성은 지나치게 강조된 것으로 판단된다 (Buxton 1975, von Tunzelman 1982).

독일의 경기는 어떻게 회복되었는가. 이는 1933년 1월에 있었던 국가사회주의(나치) 정부의 등장이라는 정치 변화와 연관시킬 것이냐의 여부에 대한 논쟁 때문에 양상이 사뭇 다르다. 하지만 미국, 영국에 관해 살펴보듯이 비슷한 순서에 따라 유효수요조건을 살펴보자. 1932/33년 이후에 수요가 팽창한 것은 주로 공공지출 증가와 투자촉진정책 때문이었던 것으로 설명된다.[8] 이전 내각들의 정책대안을 이어받아(Schneider 1986), 나치는

___

8 헤닝Henning(1973)의 자료는 1932년 여름에 회복의 기미가 뚜렷해짐을 보여 주는데, 이는 고용창출프로그램과 특히 조세감면을 실시하기 시작한 파펜Papen 내각의 등장과 함께 전환점이 닥쳐옴을 암시한다. 그러나 이러한 회복은 부분적이었고 '좌절되었으며(aborted)', 경

<table>
<tr><td>〈표 2〉</td><td colspan="9" align="center">독일의 공공지출, 민간투자, 금융통계</td><td>(단위 : 10억 RM)</td></tr>
</table>

	1928	1932	1933	1934	1935	1936	1937	1938
(1) 총공공지출	23.2	17.1	18.4	21.6	21.9	23.6	26.9	37.1
건설	2.7	0.9	1.7	3.5	4.9	5.4	6.1	7.9
재무장	0.7	0.7	1.8	3.0	5.4	10.2	10.9	17.2
교통	2.6	0.8	1.3	1.8	2.1	2.4	2.7	3.8
고용창출	–	0.2	1.5	2.5	0.8	–	–	–
(2) 제조업·광업에의 민간투자	2.6	0.4	0.6	1.1	1.6	2.2	2.8	3.7
(3) 국민총생산	88.1	56.7	58.4	65.5	73.1	81.2	90.9	100.2
제국은행 신용	2.9	3.4	4.0	5.0	5.4	6.1	6.6	9.4
금융기관 총신용	50.3	53.5	54.1	58.2	62.7	63.7	67.4	79.2
제국은행 화폐유통	4.9	3.5	3.6	3.9	4.3	5.0	5.5	8.2

주 : 연방 및 지방정부 합계
자료 : 1) Overy(1982: 50)
　　　 2) *Statistisches Jahrbuch für das Deutsche Reich*(1938: 564)
　　　 3) Deutsche Bundesbank(1976: 7, 14, 18)

산업투자, 건설 그리고 고용 프로그램에 대한 정부의 직접지출 수준을 높이는 전략을 썼다(〈표 2〉 참조).[9] 그 뿐만 아니라 정부는 수의계약, 조세감면, 배당금 지급을 억제하는 정책 등 여러 방식을 통해 민간투자를 장려하고 통제했다.

　독일의 공공지출 증대를 분석할 때도 '완전고용·예산구조(high employment budget)' 개념이 사용되었다. 콘Cohn(1992)은 완전고용·예산을 추정하여 "재정정책은 1933년부터 해마다 더욱 팽창되어 갔다. … 재정정책은 히틀러가 권좌에 오르기 전까지는 팽창적인 방향으로 전환되지 않았

제는 곧 다시 침체로 빠져들었다(Temin 1989: 102). 전환점에 대한 논쟁은 여기서 다루지 않기로 한다.
9　오버리Overy(1982)의 통계에는 서로 모순되는 점이 있다. 특히 〈표10〉, 〈표12〉, 〈표13〉이 일관되지 않고, 〈표8〉, 〈표9〉는 더욱 의심스러운데, 〈표8〉(p.35)에 대한 그의 설명은 말할 나위조차 없다. 나는 본문의 〈표2〉에 자체로서는 일관성 있는 수치들만을 제시하였다. 비록 이 값들이 약간 부정확할지라도 글의 논리에 문제가 되지는 않는다.

다(p.335)."라는 사실을 밝혔다. 그러나 비록 고용창출 프로그램과 이후의 재무장 지출이 정부지출 확대에 기여하긴 했지만, 이런 움직임은 '덜 긴축적인' 방향이었을 뿐이고, 1935년까지 "재정정책은 아직도 전반적으로 긴축적이었다(Cohn 1992: 337과 〈표 4〉)."[10] 비록 제3제국 내내 정부지출이 계속 증대했지만 국민생산에서 차지하는 비중은 대개 1930~1932년과 유사한 30퍼센트 수준을 일정하게 유지했다(〈표 2〉 참조). 세율은 브뤼닝Brüning 내각 시기의 수준에서 거의 변하지 않았다. 조세감면이 잘 이루어지면 중요한 효과를 낼 수 있었겠지만 현실적으로는 그럴 수 없었다. 이 부문은 제한된 영역에서만 작용했다. 재정적자는 언제나 다소 보수적인 방식으로 메워졌다. 1933~1939년 기간에 비정규적인 정부지출의 약 80퍼센트가 세금과 장기차입으로 충당되었다. "그러므로 정부는 독일경제가 회복되기 시작할 때 거기에 단순히 참여하고 있다는 데 만족하였다.(James 1986: 372)."[11]

하지만 〈표 2〉의 정부지출구조를 살펴보자. 정부는 고용창출 조치만으로 경기회복에 시동을 건 것이 아니었다. 재무장, 건축, 모토리지룽Motori-sierung 등을 포함한 정부지출 전체의 총체적 효과가 넓은 범위에서 침체를 저지했던 것이다. 공공지출의 구성이 갖는 함의는 다음 절에서 논의할 것이다. 여기서는 민간투자에 영향을 미친 정책들을 살펴보자.

앞에서 미국과 영국이 평가절하를 하고 국내에서 팽창정책을 실시할 수 있게 된 것을 보았다. 이에 비해 독일은 자국 경제를 외부와 차단(아우타르키Autarky)하기 위해 외환을 통제하는 방식을 선택했다. 1932년에 배상문제가 해결되면서 이 역시 정책 선택의 폭을 넓혀 주었다. 드디어 독일이

---

10 1925~1934년의 '완전고용예산'에 대한 더욱 최근의 계산 결과 역시 1930년대 내내 흑자재정이었음을 보여 준다(Tilly and Huck 1994: 86).
11 여기서 제임스James는 고용창출을 위한 특별조세감면의 효과를 지나치게 과소평가하는 듯하다. 나치의 조세정책기조에 대해서는 헤닝Henning(1994)을 참조.

의도적으로 긴축정책을 고수해야 할 이유가 없어졌다. 하지만 통화팽창이나 값싼 자금공급이 즉각 이루어지지는 않았다. 1933년 10월까지도 제국은행(Reichsbank)은 국채를 재할인하거나 공개시장조작을 실시하지 않았다. 단지 세금증서와 소위 메포 채권(Mefo Wechsel)이라는 위장된 형태의 정부부채를 할인하는 데 그쳤다.[12] 중앙은행을 통해 본원통화가 얼마가 증대되었던 간에 1933년 한 해 만에 재할인율은 7퍼센트에서 4퍼센트로 하락했다(Deutsche Bundesbank 1976: 278). 정액이자율증권(fixed interest security)의 수익률은 1935년 4월의 '4퍼센트 차환' 때까지 높은 수준으로 유지되었는데, 이때에는 공채시장을 활성화하기 위해 산업채권이나 주식의 신규발행이 제한되었다. 그래서 각 기업은 필요한 자금을 유보이윤으로 충당해야 했다. 이는 전전과 뚜렷이 대조되는 양상이었다(예를 들어 Guillebaud 1939: ch.2).

이러한 특징은 〈표 2〉에서 뚜렷하다. 제국은행의 신용공급은 1932~1936년에 80퍼센트 증가했다. 이에 비해 금융기관 전체의 신용은 19퍼센트 증대하는 데 그쳤다. 1931년 은행공황 이후에는 유동성 창출에서 은행부문 고유의 역할이 '얼어붙어 있었다(einfrieren)'(Irmler 1976: 325). 독일에서 은행 부문의 기능이 오랜 기간 정상적으로 작동하지 못하고 침체되어 있었던 것은 널리 알려진 사실이다(Wolfe 1955: 401, Hardach 1984, Balderston 1991).

---

12 고용창출프로그램은 장래에 특정한 세금을 납부하는 데 사용할 수 있는 세금증서(Steuergutscheine) 판매를 통해 자금의 상당 부분을 조달하였는데, 이 증서는 그 기간 동안 은행을 통해 할인할 수 있었다. 1932년 8월에서 1935년까지 17억 RM(라이히스마르크 Reichsmark, 1924년~1948년 독일 통화단위)를 발행키로 계획했으나 실제액수는 이보다 훨씬 못 미치는 것으로 알려졌다(Irmler 1936:319-320). 메포Mefo(Metallurgische Forschungsgesellschaft mbH)는 무기를 구입한 뒤 채권발행을 통해 대금을 지불하기 위해 정부가 설립한 기관으로, 이 채권은 제국은행을 통해 할인할 수 있었다. 1933~1937년 동안 발행된 메포 채권의 총 규모는 121억 RM으로 추정된다(Hansmeyer and Caesar 1976: 392).

그러나 통화 공급이 커지자 민간부문의 유동성도 늘었다. 이자율 하락은 산업부문의 부채비용을, 궁극적으로는 채무액을 경감시켰다. 비록 이러한 특혜가 특정부문에 한정되긴 했지만 정부의(지나치게 높은 감가상각률 허용조치를 포함한) 조세감면, 가격과 임금통제 그리고 6퍼센트의 배당률 상한설정 등 또한 민간 기업의 이윤조건을 호전시키고 내부금융을 통한 투자를 촉진했다.

독일 민간부문투자에 취해진 이례적 조치들이 성공할 수 있었던 것은 낙관적 심리상태 혹은 1933년의 '정책체제(policy regime)' 변화 때문이었을 수도 있다(Fischer 1968: 66, Temin 1989: ch.3). 이와 극단적으로 대립되는 다른 견해는 경기회복이 대부분 자생적인 것이었다고 주장한다. 즉 히틀러의 정책은 건전하고 '정상적인' 경기상승 혹은 '실질적으로 더 건강한 성장(wesentlich gesunderes Wachstum)'을 저해했다(James 1993: 81, Buccheim 1994: 111)는 것이다. 후자의 주장은 1933년 말~1934년 초의 소비증대를 근거로 삼는다. 그러나 민간소비가 국민생산에서 차지하는 비중을 연도별로 살펴보기만 하더라도(1932년 88.5퍼센트, 1933년 80.5퍼센트, 1934년 76.6퍼센트. Hoffman 1965: 826), 이 현상은 그저 잠시 생겨났다가 없어져 버렸으리라는 것을 알 수 있다.

위에서 살펴본 세 나라의 경험을 종합해 보자. 우선 평가절하나 외환통제 방식으로 팽창정책을 가로막고 있던 외적 제약이 제거되었다. 그리고 투자가 추진되면서 이것이 경기회복의 길을 열었다. 또한 다양한 정책들에 힘입어 상승방향으로 전환된 자연적인 경기변동경향이 강화되었다. 민간과 정부 양쪽 모두 이러한 투자들을(주택건설이 투자로 분류되는 데 비해 회계 관습으로 보아 소비로 분류되는) 내구소비재를 포함하여 건설과 산업부문들에서 추진하였다. 정책의 실시시기, 의도, 내용은 나라마다 달랐다. 아울러 공황의 성격도 서로 달랐기 때문에 회복도 서로 다른 경로로 진행되었다.

3. 투자배분

어떤 산업부문의 투자수요 증가는 그 부문의 생산과 고용만 늘리는 것이 아니라 파급효과를 통해 관련부문의 생산과 고용 증대도 가져온다. 예를 들어 토목·건설 부문의 생산증대는 철근, 시멘트, 목재의 생산을 자극하고, 철근생산은 다시 철광, 코크스, 석회석 등의 수요를 증대시킨다. 어떤 부문의 최종수요 한 단위가 유발하게 되는 총생산을 생산유발계수(sectoral multiplier)라고 하는데, 이것은 특정 부문에 대한 투자가 산업 전체의 생산을 증대시키는 데 얼마나 효과적인지를 보여 준다. 이 승수값은 투입산출표를 이용해서 체계적으로 구할 수 있다. 이 표의 각 수치들은 재화와 용역의 가치를 나타내는 것으로, 행行(가로)으로는 어느 부문에서 생산되었는지를, 열列(세로)로는 어느 부문의 제품생산에 사용되었는지를 보여 준다. 열 단위로 각 부문별 수치를 정규화하면 투입계수행렬 A를 얻을 수 있고, 이로부터 레온티에프 역행렬$(I{-}A)^{-1}$을 구할 수 있다. j부문의 생산유발계수는 레온티에프 역행렬에서 j열의 계수를 합한 것$(\sum_i \gamma_{ij})$이다. 각 원소(rij)는 j부문의 최종수요가 한 단위 증가했을 때 i부문에서 직접적 혹은 간접적으로 유발된 총생산을 나타낸다. 그러므로 j열 합계는 모든 산업부문에서 유발된 총생산을 합한 셈이 된다. 고용유발계수는 역행렬의 각 원소(rij)와 생산물 한 단위당 요구되는 노동투입을 나타내는 노동투입계수(li)를 곱한 것을 열 단위로 합해서$(\sum_i \gamma_{ij} l_i)$ 계산해 낼 수 있다. 이 값은 j부문의 최종수요가 한 단위 증가할 때 총노동수요가 얼마나 유발되는지를 보여 준다.

	생산		고용(man year)	
	미국	영국	미국 (천 달러당)	영국 (천 파운드당)
1. 농림업, 수산업	1.9037	1.5169	1.11	3.7
2. 석탄, 코크스	1.9768	1.2439	0.45	5.3
3. 광업, 비금속	1.9476	1.4057	0.32	3.3
4. 화학, 섬유	2.0912	1.5079	0.27	2.0
5. 철강제품	1.7919	1.6252	0.34	1.9
6. 비철금속	2.1007	1.3948	0.22	1.7
7. 조선	1.6570	1.7575	0.39	3.3
8. 기계	1.5493	1.6384	0.29	3.6
9. 전자기계	1.8538	1.6171	0.32	3.5
10. 자동차	2.5616	1.8820	0.35	3.2
11. 항공	1.5186	1.5245	0.31	2.6
12. 철도	1.7233	1.6504	0.31	3.0
13. 방직, 방적	1.9276	1.8510	0.51	4.1
14. 의류	2.3033	1.8609	0.53	4.7
15. 가죽, 피혁	2.1166	1.6754	0.46	3.1
16. 식품가공	2.1833	1.4527	0.52	1.6
17. 목재	1.9768	1.4612	0.49	3.5
18. 제지	2.0216	1.3806	0.34	1.6
19. 출판	1.7340	1.3480	0.34	3.1
20. 고무	1.7171	1.4665	0.29	자료 없음
21. 기타 공업	1.6784	1.5731	0.33	자료 없음
22. 건축	1.8963	1.6071	0.27	3.4
23. 가스, 수도, 전기	1.5339	1.5464	0.25	2.3
24. 서비스	1.4489	1.2167	0.36	3.0
평균	1.8839	1.5502	0.39	2.9

자료 : 본문과 부록 참조

1939년 미국의 투입산출표와 1935년 영국의 투입산출표(Leontief 1951, Barna 1952)를 이용해서 24개 통합부문의 생산유발계수와 고용유발계수를 계산한 결과가 〈표 3〉이고, 레온티에프 역행렬은 부록에 제시하였다.[13] 유감스럽게도 1930년대 독일 경제의 투입산출표는 아직 작성되지 않았기 때문에, 정식 논의는 미국과 영국에 관한 것에서 시작하고자 한다. 편의상 앞으로의 논의는 생산효과에 한정할 것이다. 물론 고용효과 역시 비슷한 방식으로 쉽게 분석할 수 있다.

영국에서는 직물, 철강, 조선 등 구산업의 승수가 높은 편이었다. '신산업'에서 승수는 자동차를 제외하고는 높지 않았다. 반면 미국에서는 자동차와 함께 화학, 비철금속과 같은 신산업의 승수들이 직물, 가죽·피혁, 식품 산업과 아울러 높게 나타났다. 모든 산업의 단순평균치로 보아 산업부문 간 상호의존도는 미국이 더욱 높았다. 즉 특정 산업에 투자가 증대했을 때 총산업에 파급되는 효과가 더 크다는 것을 보여 준다. 당시 영국경제는 수입의존도가 미국보다 높았다. 그래서 2차적인 생산증가 효과 가운데 많은 부문이 해외로 유출되었을 것이다.

부문별 생산유발계수는 대공황 회복기의 투자배분을 평가하는 데 활용할 수 있다. 번스틴Bernstein(1987: 115-8)과 파인스틴Feinstein(1965)의 산업별 투자자료를 24개 산업분류에 맞추어 집계한 뒤, 〈그림 2〉에 예로서 1935년 투자액을 생산유발계수와 함께 제시하였다. 미국의 경우 양자 간의 상관관계가 뚜렷하다. 영국에서는 미국만큼 명확해 보이지 않는다.[14]

---

13 폐쇄모형(closed model)인 미국의 투입산출표는 최종수요부문을 외생화함으로써 개방모형으로 전환하였다. 양국간 비교를 위해서 42개 부문으로 구성된 미국과 38개 부문으로 구성된 영국의 투입산출표를 모두 24개 부문으로 통합하였다. 개방모형으로의 전환과 통합에 대한 자세한 내용은 강광하, 양동휴(1994) 참조.

14 우리의 연구목적에는 순투자액이 더 적합하고 영국의 경우 역시 이용할 수 있긴 하다(Feinstein 1965). 하지만 기술적 측면에서 측정된 물리적인 마모에 비해 회계장부상의 감가상각액은 다소 자의적이기 때문에, 영국에 대해서는 총투자액을 사용하였고 이후 독일에 대해서도 그렇게 하였다(주 20 참조). 자료의 성질상 관측치의 수가 다르기 때문에 직접 비교하는 데에는 무리가 있지만, 미국의 상관계수는 0.313, 영국의 경우는 0.094이다. 상관계수 분석은 집계 편이(aggregation bias)를 내포한다. 규모가 큰 부문은 더 큰 투자액을 갖는 경향이 있기 때문에 오른편에 위치하게 된다. 이 부문의 파급효과는 그 산업 내로 내부화되는 경향이 있기 때문에 승수값이 작은 쪽에 속하게 된다. 소규모 부문은 반대의 경향이 나타난다. 이 편이는 음수 값을 갖게 되므로 미국에서 관찰되는 양의 상관관계가 더 컸을 것임을 의미한다. 그러나 국제비교가 불가능해질 정도로 편이가 심한 것은 아니다.

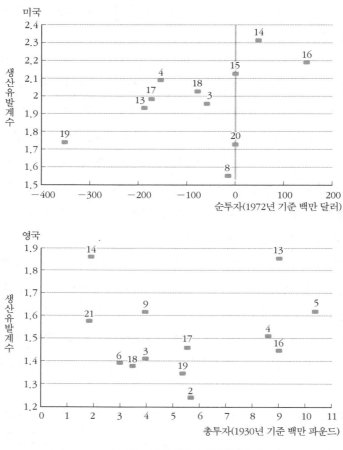

<그림 2> 투자배분과 생산유발효과
숫자는 산업부문을 나타낸다.
자료: 본문 참조

이는 영국의 투자가 총생산효과를 극대화하는 방향으로 배분되지 않았음을 의미한다. 영국에서 구산업의 승수값이 높고 장기적으로는 투자가 신산업으로 이동하고 일어나고 있었음을 감안할 때 이것은 당연한 현상일 것이다. 또는 단기적으로 이러한 결과가 생기는 원인은 두 가지다. 즉 한

편으로는 승수값이 큰 부문의 한계수익률을 끌어올리는 유인이 특별히 없었다는 것이다. 다른 한편으로는 적절한 투자배분이 일어날 수 있을 만큼 자원의 이동성이 높지 않았기 때문이다. 후자의 요인을 종종 영국경제의 특징으로 제시하기도 한다. 즉 공황이 구산업과 특정 지역에 구조적으로 집중되었다는 것이다.

단기적인 맥락에서 투자배분이 회복에 효율적이었는가? 이를 평가하려면 산업간 파급효과를 더 자세히 살펴야 한다. 또한 불황의 정도가 더 심한 산업부문으로(간접적인 영향을 크게 미치는 부문에) 대규모 지출이 투여되었는지를 살펴야 한다. 실업구제 정책이나 산업합리화 정책들이 침체부문에 직접 시도되었다. 하지만 그러한 정책의 효과는 미미했다. 이제 다른 부문에서 이루어진 투자는 어떠했는지, 극심한 불황을 겪는 산업의 수요를 자극했는지를 살펴보자.

건축부문이 이러한 관심에 부합한다. 건축부문의 승수는 두 나라 모두 평균치보다 높다. 하지만 그다지 높다고 볼 수는 없다. 뉴딜 당국이 추진한 공공사업의 성패 여부는 명확하지 않다. 경기침체가 심하던 분야 가운데 비철금속, 목재, 철강 등에는 어느 정도 효과가 있었지만, 직물, 탄광, 자동차 부문에 대한 영향은 미미했다.[15] 영국의 주택건설 호황도 이와 비슷했다. 비철금속, 목재, 철강 부문을 자극했다. 하지만 철강 부문을 제외한 이들 분야들은 상대적으로 덜 침체된 부문이었다. 경기침체가 심하던 직물, 탄광, 조선과 같은 분야에 미친 영향은 미미했다. 투입산출 역행렬에서 토목, 비주택 부문을 포함한 건축부문이 철강 부문에 대해 높은 파급효과를 미친다는 사실이 확인되었다. 그렇지만 당시 주택건설에 철제 구조

---

15 이러한 사실은 부록의 〈표 A1〉과 〈표 A2〉에 제시된 레온티에프 역행렬의 22번 열을 통해 파악할 수 있다. 각 원소들은 건축부문 지출이 한 단위 증대되었을 때 이것이 각 산업에 미치는 간접적인 영향을 합한 것이다. 이 값들을 모두 합하면 각각 1.8963과 1.6071인데 값은 본문 〈표 3〉에 제시되어 있다.

물은 그다지 많이 쓰이지 않았다. 따라서 3차적이거나 더욱 간접적인 효과 정도 이외에 실제 수요유발은 이 계수가 보여 주는 것보다 훨씬 작았을 것이다. 그러므로 이러한 구조적인 불황에서 주택건설 호황이 회복을 주도하기에는 역부족이었다. 적어도 흔히 주장하고 있는 만큼 큰 역할을 한 것은 아니라는 뜻이다.

예를 들어 영국의 탄광처럼 극심한 침체에 빠져 있는 부문을 회복시키기 위해서는 철강, 화학, 기계, 철도 등의 부문에서 수요가 있어야 했고, 차례로 예를 들어 철강 부문을 위해서는 조선, 기계, 자동차 부문의 수요가 필요했다.[16]

이미 언급했듯이 유감스럽게도 1930년대 독일의 투입산출표는 아직 작성되지 않았다.[17] 그러나 투자배분이 총산업생산에 미친 영향을 앞에서와 같은 방식으로 추정해 볼 수 있다.

제조업과 광업부문에서 이루어진 전반적인 투자배분을 보자. 비록 민간 부문의 규모는 작은 편이지만 투자자금이 특정 분야에 주로 투입되었다. 그것은 미국과 영국의 표에서 높은 생산유발계수를 보여 주는 부문이었다. 1930년대 중반에 투자는 중화학공업에 집중되었다. 기계, 자동차, 전기공업이 건축, 직물과 아울러 뒤를 이었다.[18] 산업간 관련도에 대한 충분한 정보를 확보하기까지 단정적인 평가는 유보되어야 할 것이다. 하지만 단편적인 증거들로 미루어 볼 때 투자가 전반적으로 경기회복을 돕는 방

---

16 이것은 〈표 A2〉에 제시된 역행렬의 제2행과 5행에서 알 수 있다. 단 행의 수평합은 의미가 없음에 주의할 것.

17 독일의 투입산출표는 1954년에 대해 16개 부문으로 작성된 것까지 거슬러 올라갈 수 있다 (Mertens, Stäglin and Wessels 1965). 미국의 경우 1919년과 1929년에 대한 표도 작성되었다(Leontief 1951). 영국은 1841년(17개 부문, Horrell et al. 1994), 일본은 1935년(23개 부문, 西川 · 腰原 1981)까지 거슬러 올라간다.

18 통계는 『독일제국통계연감Statistisches Jahrbuch für das Deutsche Reich』(1938: 566, 1940: 584)에서 구할 수 있다.

향으로 배분되었다. 여기서는 가장 중요하면서(〈표 2〉 참조) 아울러 자주 언급되는 부문인 모토리지룽Motorisierung과 재무장을 살펴보자.

모토리지룽이란 도로 건설과 자동차 생산을 장려하는 정책을 말한다. 이것은 나치 정부의 가장 중요한 계획 중 하나였다. 〈표 2〉에서 교통과 고용창출 항목 하의 재정지출이 대부분 자동차도로 건설에 투입되었다. 정부는 또한 자동차 제조업자와 구매자 모두에게 특별한 조세유인을 제공했다. 이처럼 수요측과 공급측을 포괄하는 여러 가지 유리한 조건들이 결합되어 1934년의 자동차 생산지수가 1932년 수준의 2.5배까지 높아졌다. 일반적으로 자동차 산업에는 회복에 지속적인 효과를 제공하는 '매우 다양한 전후방 연쇄효과'가 있다. 직접적으로는 철강품과 램프, 직물, 기계·기구 등과 같은 제조업품의 주문을 증가시켰다. 타이어와 고무, 연료 산업, 소매상과 정비소, 수리점, 도로의 증가도 있었다.[19] "이 당시에도, 그리고 그 이후에도 점차로 자동차산업은 '선도부문'이었다(Overy 1975: 482)."

1935~1936년까지는 독일의 재무장이 전체적인 규모에서 이루어지지 않았다. 많은 학자들은 이 점에 근거를 두고 경제회복에서 군비 지출의 역할을 낮게 평가한다. 그러나 범위와 공개성이 제한되었기는 하나, 메포채권 추정액까지 합산하면 재무장 지출은 그 이전에도 매우 중요했다(〈표 2〉 참조). 게다가 군비 지출은 중공업에 대한 추가투자가 필요한 부문이었다.

고용창출 프로그램을 포함한 건설부문 지출 역시 검토할 필요가 있다. 미국 그리고 특히 영국의 경험에서 지적했듯이, 건축부문은 당시에는 다른 산업부문에 큰 파급효과를 미치지 못하는 편이었다.[20] 독일의 건설 프로그램도 마찬가지로 비판받는다. "건설 프로그램들은 기존의 엔지니어링 사업체들에게 일거리를 거의 제공하지 않으면서 많은 노동문제만 낳았

---

19 투입산출모형은 후방연쇄효과만 고려한다. 아울러 미국과 영국 모두 자동차 부문의 승수값이 높았음을 상기할 것.

다." 노동자들은 미숙련 여성 직물노동자보다 낮은 임금을 받기 위해 집에서 떠나 작업장이 있는 지역으로 가야 했다(James 1986: 384). 그러나 다른 나라에서는 건축비용이 평균도매물가보다 덜 하락한 반면, 독일에서는 건축비용이 일반물가 수준만큼 빠르게 하락하여 낮은 수준을 유지했다.

요약하자. 전반적인 산업간 연관성이라는 측면에서 볼 때 미국에서는 특정한 몇몇 분야에 대한 초기 지출이 영국에서보다 더 큰 파급효과를 가져올 수 있는 잠재력이 있었다. 특히 영국보다 미국에서 상대적으로 유발계수가 높은 산업으로 투자가 배분되었다. 간접적인 유발효과는 침체가 극심했던 산업에 집중되지 못했는데, 영국이 특히 그러하였다. 단편적인 증거들에 비추어 볼 때 건설, 모토리지룽, 재무장 등과 같은 두드러진 지출들은 독일에서 훨씬 큰 파급효과를 가져온 것으로 판단된다.

4. 더 나은 대안?

대공황에서의 회복의 성격을 구명하려는 연구자들은 명시적으로나 혹은 암묵적으로 반사실적 실험(counterfactual exercise)을 시도한다. 즉 그들은 더 나은 정책대안을 가정한 뒤 그것이 가져왔을 효과를 추정하는 것이다. 최근에는 각국이 일찌감치 금본위제를 포기하여 외적 제약에서 벗어났더라면 미국의 경기침체가 유럽으로 확산되는 것을 방지할 수 있었을 것이라는 것, 혹은 대공황에서 더 빨리 회복할 수 있었으리라는 등의 시각이 널리 받아들여지고 있다(Eichengreen 1992b). 연방준비제도이사회

---

20 비록 건축 산업은 다른 분야에 비해 전통적으로 노동집약적이고 고용효과가 더 크다고 여겨지고 있지만, 당시의 노동계수는 그렇지 않다는 것을 보여 준다. 1930년대 미국의 경우 평균의 절반 수준이고, 영국 역시 겨우 평균에 근접하는 정도다(Leontief 1951, Chapman 1953). 아울러 〈표 3〉의 고용계수를 참조.

가 경기변동을 완화하는 조치를 취하지 않았다는 점, 재무성이 케인스식 적자재정지출방안을 받아들이지 않았다는 점, 독일제국은행이 마르크화를 평가절하하는 데 주저했다는 점, 이들 모두 대공황을 야기한 범인으로 지적된다.

경기회복정책의 대안에 대한 최근의 몇몇 연구들은 더 보수적인 태도를 취하는 경향이 있다. 파운드화가 더 일찍 평가절하되었다고 하더라도 영국의 경기침체가 가진 구조적 성격 때문에 1931년의 평가절하보다 나을 것이 없었을 것이며, 오히려 인플레이션을 야기할 우려마저 있었으리라는 것이다(Wolcott 1993, 또한 O'Brien 1987). 독일은 평가절하나 적자재정 지출증대와 같은 조치를 취할 여지가 없었다. 설령 실시되었다고 해도 회복을 앞당기지는 못했으리라는 것이다(Borchardt 1982: ch.9, 1984).[21] 그러나 이러한 주장들 역시 1931년 영국 그리고 1932/33년 독일의 정책기조가 팽창적인 방향으로 돌아선 것이 잘못되었음을 지적하려는 것은 아니다.

더욱 주목할 만한 것은 영국의 투자배분에 대한 연구다. 1930년대 말 영국의 재무장을 다룬 토마스Thomas(1983)의 연구에 따르면, 군비지출이 막대한 고용창출을 가져왔을 뿐 아니라 방위비 증대의 주요 수혜자는 극심한 불황을 겪고 있던 철강, 석탄, 엔지니어링산업이었다. 이를 근거로 그는 '1930년대에 재정정책을 확대하지 않은 것은 경제회복의 기회를 놓친 것'이라고 평가했다. 공공사업과 같은 대안들보다 재무장이 갖는 주요한 장점은 '전통적 주요산업에 대한 강한 연쇄효과'였던 것으로 보인다(Thomas 1983: 571-2).

정책대안에 대한 고려는 내버려 두자. 경기침체에 대한 대응이라는 면

---

21 이 점에 대해서는 20년에 걸친 오랜 논쟁이 있었다. 그 가운데 폰 크뤼드너von Kruedener(ed.)(1990), 홀트프레리히Holtfrerich(1990), 부흐하임Buchheim et al.(eds.)(1994)을 참조.

에서 볼 때 영국의 투자배분은 미국보다 비효과적이었고 독일보다는 더욱 더 비효과적이었다. 수요가 증대된 것이 싼 자금공급 덕분이든 아니면 재정적 유인 때문이든 간에, 투자는 회복을 유지하기에 가장 적합한 부문에 집중되지 않았다. 즉 생산유발계수가 큰 산업이나 침체가 심한 곳에 간접적으로나마 큰 영향을 줄 수 있는 산업에 집중적으로 투자되지 않았다. 이처럼 부적절한 자원배분은 미국 그리고 특히 독일에서는 별로 문제가 되지 않았다. 그 까닭은 독일이 부분적으로 불황의 구조적 성격이 덜했고, 건축부문이 상대적으로 양호한 조건 하에 있었기 때문이다. 본 논문이 특히 주목하는 점이 바로 이러한 양상이다. 대안적 투자배분이 가져올 효과가 얼마나 컸을 것인지는(Thomas 1983, Leontief 1986 등의 예를 따라) 레온티에프 역행렬을 이용하면 계산할 수 있을 것이다. 그러나 반사실적 상황(counterfactual)을 제시하는 작업은 이 글의 연구 범위를 벗어난다.

흔히 투자배분은 장기적 관점에서 볼 때 더 잘 평가할 수 있다고 한다. 장기적인 성장과 경제 안정 그리고 국민의 생활수준이 '건전한' 배분 여부를 가름하는 첫째 기준이 되어야 할 것이다. 그러나 1930년대 대공황기에는 산업생산을 끌어올린다는 것이 단기적 목표였음을 기억할 필요가 있다. 이러한 목적에 걸맞은 자원배분이 특히 정부의 직접 통제 방식으로 이루어진다는 것이 무엇을 뜻하는가. 독일에서 그랬듯이 그것은 극단적인 관료적 비효율성과 소비재 품질 저하로 귀결될 것이다.[22] 결국 단기적인 목표는 장기적인 목적과 상충되는 것 같다.

미국과 영국은 회복이 독일보다 느렸다.[23] 더구나 회복 도중에 제2차 세

---

22 이러한 비효율성은 나치체제 하의 독일에서 왜 생산성이 정체하는지를 설명해 줄 수 있을 것이다. 테민Temin(1990)은 미국과 독일의 생산성 증대의 격차를 임금정책, 즉 미국의 고임금정책과 독일의 저임금정책에 연관시킨다. '효율임금가설'은 아직은 초보적인 단계에 있기 때문에, 그의 주장뿐 아니라 이 시기 생산성 성취도를 설명하려는 다른 노력들 또한 가설 수준에 머무르고 있다.

계대전의 전시체제에 돌입해야 하는 상황에 처해버렸다. 결국 모든 나라가 정상적이고 본격적인 회복기회를 놓친 것이다.

Seoul Journal of Economics 8-2, 1995.6

---

23 1940년까지도 미국의 회복수준은 절반에도 못 미치는 것이었으며, 그 이후에야 제2차 세계
    대전에 따른 재정정책이 완전고용을 달성하는 데 '관건이 되었다(instrumental)'(Vernon
    1994).

● 부록

<표 A1〉   1939년 미국의 레온티에프 역행렬

	1	2	3	4	5	6
1. 농림업, 수산업	1.1119	0.0128	0.0080	0.0307	0.0061	0.0028
2. 석탄, 코크스	0.0059	1.1279	0.0621	0.0152	0.0249	0.0117
3. 광업, 비금속	0.0302	0.0173	1.3157	0.0444	0.3112	0.0465
4. 화학, 섬유	0.1071	0.0414	0.0786	1.2922	0.0501	0.0293
5. 철강제품	0.0134	0.0080	0.0080	0.0179	1.0183	0.0038
6. 비철금속	0.0076	0.0052	0.04451	0.0223	0.0451	1.8358
7. 조선	0.0011	0.0009	0.0004	0.0007	0.0003	0.0001
8. 기계	0.0463	0.0107	0.0150	0.0178	0.0127	0.0100
9. 전자기계	0.0037	0.0045	0.0034	0.0046	0.0031	0.0017
10. 자동차	0.0217	0.0023	0.0012	0.0022	0.0009	0.0004
11. 항공	0.0002	0.0004	0.0004	0.0003	0.0001	0.0001
12. 철도	0.0016	0.0022	0.0011	0.0017	0.0009	0.0003
13. 방직, 방적	0.0074	0.0013	0.0014	0.0024	0.0016	0.0011
14. 의류	0.0000	0.0000	0.0000	0.0001	0.0000	0.0000
15. 가죽, 피혁	0.0019	0.0003	0.0002	0.0008	0.0002	0.0001
16. 식품가공	0.0765	0.0225	0.0115	0.0238	0.0090	0.0037
17. 목재	0.0167	0.0062	0.0044	0.0094	0.0056	0.0018
18. 제지	0.0087	0.0111	0.0190	0.0176	0.0110	0.0075
19. 출판	0.0108	0.0185	0.0092	0.0145	0.0072	0.0029
20. 고무	0.0068	0.0014	0.0008	0.0019	0.0006	0.0003
21. 기타 공업	0.0044	0.0068	0.0035	0.0056	0.0031	0.0011
22. 건축	0.0517	0.0436	0.0347	0.0751	0.0241	0.0153
23. 가스, 수도, 전기	0.0095	0.0194	0.0215	0.0099	0.0163	0.0268
24. 서비스	0.3583	0.6121	0.3027	0.4803	0.2389	0.0975
합계	1.9037	1.9768	1.9476	2.0912	1.7919	2.1007

	7	8	9	10	11	12
1. 농림업, 수산업	0.0046	0.0055	0.0085	0.0130	0.0035	0.0054
2. 석탄, 코크스	0.0121	0.0112	0.0102	0.0180	0.0035	0.0151
3. 광업, 비금속	0.1422	0.0828	0.0656	0.1985	0.0207	0.1674
4. 화학, 섬유	0.0161	0.0256	0.0485	0.0549	0.0915	0.0491
5. 철강제품	0.0778	0.0465	0.0353	0.0998	0.0200	0.1126
6. 비철금속	0.0966	0.0277	0.0807	0.0568	0.1438	0.0451
7. 조선	1.0023	0.0003	0.0005	0.0006	0.0001	0.0002
8. 기계	0.0682	1.0364	0.0140	0.0241	0.0262	0.0593
9. 전자기계	0.0091	0.0020	1.1403	0.0285	0.0057	0.0017
10. 자동차	0.0004	0.0009	0.0013	1.4339	0.0003	0.0007
11. 항공	0.0001	0.0001	0.0002	0.0003	1.0542	0.0001
12. 철도	0.0003	0.0008	0.0012	0.0016	0.0003	1.0006
13. 방직, 방적	0.0114	0.0023	0.0023	0.0245	0.0008	0.0027
14. 의류	0.0000	0.0000	0.0000	0.0003	0.0000	0.0000
15. 가죽, 피혁	0.0002	0.0008	0.0002	0.0017	0.0001	0.0002
16. 식품가공	0.0040	0.0087	0.0129	0.0170	0.0034	0.0066
17. 목재	0.0084	0.0059	0.0171	0.0115	0.0037	0.0252
18. 제지	0.0048	0.0081	0.0144	0.0113	0.0030	0.0058
19. 출판	0.0030	0.0070	0.0104	0.0135	0.0024	0.0052
20. 고무	0.0030	0.0070	0.0021	0.0516	0.0041	0.0229
21. 기타 공업	0.0300	0.0047	0.0066	0.0076	0.0089	0.0021
22. 건축	0.0220	0.0208	0.0258	0.0344	0.0347	0.0185
23. 가스, 수도, 전기	0.0127	0.0127	0.0108	0.0130	0.0073	0.0097
24. 서비스	0.0979	0.2314	0.3447	0.4453	0.0802	0.1724
합계	1.6570	1.5493	1.8538	2.5616	1.5186	1.7233

〈표 A1〉 계속

	13	14	15	16	17	18
1. 농림업, 수산업	0.1511	0.0753	0.0412	0.3317	0.0508	0.0592
2. 석탄, 코크스	0.0131	0.0087	0.0082	0.0093	0.0111	0.0333
3. 광업, 비금속	0.0153	0.0167	0.0173	0.0347	0.0627	0.0297
4. 화학, 섬유	0.1208	0.0686	0.0525	0.0617	0.0577	0.0707
5. 철강제적	0.0070	0.0086	0.0110	0.0263	0.0286	0.0062
6. 비철금속	0.0056	0.0053	0.0039	0.0082	0.0057	0.0048
7. 조선	0.0005	0.0008	0.0006	0.0009	0.0006	0.0005
8. 기계	0.0279	0.0189	0.0154	0.0218	0.0117	0.0237
9. 전자기계	0.0027	0.0036	0.0029	0.0035	0.0030	0.0029
10. 자동차	0.0038	0.0031	0.0022	0.0077	0.0023	0.0022
11. 항공	0.0002	0.0003	0.0003	0.0003	0.0002	0.0002
12. 철도	0.0011	0.0019	0.0015	0.0017	0.0014	0.0011
13. 방직, 방적	1.1728	0.3491	0.0152	0.0061	0.0230	0.0164
14. 의류	0.0000	1.0791	0.0000	0.0000	0.0004	0.0000
15. 가죽, 피혁	0.0011	0.0038	1.3120	0.0008	0.0012	0.0003
16. 식품가공	0.0268	0.0253	0.1192	1.1236	0.0172	0.0189
17. 목재	0.0069	0.0064	0.0090	0.0096	1.2374	0.0048
18. 제지	0.0130	0.0164	0.0102	0.0278	0.0111	1.3586
19. 출판	0.0089	0.0156	0.0126	0.0132	0.0118	0.0096
20. 고무	0.0019	0.0033	0.0172	0.0030	0.0012	0.0017
21. 기타 공업	0.0072	0.0279	0.0048	0.0051	0.0045	0.0093
22. 건축	0.0297	0.0363	0.0284	0.0397	0.0323	0.0328
23. 가스, 수도, 전기	0.0164	0.0107	0.0079	0.0093	0.0097	0.0170
24. 서비스	0.2930	0.5174	0.4170	0.4375	0.3911	0.3176
합계	1.9276	2.3033	2.1166	2.1833	1.9768	2.0216

	19	20	21	22	23	24
1. 농림업, 수산업	0.0133	0.0178	0.0131	0.0160	0.0043	0.0225
2. 석탄, 코크스	0.0089	0.0113	0.0071	0.0158	0.0922	0.0082
3. 광업, 비금속	0.0113	0.0187	0.0184	0.2722	0.0338	0.0256
4. 화학, 섬유	0.0472	0.0728	0.0507	0.0799	0.0614	0.0457
5. 철강제품	0.0038	0.0058	0.0103	0.0918	0.0130	0.0116
6. 비철금속	0.0067	0.0040	0.0468	0.0396	0.0415	0.0055
7. 조선	0.0002	0.0005	0.0005	0.0002	0.0001	0.0016
8. 기계	0.0283	0.0213	0.0047	0.0481	0.0132	0.0100
9. 전자기계	0.0015	0.0029	0.0027	0.0319	0.0335	0.0068
10. 자동차	0.0008	0.0016	0.0013	0.0012	0.0010	0.0041
11. 항공	0.0001	0.0002	0.0002	0.0001	0.0001	0.0007
12. 철도	0.0005	0.0013	0.0012	0.0005	0.0004	0.0040
13. 방직, 방적	0.0052	0.0738	0.0109	0.0028	0.0006	0.0023
14. 의류	0.0000	0.0000	0.0000	0.0000	0.0000	0.0000
15. 가죽, 피혁	0.0023	0.0003	0.0014	0.0002	0.0001	0.0006
16. 식품가공	0.0071	0.0151	0.0137	0.0065	0.0041	0.0408
17. 목재	0.0023	0.0043	0.0072	0.0951	0.0109	0.0098
18. 제지	0.2434	0.0133	0.0200	0.0120	0.0040	0.0186
19. 출판	1.1684	0.0114	0.0099	0.0045	0.0031	0.0337
20. 고무	0.0011	1.0815	0.0018	0.0011	0.0004	0.0025
21. 기타 공업	0.0027	0.0045	1.0873	0.0035	0.0014	0.0124
22. 건축	0.0171	0.0287	0.0274	1.0161	0.1090	0.0629
23. 가스, 수도, 전기	0.0129	0.0133	0.0157	0.0081	1.0051	0.0057
24. 서비스	0.1486	0.3758	0.3257	0.1478	0.1009	1.1133
합계	1.7340	1.7171	1.6784	1.8963	1.5339	1.4489

⟨표 A2⟩　　　　　　　　1935년 영국의 레온티에프 역행렬

	1	2	3	4	5	6
1. 농림업, 수산업	1.0163	0.0004	0.0026	0.0136	0.0005	0.0004
2. 석탄, 코크스	0.0096	1.1011	0.0686	0.0289	0.0601	0.0175
3. 광업, 비금속	0.0058	0.0034	1.1063	0.0215	0.0242	0.0344
4. 화학, 섬유	0.0619	0.0166	0.0367	1.1316	0.0223	0.0141
5. 철강제품	0.0177	0.0199	0.0147	0.0447	1.3169	0.0464
6. 비철금속	0.0021	0.0016	0.0034	0.0122	0.0502	1.1158
7. 조선	0.0004	0.0001	0.0002	0.0002	0.0002	0.0003
8. 기계	0.0069	0.0032	0.0054	0.0022	0.0066	0.0057
9. 전자기계	0.0008	0.0009	0.0021	0.0015	0.0023	0.0100
10. 자동차	0.0147	0.0007	0.0005	0.0007	0.0010	0.0031
11. 항공	0.0000	0.0000	0.0000	0.0000	0.0000	0.0000
12. 철도	0.0014	0.0163	0.0017	0.0012	0.0018	0.0051
13. 방직, 방적	0.0166	0.0034	0.0068	0.0112	0.0030	0.0020
14. 의류	0.0001	0.0000	0.0001	0.0001	0.0001	0.0001
15. 가죽, 피혁	0.0009	0.0002	0.0002	0.0009	0.0002	0.0001
16. 식품가공	0.1718	0.0003	0.0009	0.0147	0.0004	0.0003
17. 목재	0.0084	0.0104	0.0086	0.0076	0.0084	0.0034
18. 제지	0.0051	0.0008	0.0103	0.0287	0.0044	0.0014
19. 출판	0.0075	0.0017	0.0044	0.0555	0.0075	0.0027
20. 고무	0.0027	0.0001	0.0001	0.0001	0.0012	0.0003
21. 기타 공업	0.0002	0.0001	0.0001	0.0002	0.0008	0.0001
22. 건축	0.0067	0.0021	0.0039	0.0043	0.0040	0.0048
23. 가스, 수도, 전기	0.0059	0.0132	0.0383	0.0262	0.0178	0.0170
24. 서비스	0.1535	0.0475	0.0898	0.1000	0.0913	0.1099
합계	1.5169	1.2439	1.4057	1.5079	1.6252	1.3948

	7	8	9	10	11	12
1. 농림업, 수산업	0.0013	0.0011	0.0008	0.0026	0.0019	0.0013
2. 석탄, 코크스	0.0191	0.0223	0.0157	0.0166	0.0090	0.0253
3. 광업, 비금속	0.0084	0.0134	0.0272	0.0178	0.0138	0.0089
4. 화학, 섬유	0.0529	0.0221	0.0238	0.0415	0.0228	0.0388
5. 철강제품	0.1949	0.2569	0.1207	0.1976	0.1024	0.1712
6. 비철금속	0.0319	0.0325	0.0735	0.0328	0.0811	0.0402
7. 조선	1.0045	0.0002	0.0002	0.0002	0.0002	0.0002
8. 기계	0.2068	1.0988	0.0178	0.0325	0.0267	0.0809
9. 전자기계	0.0544	0.0355	1.1368	0.0174	0.0193	0.0095
10. 자동차	0.0010	0.0028	0.0020	1.2683	0.0006	0.0327
11. 항공	0.0000	0.0000	0.0000	0.0000	1.0827	0.0000
12. 철도	0.0011	0.0011	0.0012	0.0041	0.0010	1.0311
13. 방직, 방적	0.0211	0.0133	0.0234	0.0362	0.0402	0.0534
14. 의류	0.0001	0.0001	0.000.	0.0001	0.0001	0.0001
15. 가죽, 피혁	0.0012	0.0039	0.0005	0.0141	0.0097	0.0013
16. 식품가공	0.0008	0.0005	0.0004	0.0009	0.0006	0.0007
17. 목재	0.0307	0.0123	0.0176	0.0075	0.0100	0.0280
18. 제지	0.0032	0.0029	0.0125	0.0065	0.0018	0.0052
19. 출판	0.0056	0.0040	0.0196	0.0190	0.0031	0.0046
20. 고무	0.0015	0.0048	0.0097	0.0482	0.0080	0.0018
21. 기타 공업	0.0002	0.0003	0.0002	0.0018	0.0002	0.0002
22. 건축	0.0062	0.0038	0.0039	0.0041	0.0032	0.0040
23. 가스, 수도, 전기	0.0187	0.0196	0.0200	0.0183	0.0137	0.0200
24. 서비스	0.0902	0.0866	0.0896	0.0937	0.0726	0.0909
합계	1.7575	1.6384	1.6171	1.8820	1.5245	1.6504

<표 A2> 계속

	13	14	15	16	17	18
1. 농림업, 수산업	0.0076	0.0139	0.1563	0.0745	0.0166	0.0037
2. 석탄, 코크스	0.0196	0.0093	0.0112	0.0084	0.0079	0.0306
3. 광업, 비금속	0.0016	0.0015	0.0029	0.0077	0.0059	0.0082
4. 화학, 섬유	0.0287	0.0214	0.0756	0.0232	0.0228	0.0316
5. 철강제품	0.0091	0.0158	0.0237	0.0149	0.0630	0.0082
6. 비철금속	0.0011	0.0011	0.0019	0.0029	0.0028	0.0009
7. 조선	0.0003	0.0002	0.0002	0.0002	0.0002	0.0002
8. 기계	0.0156	0.0053	0.0018	0.0016	0.0019	0.0059
9. 전자기계	0.0012	0.0008	0.0006	0.0005	0.0008	0.0009
10. 자동차	0.0006	0.0006	0.0026	0.0014	0.0006	0.0004
11. 항공	0.0000	0.0000	0.0000	0.0000	0.0000	0.0000
12. 철도	0.0011	0.0009	0.0009	0.0007	0.0008	0.0011
13. 방직, 방적	1.5996	0.4932	0.0253	0.0057	0.1068	0.0211
14. 의류	0.0001	1.0616	0.0001	0.0001	0.0001	0.0001
15. 가죽, 피혁	0.0123	0.0854	1.2206	0.0002	0.0091	0.0003
16. 식품가공	0.0016	0.0026	0.0272	1.1819	0.0031	0.0010
17. 목재	0.0027	0.0034	0.0022	0.0072	1.1003	0.0026
18. 제지	0.0117	0.0122	0.0060	0.0192	0.0065	1.1518
19. 출판	0.0059	0.0111	0.0055	0.0162	0.0076	0.0215
20. 고무	0.0027	0.0110	0.0005	0.0002	0.0003	0.0001
21. 기타 공업	0.0001	0.0005	0.0054	0.0001	0.0013	0.0001
22. 건축	0.0048	0.0040	0.0040	0.0033	0.0038	0.0036
23. 가스, 수도, 전기	0.0132	0.0120	0.0095	0.0075	0.0122	0.0131
24. 서비스	0.1907	0.0930	0.0916	0.0752	0.0869	0.0826
합계	1.8510	1.8609	1.6754	1.4527	1.4612	1.3806

	19	20	21	22	23	24
1. 농림업, 수산업	0.0009	0.0018	0.0029	0.0013	0.0002	0.0010
2. 석탄, 코크스	0.0076	0.0159	0.0186	0.0175	0.1159	0.0100
3. 광업, 비금속	0.0021	0.0064	0.0042	0.1292	0.0109	0.0065
4. 화학, 섬유	0.0244	0.0731	0.0874	0.0318	0.0067	0.0055
5. 철강제품	0.0049	0.0285	0.0854	0.1175	0.0412	0.0084
6. 비철금속	0.0055	0.0020	0.0090	0.0188	0.0061	0.0015
7. 조선	0.0001	0.0002	0.0002	0.0002	0.0002	0.0025
8. 기계	0.0059	0.0028	0.0025	0.0328	0.0207	0.0030
9. 전자기계	0.0008	0.0014	0.0009	0.0178	0.0558	0.0014
10. 자동차	0.0003	0.0004	0.0059	0.0019	0.0006	0.0045
11. 항공	0.0000	0.0000	0.0000	0.0000	0.0000	0.0000
12. 철도	0.0006	0.0008	0.0011	0.0039	0.0024	0.0084
13. 방직, 방적	0.0093	0.1943	0.1410	0.0097	0.0027	0.0091
14. 의류	0.0000	0.0001	0.0001	0.0001	0.0001	0.0007
15. 가죽, 피혁	0.0010	0.0016	0.0066	0.0005	0.0002	0.0006
16. 식품가공	0.0004	0.0011	0.0015	0.0011	0.0002	0.0007
17. 목재	0.0007	0.0012	0.0294	0.0372	0.0031	0.0027
18. 제지	0.1511	0.0092	0.0197	0.0064	0.0020	0.0049
19. 출판	1.0539	0.0163	0.0155	0.0041	0.0072	0.0156
20. 고무	0.0001	1.0075	0.0090	0.0009	0.0006	0.0003
21. 기타 공업	0.0008	0.0001	1.0170	0.0016	0.0011	0.0007
22. 건축	0.0028	0.0032	0.0044	1.0558	0.0039	0.0467
23. 가스, 수도, 전기	0.0104	0.0251	0.0106	0.0111	1.1750	0.0087
24. 서비스	0.0641	0.0736	0.1003	0.1058	0.0896	1.0732
합계	1.3480	1.4665	1.5731	1.6071	1.5464	1.2167

참고문헌

강광하, 양동휴(1994): 「1930년대 미국과 영국의 산업구조와 경기회복」, 『경제논집』, 33.

김두얼(1994): 「전간기 미국관세의 실효보호율」, 『경제사학』, 18.

西川俊作・腰原久雄(1981): 「1935年の投入産出表-ろの推計と含意」, 中村陸英 編, 『戰間期日本經濟分析』, 東京, 山川出版社.

Aldcroft, D. H.(1986): *The British Economy, vol.1, The Years of Turmoil, 1920-1951*, Atlantic Highland, N. J., Humanities International.

Alford, B. W. E.(1972): *Depression and Recovery? British Economic Growth, 1918-1939*, London, Macmillan.

Anderson, G. M. and R. D. Tollison(1991): "Congressional Influence and Patterns of New Deal Spending, 1933-1939," *Journal of Law and Economics*, 34.

Balderston, T.(1991): "German Banking between the Wars: The Crisis of the Credit, Banks," *Business History Review*, 65, Autumn.

—————(1993): *The Origins and Course of the German Economic Crisis, 1923-1932*, Berlin, Haude & Spener.

Barna, T.(1952): "The Interdependence of the British Economy," *Journal of Royal Statistical Society*, 65.

Bernstein, M. A.(1987): *The Great Depression: Delayed Recovery and Economic Change in America, 1929-1939*, Cambridge, Cambridge University Press.

Borchardt, K.(1982): *Wachstum, Krisen, Handlungsspielräume der Wirtschaftspolitik*, Goettingen, Vandenhoeck & Ruprecht.

—————(1984): "Could and Should Germany Have Followed Great Britain in Leaving the Gold Standard?", *Journal of Economic History*, 13.

Broadberry, S. N. and A. O. Ritschl(1994): "The Iron Twenties: Real Wages, Productivity and the Lack of Prosperity in Britain and Germany before the Great Depression," in Buchheim et al.(ed.).

Brown, E. C.(1956): "Fiscal Policy in the Thirties: A Reappraisal," *American Economic Review*, 46.

Buchheim, C.(1994): "Zur Natur des Wirtschaftsaufschwungs in der NS-Zeit," in Buchheim et al.(eds.).

Buchheim, C., Hutter, M. and H. James(eds.)(1994): *Zerrissene Zwischenkriegszeit:*

Wirtschaftshistorische Beiträge, Baden–Baden, Nomos.

Buxton, N. K.(1975): "The Role of the 'New Industries' in Britain during the 1930s," *Economic History Review*, 49.

Capie, F.(1978): "The British Tariff and Industrial Protection in the 1930s," *Economic History Review*, 31

Chandler, L. V.(1970): *America's Great Depression, 1929–1941*, New York, Harper and Row.

Chapman, A. L.(1953): *Wages and Salaries in the United Kingdom, 1920–1938*, Cambridge University Press.

Cohn, R. L.(1992): "Fiscal Policy in Germany during the Great Depression," *Explorations in Economic History*, 29.

Deutsche Bundesbank(ed.)(1976): *Deutsches Geld-und Bankwesen in Zahlen 1876–1975*, Frankfurt am Main, Fritz Knapp.

Deutsch Institut für Wirtschaftsforschung(1984): "Symposion: Wege aus der Arbeitslosigkeit-die Erfahrungen in den 30er Jahren," *Vierteljahrshefte zur Wirtschaftsforschung.*

Eichengreen, B. J.(1992a): "The Origins and Nature of the Great Slump Revisited," *Economic History Review*, 45.

──────────(1992b): *Golden Fetters: The Gold Standard and the Great Depression, 1919–1939*, New York, Oxford University Press.

Eichengreen, B. J. and T. Hatten(eds.)(1988): *Interwar Unemployment in International Perspective*, Boston, Martinus Nijhoff.

Fearon, P.(1987): *War, Prosperity and Depression: The U. S. Economy, 1917–1945*, Lawrence, University of Kansas Press.

Feinstein, C. H.(1965): *Domestic Capital Formation in the United Kingdom, 1920–1938*, Cambridge, Cambridge University Press.

Fischer, W.(1968): *Deutsche Wirtschaftspolitik, 1918–1945*, Opladen, C. W. Leske.

Friedman, M. and A. Schwarts(1963): *A Monetary History of the United States, 1867–1960*, Princeton, Princeton University Press.

Garside, W. R.(ed.)(1993): *Capitalism in Crisis: International Response to the Great Depression*, London, Printers.

Germany Official Publication(1933): *Statistik des Deutschen Reichs.*

Germany Official Publication(1938/1940): *Statistisches Jahrbuch für das Deutsche Reich.*

Glynn, S. and A. Booth(1983): "Unemployment in Interwar Britain: A Case for Relearning the Lessons of the 1930s," *Economic History Review*, 36.

Guillebaud, C. W.(1939): *The Economic Recovery of Germany*, London, Macmillan.

Hardach, G.(1984): "Banking and Industry in Germany in the Interwar Period, 1919–1939," *Journal of European Economic History*, 13, Fall.

Hayford, M. and C. Pasurka(1991): "Effective Rate of Protection and the Fordney-McCumber and Smoot-Hawley Tariff Acts," *Applied Economics*, 23.

Henning, F.-W.(1973): "Die zeitliche Einordnung der Überwindung und der

Wirtschaftskrise in Deutschland." in H. Winkel(ed.), *Finanz-und Wirtschafts-politische Fragen der Zwischenkriegszeit, Schriften des Vereins für Sozialpolitik*, N. F. Band 73, Berlin, Duncker & Humblot.

————————(1994): "Die Nationalsozialistische Steuerpolitik: Programm, Ziele und Wirklichkeit." in .E. Schremmer(ed.), *Steuer, Abgaben und Dienste vom Mittelalter bis zum Gegenwart*. VSWG-Beiheft 114. Stuttgart, Franz Steiner.

Hoffman, W. G.(1965): *Das Wachstum der Deutschen Wirtschaft seit der Mitte des 19. Jahrhunderts*, Berlin, Springer.

Holtfrerich, C.-L.(1990): "Economic Policy Options and the End of the Weimar Republic." in I. Kershaw(ed.), *Weimar: Why Did German Democracy Fail?* London, Weidenfeld and Nicolson.

Horrel, S. J., J. Jumphries and M. Weale(1994): "An Input-Output Table for 1841," *Economic History Review*, 47.

Irmler, H.(1976): "Bankenkrise und Vollbeschaeftigungspolitik(1931-1936)," in Deutsche Bundesbank(ed.), *Währung und Wirtschaft in Deutschland 1876-1975*, Frankfurt am Main, Fritz Knapp.

James, H.(1986): *The German Slump: Politics and Economics, 1924-1936*, Oxford, Oxford University Press.

————————(1993): "Innovation and Conservatism in Economic Recovery: the alleged 'Nazi recovery' of the 1930s," in W. R. Garside(ed.), *Capitalism in Crisis: International Responses to the Great Depression*, London, Printers.

Kitson, M. and S. Solomou(1991): *Protectionism and Economic Revival: The British Interwar Economy*, Cambridge, Cambridge University Press.

Kitson, M. S. Solomou and M. Weale(1991): "Effective Protection and Economic Recovery in the United Kingdom during the 1930s," *Economic History Review*, 44.

Leontief, W. W.(1951): *The Structure of the American Economy, 1919-1939*, 2nd ed., Oxford, Oxford University Press.

————————(1986): "The Economic Effects of Disarmament," in *Input-Output Econo-mics*, 2nd ed., Oxford, Oxford University Press, ch.9.

Lurie, S.(1947): *Private Investment in a Control Economy: Germany, 1933-1939*, New York, Columbia University Press.

Mertens, V. D., R. Stäglin and H. Wessels(1965): "Erstellung von Input-Output-Tabellen im Deutschen Institut für Wirtschaftsforschung," *Vierteljahrshefte zur Wirt-schaftsforschung*.

Middleton, R.(1981): "The Constant Employment Budget Balance and British Budgetary Policy, 1929-1939," *Economic History Review*, 34.

Mishkin, F.(1981): "The Real Interest Rate: An Empirical Investigation," in K. Brunner and A. Meltzer(eds.), *The Costs and Consequence of Inflation*, Carnegie-Rochester Conference on Public Policy, 15.

O'Brien, P.(1987): "Britain's Economy Between the Wars: A Survey of a Counter

Revolution in Economic History," *Past and Present*, 115.

Overy, R. J.(1975): "Cars, Roads and Economic Recovery in Germany, 1932–8," *Economic History Review*, 28.

————(1982): *The Nazi Economic Recovery, 1932–1938*, London, Macmillan.

Peppers, L. C.(1973): "Full-Employment Surplus Analysis: The 1930s," *Explorations in Economic History*, 10.

Poole, K. E.(1939): *German Financial Policies, 1932–1939*, New York, Russell and Russell.

Renaghan, T. M.(1988): "A New Look at Fiscal Policy in the 1930s," *Research in Economic History*, 11.

Richardson, H. W.(1962): "The Basis of Economic Recovery in the Nineteen-Thirties: A Review and a New Interpretation," *Economic History Review*, 15.

————(1967): *Economic Recovery in Britain, 1929–1939*, London, Weidenfeld and Nicolson.

Romer, C. D.(1992): "What Ended the Great Depression?", *Journal of Economic History*, 52.

Schneider, M.(1986): "The Development of State Work Creation Policy in Germany, 1930–1933," in P. D. Stachura(ed.), *Unemployment and the Great Depression in Weimar Germany*, London, Macmillan.

Silverman, D. P.(1988): "National Socialist Economics: The Wirtschaftswunder Reconsidered," in B. J. Eichengreen and T. Hatton(eds.).

Temin, P.(1989): *Lessons from the Great Depression*, Cambridge, MIT Press.

————(1990): "Socialism and Wages in the Recovery from the Great Depression in the United States and Germany," *Journal of Economic History*, 50, June.

Temin, P. and B. Wigmore(1990): "End of One Big Deflation," *Explorations in Economic History*, 27, Sep.

Tomas, M.(1983): "Rearmament and Economic Recovery in the Late 1930s," *Economic History Review*, 36.

Tilly, R. and N. Huck(1994): "Die Deutsche Wirtschaft in der Krise, 1925 bis 1934, Ein makroökonomischer Ansatz," in Buchheim et al.(eds.).

U. K. Ministry of Labour(1933): *Gaztte*.

U. S. Bureau of the Census(1933): *Abstract of the 15th Census*.

U. S. Department of Commerce(1934): *Survey of Current Business*, various issues.

Vernon, J. R.(1994): "World War II Fiscal Policies and the End of the Great Depression," *Journal of Economic History*, 54, Dec.

von Kruedener, J. B.(ed.)(1990): *Economic Crisis and Political Collapse: The Weimar Republic*, 1924–1933, New York, Berg.

von Tunzelman, G. N.(1982): "Structural Change and Leading Sectors in British Manufacturing, 1907–1968," in C. P. Kindelberger and di G. Tella(eds.), *Economics in the Long View*, vol.3, London, Macmillan.

Wagemann, E.(ed.)(1935): *Konjunktur-Statistisches Handbuch 1936*, Institut für

Konjunkturforschung, Berlin.

Wallis, J. J.(1985): "Why 1933?: The Origin and Timing of National Government Growth, 1933-1940," *Research in Economic History*, sup., 4.

Weinstein, M. M.(1980): *Recovery and Redistribution under the NIRA*, Amsterdam, North Holland.

Whatley, W. C.(1983): "Labor for the Picking: The New Deal in the South," *Journal of Economic History*, 43.

Winch, D.(1969): *Economics and Policy*, London, Hodder and Stoughton.

Wolcott, S.(1993): "Keynes versus Churchill: Revaluation and British Unemployment in the 1920s," *Journal of Economic History*, 53.

Wolfe, M.(1955): "The Development of Nazi Monetary Policy," *Journal of Economic History*, 15.

Worswick, G. D. N.(1984): "The Sources of Recovery in UK in the 1930s," *National Institute Economic Review*, 110.

Wright, G.(1974): "The Political Economy of New Deal Spending: An Econometric Analysis," *Review of Economics and Statistics*.

제3장
나치정권 초기 경기회복의 과정과 성격

1. 문제 제기

　1930년대 세계 대공황기에 미국과 독일은 상대적으로 가장 혹독한 시련을 겪었다. 두 나라가 경기 회복기로 전환하는 시점은 정치적 사건 즉 루스벨트의 취임과 히틀러 집권 시기와 거의 일치한다. 특히 독일이 급속한 경기회복 국면에 돌입하는 것은 나치 정권의 급격한 정책변화와 연결된 것처럼 보인다. 실제로 히틀러 내각은 '경제문제의 해결'을 자신들의 최대 업적으로 내세우는 데 주저하지 않았다. 이 과정은 바이마르공화국 붕괴와 함께 전간기에 특히 두드러진 정치와 경제 간 불가분의 관계를 자세히 살펴볼 대표적 기회를 제공한다.

　독일의 공황 탈출에 관한 최근 연구들은 회복 요인을 해석하는 방법에 따라 크게 두 부류로 나눌 수 있다. 한 편에서는 1933년 1월의 정치적 변화와 이에 따른 경제정책의 반전이 생산과 고용증대를 가능케 했다고 설명한다. 정부 정책이 거시적으로는 긴축기조에서 팽창기조로 전환하고, 미시적으로는 선별적으로 규제가 강화되는 방향으로 변화했다. 이것이 민간의 기대심리를 호전시켜 유효수요 증대를 가져왔다. 즉 심리적 토대, 낙관주의의 재등장, 일반적 경기향상에 대한 기대 등이 고용창출을 위한 정책시행에 못지않게 경기회복에 기여했다는 것이다(Fischer 1968: 66). 테민 Temin(1989)의 용어를 빌자면 개개의 정책수단의 효과 여부를 떠나서 대공황이 지속될 것이라는 민간기대를 반전시키는 '정책체제(policy régime)'의 변화가 경기회복에 중요하게 작용하였다.

이와 같이 정책체제의 변화를 중시하는 시각에서는 평가절하와 팽창적 정책기조로의 전환이 더 일찍, 다시 말해 브뤼닝Brüning 내각의 시기에 이루어졌더라면 독일은 물론 세계적으로도 경기회복이 앞당겨졌을 것으로 판단한다. 나아가 바이마르 공화국이 몰락하지 않았을 것이고 따라서 나치 정권이 등장하는 것을 막을 수도 있었으리라고 생각한다. 이러한 주장은 특히 자유주의 학자들 간에 풍미하였다. 물론 보카르트Borchardt(1982: ch. 9)는 브뤼닝이 정치적 이유 때문에 평가절하나 적자재정 지출과 같은 조치를 취할 여지가 없었다고 주장한다. 설령 실시되었다고 해도 경기회복을 앞당기지 못했으리라는 반론을 편다. 이 문제에 관해서는 그의 연구가 나온 이래로 오랫동안 학계에 열띤 논쟁을 불러일으켰다(von Kruedener 1990, Holtfrerich 1990, Buchheim et al. 1994).[1]

다른 한 편의 설명은 정치적 변화에도 불구하고 경제정책이 단절보다는 연속적인 보수성을 유지했다는 점을 강조한다. 이 견해에 따르면 경기회복은 대부분 자생적이었다. 경기가 회복하게 된 까닭이 대부분 파펜Papen과 슐라이허Schleicher의 프로그램들이 뒤늦게 효력을 발휘하였기 때문이라는 것이다(Hardach 1980: 59). 이를테면 고용창출을 위한 공공지출은 액수가 작았을 뿐 더러 히틀러 이전부터 있어왔다. 당시에 적자재정을 운영한 것은 실업대책이라기보다는 재무장 때문이었다. 히틀러의 정책은 오히

---

1 이 논쟁은 우리말로 비교적 자세히 소개되었으므로 이 글에서는 논의를 유보하기로 하자(이헌대 1992). 그러나 이헌대의 입장은 보카르트 쪽으로 치우친 감이 없지 않다. 아직도 논쟁이 계속되고 있으나 이에 대한 내 견해의 명시적 제시는 다음 기회로 미룬다(Voth 1994, 1995 등 참조).

려 역동적, '정상적'인 경기상승을 저해하였다. 또한 통제경제 (Staatskonjunctur)로의 이행을 촉진했을 뿐, 재정운영에 대한 기존의 보수적 사고방식도 지속되었다(James 1993: 81). 나아가 히틀러의 정책은 '훨씬 더 건전한 성장(wesentlich gesunderes Wachstum)'을 저해하였다 (Buchheim 1994: 111). 후자의 주장은 1933년 말~1934년 초까지의 소비증대를 근거로 삼는다. 그러나 민간소비가 국민생산에서 차지하는 비중을 연도별로 살펴보면(1932년 88.5퍼센트, 1933년 80.5퍼센트, 1934년 76.6퍼센트, Hoffman 1965: 826), 이런 현상은 그저 잠시 생겨났다가 소실되어버렸을 것으로 판단된다. 부가적으로 기업의 비용구조가 개선된 결과 유동성과 이윤획득가능성도 증진되었다는 설명이 있다. 하지만 이것은 단지 다양한 정책조치들이 효과를 낸 것을 반영한 것일 수도 있으므로 설득력이 부족하다.

위에서 본 것처럼 두 가설은 극단적으로 대립하고 있다. 이 둘을 실증적으로 검정하기란 쉽지 않다. 각기 기대심리라든지 기타 반사실적(counter-factual) 상황에 대한 분석을 내포하고 있기 때문이다. 이러한 주장들을 염두에 두고 이 글에서는 나치정권 초기 독일의 경기회복 과정을 검토하고 그 성격을 가늠해 봄으로써 어느 쪽 해석이 더 적절한 것인지를 가려내려고 한다.

글의 구성은 다음과 같다. 2절에서는 독일 대공황의 특징을 간단히 살펴보고, 3절에서는 경기상승의 전환점과 속도를 보여 주는 자료, 특히 실업통계의 문제점에 대해 논의한다. 4절과 5절은 각각 유효수요의 주요항목인 공공지출과 민간투자의 움직임을 분석한다. 이들을 토대로 마지막 절에서는 회복경기의 성격을 구명하여 기존 가설의 설명력을 평가하는 데 도움을 주고자 한다. 아울러 독일이 경험한 방식의 경기상승이 초래한 결과를 살펴볼 것이다. 즉 그러한 방식의 경기회복이 경기변동 일반 그리고 경제와 정치의 관계에 관한 이해에 어떤 시사점을 줄 수 있는지 생각해 보기로 한다.

2. 독일 대공황의 특징

먼저 〈표 1〉을 보자. 독일의 실업률(〈표 1〉에서는 제조업 실업률)은 1932년까지 세계 1위의 수준으로 급상승하다가 상대적으로 빠른 속도로 감소하였다. 또한 〈표 2〉에서 알 수 있는 것처럼 독일의 공황은 모든 경제 부문을 강타하였다. 다시 말해 영국에서와 달리 구조적인 성격이 없어서 전기, 화학, 자동차 등 신산업에서도 실업률이 높았다. 이와 같이 모든 산업에 대규모 불황이 닥치게 된 것은 독일의 공업화 시기가 상대적으로 늦은 탓에 신산업과 직물, 철강, 조선 등 구산업에서 동시에 공업화가 이루어졌기 때문일 것이다. 또한 독일 공황의 규모가 크고 빨랐던 까닭은 제1차 세계대전 뒤 독일 경제의 국내외적 상황 때문이라고 할 수 있다.

패전 뒤 전쟁배상금 부담과 이를 해결하기 위한 외자도입, 특히 미국에서 들여온 단기외채 누적은 전승국의 배상금 압력과 함께 독일의 금융구조를 극히 불안하게 만들었다. 또한 독일은 1920년대에 하이퍼인플레이션을 경험한 터라 심리적으로 금융정책의 선택 범위가 극히 제한되어 있었다.

〈표 1〉				각국의 제조업 실업률						(단위 : %)	
	1927	1928	1929	1930	1931	1932	1933	1934	1935	1936	1937
미국	5.4	6.9	5.3	14.2	25.2	36.3	37.6	32.6	30.2	25.4	21.3
영국	9.7	10.8	10.4	16.1	21.3	22.1	19.9	16.7	15.5	13.1	10.8
독일	8.8	8.6	13.3	22.7	34.3	43.8	36.2	20.5	16.2	12.0	6.9
프랑스	11.0	4.0	1.0	2.0	6.5	15.4	14.1	13.8	14.5	10.4	7.4

자료 : Eichengreen and Hatton(1988: 6-7)

산업	실업률		산업	실업률	
	독일	영국		독일	영국
탄광	33.1	37.4	음식, 담배	25.8	11.9
석재	38.8	21.5	고무, 석면	31.9	13.6
유리	35.6	21.5	제지	23.9	8.5
철강	41.9	38.8	종이제품	31.1	8.3
기계	48.9	27.3	인쇄, 출판	27.1	9.4
금속	42.3	20.2	건축, 건설	52.3	25.4
조선	63.5	61.1	수도, 가스, 전기	15.2	10.2
자동차	39.7	17.1	교통	29.9	21.3
전자	41.9	14.8	유통	28.8	11.3
정밀기계	32.1	12.5	금융, 보험	11.4	4.7
화학	25.6	12.7	출장업무	28.5	14.0
섬유	24.3	20.4	오락	40.9	19.4
피혁, 의류	23.6	10.9	전문직	16.7	5.4
목재	43.6	18.3			
악기, 장난감	55.1	20.1	총계	34.4	19.5

산업별 실업률(1933년 6월)　　　　(단위 : %)

자료 : Balderston(1993: 3)

국내적으로도 재정위기, 농업문제, 노사문제 등이 겹쳐 결국 1931년에 은행공황이 닥치자 독일경제는 걷잡을 수 없이 나락으로 떨어졌다. 이와 관련된 문제점들을 재정, 농업, 노동, 금융의 순서로 간략하게 살펴보자.

우선 제1차 세계대전을 치르면서 재정지출이 급속도로 증가하였다. 이에 더하여 관료제가 비대해지고, 헌정구조는 더욱 복잡해졌다. 또한 교육, 주택, 사회보장, 실업보조, 연금, 의료 등 사회적 지출과 농업보조금이 크게 늘면서 1930년에 이르면 재정지출이 국민총생산의 30퍼센트를 넘어섰고 그 이후에도 증가추세를 멈추지 않았다. 이러한 적자재정의 위기를 해결하기 위하여 브뤼닝 내각은 조세 증수, 실업보험 삭감, 공무원 봉급 인하와 대폭적인 투·융자 감소정책을 펼쳤다. 그 결과 장기적인 '저성장 경제'의 함정에 빠졌고(James 1986: 108), 이것은 다시 정치 불안을 야기하였다. 독일은 자본도입이 어려워짐은 물론 국내자금이 해외로 도피하는 현상마저 겪었다.

농업 보조금은 제국시대 이래로 융커Junker의 정치력 때문에 삭감하기 어려웠다. 전쟁과 인플레이션으로 농업 생산성이 낮아지면서 농업 부문에서 저축의 가치가 단기간 내에 소멸하였다. 설상가상으로 농산물의 국제 가격마저 하락하여 농업 공황을 야기하였다. 이에 대응하여 정부는 농산물 수입관세를 인상하고 농가 부채를 탕감하는 정책을 폈다. 이런 정책은 한 편으로 비농업부문의 희생을 바탕으로 한 것이었으나, 다른 한 편으로는 높은 이자율과 중간 상인의 개입에 대한 농민들의 불만이 고조되면서, 농업 부문이 급진화하는 것에 대응하여 정부가 긴급조치를 취한 것이라고 볼 수 있다. 농업 문제를 해결하려는 정부의 이러한 노력은 양쪽에서 공격을 받으며 경제적·정치적 어려움을 가중시켰다(James 1986: 281-282).

노동 문제에 관해서는 아직도 논란이 많다. 고임금이 투자를 저해하여 불황을 심화시키고 이것이 바이마르 공화국을 궁지로 몰아넣었는가(Borchardt 1982)? 실제로 실질임금이 1929년까지는 생산성보다 더 빨리 상승하였다. 그러나 현재까지 연구된 바로는 1932년까지는 오히려 그 상승속도가 뒤졌던 것으로 확인된다. 그렇다면 고임금이 아니라 고자본비용 요인이 독일 대공황의 특징이라고 보아야 할 것이다(Holtfrerich 1984). 물론 이러한 결론은 분석 시기에 따라 의미가 달라진다. 또한 단순히 임금이 높거나 낮은 것이 문제가 아니고 반사실적(counterfactual) 가정에 입각한 상대적 수준을 따진다면 문제는 더 복잡해진다(Voth 1995). 그리고 임금을 결정한 요인이 어느 것인지, 즉 국가 개입이나 노동조합의 영향이 중요했는지 아니면 노동 수요, 예를 들어 수출 수요의 움직임이 관건인지에 따라 추론을 달리해야 할 것이다(Balderstone 1993). 어찌되었든 브뤼닝 정권 말기의 디플레이션 정책은 물가와 임금을 동시에 하락시키자는 것이었다. 그런데 이는 노사 양측에 다같이 불안감을 불러일으켜 불황경기를 더욱 취약하게 하였다. 즉 1927～1929년의 강력한 노조, 그리고 1929～1930년의 경직적인 기업이라는(사실인지 아닌지는 확실치 않지만 민간인들의 기억에 입각한) 인상만 남아 노사 간의 평화로운 관계를 더욱 어렵게 만들었다(James 1986: 290).

1931년 은행공황에 관한 주요 논의들의 초점은 공황으로 치닫게 한 원인들 가운데 어느 정도가 해외적인 요인이었고, 얼마나가 국내적인 것이었는지에 맞춰져 있다. 1920년대 인플레이션으로 지불준비가 고갈되고 단기해외부채가 높아 유동성이 매우 취약한 상태였을 때 프랑스 그리고 특히 미국의 단기해외자금회수가 독일에 치명적이었다는 것이 독일 학계의 전통적 설명이었다. 그러나 미국 학자들은 오히려 독일의 국내 문제를 강조한다. 1930～1931년에 독일의 외환보유고가 감소한 것은 독일자본이 해외로 유출되고 정부의 부채관리가 부실했기 때문이라는 것이다. 그 당시에도 은행부문 자체보다는 국가재정의 파탄이 금융 불안을 고조시켜 1931년 공황을 불러일으켰다는 관찰이 많았다(James 1986: 305).

어떤 이유로 발생했든 은행공황이 이후 정책결정에 미친 영향은 다음과 같다. 첫째, 적자재정에 대한 경계심이 늘었다. 둘째, 제국은행은 지나친 금융긴축이 새로운 은행공황을 야기할 위험이 있을 것이라고 판단하였다. 그래서 금융부문 안정을 위해 인수보증회사를 설립하고 재할인율을 인하하는 등 약간 팽창적인 조치를 취하였다. 셋째, 1931년의 공황으로 정부가 은행에 대규모로 지원하자 금융계에 대한 일반 대중의 의혹과 불만이 고조되었다. 한편 금융공황 사태가 터지자 사람들은 경제불황을 자본주의에 내재하는 필연적 위기로 인식하기 시작했다. 그리하여 이미 심화되고 있던 반자본주의 감정의 경향을 더욱 부추겼다(James, 1986: 323).

요약해 보자. 독일의 대공황은 농업문제나 노사관계 속에 정치적 갈등을 내포하고 있었다. 또한 재정과 금융이 취약했다. 아울러 자본주의 존속

자체에 대한 불신까지 야기할 정도의 분위기가 사회전반에 확산된 상황에서 공황이 어느 특정 산업부문들에 치우쳐 있는 것이 아니라 경제전반에 걸쳐 극심하게 표출되었다.

3. 전환점과 실업통계의 문제점

〈표 1〉에서 보는 것처럼 독일경제는 최저점인 1932년 이후 급속히 회복하였다. 이것이 히틀러의 경제 기적(Wirtschaftswunder)인가? 이를 살펴려면 두 가지 면에서 통계를 검토할 필요가 있다. 첫째는 1933년 히틀러 내각이 출범한 이후에 전환점에 이르렀는지 아니면 그 이전, 예를 들어 1932년 여름에 회복국면이 시작되었는지다. 둘째는 회복 속도가 공식통계에 나타나 있는 대로 그만큼 빨랐던 것인지다. 즉 발표된 통계 특히 1933년 이후의 실업통계는 신뢰할 만한 것인가?

전환점을 결정하는 문제는 헤닝Henning(1973)이 작성한 여러 가지 지표를 통해 접근할 수 있다. 즉 다음과 같은 결과를 읽을 수 있다. ① 연간국민소득으로 볼 때 1932년보다 1933년이 높다. 하지만 그 차이가 별로 크지 않아서 결정적인 해답을 내기는 어렵다. ② 월별산업생산으로 볼 때 전환점은 1932년 8월이었다. 노동시간조정치와 계절조정치로 보면 최저점은 1932년 1월과 8월이다. 그런데 1933년 1월에 다시 비슷한 수준으로 하락한다. ③ 분기별 통화량의 최저점은 1933년 1사분기, 월별 어음발행고의 최저점은 1933년 2월이었다. ④ 무역수지는 계속 적자였으나, 1932년 12월과 1933년 1월에는 거의 균형을 유지하였다. ⑤ 월별 등록된 실업자 수는 1933년 1월부터 전년 같은 시기에 비해 감소하였다. 하지만 등록되지 않은 실업을 포함하면 어떨지는 확실치 않다.

이와 같은 자료, 또한 기타 다른 자료를 이용하여 헤닝은 1932년 여름에 회복의 기미가 뚜렷했다고 결론지었다. 이는 고용창출 프로그램과 특히 조세감면을 실시하기 시작한 파펜 내각의 등장과 함께 경기가 회복으로 돌아서는 전환점에 다다랐음을 암시한다. 그러나 위에서 요약한 것처럼 지표에 따라 결과가 다르다. 그 뿐만 아니라 이러한 회복은 부분적이거나 '좌절되었다(aborted).' 그러다가 경제는 곧 다시 침체로 빠져들었다 (Temin 1989: 102). 따라서 본격적인 회복국면은 1933년 초에 시작한 것으로 보는 시각이 더 타당한 듯 보인다.

실업통계의 신뢰도 문제가 바로 이에 관련된다. 특히 1933년과 1934년의 실업률 감소 속도가 공식통계에 나타난 만큼 빨랐던 것인지가 관건이다. 통계당국이 실업통계를 조작했다는 직접적 증거는 발견되지 않았다. 그러나 여러 가지 정황증거로 볼 때 발표된 실업자 수에 의심을 품을 수 있다. 첫째, '연방직업알선과 실업보험국(RfAA)'의 모든 자리를 나치당원이 차지하면서 즉 기존의 업무종사자들을 대량 해고하고, 그 자리를 나치당원으로 채운 이후 이루어진 실업통계라서 통계의 정확성과 신뢰도가 떨어진다. 나치화 이후 실업자에 대한 정상적인 심사기능이 없어졌을 것이기 때문이다. 둘째, 1933년 1월 이후 '취업'과 '실업'을 구분하는 기준이 바뀌었다. 그래서 '실업률'을 자의적인 방법으로 낮출 수 있었다. 예를 들어 긴급구호 노동자(Notstandsarbeiter)라면 생산직고용통계에는 '취업'으로, 노동시장통계에는 '구직중'으로, 실업보험이나 긴급구호 통계에는 '구호중'으로 분류되었다. 그러나 발표된 공식통계에는 1933년 7월 이후 다시 '취업'으로 나타난다(그 전에는 '실업'으로 셈하였다. Silverman 1988: 207). 또한 그들은 실업수당 지급대상의 범위를 제한함으로써 RfAA에 등록할 유인이 작아졌다. 이 사실도 공식 실업자 수를 줄이는 데 분명 한 몫 했을 것이다.

공식통계에서 '취업자'는 그 당시 고용되어 보수를 받고 있으며 의무적으로 가입해야 하는 근로자 건강보험에 가입되어 있는 자였다. '실업자'는 RfAA 직업알선과 실업보험 사무소에 등록된 무직자를 말한다. 실업보험에 따른 실업수당을 받을 자격이 없으면 이곳에 등록할 유인이 작다. 또한 받을 자격을 갖췄다고 하더라도 실업수당 액수가 하락하면 이에 따라 등록성향이 낮아질 것이 뻔하다. 따라서 실업보험 대상이 아닌 직종, 예를 들어 농림수산업이나 가내노동 등 계절적 실업이나 혹은 비공식 부문의 실업은 등록되지 않은 경우가 많았다. 이와 같은 '보이지 않는(unsichtbar)' 실업자 수는 계절에 따라 등록된 실업자(registrierte Arbeitslose) 수의 절반 정도나 되었다. 이에 더하여 긴급구호노동자, 공공구호사업고용자(Fürsorgearbeiter), 농업보조노동(Landhilfe), 근로봉사자(Arbeitsdienst) 등이 '취업'으로 분류되어 있다. 하지만 이들은 '준실업(quasi-Arbeitslose)'으로 간주할 수 있다. 그런데 바로 이러한 준실업자 규모가 1933년에 거의 3배로 증가하였다. 이 점을 감안하면 실업의 감소 속도가 상당히 과대평가되었다는 것이다 (Hemmer 1935, Silverman 1988: 213).[2]

〈표 3〉은 공식 실업통계와 몇몇 학자들의 대안적 추계를 보여 준다. 이러한 수치를 근거로 하면 나치집권 초기의 경기회복은 발표된 기록보다 훨씬 속도가 느렸다. 또한 1934년에도 실업자 수가 600만 명에 달했기 때문에 그다지 경이적이지 않다는 결론에 도달한다. 그러나 '준실업'을 실업으로 분류하고, 그 수만큼 취업자 수에서 없애는 것 또한 그 자체로서 문제점이 없는 것은 아니다.[3] 과장된 것으로 추정된 추계를 수정하여 받아들

---

2 이외에 여성의 노동력 참여율을 낮추기 위한 결혼보조금융, 모든 공장에서 청소년 노동자를 노동봉사대로 보내고 대신 나이가 많은 가구주를 고용케 하는 직장교환제(Arbeits-platzaustausch) 등 노동시장 통제가 1934년 이후 광범하게 도입되었다. 이것이 공식실업률을 줄이는 데 어느 정도 효과가 있었는지는 가늠하기 힘들다.

3 미국의 경우 정반대 논란이 있다. 다비Darby(1976), 케셀만Kesselman과 사빈Savin(1978) 참조.

〈표 3〉	1933년 1월과 1934년 1월의 실업통계	(100만 명)
	1933. 1	1934. 1
(1) 등록된 취업자	11.5	13.5
(2) 등록된 실업자	6.0	3.8
(3) 보이지 않는 실업	1.5	1.4
(4) 준 실업	0.2	0.8
(5) 총 실업자 수 (2)+(3)+(4)	7.7	6.0
(6) 등록된 실업율 (2)/[(1)+(2)]	34%	22%
(7) 수정된 실업율 (5)/[(1)+(2)+(3)]	41%	32%

자료 : Hemmer(1935: 189), Silverman(1988: 211), Buchheim(1994: 106)

인다고 해도 어쨌든 회복속도는 여전히 상대적으로 빠른 편이다. 물론 실업으로 분류하는 문제 이외에도 RfAA통계의 정확성과 신뢰도 문제는 여전히 남겠지만 말이다.[4]

4. 공공지출의 추이

경제학자들은 대체로 대규모 불황과 실업상태에서의 회복이 유효수요 증대에서 비롯된다는 데에 별 이견이 없다. 이때 지출수요는 예를 들어 가격과 임금하락 등 경제의 자생적 회복능력이 생기면 증가한다. 이에 더하여 국내에서는 팽창적 재정금융정책, 대외적으로는 관세정책과 외환정책 등을 적절히 썼을 때 증가하는 것으로 여긴다. 1절에서 언급한 1932년 여름 소비지출의 반등에 대하여는 마지막 절에서 다시 살펴보기로 하고 이 절에서는 공공지출, 다음 절에서는 민간투자의 추이를 분석한다.

---

4 베를린의 경기연구소(Institut für Konjunkturforschung)에서 1933년 10월부터 별도로 수집하여 발표한 노동통계와 공식통계를 비교하면, 취업자 수가 약 28만 명 정도 차이가 나는데 체계적인 편이는 보이지 않는다(Silverman 1988: 210).

오래 전부터 관심의 대상이 되어온 것은 공공사업 등 소위 고용창출정책이었다. 1933년에 이러한 정책의 일환으로 라인하르트Reinhardt 프로그램이 도입되었다. 규모가 15억 마르크(RM)로서 이것의 시발점은 더 거슬러 올라간다. 당시에 자유노조연합(ADGB)의 압력도 있었지만 브뤼닝 정권은 여전히 고용창출문제를 부정적으로 보았다. 제국은행도 이를 위한 신용제공을 거부하였다. 1932년 5월에 도로, 수도, 농지개발을 포함하는 고용창출안이 우여곡절 끝에 내각에서 통과되었으나 전쟁배상금 문제 때문에 실행되지 못하였다. 이 계획은 1억 3천 500만 마르크(RM) 규모였다. 배상금 문제를 둘러싼 로잔 회담Lausanne Conference이 진행 중일 때야 비로소 파펜 내각은 1932년 7월 2억 700만 마르크(RM)에 달하는 고용창출 조치를 강구하였다. 9월에 긴급명령으로 파펜 프로그램이 시작되었다. 이것은 15억 마르크(RM)에 해당하는 민간부문 경기진작을 위한 조세감면과 7억 마르크(RM)의 고용 프리미엄으로 더욱 보완되었다. 하지만 계절적인 요인과 자금조달의 지연 등으로 즉각적인 효과를 보지 못하였다. 그런데도 파펜 정부의 조치는 경기진작을 목적으로 정책기조를 반전시킨다는 긍정적 선례를 남겼다. 이 일이 가능하게 된 것은 배상금 문제가 잠정적으로 해결되었기 때문이기도 하다. 1932년 12월에 들어선 슐라이허 행정부는 이미 집행 중이던 실업대책을 강화하였다. 이제 약 2억 9천만 마르크(RM)의 고용창출 기금을 확보하고 제국고용창출 위원회를 구성하였다. 그러나 이후 5억 마르크(RM)로 확대된 슐라이허 프로그램은 여러 이익집단들의 반발 때문에 제대로 시행되지 못한 채 이에 관한 청사진을 히틀러 정권에 제공하는 데 그치고 만다.

슐라이허 정부와는 대조적으로 히틀러 정권은 대기업과 대지주 층의 지지를 손쉽게 얻었다. 히틀러 정권은 독일상공인동맹(RDI, Reichsverband der Deutschen Industrie)의 협조를 얻어 노조를 핍박하고 사회복지 지출을 줄이면서 고용창출정책을 실질적으로 펴나갈 수 있었다. 1933년 5월 내각에서 승인된 10억~15억 마르크(RM)의 고용창출 관계 지출안을 근거로 정부는 10억 마르크(RM)의 재정증권 발행을 검토하였다. 6월 1일에 공표된 라인하르트 프로그램은 이러한 직접적 고용창출과 함께 민간투자를 촉진하기 위해 이전의 조세감면조치를 유지하고 확대하는 것까지 포함하고 있다. 이와 함께 경기회복의 조짐이 확연해졌다. 이것은 부분적으로 파펜과 슐라이허 정부가 주도하던 정책조치가 뒤늦게 효력을 낸 것으로 해석할 수도 있을 것이다(Schneider 1986: 180, Marçon 1974: 399).

1932년 말~1935년까지 고용창출을 위해 총 52억 마르크(RM)가 지출되었다. 연도별로 지출액수는 1933년에 16억, 1934년에 24억, 1935년에 12억이었다. 이는 3년 동안 독일 국민 총생산의 2.5퍼센트에 달하는 액수다.[5] 2.5퍼센트가 얼마 되지 않는 것인지 아니면 초기자극제(Initialzündung) 역할을 충분히 할 수 있을 정도인지에 대해서는 논란이 있을 수 있다. 하지만 민간투자 촉진책과 더불어 투자심리 등 민간의 기대를 낙관적으로 반전시킨 것이야말로 라인하르트 프로그램을 위시한 직접적 고용창출정책의 공헌으로 평가되고 있다(예를 들어 Fischer 1961: 23).[6]

그러나 〈표 4〉에 나타난 바와 같이 정부가 고용창출 조치만으로 경기회복에 시동을 건 것은 아니다. 재무장, 건축, 모토리지룽Motorisierung을 포함한 정부지출 전체의 총체적 효과가 넓은 범위에서 침체를 저지하였다. 공공지출의 구성이 갖는 함의를 살피기 전에 우선 정부지출 총액의 추이를 보자. 제3제국 내내 정부지출은 계속 증가하였다. 하지만 그것이 국민

---

5 〈표 4〉에서는 1935년 지출이 8억 마르크(RM)로 나타나는데 이는 사후에 실제로 집행된 수치를 보여 준다.
6 한편 인플레이션을 야기하지 않고 고용창출자금을 조달하기 위하여 재정증권(Reichskassenscheine)을 발행하자는 안은 시행되지 못하였고, 제국은행도 경제여건상 필요 불가결하지 않은 한 신용팽창을 허가하지 않겠다고 버티었다.

<표 4>   공공지출과 민간투자   (단위 : 10억 RM)

	1928	1932	1933	1934	1935	1936	1937	1938
(1) 총공공지출								
(연방 및 지방정부 합계)	23.2	17.1	18.4	21.6	21.9	23.6	26.9	37.1
건설	2.7	0.9	1.7	3.5	4.9	5.4	6.1	7.9
재무장	0.7	0.7	1.8	3.0	5.4	10.2	10.9	17.2
교통	2.6	0.8	1.3	1.8	2.1	2.4	2.7	3.8
고용창출	–	0.2	1.5	2.5	0.8	–	–	–
(2) 제조업·광업에의 민간투자	2.6	0.4	0.6	1.1	1.6	2.2	2.8	3.7
(3) 국민총생산	88.1	56.7	58.4	65.5	73.1	81.2	90.9	100.2
(4) 산업생산지수(1928=100)	100	58	66	83	96	107	117	122

자료 : 1) Overy(1996: 48)

　　　2) *Statistisches Jahrbuch für das Deutsche Reich*(1938: 564)

　　　3) Deutsche Bundesbank(1976: 7, 14, 18)

　　　4) Overy(1996: 24)

생산에서 차지하는 비중은 대개 1930~1932년과 유사한 30퍼센트 안팎
의 수준을 일정하게 유지했다〈표 4〉. 세율은 브뤼닝 시기의 수준에서 거
의 변하지 않았다. 조세감면이 중요한 부문일 수 있는데 그것은 제한된 영
역에서만 작용하였다. 재정적자는 언제나 다소 보수적인 방법으로 메워졌
다. 즉 1933~1939년 기간에 비정규적인 정부지출의 약 80퍼센트가 조세
와 장기차입으로 충당되었다. "그러므로 정부는 독일경제가 회복되기 시
작하자 거기에 단순히 참여하고 있다는 데 만족했다(James 1986: 372)."

　일반적으로 공공지출을 적자재정운영 방식으로 증대시킬 때 경기회복
효과가 더 크다. 그리고 재정구조가 팽창적인지 아닌지의 여부를 가릴 때
는 대체로 '완전고용 예산구조(high employment budget)' 개념이 원용된
다.[7] 독일의 예산을 그런 식으로 계산해 보면 1927~1938년 동안 완전고

---

　7 이는 경제가 완전고용상태에 있을 때 정부지출과 조세수입이 어떨지를 보여 준다. 당연히
　실제예산보다 이전지출이 더 작고 조세수입이 더 클 것이다. '완전고용흑자'의 개념은 브라
　운Brown(1956) 이래로 미국, 영국 등의 경험에 적용, 분석되었다. 페퍼스Peppers(1973), 레
　네건Renaghan(1988), 미들톤Middleton(1981) 참조.

용예산구조는 다음과 같다. 예산이 1935년까지 흑자를 기록하고 있었으므로 '재정정책은 아직도 전반적으로 긴축적(Cohn 1992: 337)'이었다. 그러나 1933년 이후부터는 분명히 '덜 긴축적인' 방향을 지향하였다. 이렇게 볼 때 "재정정책은 1929~1932년까지 해마다 더욱 긴축적이 되었다. 1933년부터는 거의 예외 없이 해마다 점점 팽창적으로 되어 갔다. … 히틀러가 권좌에 오르기까지는 아직 확실히 팽창적인 방향으로 전환되지 않았다(Cohn 1992: 335)."[8]

또한 정부지출을 증대시킬 때 지출의 구성 또는 부문별 배분에 따라서도 그 효과가 달라진다. 도로건설과 자동차생산을 장려하는 정책인 모토리지룽은 비록 그 자체로서 혁신적이지 않았지만 나치정부의 가장 중요한 계획 가운데 하나였다. 도로보수와 건설은 공공투자의 막대한 부분을 차지하였다. 〈표 4〉에서 교통과 고용창출 항목 하의 재정지출은 대부분 자동차도로 건설에 투입되었다. 정부가 자동차산업에 직접 참여하지는 않았지만 자동차산업을 장려하기 위해 자동차 제조업자뿐만 아니라 구매자에게도 특별한 조세유인을 제공하였다. 그 밖에도 다른 유리한 수요측과 공급측 조건들이 결합한 결과 이 정책은 자동차 생산지수를 1932년에 100으로 할 때 1934년에 250(산업전체로는 140)까지 끌어올렸다. 이보다 더 중요한 것이 있다. 자동차산업은 '매우 다양한 연쇄파급효과'를 내기 때문에 경기회복에 지속적으로 영향을 미쳤다. 자동차가 생산되는 동안 철강, 램프, 직물, 기계기구 등과 같은 제조업품의 주문이 증가하고, 타이어와 고무, 연료, 소매상과 정비소, 수리점, 도로 건설 등도 뒤따랐다. "이 당시에도, 그리고 그 이후에도 점차로 자동차산업은 다른 산업발전의 '선도부문'이 되었다(Overy 1975: 482)."

8 1925~1934년 간의 '완전고용예산'에 대한 더욱 최근의 계산 결과 역시 1930년대 내내 흑자였음을 보여 준다(Tilly and Huck 1994: 86).

1935~1936년까지 독일의 재무장은 전체적인 규모에서 이루어지지 않았다. 경제회복에서 군비지출의 역할을 크게 평가하지 않는 많은 학자들은 이 점에 근거를 두고 있다. 그러나 재무장 지출은 범위와 공개성이 제한되었는데도 메포(Mefo)채권 추정액까지 합산하면 그 이전에도 매우 중요하였다(〈표 4〉). 게다가 재무장이 "특정 부문에 미친 영향 또한 경제전반의 향배를 분석하는 데 매우 중요하다. 군비지출 증가는 기본 엔지니어링 부문에 대한 주문이 많아진다는 것을 의미한다(James 1986: 383-4)." 또한 항공, 조선 산업의 발달도 촉진한다. 이들 모두는 철광과 제강을 포함, 중공업에 대한 추가투자가 있어야 하는 부문이었다.

고용창출 프로그램을 포함한 건설부문 지출을 살펴보자. 당시에 건축부문은 다른 산업부문에 그다지 큰 파급효과를 미치지 못하는 편이었다.[9] "건설 프로그램들은 기존의 엔지니어링 사업체들에게 일거리를 거의 제공하지 않으면서 많은 노동문제만 낳았다." 노동자들은 미숙련 여성 직물노동자보다 낮은 임금을 받기 위해 집을 떠나 작업장이 있는 지역으로 가야 했다(James 1986: 384). 그러나 독일의 건설투자에 도움이 된 특수한 여건이 하나 있었다. 즉 건축비용이 평균도매물가보다 덜 하락한 다른 나라들과 달리, 독일의 건축비용은 일반물가수준만큼 빠르게 하락하여 낮은 수준을 유지하였다. 이 점은 독일의 건축산업이 '조정에 실패(out of adjustment)'하지 않았음을 의미할 수도 있다(1928~1930년의 건축비용 지수를 100이라 할 때 1933년 미국이 91, 영국이 89인데 비해 독일은 73이었다. Poole 1939: 200). 불황일 때 비용측면에서 상대적으로 효율적인 부문에 유리하도록 유인이 제공되면, 산업구조를 불필요하게 왜곡시키지 않고서도 경제 전체에 더 큰 파급효과를 미칠 가능성이 있다(Poole 1939: 191-211).

9 공황은 주택건설의 성격을 좌우하였는데, 새로 지어진 집들은 규모가 작았으며 벽돌이나 철강재보다는 목재가 많이 사용되었다(Poole 1939: 193).

요약하자. 나치정권 초기에 팽창적 재정지출의 증대로 유효수요가 일어 경기 회복세를 이끌었다. 단지 고용창출조치만이 아니라 산업연관효과가 높은 모토리지룽, 재무장 등 광범위한 부문에 지출이 있었다. 또한 나치정부는 "단순히 경제에 자금을 투하하고 소득이 증대되기를 기다리는 데 머무르지 않았다. 정부지출정책을 경제의 다른 부문을 통제하고 이를 강화하는 수단으로 사용하였다(Overy 1996: 48)."

5. 민간투자의 회복

미국이나 영국에서는 평가절하로 통화를 팽창시켜 민간투자를 촉진하는 정책을 펼쳤다. 이에 반해 독일에서는 자국경제를 외부로부터 차단하기 위해 외환통제로 나아갔다. 또한 1932년 연합국에 대한 전쟁 배상문제가 해결되자 독일정부로서는 정책선택의 폭이 넓어졌다. 외환통제 방식은 다양했다. 비록 선별적이긴 했으나 회사채를 재구입하는 방식으로 수출을 보조한다거나 스크립scrips[10]의 이용, 수입통제와 쌍무적 무역거래, 혹은 외화마다 다른 환율을 적용하는 것 등이었다. 그렇게 하자니 엄청나게 비효율적인 관료주의를 수반하는 약점이 드러났다. 그러나 1934년 무렵에 오면 이미 통화팽창을 위해 평가절하를 할 필요가 없어졌다. 외환통제라는 보호막 안에서 팽창정책으로 기조를 전환할 수 있었기 때문이다(James 1986: 397). 배상과 해외부채 문제는 1931년 6월 후버 지불유예(Hoover Moratorium), 9월의 단기상업차관 동결(Stand-still Agreement)에 이어 1932년 7월의 로잔 회담에서 극적인 해결의 실마리를 보였다. 결국 자금

---

10 스크립이란 1933년 6월 이후 독일 마르크화로 동결된 장기외채에 대해 원리금의 일부를 지불한다는 증서로, 국제거래에서 할인 유통될 수 있었다(James 1986: 392-393).

이동이 독일에서 미국으로 부채원리금과 배상금 형태로 이루어진 것이 아니라 그 반대 방향으로 진행되었다. 사람들은 이를 가리켜 농담삼아 '독일에 대한 미국의 배상금 지불'이라고 말하기도 한다(Schuker 1988).

외환통제와 배상금 문제 해결로 독일이 일부러 긴축정책을 고수해야 할 이유가 없어졌다. 하지만 통화팽창이나 값싼 자금공급이 즉각 이루어지지는 않았다. 1933년 10월까지 제국은행이 국채를 재할인하거나 공개시장 매입하는 것은 국제협약(Young Plan)에 따라 법적으로 금지되어 있었다. 이후에도 제국은행은 적극적인 공개시장조작을 실시하지 않았다. 단지 세금증서(Steuergutscheine)와 소위 메포채권(Mefo Wechsel)이라는 위장된 형태의 정부부채를 할인하는 정도였다. 이는 국제협약을 우회하기 위해 1932년부터 시도된 정책이었다. 중앙은행을 통해 본원통화가 얼마가 증대되었든, 1933년 한 해 동안에만 재할인율이 7퍼센트에서 4퍼센트로 하락하였다. 이에 따라 단기이자율이 하락했고 그 결과 은행과 산업부문에서 유동성부족 문제가 거의 해결되었다. 화폐시장에서 이자율은 비교적 낮아서(콜 금리는 1932년 6.4퍼센트에서 1936년 2.9퍼센트까지 하락하였다(Deutsche Bundesbank 1976: 278). 이에 비해 정액이자율증권(fixed interest security) 수익률은 1935년 4월의 '4퍼센트 차환(conversion)'까지 높은 수준으로 유지되었다. 이때는 공채시장 활성화를 위해 산업채권이나 주식의 신규발행이 제한되었다. 장기자본시장은 침체에서 계속 벗어나지 못했고, 각 기업은 필요한 자금을 유보이윤으로 충당해야 했다. 이는 전쟁 전과 뚜렷이 대조되는 양상이었다(예를 들어 Guillebaud 1939: ch.2).

이러한 특징은 〈표 5〉에 확실히 나타난다. 제국은행의 신용공급이 1932~1936년 사이에 80퍼센트 늘어난 데 비해 금융기관 전체의 신용은 19퍼센트 늘어나는 데 그쳤다. 1931년 은행공황 이후에는 유동성 창출이라는 은행부문 고유의 역할이 '얼어붙어(einfrieren)' 있었다(Irmler 1976:

〈표 5〉			금융통계 요약				(단위 : 10억 RM)	
	1928	1932	1933	1934	1935	1936	1937	1938
제국은행 신용	2.9	3.4	4.0	5.0	5.4	6.1	6.6	9.4
금융기관 총신용	50.3	53.5	54.1	58.2	62.7	63.7	67.4	79.2
제국은행 화폐유통	4.9	3.5	3.6	3.9	4.3	5.0	5.5	8.2

자료 : Deutsche Bundesbank(1976: 14, 18)

325). 독일에서 은행부문의 기능이 오랜 기간 정상적으로 작동하지 못했던 것은 널리 알려진 사실이다. "은행들이 교역과 산업을 상대로 수행하는 일반적인 역할은 하지 못하고 그저 공채를 흡수하여 보유하는 대행자로 전락하였다(Wolfe 1955: 401, Hardach 1984, Balderston 1991)."

그러나 통화공급이 늘자 민간부문의 유동성도 커졌고, 이자율 하락으로 산업부문의 부채비용이 줄었으며, 궁극적으로는 채무액 자체도 경감되었다. 비록 특혜가 특정부문에 한정되긴 하였지만, 정부의(지나치게 높은 감가상각률 허용조치를 포함한) 조세감면, 가격과 임금통제 그리고 6퍼센트의 배당률 상한설정 등의 조치도 취해졌다. 이것 또한 민간기업의 이윤조건을 호전시키고 내부금융을 통한 투자를 촉진하였다. 재무장과 자급자족경제 달성에 직결되는 산업들에 신규로 투자할 자금은 사실상 '유도된 공공 재정(derived public financing)' 방식으로 조달되었다(Lurie 1947: 221).

이와 같이 은행부문이 제대로 작동하지 못했기 때문에 팽창정책은 정상적인 경로로 민간투자 촉진에 기여하지 못했다. 하지만 나치정권은 조세감면, 수의계약, 농업보조, 노동시장 개입 등 직접통제 수단을 대대적으로 썼다. 〈표 4〉에서 보는 것처럼 공공지출에 비해 민간투자의 크기는 매우 작았다. 특기할 만한 것은 투자심리 회복 추세가 나타나고 있다는 것, 그리고 〈표 6〉에서 보는 대로 아우타르키Autarky 유지, 그리고 나중에는 재무장과 관련된 산업 등에 투자배분이 집중되었다는 것 등이다. 즉 1930년대 중반의 투자는 중화학공업에 집중되었고 기계, 자동차, 전기공업이 건

<表6>   산업별 민간투자액   (단위 : 100만 RM)

	1928	1932	1933	1934	1935	1936	1937	1938
1. 광공업 및 야금								
중공업(탄광, 철강업)	570	53	61	136	276	381	540	726
갈탄광	74	21	18	44	77	95	101	103
금속광 및 금속야금	47	7	11	33	75	87	143	173
소계	691	81	90	13	428	568	784	1002
2. 화학 및 석유								
화학	333	45	63	143	261	423	563	820
석유	85	13	13	23	0	0	0	0
가성소다, 암염	38	7	6	11	27	26	42	57
소계	456	65	82	177	288	449	605	877
3. 각종 생산재산업								
제지	70	20	12	27	35	40	57	87
건축	63	16	17	56	74	98	111	185
건축자재	108	10	17	29	58	71	95	99
고무, 석면	13	3	4	8	11	15	23	29
제재	8	1	1	3	4	4	9	11
피혁, 가죽제품	11	5	8	11	12	12	14	20
소계	273	55	59	134	194	240	309	431
4. 구조산업								
전자	84	19	26	39	73	88	119	141
기계기구	128	18	32	74	114	151	221	267
자동차, 자전거	60	5	15	45	76	97	110	155
기관차, 객차	16	1	1	13	21	17	23	34
조선	9	1	4	12	27	32	37	45
소계	297	44	78	183	311	385	510	642
5. 섬유, 의복								
방적, 직포	177	40	60	83	91	90	115	153
그중 모	60	14	18	23	–	–	–	–
면	55	18	30	41	–	–	–	–
모피	19	2	3	3	–	–	–	–
견	36	6	9	16	–	–	–	–
기타 섬유업	93	23	29	42	31	32	32	47
인조견	67	3	5	16	16	65	52	73
의복	17	2	4	3	5	5	6	5
구두	11	5	9	9	11	9	14	14
소계	365	73	107	153	154	201	219	292

6. 식료품과 기호품								
양조(포도주, 맥주)	138	24	28	44	58	66	61	71
초콜렛, 과자	15	8	8	9	9	12	16	15
제분	16	7	7	12	16	16	17	19
증류주	10	2	2	3	5	4	6	7
설탕	18	6	10	15	21	19	23	28
마가린 등 지방식품	15	7	9	6	9	17	35	17
기타 식료품, 담배	65	19	23	34	35	40	50	58
소계	277	73	87	123	154	174	208	215
7. 각종 소비재 산업								
인쇄 출판	85	15	19	22	25	36	35	34
세라믹, 유리	41	6	5	13	15	17	29	34
악기, 장난감	11	2	2	1	2	2	2	2
철강과 금속제품	72	14	15	26	37	49	85	85
시계, 안경, 정밀기구	13	3	3	7	11	17	28	41
목제품	18	4	6	8	8	14	19	28
리노륨	4	0	0	1	1	1	1	1
종이제품	12	4	4	6	8	11	9	7
소계	256	48	54	84	107	147	208	232
총계	**2615**	**439**	**557**	**1067**	**1636**	**2159**	**2843**	**3691**

자료 : *Statistisches Jahrbuch für das Deutsche Reich*(1938: 566, 1940: 584)

축, 직물과 함께 뒤를 이었다. 1930년대 독일의 투입산출표가 작성되지 않아서 독일을 영국과 미국의 경우와 엄밀하게 비교하기는 불가능하다. 그렇지만 위와 같은 독일의 투자배분은 산업연관분석에서 미국이나, 특히 영국보다 유발계수가 높은 부문에 더 많이 이루어졌음을 의미할 가능성이 있다. 앞 절에서 살펴보았지만 공공지출도 산업연관효과가 높은 부문에 집중되었다. 이것은 부분적으로 독일이 불황의 구조적 성격이 덜하였기 때문이다. 또한 건축부문이 상대적으로 양호한 조건에 있었기 때문이기도 하다(Yang 1995).

6. 맺음말 : 경기회복의 성격

지금까지 독일 대공황의 특징과 실업통계의 문제점을 살피고 경기회복의 과정을 유효수요의 증대에 초점을 맞추어 검토하였다. 거시적으로 볼 때 다른 나라들이 팽창정책을 취하기 위한 장애를 제거하기 위해서 평가절하 방식을 취한 것과 비슷하게 독일은 외환통제를 통해 팽창정책을 가로막았던 외적 제약을 제거하였다. 그리고 투자가 회복에 이르는 길을 열어주었다. 또한 상승방향으로 전환된 자연적인 경기변동 경향을 다양한 정책들이 더욱 강화해 주었다. 이러한 투자들은(주택건설은 투자로 분류되는 데 비해 회계관습때문에 소비로 분류되는) 내구소비재를 포함하여 건설과 제조업 부문들에서 활발하였으며, 민간과 정부 모두 투자를 수행하였다. 케인스적 팽창정책이든 아니든 간에 고용창출 프로그램, 모토리지룽, 재무장, 건설 등에서 공공지출효과가 상당하였으며 민간투자도 괄목할 만큼 증가하였다.

미시적으로는 조세감면, 수의계약, 배당금 상한제, 재무구조개편촉진과 같은 국가주도의 통제정책이 민간투자수요를 자극하였다. 노동시장통제나 금융할당 등도 비록 시장기구를 왜곡하는 면이 적지 않았으나 실업문제 해결에 도움을 주었다. 위에서 설명했듯이 독일은 투자배분도 경기회복에 상대적으로 유리하게 이루어졌다.

이제 문제제기에서 제시한 두 가지 가설에 대한 검정을 시도하여 경기회복의 성격을 밝혀보자. 우선 자생적이고 '정상적'인 회복이 빠른 속도로 이루어졌는지에 대한 문제부터 따져보자. '1932년 말 소비가 증대한 것은 브뤼닝 정권의 긴축정책에서 비롯된 낮은 물가수준 덕분이었다. 그리고 이것이 경기회복의 실마리가 되었다'는 주장은 별 문제없이 기각될 수 있다(Cohn 1992: 322, fn.11). 회복과정에서 소비지출은 무시할 정도로 조금 밖에 증가하지 않았기 때문이다(Overy 1996: 30). 부흐하임 Buchheim(1994: 104)은 이곳저곳의 통계를 인용하여(Hoffman 1965: 826, *Konjunkturstatisches Handbuch* 1936: 78), 1933~1934년까지 소비지출이 8퍼센트, 소매상 매출액이 11퍼센트 상승했다고 밝히고 있으나 이는 절대 적 액수가 그렇다는 이야기다. 오히려 총지출에 대한 비중은 감소했다. 이 사실은 이 글의 처음 절에서 지적한 바와 같다(같은 통계자료). 마찬가지로 그가 투자회복의 요인으로 들고 있는 기업의 비용구조 개선 즉 비임금비 용, 특히 경영관리비용의 절감과 사무직 합리화 등(Buchheim 1994: 114)도 나치정권의 각종 미시적 통제정책의 효과로 해석해야 할 것이다.

경제정책의 보수성과 연속성을 강조하는 견해도 수긍할 바 없지 않으나 정도의 문제로 판단해야 마땅하다. 민간부문의 정책 인지도에 따라 정책 체제(policy régime)가 혁신적으로 변화했는지 여부가 갈리는 것이다.

정책체제의 변화를 언급하는 사람들은 이러한 현상을 미국에서 가장 명 확하게 살펴볼 수 있다고 주장한다(Temin and Wigmore 1988, Temin 1989: ch.3). 체제의 변화는 1933년 2월 대통령 선거 당선자 루스벨트가 1차산품 가격을 끌어올리려는 노력의 일환으로 평가절하를 심각하게 논의하기 시 작하면서 더욱 구체화되었다. 이 발언은 달러 인출사태를 불러일으켰고 3 월 은행휴무(Bank Holiday)를 야기하였다. 3월초 뉴욕 연방준비은행은 시 카고 연방준비은행에 도움을 청하였다. 그러나 시카고 연방준비은행은 뉴 욕 은행에게까지 대부를 확장하는 것을 거부하였다. 뉴욕 연방준비은행은 루스벨트에게 국법은행제도(national banking system) 전체를 휴점시키도 록 요청했다. 다시 말해 강제로 연방준비은행들이 협조하도록 하는 가혹 한 방식을 쓴 것이다(Wigmore 1987).

루스벨트는 일단 취임하자 은행휴무를 선언하고 모든 외환거래와 금수 출을 통제하였다. 또한 그는 개인의 금소유를 금지시키고 국내의 모든 금

생산물 거래도 제한하였다. 이러한 통제를 통해서 루스벨트는 달러를 평가절하했을 때 발생할 투기적 불균형을 피할 수 있었다.

이제 정책이 바뀌었다는 것이 확연해졌다. 미국은 외환시장에서 어떠한 평가절하 압력도 받지 않았다. 뉴욕 연방준비은행이 통화압박을 받긴 했지만 미국은 세계 금의 3분의 1을 보유하고 있었다. 장기적으로 무역수지 흑자를 구가하고 있었으며 자동차, 냉장고, 재봉틀, 기타 내구소비재 같은 근대적 제조업품의 국제거래에서 지배적 위치를 점하고 있었다. 평가절하는 전례가 없는, 순전히 전략적인 결정이었다. 전통적 금융 여론은 이러한 측면을 알아보고 '국가적 배반행위' 또는 '가공할 경제파괴 행위'라고 비난하였다(Wigmore 1985: 426).

독일도 미국만큼 선명하지는 않지만 이와 비슷하다. 1932년 5월 브뤼닝이 물러나고 파펜 내각이 출범하였다. 로잔 회의로 전쟁 배상금 문제가 실질적으로 종결됨에 따라 독일의 진로를 막고 있던 정치적 장애물이 제거되었다. 배상문제는 경제적 요인이라기보다는 매우 강력한 정치적 요인이었다. 그러므로 배상문제 해소는 또한 정치적 행로를 닦는 사건으로 볼 필요가 있다.

경제 활성화를 지향하는 파펜의 초기정책이 브뤼닝의 긴축정책을 대신했다. 브뤼닝은 소규모 고용정책을 실시했는데, 이는 그의 긴축적 정책체제라는 맥락에서 별다른 효과를 내지 못하였다. 파펜이 이 프로그램을 확장하고 정규예산 외의 정부지출로서 자금을 조달하였다. 이에 더해 파펜은 신규고용에 대한 조세감면과 보조금 제도를 도입했다(Hardach 1980: 47-48). 이들은 올바른 방향의 정책이었지만 정책체제를 바꾸지 못했다. 체제변화가 아닌 고립된 행동으로 비칠 뿐이었다.

그런데도 새로운 정책방안들은 다소 효과를 냈다. 산업생산과 선적의 일시적인 증가가 있었다. 회복은 단지 부분적이었고 증빙자료가 모호하기는 하지만, 그래도 개선의 징후가 있었다(Henning 1973). 경제가 더 호전되었다면 파펜에 의해 시작된 회복이 지속될 수 있었을까하는 물음을 던질 필요가 있다. 만일 그랬더라면 파펜이나 슐라이허 정부와 함께 조금 더 저항하는 정치적 용기가 독일과 전세계를 나치즘의 수렁에서 구했을 것이기 때문이다.

그러나 회복이 지속될 수 있었으리라고 믿기에는 근거가 희박하다. 정치 불안정은 경제 불안정을 반영한다. 정책체제는 변화하는 중이었지만 미국의 평가절하처럼 명확한 신호는 없었다. 파펜의 잠정적인 팽창기조를 다른 사람이 계승하리라는 보장도 없었다. 결과적으로 1932년 회복은 급격하거나 전반적이지 않았다. 자료에 따라서는 1933년에 하락이 다시 시작되고 있음도 확인된다. 슐라이허의 짧은 임기 동안 경제가 다시 악화되면서 파펜 시절의 회복은 실패한 것으로 보였다.

1933년 1월 말에 히틀러가 수상이 되고 그 이후에야 지속적인 경기회복이 시작되었다. 나치정부의 출현은 미국에서처럼 새로운 정책체제의 시작을 알리는 것이었다. 그런데 나치정부는 정치적으로나 경제적으로나 진정 새로운, 그리고 가공할 체제였다. 그들은 민주적 제도를 말살하였다. 또한 국내 번영을 추구하기 위해 국제적 약속도 어겼다. 한편 히틀러는 타협을 모색하고 유지하는 데에도 성공적이었다. 기업인들에게 자신이 급진적으로 정부지출을 늘리지 않는 사람이라고 설득하면서 동시에 전임자들이 세워 놓은 고용창출 정책과 조세감면 조치를 감행하였다. 그리고 제1차 4개년계획은 새로운 정책들을 구체화하고 이것들이 새로운 정책방향으로 인식되도록 하였다(Guillebaud 1939).

그 결과 1933년 고용이 급속히 늘었다. 신규지출이 완전히 효과를 보는 데는 시간이 필요했을 것이다. 즉각적인 회복은 나치가 권력을 잡은 결과 기대가 변했기 때문이다. 이는 실제 정부의 활동만큼이나 정부 활동에 대한 기대의 결과이기도 하다. 비록 나치 프로그램의 세부사항들은 이후까지도 명확하지 않았고, 사실 정식화되지도 않았지만, 정책의 방향은 분명했다. 히틀러가 수년에 걸친 전임자들의 긴축정책을 비판했으며, 나치가 완전고용을 공언했다는 것은 잘 알려져 있다. 미국에서처럼 정책체제의 변화가 완전한 회복을 불러일으키지 못했을지라도 고비를 넘기기에는 충분했다.

결론적으로, 처음 절에서 화두로 삼았던 두 가설 중 나치정권이 경제정책의 체제 변화를 가져왔고, 이로 인해 심리적 낙관주의가 재등장하여 급속하고도 전반적인 경기회복의 실마리를 제공했다고 하는 편이 역사적 사실에 더욱 가까운 것처럼 보인다. 그렇다면 경제가 극심한 곤란을 겪을 때 정치적 개편이 온다는 것, 정치변화와 함께 시장경제가 통제경제의 방향으로 선회하고 단기적인 경기회복이 시작된다는 주장도 가능하다. 테민의 용어를 빌리자면 "무질서는 사회주의를 낳고, … 질서는 자본주의를 낳는다(Temin 1989: 133)."[11]

그렇다고 해서 히틀러의 통제경제가 독일경제를 '건전한 성장' 궤도에 올려놓았다는 이야기는 아니다. 장기적인 성장과 경제 안정 그리고 국민의 생활수준이 '건전한' 경기회복 여부를 가리는 제1기준이어야 한다. 그러나 1930년대 대공황기에는 단순히 '고용'이 문제가 아니라면 우선 산업생산을 끌어올린다는 것이 단기적 목표인 상황이었다. 이러한 목적에 걸맞은 자원배분은, 특히 정부의 직접적인 통제를 통해 이루어진다면 독일

---

11 그가 내린 사회주의 정의는 보편적인 것과 다르다. 사회주의 경제는 다음과 같은 특성이 있다고 한다. ① 경제의, 특히 공익부문과 금융 등의, 주요부분을 정부가 소유 또는 규제하는 것. ② 임금결정에 정부가 깊이 간여하는 것. ③ 오스카 랑게Oscar Lange의 표현을 빌자면 모든 이에게 '사회가 소유한 자본과 자연자원으로부터 나오는 소득 중 개인의 몫에 해당하는 사회적 배당'이 주어지는 복지국가(Temin 1989: 111). 그는 나치독일뿐 아니라 스탈린 치하의 소련 그리고 심지어 루스벨트 치하의 미국 등까지도 이러한 정의에 부합한다고 주장한다(Temin 1989: ch.3, 1991).

의 경우에서 보듯이 극단적인 관료적 비효율성과 소비재 품질 저하로 귀결될 것이다. 오버리Overy는 빠른 단기적 회복이 장기적으로는 건전한 성장이 아님을 강조하면서 "이런 계제에서의 '회복'은 막다른 골목이다."라고 평했다(Overy 1996: 67).

 그러나 불행하게도 미국과 영국의 회복은 제2차 세계대전이 발발해서 두 나라가 전시체제로 돌입하기까지 느리고 불완전하였다. 경제적 번영이 이 같은 방식으로 복구되었기 때문에 평화시에 적합한 산업구조와 기술변화를 탐색할 기회를 대부분 상실하고 말았다(Yang 1995). 이런 의미에서 전후 독일의 '라인강의 기적'도 재평가할 필요가 있을지 모른다(Giersch et al. 1992).

『경제사학』, 22, 1997. 6

참고문헌

이헌대(1992): 「바이마르 공화국 말기 브뤼닝정권의 경제정책-보카르트 논쟁을 중심으로」, 『경제사학』, 16.

Balderston, T.(1991): "German Banking between the Wars: The Crisis of the Credit, Banks," *Business History Review*, 65, Autumn.

──────(1993): *The Origins and Course of the German Economic Crisis, 1923-1932*, Berlin, Haude & Spener.

Borchardt, K.(1982): *Wachstum, Krisen, Handlungsspielräume der Wirtschaftspolitik*, Göttingen, Vandenhoeck & Ruprecht.

Brown, E. C.(1956): "Fiscal Policy in the Thirties: A Reappraisal," *American Economic Review*, 46.

Buchheim, C.(1994): "Zur Natur des Wirtschaftsaufschwungs in der NS-Zeit," in Buchheim et al.(eds.).

Buchheim, C., Hutter, M. and H. James(eds.)(1994): *Zerrissene Zwischenkriegszeit: Wirtschaftshistorische Beiträge*, Baden-Baden, Nomos.

Cohn, R. L.(1992): "Fiscal Policy in Germany during the Great Depression," *Explorations in Economic History*, 29.

Darby, M.(1976): "Three-and-a-Half Million U. S. Employees have been Mislaid; or, An Explanation of Unemployment, 1934-41," *Journal of Political Economy*, 84.

Deutsche Bundesbank(ed.)(1976): *Deutsches Geld- und Bankwesen in Zahlen 1876-1975*, Frankfurt am Main, Fritz Knapp.

Eichengreen, B. J. and T. Hatten(eds.)(1988): *Interwar Unemployment in International Perspective*, Boston, Martinus Nijhoff.

Fischer, W.(1968): *Deutsche Wirtschaftspolitik, 1918-1945*, Opladen, C. W. Leske.

──────(1961): *Die Wirtschaftspolitik des Nationalsozialismus*, Hanover: Gustav Peters.

Germany Official Publication(1938/1940): *Statistisches Jahrbuch für das Deutsche Reich*.

Guillebaud, C. W.(1939): *The Economic Recovery of Germany*, London, Macmillan.

Hansmeyer, K-H. and R. Caesar(1976): "Kriegswirtscahft und Inflation, 1936-1948," in Deutsche Bundesbank(ed.), *Währung und Wirtschaft in Deutschland, 1876-1975*, Frankfurt a/M, Fritz Knapp.

Hardach, G.(1984): "Banking and Industry in Germany in the Interwar Period, 1919-1939,"

Journal of European Economic History, 13, Fall.

──────(1980): The Political Economy of Germany in the Twentieth Century, Berkeley, University of California Press.

Hemmer, W.(1935): Die "unsichtbaren" Arbeitlosen : Statistische Methoden–Soziale Tatsachen, Zeulenroda, Bernhard Sporn.

Henning, F.-W.(1973): "Die zeitliche Einordnung der Überwindung und der Wirtschaftskrise in Deutschland," H. in Winkel(ed.), Finanz- und Wirtschaftspolitische Fragen der Zwischenkriegszeit, Schriften des Vereins für Sozialpolitik, N. F. Band 73, Berlin, Duncker & Humblot.

──────(1994): "Die Nationalsozialistische Steuerpolitik: Programm, Ziele und Wirklichkeit." in E. Schremmer(ed.), Steuer, Abgaben und Dienste vom Mittelalter bis zum Gegenwart, VSWG-Beiheft 114, Stuttgart, Franz Steiner.

Hoffman, W. G.(1965): Das Wachstum der Deutschen Wirtschaft seit der Mitte des 19. Jahrhunderts, Berlin, Springer.

Holtfrerich, C.-L.(1990): "Economic Policy Options and the End of the Weimar Republic," in I. Kershaw(ed.), Weimar: Why Did German Democracy Fail? London, Weidenfeld and Nicolson.

──────(1984): "Zu hohe Löhne in der Weimarer Republic? Bemerkungen zur Borchardt-These," Geschichte und Gesellschaft, 10.

Institut für Konjunkturforschung(1936): Konjunkturstatistishes Handbuch, Berlin.

Irmler, H.(1976): "Bankenkrise und Vollbeschäftigungspolitik(1931–1936)," in Deutsche Bundesbank(ed.), Währung und Wirtschaft in Deutschland 1876–1975, Frankfurt am Main, Fritz Knapp.

James, H.(1986): The German Slump: Politics and Economics, 1924–1936, Oxford, Oxford University Press.

──────(1993): "Innovation and Conservatism in Economic Recovery: the alleged 'Nazi recovery' of the 1930s," in W. R. Garside(ed.), Capitalism in Crisis: International Responses to the Great Depression, London, Printers.

Kesselman, J. R. and N. E. Savin(1978): "Three-and-a-Half Million Workers Never Were Lost," Economic Inquiry, 16.

Lurie, S.(1947): Private Investment in a Control Economy: Germany, 1933–1939, New York, Columbia University Press.

Middleton, R.(1981): "The Constant Employment Budget Balance and British Budgetary Policy, 1929–39," Economic History Review, 34, May.

Marçon, H.(1974): Arbeitsbeschaffungspolitik der Regierungen Papen und Schleicher: Grundsteinlegung für die Beschäftigungspolitik im Dritten Reich, Frankfurt a-M , Lang.

Overy, R. J.(1975): "Cars, Roads and Economic Recovery in Germany, 1932-8," Economic History Review, 28.

──────(1996): The Nazi Economic Recovery, 1932–1938, 2nd ed. Cambridge, Cambridge

University Press.

Peppers, L. C.(1973): "Full-Employment Surplus Analysis: The 1930s," *Explorations in Economic History*, 10.

Poole, K. E.(1939): *German Financial Policies, 1932-1939*, New York, Russell and Russell.

Renaghan, T. M.(1988): "A New Look at Fiscal Policy in the 1930s." *Research in Economic History*, 11.

Schneider, M.(1986): "The Development of State Work Creation Policy in Germany, 1930-1933," in P. D.Stachura(ed.), *Unemployment and the Great Depression in Weimar Germany*, London, Macmillan.

Schuker, S. A.(1988): *American "Reparations" to Germany, 1919-33: Implications For the Third-World Debt Crisis*, Princeton Studies in International Finance, 61, Princeton, Princeton University Press.

Silverman, D. P.(1988): "National Socialist Economics: The Wirtschaftswunder Reconsidered," in B. J. Eichengreen and T. Hatton(eds.).

Temin, P.(1989): *Lessons from the Great Depression*, Cambridge, MIT Press.

————(1990): "Socialism and Wages in the Recovery from the Great Depression in the United States and Germany," *Journal of Economic History*, 50, June.

————(1991): "Soviet and Nazi Economic Planning in the 1930s," *Economic History Review*, 44.

Temin, P. and B. Wigmore(1990): "End of One Big Deflation," *Explorations in Economic History*, 27, Sep.

Tilly, R. and N. Huck(1994): "Die Deutsche Wirtschaft in der Krise, 1925 bis 1934, Ein makroökonomischer Ansatz," in Buchheim et al.(eds.).

Vernon, J. R.(1994): "World War II Fiscal Policies and the End of the Great Depression," *Journal of Economic History*, 54, Dec.

von Kruedener, J. B.(ed.)(1990): *Economic Crisis and Political Collapse: The Weimar Republic, 1924-1933*, New York, Berg.

Voth, H-J.(1994): "Zinsen, Investionen und das Ende der großen Depression in Deutschland," *Zeitschrift für Wirtschaft- und Sozialwissenschaften*(ZWS), 114.

————(1995): "Did High Wages or High Interest Rate Bring Down the Weimar Republic? A Cointegration Model of Investment in Germany, 1925-1930," *Journal of Economic History*, 55.

Wigmore, B. A.(1987): "Was the Bank Holiday of 1933 Caused by a Run on the Dollar?", *Journal of Economic History*, 47.

————(1985): *The Crash and Its Aftermath: A History of Securities Markets in the United States, 1929-1933*, Wesport, Greenwood Press.

Wolfe, M.(1955): "The Development of Nazi Monetary Policy," *Journal of Economic History*, 15.

Yang, D.(1995): "Recovery from the Great Depression in the United States, Britain and Germany," *Seoul Journal of Economics*, 8.

제4장
뉴딜 경제정책의 공과

1. 머리말

뉴딜의 정치적 질서는 사라졌다고들 해석한다. 그러나 뉴딜에 대한 역사적 논란과 그 함의는 현대 미국, 나아가 더 넓은 현실 세계를 이해하는 데 아직도 결정적이다. 1932년 7월 2일 저녁 민주당 전당대회에서 프랭클린 루스벨트가 미국시민에게 뉴딜을 공약하고 당원들과 자기 자신에 맹세한 유명한 연설('I pledge you, I pledge myself to a new deal for the American people.') 이후 70년이 넘게 흘렀다. 루스벨트 사후 55년이 지난 1999년 시점에서 그간의 뉴딜 연구 성과의 백미를 모아 교과서적으로 편집한 최근 전문가의 표현을 빌지 않더라도, 뉴딜정책의 근원·형태·효과·유산에 관한 질문들은 지속적으로 미국사의 최대관심사로 남아 있다 (Hamilton, ed. 1999: Introduction). 사실 1981년 로널드 레이건이 미국 대통령에 취임하면서 미국정치사의 한 시기가 종말을 고했다고 지적하기도 한다. "뉴딜은 근본사상과 공공정책, 정치적 연대 등에서 지배적 질서로서 군림해 왔다. 그 유령이 아직 혼란스러운 정치체제 주변에서 방황하고 있을지라도, 이제는 죽었다.", '역사적 시체해부' 밖에는 남은 일이 없다 (Fraser and Gerstle, eds., 1989: ix).

그간 자유주의와 국가의 역할을 둘러싼 여러 이데올로기 논쟁이 있었다. 그러나 냉전체제가 붕괴한 이후 급속도로 시장경제 중심의 세계화-미국화로 편향되고 있다(Friedman 1999). 뉴딜이 '죽었'기 때문이며 그러므로 뉴딜 역사에 대한 연구가 동력을 잃었다는 것이다. 하지만 세태에 불문한 정치학·사회학·역사학 학자들의 연구 성과로부터 현실감각을 우선으로 여기는 경제학도들의 노력 쪽으로 눈을 돌려보면 그렇지 않다. 그 동안 뉴딜 정책, 특히 경제 분야의 각종 조치들에 대한 분석이 축적되었고, 초미의 관심사인 각종 현안에 타산지석이 될 교훈이 많음을 외면할 수 없다. 1980·1990년대에 동남아시아, 동아시아, 브라질, 러시아를 휩쓴 경제위기에서 벗어나려는 과정에서 뉴딜과 상당부분 비슷한 정책시도가 있었다. '시체해부'든 아니든 뉴딜, 특히 뉴딜의 경제정책을 종합적으로 검

〈표 1〉		간략한 뉴딜 연표
1933.	3.	루스벨트 대통령 취임, 은행휴무선언, '100일' 시작, Civilian Conservation Corporation, 긴급은행법
	4.	금본위 이탈
	5.	AAA, Emergency Farm Mortgage Act, FERA, TVA
	6.	HOLC, FCA, NIRA, PWA, Glass-Steagall Act, FDIC
	10.	CCC
	11.	CWA
1934.	1.	달러평가절하(금 1온스당 20.67달러에서 35달러로)
	6.	SEC
1935.	5.	REA, WPA, RA
	7.	NLRB(Wagner Act)
	8.	Social Security Act, Banking Act of 1935
1936.	3.	Soil Conservation and Domestic Allotment Act
1937.		FSA
1938.	2.	제2차 AAA
	6.	Fair Labor Standard Act

자료 : 표와 이하 본문에서 나오는 연대기적 자료는 이미 익숙해져 그 출처를 밝힐 필요가 없으나 대부분 Arthur Schlesinger Jr.나 William Leuchtenburg의 고전적 저술에서 찾을 수 있다.

토하는 것이 필요하다. 뉴딜 시기의 각종 경제정책에 관한 연구들은 최근까지도 많이 나오고 있다. 따라서 매우 복잡하고 모호하기 짝이 없는 뉴딜정책에 대한 전반적인 평가를 돕기 위해 경제부문 정책조치들을 다양하게 검토하고자 한다.

뉴딜이 무엇인지 학자마다 나름대로 여러 면에서 정의를 내린다. 여기서는 뉴딜을 1930년대 초 대공황 아래에서 경기회복과 사회적 재분배에 목표를 두고 금융, 산업, 농업, 임금결정에 정부가 직접 개입하는 여러 조치들이라고 정의한다. 대개는 1933년 3월 루스벨트 대통령 취임 후 제2차 세계대전이 발발한 시기까지 대공황의 혼란에 대처한 일련의 조치를 뜻한다. 덧붙여 뉴딜은 '한 번도 명확하게 정의된 적이 없는 표어'라고 기록된다. 실험적이고 심지어 '기회적'이고 일관성과 논리를 결여한 가운데 시행된 조치들이었다. 그런데도 뚜렷한 목표가 있었던 '역사적 안목'이었다는 것이다(Patterson 1997; Barber 1996: 특히 chs.1-2).

그러면 뉴딜 경제정책은 무엇인가. 우선 루스벨트가 취임한 직후 100일 동안 의회를 분주하게 만들던 수많은 법안과 소위 제2차 뉴딜로 알려진 재분배 정책을 정리한 〈표 1〉을 보자. 사실 온갖 영문 머리글자가 무엇을 나타내는 지 오히려 혼동이 될 정도다. 그 시대에도 후세의 학자들도 이를 많이 지적했지만 행정적 편의의 산물이라고 할 수 밖에 없다.[1] 이 글을 계속 읽어가는 동안 영문 머리글자 내용에 대한 의문이 대부분 풀리리라고 믿는다.

한편 이 머리글자들을 연구목적에 적합하게 적절히 분류한 사람들이 꽤 있다. 그들 중 많은 이는 뉴딜 정책, 특히 뉴딜 경제정책을 세 가지로 분류

---

[1] 뉴딜 50년 기념 논문에서 루스벨트 추앙자 중 한 명은 "새 정부는 알파벳 원천이 모자라 절절매었다. 다음과 같이 … AAA, CAB, CCC, CWA, FCA, FCC, FDIC, FERA, FHA, FSA, HOLC, NLRB, NRA, NYA, PWA, REA, SEC, TVA, WPA"라고 회고하였다(Bradford A. Lee(1982): 62. 참고로 약어표는 이 장 말미에 첨부하였다.

하고 그 순서에 따라 많은 글들을 써냈다. 그것이 곧 구호(relief), 회복(recovery), 개혁(reform)을 딴 세 가지 'R'이다. 첫째, 구호정책이다. 긴급은행법, FERA, CCC, FCA, CWA, AAA가 이에 속한다. 둘째, 경기회복 대책으로 꼽히는 것이 NIRA, PWA, 달러화의 평가절하, 주택정책, RFC 등이다. 셋째, 개혁조치로 TVA, SSA, SEC, FCC, REA, FRS개혁, 노동관계법을 총괄하는 와그너Wagner 법안 등이 있다. 이와 같은 분류 방식은 경제적 측면만을 보더라도 복잡다기하기 짝이 없는 뉴딜 정책에 접근하는 길을 열어 주었고, 많은 학자들이 이에 주저 없이 따르고 있다(Bernstein 1987). 그러나 여기서는 몇몇 경제정책조치를 심층 분석할 것이므로 다른 순서를 따르고자 한다. 즉 은행제도의 개혁, 생산에 대한 정부의 통제강화 그리고 사회적 '안전망'의 구축이다.[2]

본문의 구성은 다음과 같다. 2절에서는 뉴딜 금융개혁, 특히 상업금융과 투자금융을 분리 규제한 글래스-스티걸 법, 그리고 동시에 설립된 연방예금보험제도의 향방에 관해 고찰한다. 정부의 생산통제문제를 다루는 3절에서는 산업부흥법(NIRA)과 농업조정법(AAA)을 중점적으로 살펴 볼 것이다. 부가적으로 독점대기업 문제와 노동운동 관계도 다룬다. 4절에서는 소위 2차 뉴딜과 관련된 사회안전망 구축 과정과 단기적 구호정책을 다루고자 한다. 이와 함께 연방지출의 증대와 재정결과, 정책방향의 변화 등을 살펴보고 뉴딜이 남긴 각종 유산을 검토한다. 5절에서 이와 같은 정책의 공과를 논할 때 위에 언급한 전통적 분류 즉 구호, 회복, 개혁이 평가의 기준이 될 수 있음에 유의할 것이다. 마지막으로 21세기를 맞아 어떤 전망과 교훈을 얻을 수 있을지 가늠함으로써 글을 맺을 것이다. 이 글은 주로 경제학적으로 접근하는 바, 이는 내 한계를 드러내는 것이기도 하지만, 분석

---

2 이 접근순서는 테민Temin(2000)이 시사하였다.

테두리를 한정시켜 얻을 수 있는 명확함과 구체적 시사점을 동시에 얻기 위함이다.

2. 금융개혁

1933년 3월 루스벨트가 미국 대통령으로 취임했다. 이 시기가 아마도 미국 금융사에서 가장 어려운 기간이었을 것이다. 루이지애나와 미시간의 은행공황에 이어 페코라Pecora 위원회 보고서(Pecora 1939)를 통해서도 알려져 있듯이 전국적 금융위기는 물론 심지어 달러의 안정성마저 의심되는 상황이었다. 이 상황에서 벗어나려는 목적으로 긴급한 금융개혁을 시도한 것이다. 외환관련 사항은 물론 금본위제 이탈과 달러 평가절하로 이어지는 엄청난 연대기가 있지만, 국내 금융관계만 따져본 뉴딜 금융개혁 일지는 다음과 같다.

1933. 3. 6.   대통령 특별지령으로 은행휴무

1933. 3. 9.   긴급은행법, 금보유 집중제, 은행재무구조 개편을 위한 우선
　　　　　　　　주 발행허용, 연방준비은행 여신 담보설정 확대

1933. 3. 10.   대통령령, 금수출 금지, 금본위 이탈

1933. 5. 27.   증권법, 신주발행을 FTC(나중에는 SEC)에 등록하도록 하고
　　　　　　　　투자자에 모든 정보를 제공하도록 입법

1933. 6. 16.   1933년 은행법(글래스-스티걸 법), FDIC에 의한 새로운 예
　　　　　　　　금보험제도. 요구불예금 이자 금지, 저축예금 이자상한제, 상
　　　　　　　　업은행과 투자은행 분리, 연방 공개시장위원회 설립

1934. 1. 30.   금 준비법. 달러 평가절하가 최종적으로 공식화 됨. 이전 가

치의 59퍼센트로 하락된 수준에서 금환/지금 본위제 국내적
불환지폐로 전환

1934. 6. 6.　증권감독위원회(SEC)법, 상장주식의 등록과 공개, 상장회사
　　　　　　　의 재무제표 손익계산서 보고 의무화, 주식시장 각종규제

1935. 8. 23.　1935년 은행법. FRB의 권력 강화. 공개시장조작기능 상승,
　　　　　　　재할인율과 지불준비율 규제권한 등

　소위 뉴딜 금융정책은 첫째, 은행휴무('Bank Holiday')다. 돈을 맡고 또
빌려 주는 기본적 금융거래가 중단되는 사태는 역사적으로 여러 번 있었
으나 국가공권력을 이용한 시장거래 단절 사태가 발달된 자본주의 경제에
서 있을 법이나 한 일인가. 아니 그런 일이 있었던가. 이러한 예기치 못한
일에 대처하기는커녕 예상이라도 했을 것인가. 은행휴무는 그저 금융개혁
안을 고안할 시간을 벌기 위한 고육책으로 보인다.

　많은 사람들이 이에 대한 처방을 내리고자 하였다. 예를 들어 소위 '시
카고 플랜'이라는 것이 뉴딜 금융법들의 성안 당시 진지한 대안으로 등장
했다. 이는 은행여신의 지불준비율을 100퍼센트로 높이자는 과격한 주장
으로, 은행파산을 방지하고 예금보험제도를 필요없게 할 것이었다. 비슷
한 제안이 아직도 나오고 있다(Tobin 1987). 은행업무의 신용창조 기능을
말살시킬 이 발상은 은행휴무기간 이전부터, 특히 그 기간 중에 설득력을
발휘하여 1933년과 1935년의 은행법 개정에 영향을 미쳤다. 그러나 세태
의 흐름은 그다지 '청산주의적'이지도 않았고, 또한 값싼 신용(cheap
money)을 허용하는 상황도 아니었다.[3]

　나이트F. H. Knight를 중심으로 시카고대학 교수들이 내놓은 금융개혁
안은 다음과 같다. 연방정부가 예금을 보장하고, 이 일이 가능하게 하기
위해서 은행파산이 일어날 수 없도록 제도를 개혁하고, 도매물가가 적절

한 상승수준을 유지하도록 하는 행정적 조치를 채택하여 공표한다는 것들이었다.[4] 이들이 1933년과 1935년의 은행법에 얼마나 영향을 미쳤는지에 대한 평가는 다양하다. 그러나 적어도 이 제안은 행정부와 의회의 논의에 상당부분 반영되었다. 또한 두 번에 걸친 은행개혁법에서 연방준비제도이사회의 권한강화, 상업은행과 투자은행의 분리라는 쪽으로 정책방향을 굳히도록 했다. 이는 아마도 예금을 바탕으로 산업투자를 수행하는 금융관행 때문에 '3차 은행공황'이 발생한 것으로 본 당시 분위기와 맞물렸을 것이다.[5]

당시 상원금융위원장과 하원의 담당의원 이름을 따 글래스-스티걸 Glass-Steagall 법이라고도 하는 1933년 은행법에 주목한다. 이 법의 주요 내용 중 첫째는 상업은행과 투자은행의 분리다. 즉 은행의 산업투자활동을 막을 목적으로 은행이 증권업, 보험업 등에 개입할 수 없게 하는 것이었다. 당시는 주식시장 붕괴에 은행파산이 잇따른 시점이었다. 또한 은행이 고객의 예금을 '유용'한 것을 문제 삼는 여론이 팽배했다. 그렇기 때문에 이러한 법 개정 내용은 독립적이고 보수적인 금융을 옹호하는 이데올로기에 부합했다. 게다가 영국이나 캐나다에서처럼 은행파산이 실물공황으로 연계되는 정도가 덜 하던 당시 현실의 경험도 이 법 제정에 한몫했을 것이다. 독일은 전통적으로 겸업주의 즉 장기 산업투자와 금융이 연계되어 있

---

3 이와 같은 이데올로기 싸움이 심했기 때문에 당시의 금융정책이 갈팡질팡했다. 금본위제를 이탈하고 달러화를 평가절하한 이후에도 연방준비제도이사회(FRB)가 할인율 인하 조치를 지연한 것은 이 점을 드러내 주는 예다. 금융당국자들이 세태파악을 못했거나 제조업 큰손들과의 타협으로 눈이 멀었거나 아니면 더욱 중요한 장기적 목표에 매달렸기 때문이리라.

4 개혁안의 세부사항은 나이트F. Knight(1933): "Memorandum on Banking Reform," Franklin D. Roosevelt Presidential Library, President's Personal File 431, March, reproduced in Phillips(1995).

5 이후 어빙 피셔Irving Fisher와 밀튼 프리드만Milton Fiedman, 하이먼 민스키Hyman Minsky의 논의에서도 이와 같은 착안이 계속됨을 볼 수 있다(Phillips 1995 b: chs.9, 13).

었고, 영국이나 캐나다에서 상업금융은 단기 운영자금만 지원하는 형태였다.[6]

이러한 미봉책이 단기적으로는 은행의 신뢰도를 높여 은행공황을 방지하고 금융안정을 가져왔을 지도 모른다. 그리고 이에 대한 믿음 때문에 상업은행과 증권, 보험업 분리원칙이 66년 동안이나 지켜졌다. 어느덧 사문死文에 불과해진 글래스-스티걸 법은 1999년 11월에야 겨우 폐기되었다. 그 동안 은행지주회사법(1956, 1970), 은행지주회사규제(Regulation Y) 수정(1980~1986)과 각종 연방준비위 지침(1987~1989, 1996~1997) 등으로 많은 변화가 있었다. 또한 입법 당시에도 반대가 있었지만 이후로도 실무자들의 반론 또한 끊임없이 축적되었다. 은행가들의 각종 반발은 입법 로비로 이어졌다(Huertas 1984, The Economist, Oct. 30, 1999, pp.79-80).

학계에서도 오래 전부터 이 문제를 논의해 왔다. 1920년대에 독일식 전업금융(universal banking)을 지향하던 미국의 추세를 1933년에 법으로 단절시킨 이 사건에 대한 해석은 분분하다. 이 입법이 정치적 권력지향이었다, 혹은 일부 이익집단의 실력행사였다, 또는 금융 권력의 집중을 분산하기 위한 민주주의적 이데올로기의 부상이었다는 등 어느 면에서는 이율배반적인 해석이 제기되었다. 또한 아직까지도 거론되는 합리적 근거가 있는 해석도 있다. 즉 상업은행이 투자금융에 개입하면 금융체제 전체의 위험이 늘어날 것이라든지, 또한 상업은행이 증권 업무를 수행하면 이해관계에 자기모순이 생겨 투자자를 오도하고 궁극적으로 금융시장과 은행부문에 대한 신뢰를 상실하게 된다는 등의 가설도 제기되었다. 그러나 실제로 이러한 문제가 글래스-스티걸 법 통과 이전에 의회청문회에서 논의된

---

6 교과서적 서술로 파인스틴C. Feinstein, 테민P. Temin과 토니올로G. Toniolo(1997), ch.6, pp.107-110, 양동휴, 박복영, 김영완 역(2000), 『대공황 전후의 유럽경제』, 동서문화사, pp. 144-148.

적은 없다. 이런 문제는 페코라 위원회(1933~1934)에서야 중요사안이 되었던 것이다.

최근 연구들은 이론적·실증적으로 상업은행과 투자은행의 분리가 불합리한 것이었음을 밝히고 있다. 우선 상업은행 업무와 투자 업무는 오히려 포트폴리오 분산이므로 위험 총량이 줄어드는 것이 첫째 이유다. 또한 미시적 자료를 분석한 실증연구 결과, 은행업무가 분리되기 이전 시기에 증권시장에서 적극적으로 활동한 상업은행들이 그렇지 않은 은행들에 비해 상대적으로 자기 자본비율이 높았다는 것, 수익률도 더욱 안정적이었다는 것도 밝혀졌다(White 1986). 은행 내부 자료와 주식시장 통계를 흥미롭게 연결시킨 한 연구는 상업은행들이 증권 업무에 관여하면서 서로 적대적 이해관계에 사로 잡혀 투자자들에 불이익을 주었다는 가설을 기각시켰다(Kroszner and Rajan 1994). 글래스-스티걸 법 이전과 이후의 기업수준 패널 자료를 이용한 최근 연구는 은행과 연관된(affiliated, 겸직이사의 존재) 기업은 이 법이 통과되기 이전보다 그 이후에 투자의 내부 유동성 민감도가 유의하게 높아졌다는 결과를 제시하였다. 상업은행과 투자은행을 분리시키면 기업이 장기투자를 하기 위해 외부자금을 조달하는 비용이 늘어난다는 것이다(Ramirez 1999).

그렇다면 이제 금융계와 학계, 양쪽에서 동시에 비판받던 정책조치가 이와 같이 오랫동안 경제의 근간을 차지해 온 원인을 구명할 필요가 있다. 아니 그렇지도 않다. 남해포말 사건(South Sea Bubble)은 영국에서 주식회사 설립을 100년 간 지연시켰다. 또한 존 로John Law의 국가재정계획 실패는 프랑스 금융을 300년이나 정체하게 하였다(Kindleberger 1984: ch.9). 결국 역사적으로 위기와 개혁의 함수관계가 분명히 존재함을 인정해야 한다면 어느 위기에 어떤 형태의 개혁이 나타나는지에 대해서는 아직 연구가 부족하다. 뉴딜 금융개혁이 단기적으로 미봉책이었음은 분명해 보인다. 글래스–스티걸 법은 공황을 퇴치하지도 은행제도의 안정성을 유지하지도 않았다.

동시에 1933년 은행법은 연방준비제도에 가입한 은행들에게 다음 해부터 예금보험을 제공할 것을 규정하였다. 그에 따라 예금보험공사(FDIC)가 이보다 약간 늦은 1935년부터 일을 시작하였다. 주법은행과 국법은행 간의 경쟁기간을 거쳐 중앙은행이 뒤늦게 성립했던 미국에서, 즉 상대적으로 금융이 분산된 배경을 가진 미국에서 놀랍게도 중앙집중체제인 국가차원의 예금보험이 최초로 성립한 것이다. 역사와 여건을 달리하는 다른 나라들도 예외 없이 이를 잇달아 채택하였다. 그 동안 뉴딜의 경쟁제한 조치들은 대부분 쇠퇴하였으나 예금보험제도는 깊이 뿌리를 내렸다. 여러 번 파탄을 겪은 이후에도 보험대상은 비은행 금융기관으로 오히려 확장되었다. 그럴 뿐 아니라 이에 대한 반론도 더 대안이 없다는 쪽으로 후퇴하고 있다(White 1998).

1980년대에 연방보험대상 은행들의 파산이 수천 건에 이르렀고 조세부담자와의 형평문제를 일으켰다. 1989년 저축대부보험공사(FSLIC)의 파경에 재무성이 개입한 것이 대표적인 예다(Benston and Kaufman 1990). 일찍이 경제학자들은 무분별한 예금보험제도가 은행도산 빈도를 높인다는 점을 지적한 적이 있다. 위험을 선호하는 은행가에 대해 보험료를 높이지 않는 한 전반적으로 더욱 위험한 포트폴리오 쪽으로 기울게 할 수 있다는 것이다. 소위 도덕적 해이(moral hazard)의 문제다. 그런데 왜 담세자를 볼모로 정액요율 예금보험을 지속하는가?[7] 1933년 FDIC 입법 책임자들이나 정책당국자들도 도덕적 해이 개념을 분명히 이해하고 있었다. 이를 보여

---

7 위험연동보험료 부과와 여러 개선책이 FDIC 수정법안Amendments에 반영되었다. FDIC 는 1993년부터 가입금융기관을 위험도와 자본상태에 따라 9단계로 구분하여 보험료율에 차등을 두었다.

주는 증거는 많다. 그저 예금보험제도의 결함이 드러나는 데 50년이나 걸렸다는 사실이 놀라울 뿐이다. 당시 국가적 차원의 예금보험제도 설립에 대해 논란이 만발했다는 상세한 기록도 많다. 글래스-스티걸 법을 주도한 사람들이 정부보증예금보험 제도가 갖는 취약성과 이에 관한 경고를 무시했다는 지적도 있다. 한편 이를 반박하는 견해도 있다. 즉 그 법의 취지가 당시로서는 적절했는데 잘못 운영되거나 혹은 감독당국의 비효율이 계속 누적되어 기대한 성과를 내지 못했다는 것이다(Flood 1991).

여기에 더해 연방예금보험제도의 대상이 은행에서 다른 금융기관까지 확장되면서 거시경제에 차지하는 의미가 변화, 확대해 갔다는 점을 따져 볼 수 있다. 결국 기본적으로 예금보험제도가 갖춰져 있다고 해서 은행시스템이, 나아가서 경제가 확고히 안정되는 것은 아니다. 그러한 고전적 가설은 더 이상 맹목적으로 지지를 받지 않는다. 오늘날의 일반적인 견해는 오히려 이와 반대다. 개별은행의 파산이 금융공황의 시발점이 될 수 있겠지만 유사시에 중앙은행이 최종대부자로서 적절히 개입하여 전체적인 체계적 붕괴를 방지할 수 있다. 여하튼 은행파산비용이나 혹은 도덕적 해이에 대한 비용을 조세부담자가 부담하도록 하여 정착되었으며, 이후 예금보험 대상기관들의 로비활동을 통해 확대된 이 제도는 뉴딜에서 비롯되었다. 이것이 지니는 분배적 함의는 크다. 만일 FDIC가 금융안정에 기여하지 않고 오히려 비효율을 초래한다면 이를 계속 개선하면서 유지, 확장하는 데 따르는 거시적 비용이 엄청나기 때문이다. 물론 도덕적 해이를 방지하기 위해 자기자본규제, 위험연동 보험료, 적기 시정조치 등의 여러 방안이 고안되었고, 시행되고 있기는 하다(정운찬 1999: ch.4).

대공황 이전에 국가차원에서 이루어지는 예금보험에 관한 논의는 거의 전부 이익집단의 로비로 여겨졌다. 남북전쟁 이전과 1907년 은행공황 직후 주정부들이 실험하던 예금보험제도는 성패가 기껏 절반정도였다. 이런 경험 때문에 이후 연방차원에서 이 제도를 도입하려하자 거부감마저 일었다.[8] 그러나 지점망을 가진 대규모 은행들보다 숫자가 압도적으로 많은 소규모 단점은행들의 로비로 지점규제와 FDIC가 통과되어 금융효율을 저해하였다는 연구가 있다(Economides, Hubbard and Palia 1996). 또한 최근의 한 실증연구는 예금보험제도가 은행파산으로 인한 손실을 방지했다기보다 오히려 조장했다는 결과를 내놓았다. 이 제도는 소규모 개별예금자와 조세부담자에게서 도덕적 해이를 일삼는 은행부문 쪽으로 자원을 이전시킬 뿐이라는 것이다(White 1998). 이를 액면 그대로 받아들이지 않는다고 하더라도 아직 이론적으로도 현실적으로도 논란의 대상이 되고 있는 예금보험제도는 뉴딜금융개혁의 하나로 시작되어 사라지지 않고 있을 뿐 아니라 확장되고 있다. 다시 말하여 상업은행들에 대한 증권업무 규제라든지 연방예금보험제도 같은 정책은 단기적 미봉책은 됐을지언정 공황회복에도 금융제도 안정성 유지에도 도움이 되지 않은 것으로 보인다.[9]

한 가지 특별히 기록할 것이 있다. 1933년과 1935년 은행법을 포함한 뉴딜 금융개혁 과정에서 연방준비제도이사회의 권한과 지위가 통화정책, 은행감독의 역할 등에서 강화되었다는 사실이다.

3. 생산통제

뉴딜정책의 근간이 되는 또 다른 기조는 공황을 극복하기 위해 경제 운

---

8 칼로미리스Calomiris(1990). 예금보증조항은 초기에 루스벨트 대통령, 글래스 상원의원, 우딘 재무장관, 미국은행연합회 등이 전부 반대하였다(Flood 1991: 35).

9 국민정서로 보아, 또한 실무적 차원에서 금융 분업과 예금보험을 옹호하는 수도 있다. 미국은 이들이 50년이 넘게 금융시장의 안정성을 유지하는 환경을 조성했다는 것이다. 그러나 이는 1980년대까지 성공적인 금융규제로 인해 문제점이 가려졌음에 기인한 바 크다.

행과 자원배분을 시장에만 맡겨둘 것이 아니라 필요하면 정부가 직접 개입해야 한다는 것이었다. 산업부흥법(NIRA)과 농업조정법(AAA)은 이러한 이데올로기에서 만들어진 법의 대표적인 예다. 이 법들은 세상에 나온 지 불과 2년 만에 위헌판결을 받았다.

　1933년 6월에 통과된 NIRA는 국가 긴급 상황을 이유로 독점금지법을 2년간 정지시켰다. 산업의 대표들은 생산설비, 가동시간, 생산량을 제한하는 규정을 만들어 대통령의 인가를 받으면 법적으로 이를 행사할 수 있었다. 노동자들은 단체협약과 조합에 가입할 자유를 인정받았으며, 고용주는 최대노동시간, 최저임금 등의 규제를 받아들여야 했다. NIRA에서 제외된 대상은 농업, 철도, 정부, 가내노동, 전문직, 비수익사업 등이었다. 공공사업법(PWA)에 따라 공공사업을 추진할 예산을 확보하기 위해 초과이윤세도 같이 도입되었다. 이러한 상황은 뉴딜 경제정책 연구의 거장 홀리 Hawley가 지적한 대로 두 가지 전략의 근본적 모순을 드러낸 것이었다. 즉 당시에 루스벨트 대통령 측근의 내부그룹의 전략과 규제론자의 전략 간에 충돌이 있었다. 규제론자들은 대기업 집단이 경제의 주요 부문을 장악하고 시장을 지배하고 있는 데서 공황의 기원을 찾는 사람들이었다. 결국 뉴딜 정부개입의 형태는 두 세력 사이에서 얻어진 타협의 산물이었다 (Hawley 1966: 특히 ch.2).

　NIRA 규정에 따른 지나친 정부간섭은 민간기업의 투자 의욕을 잃게 하였다. 그럴 뿐 아니라 실질임금 인상을 통한 간접효과도 기업 활동을 위축시키는 방향이었던 것으로 보인다. 이와 같은 거시적 결과를 검토하기 전에 부문별·계층별 분배효과를 살펴볼 필요가 있다. 즉 경제적 조건이 가장 열악하던 산업에서 부흥법 조항을 환영했다. 또한 오래된 대기업일수록 정부규제를 받아들이는 데 앞장섰다. 섬유업 부문에서 북부의 전통적인 대기업들은 환영을, 남부의 신흥 소기업들은 불만스러워했다. 과잉설비에 시달리던 철강기업들은 NIRA를 찬성했으나 엔지니어링 쪽에서는 시큰둥하였다. 자동차, 고무산업의 주도 회사들은 산업부흥법 가격안정조치를 지지했다. 이에 대한 반대세력의 중심은 소규모 식품가공기업(Schechter Poultry Corp.)이었다.[10] 석유회사 부문에서도 NIRA가 입안되는 과정에서 소규모 기업들이 배제되었다. 한편 항공, 화학 등 장래성 있는 신산업의 의견도 이에 반영되지 못하였다. NIRA 규정 자체가 경제단체에서 고안된 경우가 많았다. 그래서 직물, 철강, 석유 등 대표적 구산업과 대기업의 정치력이 커지고 신산업이나 중소기업의 의견은 반영되지 못했다. 다시 말해 구조조정이나 산업합리화를 통해 산업이 부흥할 기회가 정치적으로 제약되어 있었다(Bernstein 1987: ch.7).

산업부흥법은 가격과 임금을 정부가 시장기구의 운행에 반하여 보장하는 '협의'에 따라 설정하는 것이라고 해석할 수 있다. 결국 규정 자체에 영향력을 미칠 수 있는 경제의 특정 부문이 담합의 이득을 누릴 수 있게 된다. 실제로 산업부흥법의 배경에는 최저임금을 보장함으로써 소비자의 구매력을 늘려 유효수요를 증진한다는 생각이 없지 않았다(Barber 1996: 54-56, Cohen 1998: 111-125). 또한 기업으로서도 담합으로 가격유지가 보장된다면 임금상승을 반대할 이유도 없었다. 분배 문제에 이처럼 정부를 크게 개입시키는 산업부흥법이 결국 정치적 지지를 잃게 된 것은 어쩌면 자연스럽다. NIRA에 대한 대법원의 위헌판결이 나기 전에 이미 행정부에서 내놓은 NIRA 기간 연장방안도 처음보다 훨씬 소극적인 것이었다.

기업 이윤을 보장하고 노동자의 소득을 지지하기 위한 이와 같은 조치는 그 의도의 정치성은 논외로 하더라도 평상시라면 모를까 대공황 당시

---

10 Schechter Poultry Corporation v. United States, 295 U. S. 495(1935)로 대법원에서 NIRA의 위헌판결이 확정되었다. NIRA 규정을 대통령이 승인하고 법적 효력을 부여하는 것은 입법부의 권한을 침해한다는 판단이다.

에는 생산물 시장과 노동시장을 상당히 왜곡시켰다. 노사합의의 조건은 대개 노동시간을 줄여서 고용규모를 늘리고 임금을 인상하는 것이었다. 기업가들도 제품가격을 올릴 수 있기 때문에 임금비용 상승을 허용하였다. 그러나 물가보다 임금이 더 빨리 상승하여 실질임금이 높아졌으므로 당연히 실업이 늘어났다. NIRA에 따라 산업별로 규정(Code)이 1933년 12월까지 총 163건 1,200만 노동자를 대상으로 합의되었다. 1934년 5월에는 수용가능 노동자 수의 90퍼센트인 1,800만 명이 NIRA가 관할하는 부문에 들어왔다. 1933년 6월 직물, 8월에 철강, 목재, 9월에 석유, 자동차, 유연탄 등으로 시작한 이들 규정은 대개 최저임금(평균적으로 시간당 40센트), 주당 40시간 근무, 2교대제를 포함한다(Lyon 1935, Bittlingsmayer 1995: 292-296). 기초적 경제이론으로 분석해 보면 NIRA의 결과로 당장 가격이 상승하였다(총 공급 곡선의 좌향 이동). 이것으로서 금이 유입되어 얻어진 생산증가 효과(총 수요 곡선의 우향 이동)가 상쇄되었다. NIRA가 없었을 때에 비하여 연간 총생산이 8퍼센트 정도, 총고용이 15퍼센트 정도 줄었다는 추계가 있다. 또한 이자율을 상승시켜 투자를 위축시켰다. 이것은 나아가 연간 GNP를 6~11퍼센트 감소시켰다. 또한 실질임금의 상승과 평균노동시간 감소로 생산성이 하락하여 실업률이 2퍼센트 늘었다(Weinstein 1980: pp.109-148). 반사실적(counter-factual) 가정에 입각한 이와 같은 추계치의 크기가 문제라기보다는 그러한 연구가 내린 결론의 방향으로 볼 때 산업부흥법의 역효과를 충분히 가늠할 수 있다.

그러나 단기적 거시경제 효과에 있어서조차 분석이 이렇게 단순하지만은 않다. 인위적인 임금과 물가 상승이 인플레 기대에 미치는 영향을 감안하면 실질이자율의 향방을 예측하는 복잡한 문제가 따른다. 특히 디플레이션 압박이 계속되는 공황기에 그러하다. 물가상승은 사전적 실질(ex ante real)이자율을 하락시킨다. NIRA가 없었을 때 디플레이션 기대가 지속되었을 것이라고 생각하면 이것은 엄청나게 큰 변화다. 그러나 달러화의 금태환정지 이후 통화량증가로 이미 디플레이션이 멈추었다면 물가상승에 대한 기대를 통하여 실질이자율을 하락시키는 데 NIRA가 지니는 영향력은 미미하다. 또한 평가절하 이후 통화량 증가 효과의 상당부분을 NIRA의 물가인상경향이 흡수해 버릴 것이고 그랬다면 실질소득이나 고용의 증대가능성도 삭감될 수 있다.[11] 이와 같이 이론적으로 논란의 여지가 있으므로 실증적 결과를 해석하는 데 어려움이 따른다.

미시적 접근으로서는 NIRA의 카르텔 합법화가 갖는 가격과 생산량 효과가 주요 관심사다. 경제학 교과서는 카르텔이 가격을 높이고 생산을 줄인다고 가르친다. 물론 독점지대가 정치적 비용으로 소진되기도 하였고, 노동자들에게 재분배되기도 하였다. 카르텔 합법화 이후 기본적으로 생산감축을 가져왔다는 것이 홀리(Hawley 1966) 이후 사학·경제학계의 일반론이다. 그러나 고정비용이 크고 따라서 비용체감의 특성을 갖는 산업이라면 이야기가 달라질 수 있다. 한계비용과 가격이 일치하는 점까지 산출을 늘리면 경제적 효율은 달성할 수 있으나, 수익은 보장되지 않는다. 따라서 독점규제 조치를 일방적으로 완화시키면 고정비용과 수요 변동 폭이 큰 기업들은 서로 협조하여 고정비용을 감당할 수 있게 된다. 따라서 더 적극적으로 자본을 투자할 수 있다. 결국 장기적으로 산출증가 요인을 제공하는 셈이 된다. NIRA가 이런 면에서 경기회복에 기여했을 수도 있다.

내구재와 비내구재의 집계적 분기별 생산액을 각각 종합주가지수, 도매물가, 통화량 등의 변수에 회귀분석하고 NIRA 더미의 부호와 통계적 유의성을 검토하는 방식으로 이루어진 연구들이 있다. 이러한 실증연구들은 산출증가 가설을 기각하지 못하는 결론들을 내고 있다(Bittlingsmayer:

---

11 '또한' 이하는 케인스Keynes 효과, 그 윗부분의 서술은 먼델Mundell 효과를 지칭한다.

304-308). 더욱 흥미로운 것은 산업별 분석이다. 산업부흥법이 발효 중일 때 주식가격과 산출량은 전반적으로 상승하였다. 이것은 분명 평가절하와 금 유입, 실질이자율 하락에 힘입은 것이다. NIRA의 역효과를 제하고도 남았던 결과라고 해석할 수 있다. 하지만 NIRA 적용에서 제외되었던 철도나 공익사업, 또한 애초에 독점금지법의 대상이 아니었으므로 NIRA와 관계가 없었을 은행이나 보험업 등도 NIRA 적용 부문 산업과 거의 같은 속도로 주가나 산출이 증가하였다(Bittlingsmayer: 308-316).

요컨대 산업부흥법을 통한 정부의 생산통제 시도는 정치적으로도 실패했으며 경제적으로도 공황회복에 역효과를 낸 것으로 알려지고 있다. 여기서는 단지 이론적, 실증적으로 새로운 측면을 부각시키려는 연구들을 검토하였다.

산업부흥법은 조항 7.a에서 노동자의 단결권과 단체교섭권을 보장하였다. 이는 같은 법이 위헌판결을 받은 이후에도 와그너 법(National Labor Relations Act)으로 확대 계승되어 노동자 단체를 보호하는 데 전기를 마련했다. 이후 조합 가입률이나 조직 활동들이 급신장하였다.[12] NIRA 조항 7.a는 입안과정 당시부터 해석에서 많은 논란이 있었다. 이를 독점대기업군과 노동단체를 둘러싼 정당정치의 역학으로 보기도 한다. 나아가 미국

---

12 조항 7.a는 산업부흥법의 성격을 판단하는데 중요하다고 생각되고 또 짧으므로 전문을 싣는다. "제7조 (a) 본 법에 의해 인가되고 규정되고 발행된 모든 공정 경쟁 규약·협정·면허장에는 다음의 조건이 포함되어야 한다. ① 피고용자는 단결권과 그룹이 선출한 대표자에 의한 단체 교섭권을 가지며, 대표자의 선임 또는 피고용자의 조직화, 기타 단체 교섭 혹은 상호 원조 내지는 보호의 목적을 위한 협동 행위에 있어서 고용주 또는 그 대리인은 간섭·억압·강제를 할 수 없다. ② 모든 피고용자 또는 구직자는 그 고용 조건으로서 회사 조합에의 가입을 요구하거나 또는 자기가 선택하는 노동조합에의 가입, 그 결성 또는 원조를 하지 않도록 요구할 수 없다. ③ 고용주는 대통령이 인가하고 규정한 최고 노동 시간, 최저 임금, 기타 고용 조건에 따라야 한다."
  1935년 5월에 NIRA가 위헌판결을 받은 후 ①과 ②는 와그너 법(1935. 7), ③은 공정노동표준법(Fair Labor Standards Act 1938. 6)에 의해 확대계승된다.

자본주의의 장기 구조적 위기극복과정으로 설명하려는 노력도 있다. NIRA에만 국한시켜 해석한다면 다음과 같은 사항들이 이를 설명하는 변수들이다. 즉 루스벨트 대통령과 재계 간 이해관계의 우호와 갈등, 노동단체의 지지에 힘입은 재선성공, 그에 전후한 정치판도의 변화와 각종 사회입법 등이다.[13]

글의 초점을 경제적 효과로 되돌리자. NIRA의 직접효과가 아니더라도 당시 단체교섭의 관행이 뿌리내리면서, 혹은 '복지자본주의' 형태의 임금협약이 정착하면서 노동시장의 성격이 크게 변하였다. 실업이 별로 줄지 않는 가운데 임금과 노동조건이 개선되었다. 실질 임금이 상승하면서 노동생산성 또한 증가하였다. 노동과정의 민주화 또한 지적하지 않을 수 없다. 대규모 실업이 발생하는 가운데 실질임금이 상승하는 것을 설명하려는 '효율임금이론', '이력효과설' 등 복잡한 가설들도 있다. 이 연구들은 노사관계의 변화가, 다시 말하여 노동시장의 유연성 문제가 대공황기에도 단순한 논리로 설명되지 않음을 보여 준다.[14] 특히 위로부터의 생산통제라는 방식으로 산업부흥법을 서술하는 입장에서는 노동환경의 비교적 짧았던 황금기를 NIRA와 더욱 연결시킬 수가 없다(이러한 노동환경은 1950년대에 다시 철퇴를 맞는다). 한 가지 괄목할 만한 사실만 언급하자. 실업률이 높게 유지되는 가운데 노동환경이 개선되고 고용된 노동자들의 소득이 상승한 것은 당시 미국특유의 생산성 향상 때문이라는 기록이 있다(Temin 1990).

---

13 정치학 · 사회학의 '구조적' 접근에서 많은 점을 시사받을 수 있다. 예를 들어 파인골드 Finegold와 스코치폴Skocpol(1995), 토마스Thomas(1984), 고든Gordon(1994).

14 당시 상황에서 효율임금가설의 적용은 곤란이 따른다. 효율적 노동자의 수요공급에 따라 임금이 올라간다는 설명은 고실업 상황 아래에서 신규취업은 물론 이직도 힘들었을 것이므로 '효율임금' 자체가 매우 낮았어야 함을 의미한다. 이력효과설(hysterisis theory)은 이미 고용된 노동자(insiders)만이 임금교섭에 참여하므로 실업자(outsider)의 숫자와는 상관없이 시장가격을 상회하는 수준에서 임금이 결정된다는 것이다(Baily 1983).

농업생산을 정부가 통제할 수 있게 한 농업조정법(AAA)은 NIRA보다 먼저 1933년 5월에 입법되었다. 이에 따라 정부는 생산량을 제한하여 농산물 가격을 지지하고자 하였다. 이는 '기초 농산품'[15]의 가격 인상을 목표로 하였다. 즉 이 조치는 농가가 구입하는 공산품에 대한 상대가격을 변화시키는 측면이 있다. 농업과 공업의 경제관계를 변화시키려는 이러한 시도는 1920년대부터 누적되어 온 농업공황에 대한 대책이자 1930년대 경제 전반에 걸친 대공황에서의 회복을 염두에 둔 것이다. 농산물 가공업자들한테서 거둔 조세수입을 경작지 제한조치에 협조하는 농가에게 보조금으로 제공한다는 규정이다. 보조의 형태는 휴경지에 지대를 지불한다든가 상품신용공사Commodity Credit Corporation(CCC)를 통해 저리로 자금을 지원하는 방식이었다. 때마침 중부평원에서 대한발大旱魃(Great Drought)이라는 기후 피해가 발생했고, AAA가 시행되면서 산출이 줄고 농산물 가격이 루스벨트의 첫 임기 동안 50퍼센트나 상승하였다. 한발 피해가 없던 지역의 대규모 농가에게는 농업조정법의 혜택이 컸다.

그러나 AAA는 소작농을 강타했다. 경작지 제한 규정으로 인해 이들이 농지에서 축출되었기 때문이다. 소작농들이 임금노동자가 되면서 이들의 일부가 도시로 이주하자 이는 또다시 비농업 부문의 노동시장에 압박을 가했다. 소작제도가 지배적이던 남부 면화지역을 다룬 한 연구를 보자. 미시시피 델타에서 소작제 방식으로 경작되던 농지는 1930년에 81.9퍼센트에서 1940년에 58.2퍼센트로 하락했다. 임금노동을 고용한 자영 농지는 18.1퍼센트에서 41.8퍼센트로 늘었다. 같은 기간 자영농의 경작규모도 두 배 넘게 커졌다. 물론 AAA 조치로 노동시장 구조가 변화하여 수확기 노동 공급이 쉬워진 것도 사실이다. 또한 대규모 생산방식과 함께 기계화가 도

---

15 밀, 면화, 옥수수, 쌀, 담배, 돼지고기, 우유의 일곱 가지. 1935년에 추가로 쇠고기, 낙농제품, 땅콩, 보리, 아마, 당밀, 사탕무, 사탕수수, 감자가 포함되었다.

입되는 전기를 마련한 측면도 있다(Whatley 1983).

농업 부문의 산출제한은 가히 혁명적이라고 할 수 있다. 제1차 세계대전 이후 농촌문제가 생산과잉에서 비롯되었다고 한다면, 정부가 생산 감소를 정책차원에서 추진하는 일은 제조업 쪽과는 또 다른 의미를 가진다. 생산자가 불특정 다수일 것이므로 자발적인 경작억제를 기대하기 어렵다. 또한 외부에서 생산감소 지침이 주어진다 해도 소위 무임승차자(free-rider) 문제가 발생한다. 이미 투하된 고정자본 가동률을 높이려는 유인이 발생하는 것이다. 자연조건이 허락하는 한 최대의 풍작을 원하는 농민의 본능도 있다. 뉴딜 이후의 농업정책은 계속 생산을 통제하는(경작지 제한, 작목할당 등) 쪽으로 진행해 왔다. 그 이전에는 이러한 정책들을 시행하면 지지도도 낮고 효과도 없었다. 이러한 점을 감안할수록 농업산출제한 정책은 더욱 혁명적인 조치라고 하지 않을 수 없다.[16]

생산제한정책으로서 NIRA에 비해 AAA가 정치적·경제적으로 성공작이었다는 평가가 있다. 우선 농무부가 지속적인 농업불황에 개입하여 대처하였고, 농과대학을 설립하는 대학에 정부가 토지를 무상으로 증여하면서(land-grant college) 이들을 지지기반으로 확보하였다. 농민들도 경작감소에 자발적으로 협조하였다. 생산통제로 특히 면화와 담배 가격이 많이 상승했다. 케인스도 "AAA는 오래 전에 제조업이 스스로 취하던 바람직한 제한조치를 농민들에게 제공하고 있다. AAA의 과업은 힘들지만 필요한 것이며 NIRA 사업의 일부는 실천하기도 어렵고 또 쓸데없다."라고 하였

---

16 1880년대부터 두드러지기 시작하였고 제1차 세계대전 후 그 심각성이 폭발적으로 누적된 농산물 가격하락의 문제에 대해 농민조직이나 정치권에서 비슷한 조치들, 예를 들어 맥내리-호건McNary-Haugen 법안, 미국농업회American Council of Agriculture, 옥수수지역위원회Corn Belt Committee, 전국생산자연대National Producers' Alliance 등의 시도와 운동이 있었다. 이들은 연방농업국Federal Farm Board나 농무부US Department of Agriculture 등의 노력과 맥락을 같이 하였다. 이들이 AAA의 효시라 할 수 있을지라도 그 효과가 미미했음을 지적한다. 자세한 것은 라입캡Libecap(1988: 185-189).

다.[17] 당연히 농업조정법이 정치적으로도 나은 운명을 맞았다. 1936년 1월 농산물 가공업체에 부과한 조세수입으로 AAA 시행에 필요한 자금을 조달하는 것이 위헌이라는 대법원 판결이 있었다. 하지만 그 뒤에도 농업부문에 대한 정부개입은 다른 형태로 지속되었다(United States v. Butler, 297 U. S. 1, 1936).

생산제한조치는 불과 2개월 만에 토양보존과 농가지분규제법(Soil Conservation and Domestic Allotment Act)으로 부활되었다. 이 법으로서 경작지를 축소시킨 농가에 대한 보조가 토양보존이라는 명목으로 지속되었다. 보조금 재원도 농산물 가공업체에 부과한 조세가 아닌 일반세입으로 충당하였다. 작목을 토양고갈 작물과 토양보존 작물로 구분하여 토양고갈작물 재배를 제한하는 근거로 삼았다.[18] 물론 토양보존은 농산물가격 지지정책을 쓰기 위한 또 다른 핑계였다. 식품소비자보다 농민 쪽의 정치력을 감안한 입법책임자들의 편향이 개입되었을 것이다. 이들이 힘을 축적하여 1938년 2월에는 제2차 AAA를 설립한다. 이는 작목별 보험, 경작지 할당, 판로 분배, 정부의 수매와 재고관리, 수매가격, CCC 대부, 농가부채의 이자 지불 조건, 조세, 운송요금 등을 규정하여 '적절공급량'을 연중 유지하는 것을 목표로 한다. 기초 작물에는 옥수수, 면화, 쌀, 밀이 들어갔다. 작목별 생산할당량은 우선 농민대표들의 비밀투표 결과로서 정하고 일단 결정된 농가당 할당량을 초과할 경우 세금 등 불이익이 따르게 했다. 이후 농무부(USDA)와 CCC의 세부지침이 여러 번 바뀌었다. 그러나 뉴딜 당시 '혁명적' 농업정책 변화의 유산은 여전히 남아 있다. 미국뿐이 아니고 오스트레일리아, 영국, 캐나다, 프랑스, 이탈리아, 독일 등도 이와 비슷

---

17 케인스Keynes, J. M.(1934): "Agenda for the President," *The Times*, June 11, *Collected Works*, vol.21, p.323, Finegold and Skocpol(1995: 18).

18 토양고갈작물은 밀, 면화, 옥수수, 담배, 사탕무 등이고, 토양보존작물은 농산물 생산과잉과 관계없는 사료작물로 분류하였다.

한 정책 결과의 회비를 경험하고 있다.

경제적으로 비효율적이고 또한 비형평적인 농업지지정책의 근거는 무엇인가. 다음 절에 언급할 농가 부채탕감 등을 비롯한 농촌문제 대책은 정치적 · 사회적 요인 이외에 달리 설명할 방법이 없다. 평생 농민문제, 농촌의 조직운동, 농업관계 정부정책 등의 연구에 바친 이 분야의 권위자 살루토스Saloutos의 견해를 음미할 만하다. 뉴딜 비판자들은 정부가 보수적 세력과 담합했다고 흠을 잡는다. 그러나 "온갖 곤궁에도 불구하고 소작인, 영세농, 농업노동자들이 이에 대해 폭력적으로 반발하지 않았다. 이는 그들에게 선택의 기회가 주어졌기 때문이다. 농민들의 인기를 독차지한 제1차 AAA가 위헌판결이 난 이후에도 큰 소요는 없었다.", "자본과 자원을 갖추고 농업부문에서 살아남아 있을 능력이 있는 농민들에게는 뉴딜이 큰 은혜였다. 농업생산 분야가 최악의 시점에 도달해 있을 때 뉴딜은 많은 농민의 사기를 진작시켜 주었다."(Saloutos 1982). 그러나 경작지 제한으로 총생산이 줄어들었다기보다는 단위면적당 산출을 늘린 면이 더 컸으며, 그 결과 정부수매 농산물 재고가 축적되었다.

생산제한을 통한 소비 진작책으로서 뉴딜 경기회복조치 중에서 NIRA보다 AAA가 여론과 정치의 검증을 다소 잘 견딘 것처럼 보인다. 둘 다 모두 국가의 인정 하에 대규모 카르텔로 기득권자를 보호하고 있었음은 부인하기 힘들다. 이론적으로도 실증적으로도 아직 불충분한 점이 많은 결론이기는 하나, 순수하게 경제효율과 복지의 측면에서 볼 때 뉴딜의 '생산통제'는 더 나은 방향으로 갈 대안이 있었다는 점을 기억하고자 한다.

4. 사회안전망 구축

뉴딜 정책의 가장 큰 업적으로 꼽히는 것이 바로 구호정책이다. 일자리를 잃은 사람들에게 일을, 헐벗고 굶주린 사람들에게 옷과 밥, 잠자리를 제공한 일련의 조치를 말한다. 긴급금융조치와 생산통제 입법보다 약간 늦게 시작한 구호행정이 '100일'에서는 구체화되지 않았고, 소위 2차 뉴딜에 와서 윤곽이 잡힌다. 공황에서 회복하고 그에 따른 소득증가의 혜택을 골고루 나눈다는 의도와 함께 하층민 유권자를 의식한 정치적 배려가 맞

〈표 2〉　　　　프로그램 분류에 의한 뉴딜 지출항목(1933~1939)

사회복지 프로그램

Social Security Act(SSA)-OAA, ADC

-UI

US Employment Service

Veteran's Administration(VA)

농업관계 지출

Agricultural Adjustment Administration(AAA)

Farm Security Administration(FSA)

Soil Conservation Service

Research, Extension, and Agricultural Education

Forest Service Funds

농업관계 대부

Farm Credit Administration(FCA)

Commodity Credit Corporation(CCC)

Farm Security Administration(FSA)

Rural Electrification Administration(REA)

Resettlement Agency(RA)

기타 대부

Reconstruction Finance Corporation(RFC)

Public Works Administration(PWA)

Home Owner's Loan Corporation(HOLC)

Disaster Loan Corporation

US Housing Authority

보험 프로그램

> Insured loans by Federal Housing Authority(FHA, Titles I and II)

구호

> Federal Emergency Relief Administration(FERA)

근로 프로그램

> Youth Programs
>> Civilian Conservation Corps
>> National Youth Administration(NYA)←WPA
>
> Bureau of Public Roads
> Bureau of Reclamation
> Public Works Administration(PWA)
> Civil Works Administration(CWA)
> Works Progress Administration(WPA)

학교와 긴급구호

> Vocational Education and Rehabilitation
> Books for the Blind
> Emergency Relief Administration Office of Education Funds
> State Marine Schools

기타지출

> Mineral Lease Act
> Federal Water Power Act payments
> Federal Surplus Commodities Corporation activities
> National Guard
> State Homes for Soldiers and Sailors

분야별 지출비율

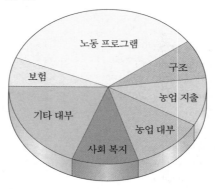

자료 : Couch and Shughart(1998: 23-24)

물렸다. 소득과 부의 재분배에 관한 인식을 새롭게 한 것이다.

〈표 2〉는 그 내용이 전부 엄밀한 의미의 구호정책이라고 할 수는 없지만 프로그램별로 분류한 뉴딜 지출항목을 나열하였다.

분류항목에 따라 집계가 약간 달라진다. 〈표 3〉은 각각의 누적지출액수

〈표 3〉 연방재정(1933. 7~1940. 6 누계) (단위 : 100만 US$)

	경상	회복 및구호	순환기금 (순액)	신탁계정에의 이전	합계
부별재정	3,540				3,540
국방	6,173	675[1]			6,848
참전용사사무국	3,900				3,900
공공사업[4]	2,300				2,300
농업보조	4,299	688	409		5,326
민간보존단	1,220	593			1,813
사회보장 및 철도 은퇴	1,238				1,238
공채이자	6,101				6,101
공채상환	1,693				1,693
특별공공사업					
근로구호					
WPA		8,150			8,150
NYA		324			324
기타		3,584[2]	914		4,498
직접구호		4,670[3]			4,670
주택소유자보조		1,418			1,418
기타		286			286
노령보험신탁기금				1,694	1,694
철도은퇴계정				375	375
조정서비스보장기금				2,429	2,429
공무원은퇴기금(연방지분)				365	365
	30,394	20,388	1,323	4,863	56,968

주 : *Treasury Bulletin*, July(1940)를 기초로 작성.
  1) 육군과 해군 포함 긴급 자금 합계.
  2) NIRA, ERA와 기타 구호조치 중 거의 모든 연방기구에 의해 분배된 지출; PWA포함.
  3) CWA와 FERA.
  4) 정규적 공공사업 자금 즉 PBA, PRA, 하천과 항만, TVA, REA와 간척사업.
자료 : Office of Government Report(1940): *Activities of Selected Federal Agencies*, p.30

를 보여 준다. 대부분 실업자와 빈민, 청소년 등에 저리대부 또는 공공근로를 제공하여 대규모 공익사업을 추진하는 것이다. 도로, 병원, 학교, 운동장을 건설하거나 자연보존활동을 수행함으로써 직·간접으로 하층민을 구호한다는 목적이었다. 장애인, 노인, 아동 등을 돕는 프로그램도 규모는 미미하나 포함되었다. 1933년에 설립된 민간보존단Civilian Conservation Corp은 약 20억 달러를 사용하여 총 250만 명의 청년을 삼림보존사업에 동원하였다. 연방긴급구호국(FERA)은 구호정책 총괄기관이다. 공공취로와 무상지원을 목표로, 연방정부가 지역정부의 구호지출과 연계하여 지원하는 일을 담당하였다. 토목근로국(CWA)은 1933년 말~1934년 초 겨울 동안 특별 공공근로사업을 제공하였다. FERA와 CWA 모두 헌신적 사회사업가 홉킨스Harry Hopkins가 주관하였다. 이 사업이 직접구호와 공공근로에 쏟아 부은 예산규모는 1935년에 폐지될 때까지 40억 달러 정도였다. 주택보유대부공사(HOLC)는 1933년~1939년 동안 34억 달러를 들여 주택보유자들과 모기지mortgage 제공 은행들을 보호하였다. 뉴딜 구호정책 중 가장 중요한 것은 근로추진국(WPA)일 것이다. 1935년에 설립되어 역시 홉킨스가 책임을 맡은 이 기관은 구호대상의 규모가 가장 크고 소득지지 수준이 가장 높았다. 그 뒤 8년 동안 WPA는 병원 2,500곳과 학교건물 5,900채, 운동장 1만3,000곳을 건설, 개수하였다. 또한 국립극장, 예술과 작가 프로젝트를 보조하여 문화생활의 질을 향상시켰다. WPA 산하의 전국청년국National Youth Administration은 200만 명이 넘는 고교생과 대학생 그리고 비취학 청년 260만 명에게 공공근로 일자리를 제공했다. 1943년까지 약 110억 달러에 달한 WPA 자금이 대부분 실업자를 위한 단기, 공공근로 지원에 쓰였다. 이들은 최고 300만 명 이상을 동시에 수용하고 있었다. 소작농의 재정착을 유도하기 위한 농업안전국(FSA)이 1937년에 설립되어 저리자금을 대부하였다. 대부 누적자금이

10억 달러 가까이 되었는데도 소작농 보조 성과는 미미하였다. 영농자금 지원대상이 상환가능성을 먼저 고려하여 선정되었기 때문에 빈농대책으로서는 부적절했던 것이다.[19]

이와 같은 구호기관의 활동은 연방정부를 빈민복지에 유례없이 개입하게 만들었다. 이 활동에 혜택을 입은 수백만 국민들, 특히 비숙련 실업자들이 루스벨트와 민주당을 계속 지지하였다. 그러나 구호정책은 부분적으로만 성공한 것 같다. WPA의 활동이 정점에 달했을 때에도 700만 실업자를 감당하지 못했고, 소득지지 수준도 낮았다. 뉴딜 구호정책의 성과를 평가한 한 연구는 구호정책이 실업자의 20-40퍼센트 정도를 보호했다고 추정하였다. 또한 공공근로사업은 최저임금에 준하는 생활수준을 보장한다고 했으나, 그 급여는 3인 이상 가족의 최저생계비에 크게 못 미쳤다. 건축업 종사자와 비숙련 생산직 노동자들이 먼저 구호대상에 선정되었다. 반면에 상대적으로 실업률이 높았던 연령층(15~24세, 55~64세)과 특정 인종 노동자(흑인)는 오히려 구호정책에서 소외되었다. 소작지를 박탈당한 남부의 빈농들은 실질적으로 버려두었다는 뜻이다.[20] 실제로 루스벨트는 남부 하원의원들의 영향력을 고려하여 인권관련 법안을 지지하지 않았다. 또한 영세소작농을 지원하고 공공주택을 건설하거나 부유층의 조세를 인상하여 부를 재분배하는 사업에는 주저하였으며 단기적인 흥미만 보였다. 경제력 집중을 견제한다는 수사와는 달리 뉴딜은 오히려 대규모 상업적 농업과 대기업의 손을 들어준 면이 강했던 것이다.

대규모 공공지출을 지역별로 배분하는 과정에서 특히 남부 정치가들의 불만이 많았다. 인구 1인당 뉴딜 긴급구호자금이 중서부, 로키 산맥 지역, 태평양 연안에 평균이 넘게 배정되었다. 이 사실은 상대적으로 더 가난한

---

19 숫자와 금액은 패터슨Patterson(1997), 코치Couch와 슈가트Schughart(1998: 67).
20 강성원(1999: 38).

사람들을 먼저 보호한다는 원칙 천명과는 배치된다. 이 같은 패턴을 설명하기 위해 지역별 생활비와 생활수준의 차이, 연방보조에 맞추어 각 주 정부가 얼마나 자구노력을 하도록 요구받았는지의 정도, 그리고 각 주 의원들이 연방의회에서 갖는 영향력, 루스벨트의 재선전략 등 정치적인 변수들을 고려할 필요가 있다. 주별 자료를 이용한 초기의 경험적 연구들은 정치적 변수의 중요성을 부각시키고 있다(Wright 1974, Anderson and Tollison 1991). 연구가 진행되면서 프로그램별 의무요구사항이 중시되었다. 소득이 높은 주일수록 매칭펀드matching fund를 조달할 능력이 크므로 구호와 회복 사업에서 연방정부의 지원을 받을 가능성이 크다. WPA 자금 배분자료가 이 가설을 뒷받침한다(Wallis 1991).

그러나 이를 반박할 수 있는 자료들도 있다. WPA 의무요구사항(matching requirement)이 상대적으로 가난한 테네시 같은 곳에서는 33.2퍼센트나 되었던 반면 상대적으로 부유한 펜실베이니아는 10.1퍼센트에 불과했다는 자료들이다. 여러 변수를 동시에 고려하고 주요 프로그램별, 기간별로 다양하게 접근한 최근의 회귀분석 결과는 정치적 변수만이 의미가 있었고, 경제적 변수는 설명력을 잃는다고까지 주장하였다(Couch and Shughart 1998). 이 부분의 공공선택 이론적 접근에 대해 앞으로 더 연구가 계속 되기를 기대한다.

지역별 배분은 어찌 되었든 1933년을 기점으로 그 이후 연방정부의 규모와 범위가 전례 없는 속도로 늘었다. 국민소득에 대한 정부 지출의 비중이 뉴딜의 시작과 함께 12퍼센트 정도에서 20퍼센트 이상으로 급증하였다. 이 가운데 절반 정도가 구호사업에 투입되었다(Wallis 1984). 총지출의 크기뿐만 아니라 연방정부로 권력이 집중한 것도 주목해야 할 변화다. 각급 정부의 예산 구성을 보면 뉴딜을 기점으로 연방과 지방정부의 지출비중이 교차한다(〈표 4〉 참조).

〈표 4〉		GNP에 대한 정부지출의 비율(1902~1960)					(단위 : %)
년도	총지출	연방정부		주정부		지방정부	
		전체	군비지출 제외	전체	교부금 제외	전체	교부금 제외
1902	6.9	2.4	1.7	0.8	0.8	4.0	3.7
1913	8.0	2.4	1.8	1.0	1.0	4.9	4.6
1922	12.6	5.1	3.9	1.9	1.8	6.2	5.7
1927	11.7	3.7	3.0	2.1	2.0	6.6	6.0
1932	21.4	7.4	6.1	4.9	4.5	11.0	9.6
1936	20.3	11.1	10.0	4.7	3.8	7.3	5.4
1940	20.5	10.1	8.5	5.2	4.6	7.7	5.8
1950	24.7	15.7	9.3	5.3	4.5	6.0	4.4
1960	30.0	19.3	9.6	6.3	5.0	7.8	5.8

자료 : *Historical Statistics on Government Finances and Employment*(Washington D. C. 1969), tables 3, 4, 6, 7

지출규모뿐 아니라 정부의 직·간접 규제도 일단 늘어나면 줄지 않는 경향이 있다(톱니효과). 연방정부 규제의 지속적 확장이 뉴딜 이후 가속된 것이다(양동휴 1994). 이는 연방공무원 수의 증가추세에서도 명백하다. 〈그림 1〉은 연방정부 소속 피고용인(군대와 우편서비스 제외)의 총 민간 노동력에 대한 비율을 나타낸다. 1930년대에 극적인 상승을 보였고, 1940년대에 또 한 차례 톱니효과가 보인다. 제2차 세계대전으로 급증한 상당부분은 참전용사 사무국(Veterans Administration) 고용분이 차지하였다. 이를 제외하면(점선) 전쟁 중 증가는 절반 수준으로 줄어든다. 더욱이 제2차 세계대전의 톱니효과는 전쟁 후에 사라진다. 1980년대 말 연방정부 노동력의 비중은 1930년대 말 수준으로 떨어졌다. 1930년대에 연방공무원 비중의 급증은 1934년과 1935년에 집중되어 있다. 이 가운데 대부분은 테네시계곡개발공사(TVA), 증권감독원(SEC), WPA, 사회보장법(SSA), FDIC 등 뉴딜관련 부서의 신설과 확장에 의해 주도된 것임이 밝혀졌다(Rockoff 1988).

이와 같이 정부의 개입이 양적·질적으로 계속 증가하면서 19세기를 풍미하던 경제적 자유주의가 반세기 이상 유보되는 계기를 이루었다. 이미

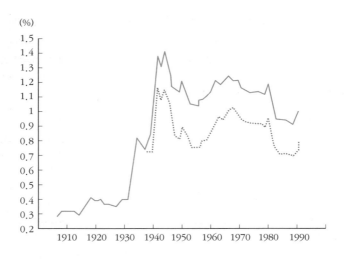

〈그림 1〉 연방정부의 민간고용(1908~1990)(총 민간노동력의 %)
주 : 점선은 참전용사 사무국(VA) 고용인을 제외했을 경우다. 자료 : Rockoff, H.(1998: 128)

재정운용에 문제가 있는 나라라면 공공근로사업을 비롯한 뉴딜정책을 위해 이와 같이 막대한 예산을 지출할 수 없었을 것이다. 실제로 1937년에 재정긴축이 불가피하자 미국경제가 다시 침체국면으로 반전하였다. 법정지불준비율을 배증한 통화정책 실패가 이에 가세하였다. 또한 이들 공공근로사업은 생산효과가 극히 낮은 부분에 대한 투자이므로 효율성 있는 경제를 운용하기 힘들었을 것이다(강광하, 양동휴 1994). 3절에서 살펴 본 것처럼 1차 뉴딜은 이미 실질생산이 엄청나게 하락한 상황에서 생산을 더욱 감소하는 조치를 취함으로서 비판의 대상이 되었다. 반면, 2차 뉴딜 때는 정책입안자들의 반反시장적 수사가 민간의 사유재산권을 위태롭게 하는 불확실성을 야기하였고, 이것이 민간투자를 침체시켰으며, 경기회복과 따라서 국민전반의 생활수준향상을 지연시켰다는 지적이 있다(Higgs 1997).

FDIC, SEC, 1935년의 은행법, AAA, 와그너 법, 공정노동표준법Fair

Labor Standards Act 등의 장기적 영향을 고찰하면서, 또 연방정부의 양적·질적 팽창을 살펴봄으로써 이미 뉴딜의 유산에 관한 이야기를 많이 한 셈이다. 이제 1935년의 사회보장법(SSA)에 따른 노령과 은퇴 후 사회보장제도(OAA, OAI)와 실업보험(UI) 등을 간략히 검토하여 뉴딜의 유산에 관한 조명을 마무리 짓자.

미국의 실업보조제도는 많은 유럽 나라들과 달리 고유한 특징을 가지고 있다. 그것은 첫째 주정부나 지방정부가 각기 조세율, 실업수당의 크기, 실업급여 대상범위를 결정하도록 하고 연방정부가 이를 보조하는 방식이다. 둘째는 경력에 따른 차별급여(experience-rating)로서, 고용안정을 보장하기 위한 것이었다. 또한 실업자의 생계수단에 대한 조사를 간접적으로 방지하였다. 이는 기업들 간 부담의 형평을 추구함과 동시에 해고비용을 높임으로써 생산과 고용에 상존하는 계절성과 경기변동의 해악을 완화하려는 데 목표를 둔 것이다. 셋째는 실업급여 기간을 단기간으로 한정하였다. 노동력 참여율을 고취하려는 취지다. 실업은 잠정적 휴무일 뿐 영구적 실직이 아니라는 관점이 반영된 것이다. 자금을 실업자의 재교육에 사용하는 것은 금지되었다. 이와 같은 경력별 차등급여와 실업수당지급 기간제한의 특징이 오늘날 실업보험제도로 지속되고 있다. 비판자들은 이러한 방안에 대해 보수적이고 역진적이라고 반론을 제기한다. 즉 이 제도가 재교육을 무시하고 있으며 파트타임이나 한계적 고용자에 대한 혜택이 없다는 것이다. 이러한 실업수당제도가 1930년대 대규모 장기실업대책에는 역부족이었다. 하지만 실업수당을 제한함으로써 근로의욕을 상실케 하는 결과를 가져오지 않은 것도 사실이다. 예를 들어 유럽이 오늘날까지도 고실업의 충격에 시달리는 것을 볼 때 미국 실업대책의 이러한 요인은 오히려 미국경제를 보호하는 효과가 있었다고 볼 수 있다. 경력별 차등급여는 실업을 억제하고 계절적 변동폭을 줄이는 결과를 낳았다(Baicker, Goldin, and Katz 1988).

　　루스벨트 행정부는 또한 사회보장제도(social security) 비용을 원천징수
한 소득세로 자체 조달하도록 영원히 못을 박았다. 이로써 사회보장급여
가 피고용자의 권리라는 인식을 확립하였다. 루스벨트의 말대로 매월 봉
급에서 일부를 기여함으로써 '연금을 수취할 법적·도덕적·정치적 권
리를 획득하는 것이며, 일단 조세를 납부한 이상 어떤 가증할 정치가라고
할지라도 내 사회보장제도를 폐기할 수가 전혀 없게' 되었다. 이 프로그램
은 점차 확대되었으며 1950년대에는 모든 사적 고용자와 자영업자들,
1983년에는 연방정부의 민간인 고용자까지를 대상으로 하여 창시자의 숙
원인 보편성 목표를 달성하였다. 사회보장제도가 설립될 당시에는 미래
세대의 국민건강 증진, 평균수명연장, 노동력 참가율과 출산율 하락 등을
예상하지 못 했지만, 이 프로그램은 세부 사항에 거의 변화 없이 계획에 따
라 성장하였다.[21]

　　사회보장법에는 주정부에서 관장할 노인구호(OAA)를 연방정부가 무상
으로 보조한다는 것, 또한 현재 '소셜 시큐리티social security'라고 불리우
는 노령보험(OAI) 등이 규정되었다. OAA와 달리 OAI는 순전히 연방정부
프로그램이었다. 근로자는 그들이 일한 동안 의무적으로 납부한 적립금
총액에 기초하여 은퇴 후 종신연금을 받게 되며, 부금은 1937년에, 연금수
령은 1942년에 시작하게 되어 있었다. OAI는 고용자와 피고용자가 같은
금액만큼 세금을 부담한다는 원칙을 세웠다. 부금과 연금지급 시기의 차

21　예상치 못한 경제적·인구적 환경의 변화로 인해 사회보장제도가 약속한 대로 노령연금을
　　지급하려면 그 제도에서 발표한 보험회계에 의하더라도 지금 당장 세율을 40퍼센트 올려야
　　할 정도로 부실하게 되었다. 기금방식(funded)이 아닌 부과방식(pay-as-you-go) 즉 현재
　　취업인구의 기여금으로 노령연금을 지급하는 방식으로 말미암은 세대 간 형평문제와 아울러
　　세대 내에서도 이 제도는 역진적인 성격을 띤 측면이 있다는 점이 지적되고 있다(Gokhale
　　and Kotlikoff 1999).

이 때문에 상당액수의 신탁기금을 조성할 수 있을 것으로 기대되었다. 긴급구호 대책으로 고안된 OAA는 노령자 보호의 의미를 잃어 중요성이 사라졌다. OAI는 보험의 의미라기보다 이전지출의 성격을 가지게 되었다. 이는 설립초기의 의도가 그대로 관철되었음에도 그리된 것이어서 흥미롭다. 단지 경제적·인구적 환경이 변화함에 따라 개혁의 필요성이 커지고 있는 것이다(Miron and Weil 1988).

5. 맺음말

본문 세 개의 절에 걸쳐 뉴딜 경제정책의 주요 부분이라고 생각되는 조치들을 살펴보았다. 전례 없던 대공황의 저점에 직면한 새 행정당국은 때로는 즉흥적 미봉책을, 때로는 오랜 기간 논의되었거나 실험되던 경험을 바탕으로 혁명적 정책을 과감히 실행하였다. 이들 중 어떤 것들은 기억에서 사라졌지만 상당부분은 아직까지 계속 영향을 미치고 있다.

앞에서 검토한 것처럼 긴급 금융개혁은 상업은행의 산업투자행위를 금지하였으나 여러 가지 불합리한 점이 지적되어 결국 후퇴하였다. 이와 동시에 정착한 연방예금보험제도는 가입은행들의 도덕적 해이문제라는 위험을 담고 있음이 분명한데도 이를 보완해 가며 지속적으로 대상을 확대하여 외연적·내실적으로 성장하고 있다. SEC의 감독권도 괄목할 만큼 신장되었다. 다만 규제감독의 세세한 조정에도 불구하고 이를 회피하려는, 나아가서는 이들이 예상치 못하던 금융혁신이 가속되는 상황에서 이것이 세태에 부합하는 관행인지 걱정하는 전문가들이 많다.

생산에 대한 직접적 정부개입과 관련된 논의는 자칫 경제체제에 관한 철학적 담론으로 빠지기 쉽다. 그러한 유혹은 뿌리치기로 한다. 노동자에게 임금을, 기업가에게 이윤을, 농민들에게 농업소득을 보장한다는 단순 논리일지는 모르나 생산통제의 방향으로 정부가 개입을 시도한 사실은 이해할 만하다. 그러나 NIRA는 필요 이상의 가격과 임금상승 그리고 생산 감소를 가져왔다. 또한 실질임금의 인상으로 고용사정을 악화시키기도 하였다. 노동시장의 유연성이라는 측면만을 고찰한다면 노동조건 개선을 위한 와그너 법도 부정적인 효과를 가졌다. 그러나 거시적으로도 미시적으로도 이러한 현상을 재해석할 수 있는 이론적 틀이 있음을 감안할 때 평가상 유의가 필요하다. AAA는 대규모 상업적 농가에 혜택을 주었다. 농업경제의 장기적 중요성이 감소하는 추세를 감안하지 않고 산출제한이라는 극단적 형태의 정책을 추진하였다. 이후 농민의 정치력을 뒷받침하던 이 조치들이 남긴 유산은 주목할 만하다. 특히 빈농과 소작농의 처지를 고려하지 못한 측면을 무시할 수 없다.

  구호정책은 실업자, 빈민, 영세농, 노약자에 대한 광범위한 정부재정지출이 무상부조, 저리대부, 공공근로의 형태로 이루어졌다. 여기서 이들 구호가 당시 상황에 비해 충분했느냐의 문제가 있을 수 있다. 또한 구호자금이 필요에 따라 적절히 배분되었는지, 장기적으로 구호대상을 줄이기 위한 경기회복에 연결되도록 효율적으로 배분되었는지도 주안점이다. 연구결과는 둘 다 회의적이다. 그렇다면 이러한 재정지출로 예산규모가 지속적으로 확장된 데 따른 폐해 또한 지적해야 할 것이다. 지방재정보다 연방정부재정의 중요성이 증대한 것과 관련해서는 경제의 중앙집권화 경향에 잠재하는 약점을 언급할 수 있다. 그리고 사회안전망 구축에서 나중에 큰 위치를 차지하게 될 실업보험과 노령연금을 미국적 특징이라는 관점에서 검토하였다.

  이제 뉴딜 정책의 공과를 따져 볼 차례다. 뉴딜을 평가하는 방법은 다양하겠지만 여기서는 정책초기 입안자들과 이후 여러 학자들의 분류 순서에 따라 '구호, 회복, 개혁(3R)의 목표가 성공했는가'라는 당시 접근방식을 택하고자 한다. 이는 이미 글 머리에서 밝힌 바와 같다.[22]

구호의 개념은 모호하다. 하지만 일단 어느 정도 성공한 것으로 보인다. 은행이 다시 문을 열었고 실업자, 빈민들이 구제되었다. 구호 정도가 미흡한 것은 문제가 아닐지 모른다. 무료급식을 위해 길게 줄을 선 사람들은 시간이 가면 먹을 것을 얻을 수 있다는 믿음이 있기 때문에 기다릴 수 있었던 것이다. 대규모 폭동과 혼란이 일어나지 않았다는 것은 하층민들이 앞날에 대한 희망을 가졌다는 사실을 반증한다. 회복은 뉴딜의 각종 조치가 분주했음에도 더뎠고 불충분했다. 또한 앞에서 밝힌 대로 뉴딜의 각종 정책조치들이 회복에 직접 기여한 정도가 불확실하다. 경기회복은 금본위제를 탈피함으로써 통화정책을 선택할 범위를 확장한 것, 달러화를 평가절하함에 따라 금과 외환이 유입된 것, 이에 힘입은 실질이자율 하락과 투자와 내구재 소비 증가 등으로 인한 것이다. 1933년 4월 금 수출금지와 1934년 1월의 평가절하를 단행한 뒤에도 정부는 팽창적 통화정책(예를 들어 공개시장매입 등)을 체계적으로 실시하지 않았다. 그런데도 통화량이 늘어난 것은 재무성이 상승한 금 가치만큼 금 증서를 발행하여 연방준비위원회에 예치한 사실, 더 중요하게는 값이 싸진 달러를 구입하기 위해 외국에서 금이 유입된 것, 1934년 유럽의 정치혼란으로 미국에 금이 유입된 것 등에 기인한다. 또한 1920년대와는 달리 이 당시는 금 유입을 불태화하지 않았다. 그 결과 통화량이 2년 동안 50퍼센트 가까이 늘었다. 이 때문에 실질

---

22 뉴딜을 평가한다는 것은 엄청난 일이지만 그 기준에 따라 쉬울 수도 있다. 무엇에 비해서 좋고 나빴던 것인가. 그 어떤 이상적인 상태에 비해 모자라고 지나쳤던 것인가. 평가자의 이데올로기에 비추어 볼 때 찬양할 바와 비판할 부분이 갈린다. 뉴딜 당시에도 평가가 각양각색이었던 만큼 역사적으로도 그럴 수밖에 없다. 누구나 다 나름대로 이상향을 그리고 있기 때문에 그러하다. 또한 이상을 가지고 역사해석을 하지 않으면 그러한 방향으로 역사가 발전하지도 않는다. 그런 점에서 공과를 따진다는 것의 의미가 교차한다. (공-과)=(+ or −) 식의 논리는 공허할 수 있다.

이자율이 하락하고 투자와 내구소비재 수요가 늘어 경기회복이 시작된 것이다. 회복이 매우 느리고 불완전했던 것은 정책이 적극적이지 못했던 까닭이다.[23] 이러한 일련의 호조건도 뉴딜의 일환으로 해석할 수 있다면 그런 정도로는 회복에의 기여도를 인정할 수 있다.[24] 개혁이란 제도와 관행을 과감히 바꾸는 여러 조치로 이루어지는 법인데, 앞에서 본 것처럼 그 의도가 어떠하던 뉴딜개혁은 우여곡절 끝에 장기적인 유산을 남기고 있다. 일부는 시대환경의 변화에 따라 불필요하게 되어 사라졌지만 상당수는 형태를 거의 바꾸지 않고 확대 지속되고 있다. 일부는 경제 전체 또는 대부분에 부담을 주고 있는 것도 있다. 긴급한 시기에 긴급조치로 설립된 제도들을 보통 때 개선하기 힘들다는 일반론이 돋보이는 대목이다.

그렇다면 대공황 당시 뚜렷한 대안이 없는 가운데 자리 잡은 즉흥적이고 서로 모순적이고 경제적으로 비합리, 비효율, 비형평을 초래한 뉴딜 정책은 이제 그 의미가 쇠퇴하여 거의 '죽었는가'? 절대 그렇지 않다. '태어나기' 전이나 '죽은' 다음의 체제에 대한 명확한 파악 없이는 판단하기 힘들다. 뉴딜 당시 출범한 여러 가지 정책과 제도의 유산을, 그들의 건재함을 생각할 때, 뉴딜 정책에 대한 깊은 이해가 필요하지 않으려면 아직 상당한 기간이 더 지나야 하리라는 생각이 든다. 그 대안이 자유시장이든 재분배 우선 체제이든 간에 이미 경직화된 제도적 장애 때문에 쉽사리 변화하지 않을 것이다(Finegold and Skocpol: ch.9).

---

23 이 책 제1장에 내 견해와 자세한 설명, 참고문헌이 실려 있다.
24 개별 정책들의 효과를 회복의 계기로 삼기에 부족하더라도 긴축기조를 과감히 탈피하고 평가절하를 단행하여 통화량 증가를 가능케 하였다면 이것이 회복에 중요했다고 할 수 있다. 이를 가리켜 테민은 팽창으로의 정책체제(policy régime) 변화라고 부른다. 공황이 지속될 것이라는 민간의 기대를 반전시켜야 한다는 것이다. 그는 대공황 탈피작업이 거시적으로는 팽창적 정책, 미시적으로는 국가가 시장경제에 개입하는 사회주의적 정책이라고 평가하였다. 한 마디로 "무질서가 사회주의를 불러일으킨다(Disorder breeds socialism)"라고 말하는 그의 해석은 많은 논란을 불러일으키고 있다(Temin and Wigmore 1990, Temin 1989).

후발국으로서 교훈을 얻는다면 첫째, 위기상황에서 과잉 긴급대응을 피하는 것이 바람직하고, 둘째, 뉴딜의 유산 중 불합리한 제도를 답습하지 않으려는 노력도 필요하다. 그런데 두 교훈을 모두 받아들일 여유가 없는 것이 우리의 문제다.

『경제사학』, 28, 2000. 6

약어표

AAA	Agricultural Adjustment Act	농업조정법
ADC	Aid to Dependent Children	부양자녀보조
CAB	Civil Aeronautics Board	민간항공국
CCC	Commodity Credit Corporation	상품신용공사
CCC	Civilian Conservation Corps	민간보존단
CWA	Civil Works Administration	토목근로국
ERA	Emergency Relief Act	긴급구호법
FCC	Federal Communications Commission	연방통신위원회
FCA	Farm Credit Administration	농가신용청
FDIC	Federal Deposit Insurance Corporation	연방예금보험공사
FERA	Federal Emergency Relief Administration	연방긴급구호국
FHA	Federal Housing Authority	연방주택청
FRB	Federal Reserve Board	연방준비제도이사회
FRS	Federal Reserve System	연방준비제도
FSA	Farm Security Administration	농업안전국
FSLIC	Federal Savings and Loan Insurance Corporation	연방저축대부보험공사
FTC	Federal Trade Commission	공정거래위원회
HOLC	Home Owner' s Loan Corporation	주택보유대부공사
NIRA	National Industrial Recovery Act	산업부흥법
NLRB	National Labor Relations Board	노사관계위원회
NRA	National Recovery Administration	산업부흥청
NYA	National Youth Administration	전국청년국
OAA	Old-Age Assistance	노인구호
OAI	Old-Age Insurance	노령보험
PBA	Public Buildings Administration	공공건물국
PRA	Public Roads Administration	공공도로국
PWA	Public Works Administration	공공사업청
RA	Resettlement Agency	재정주청
REA	Rural Electrification Administration	농촌전기화국
RFC	Reconstruction Finance Corporation	재건금융공사
SEC	Securities and Exchange Commission	증권감독원
SSA	Social Security Act	사회보장법
TVA	Tennessee Valley Authority	테네시계곡개발공사
UI	Unemployment Insurance	실업보험
VA	Veteran' s Administration	참전용사사무국
WPA	Works Progress(Projects) Administration	근로추진국

참고문헌

강광하, 양동휴(1994):「1930년대 미국과 영국의 산업구조와 경기회복」,『경제논집』33.

강성원(1994):「뉴딜구호정책의 성과」,『경제논집』, 38.

양동휴(1994):『미국경제사 탐구』, 서울대학교 출판부

양신호(2000):「대공황과 노동시장의 변화」,양동휴 편,『1930년대 세계대공황의 연구』, 서울대학 교 출판부

정운찬(1999):『예금보험론』, 서울대학교 출판부.

Alexander, Barbara J.(1997): "Failed Cooperationin Heterogenous Industry Under the National Recovery Administration," *Journal of Economic History*, 57, June.

Anderson G. M. and R. D. Tollison(1991): Congressional Influence and Patterns of New Deal Spending 1933-1939," *Journal of Law and Economics*, 34, Apr.

Baicker, K., Claudia Goldin, and Lawrence F. Katz(1998): "A Distinctive System: Origins and Impact of U. S. Unemployment Compensation," Bordo, Goldin and White(eds.), *The Defining Momoment.*

Baily, M.(1983): "The Labor Market in the 1930's," in J. Tobin(eds.), *Macroeconomics: Prices and Quantities*, New York, Basil Blackwell.

Barber, Williamson J.(1966): *Designs within Disorder, Franklin D Roosevelt, the economists, and shaping of American economic policy, 1933-1945*, Cambridge University, New York and Melbourne, Cambridge University Press.

Benston, G. and G. Kaufman(1990): "Understanding the Savings and Loan Debate," *Public Interest*, 99, Spring.

Bernstein, M. A.(1987): *The Greate Depression: Delayed Recovery and Economic Change in America, 1929-1939*, Cambridge University Press.

Bittlingsmayer, George(1995): "Output and Stock Prices When Antitrust Is Suspended: The Effects of the NIRA." in Fred S. McChesney and Willian F. Shughart, II(eds.), *The Causes and Consequences of Antitrust: The Public-Choice Perspective*, Chicago, University of Chicago Press.

Calomiris, Charles W.(1990): "Is Deposit Insurance Necessary?", *Journal of Economic History*, 50, June.

Cohen, Lizabeth(1998): "The New Deal State and the Making of Citizen Consumers," in Susan Strasser, Charles McGovern, and Matthias Judt(eds.), *Getting and Spending:*

European and American Consumer Societies in the Twentieth Century, Cambridge, Cambridge University Press, pp.111-125.

Couch, Jim F. and William F. Shugart, II(1998), *The Political Economy of the New Deal*, Northampton MA, Edward Elgar.

Economides, N., R. Glenn Hubbard, Darius Palia(1996): "The Political Economy of Franching Districtions and Deposit Insurnace: A Model of Monopolistic Competition among Small and Large Banks," *Journal of Law and Economics*, 39.

Economist, The(1999): Oct. 30.

Feinstein, Charles, Peter Temin, and Gianni Toniolo(1997): *The European Economy Between the Wars*, Oxford, Oxford University Press.

Finegold, Kenneth and Skocpol, Theda(1995): *State and Party in America's New Deal*, Wisconsin, The University of Wisconsin Press.

Flood, Mark D.(1991): "The Great Deposit Insurance Debate," Federal Reserve Bank of St. Louis Review, 74.

Fraser, S. and Gary Gerstle(eds.)(1989): *The Rise and Fall of the New Deal Order, 1930-1980*, Princeton, Princeton University Press.

Friedman, Thomas L.(1999): *The Lexus and the Olive Tree*, New York, Farrar, Straus and Giroux.

Gordon, C.(1994): *New Deals: Business, Labor, and Politics in America, 1920-1935*, Cambridge, Cambridge University Press.

Gokhale, J. and Laurence J. Kotlikoff(1999): "Social Security's Treatment of Postwar Americans: How Bad Can It Get?", NBER Working Paper, No.7362, Sep.

Hamilton, David E.(ed.)(1999): *The New Deal*, Boston: Houghton Mifflin Co.

Hawley, Ellis W.(1966): *The New Deal and the Problem of Monopolies: A Study in Economic Ambivalence*, Princeton: Princeton University Press.

Higgs, Robert(1997): "Regime Uncertainty: Why the Greate Depression Lasted So Long and Why Prosperity Resumed after the War," *Independent Review*, 1, Spring.

Huertas, Thomas(1984): "An Economic Brief Against Glass-Steagall," *Journal of Banking Research*, 15.

Kane, E. J.(1988): "Interaction of Financial and Regularity Innovation," *American Economic Review*, 78, May.

Keynes, J. M(1934): "Agenda for the President," The Times, June 11, Collected Works, vol.21.

Kindleberger, Charles P.(1984): *A Financial History of West Europe*, London, Allen & Unwin, ch.9.

Krosner, Randall and Raghuram Rajan(1994): "Is the Glass-Steagall Act Justified? A Study of the U.S. Experience with Universal Banking Before 1933," *American Economic Review*, 84, December.

Lyon, Leverett S. et al.(1935): *The National Recovery Administration: An Analysis and Appraisal.*

Miron, A. Jeffrey and David N. Weil(1988): "The Genesis and Evolution of Social Security,"
in Bordo, Goldin and White(eds.), *The Defining Moment.*

Patterson, James T.(1997), "New Deal" *Encyclopedia Americana*

Pecora, Ferdinand(1939): *Wall Street Under Oath*, New York, Simon and Schuster

Phillips, R.(1995a): "The 'Chicago Plan' and New Deal Banking Reform." in Dimitri B.
Papadimitriou(ed.), *Stability in the Financial System*, London, Macmillan, ch.5.

————(1995b): *The Chicago Plan and New Deal Banking Reform*, Armonk, New York,
Sharpe.

Ramirez, Carlos(1999), "Did Glass–Steagall Increase the Cost of External Finance for
Corporate Investment?", *Journal of Economic History*, 59, June.

Rockoff, Hugh, "By Way of Analogy: The Expansion of the Federal Government in the
1930s," in Bordo, Goldin and White(eds.), *Defining Moment*, pp.125–154.

Saloutos, Theodore(1982): *The American Farmer and the New Deal*, Ames, Iowa State
University Press.

Temin, Peter(1990): "Socialism and Wages in the Recovery from the Great Depression in
the United States and Germany," *Journal of Economic History*, 50, June.

————(2000): "The Great Depression," *Cambridge Economic History of the United
States*, Cambridge, Cambridge University Press.

Tobin, James(1987): "The Case for Preserving Regulatory Distinctions," Restructuring the
Financial System, Federal Reserve Bank of Kansas City.

Wallis, J. J.(1984): "The Birth of the Old Federalism: Financing the New Deal," *Journal of
Economic History, 44*; idem(1985): "Why 1933? The Origins and Timing of National
Government Growth, 1933–40," *Research in Economic History*, 10.

Wallis J. J.(1991): "The Political Economy of New Deal Fiscal Federalism," *Economic
Inquiry*, 29.

Weinstein, Michael M.(1980): *Recovery and Redistribution under the NIRA*, Amsterdam,
North–Holland.

Whatley, Warren C.(1983): "Labor for the Picking: The New Deal in the South," *Journal of
Economic History*, 43, Dec.

White, Eugene(1986): "Before the Glass–Steagall Act: An Analysis of the Investment
Banking Activities of National Banks," *Exploration in Economic History*, 23.

Wright, Gavin(1974): "The Political Economy of New Deal Spending: An Econometric
Analysis," *Review of Economics and Statistics*, 56, Feb.

Yang, Donghyu(1995): "Recovery from the Great Depression in the United States, Britain
and Germany," *Seoul Journal of Economics*, 8.

제2차 세계대전 이후의 쟁점들

제5장

마셜플랜의 경제적 성과와 의의
••• 서독의 재건과 유럽통합 추진

1. 머리말

1947년 6월 5일 하버드대학 졸업식 축하연설에서 국무장관 마셜George C. Marshall은 유럽부흥계획(European Recovery Program, ERP, 일명 마셜플랜)의 필요성을 역설했다. 이때 유럽은 종전 뒤 2년이 넘었지만 아직 회복 기미를 보이지 않고 있었다. 1947년은 유럽전역에 걸친 위기의 해였다. 공산주의가 계속 맹렬하게 전진했고, 동유럽에서 공산당이 상대세력을 흡수하거나 궤멸시켰다. 서유럽에서도 이탈리아, 프랑스, 벨기에 정부의 연합정권에서 공산주의자들의 영향력이 강력하였다. 이들은 전후 경제회복의 부진함에 따른 대중적 좌절과 불만을 토대로 세력을 키워갔다. 미국이 각종 원조를 했는데도[1] 1947년 유럽경제는 전쟁 직후의 파괴와 참상에서 크게 벗어나지 못한 상태였다. 생산은 대공황시대인 1938년 수준에도 미치지 못했다. 일용필수품을 배급하는 것이 일반적이었으며, 암시장이 횡행하였다. 서유럽 민주정부들의 내핍계획은 좌경 노동조합의 반발에 부딪쳤다. 강대국 간에 '독일문제'가 제대로 해결되지 못하고 있었기 때문에 각

---

[1] 당시까지 일관된 계획 없이 유럽 각국에 제공한 미국의 원조는 90억 달러에 달하였다. 덜레스Dulles(1993: 6). 또한 밀워드Milward(1984: 46) 참조.

나라들은 국내에서 장기계획을 세우기도 어려웠고, 국제적 경제협력도 제대로 자리를 잡지 못했다. 독일의 회복이 없는 한 나머지 서유럽 나라들은 침체되기 마련이었다. 이 산업들에 독일은 무역대상국으로서도, 석탄과 철강의 공급원으로서도 중요했다.

이와 같은 정치 불안과 경제 침체 상황은 1947년 겨울의 유난히 혹독한 추위 때문에 더욱 악화되었다. 석탄 공급과 교통망 재건이 크게 압박을 받았고, 다음 추수기의 흉작이 예고된 셈이었다. 많은 사람들이 유럽의 전후 복구가 중단되고 서유럽의 민주주의와 안정이 다시 한 번 봉쇄되었다고 생각하였다. 이러한 긴급 상황에서 마셜이 하버드대 연설에서 '악순환의 고리를 끊을' 필요를 언급한 것이다. 물론 냉전 상황이 급박해지기 훨씬 전부터 유럽에서는 볼셰비즘을 향한 찬반의 물결이 일었다. 또한 뒤에서 다시 서술하겠지만 1947년에는 이미 경제회복이 시작되었다는 견해도 있다. 따라서 마셜원조가 갖는 의미는 제한적이라는 것이다.[2] 어떤 의미에서 마셜플랜은 경제적이라기보다 정치적이고 심리적인 측면이 강하다. 서유럽 사람들이(수많은 비공산주의 정치가들을 포함하여) 대륙의 장래에 대해 크게 비관하고 있을 때 미국의 원조약속은 안정과 궁극적 발전에 대한 전망을 제시하는 것일 수 있다. 만연해 있던 파멸의 위기감을 극복하고 대중적 신뢰감을 회복하는 일이 당시로서는 관건이었다. 달러 자체보다도 마셜플랜이 가져올 심리적 후원이 당시 사람들의 인식을 변화시키는 데 절대적으로 필요했던 것이다(Judt 2001: 7).

2 마셜의 연설문은 U. S. Dept. of State, *Foreign Relations of the United States* (FRUS)(1947: III, pp.237–239) 참조. 밀워드Milward(1984: ch.1)는 파운드화 태환의 실패, ERP의 설치로 귀결된 1947년 위기의 원인을 서유럽 경제의 침체나 정치·도덕·정신적 쇠퇴에 두지 않고 오히려 서유럽의 회복이 가속된 까닭이라고 주장한다. 즉 설비투자를 위한 자본재 수입으로 달러가 부족했던 것뿐이다. "1947년 여름의 긴박한 곤란은 국제수지의 기술적 문제에 불과한…"(p.55).

마셜플랜에 관한 기존의 연구는 대부분 제2차 세계대전 후 미국의 대유럽 외교정책, 특히 냉전과 관련된 경제외교의 차원에서 이루어졌다. 즉 이들은 마셜플랜의 기원과 배경, 또 나토NATO, 기타 군사협조체제와의 관계 등을 중시하였다. 또한 미국정부 내에서 마셜플랜이 관료적·조직적으로 진화하는 과정에 초점을 맞추었다. 복잡한 원조계획과 집행과정 자체를 분석한 연구는 드물다. 그리고 공표된 마셜원조의 경제적 목표와 실제성과를 연결시키려는 시도가 축적된 것은 비교적 최근의 일이다.[3] 마셜플랜에는 외교정책의 도구로서 인식될 수 있는 면이 있다. 그러나 마셜원조는 명백히 미국에서 서유럽 여러 나라로 상당액의 자원이 이전된 '경제적' 실체다. 이 실체는 일정기간에 특정한 경제적 목표를 달성하기 위한 구체적 지침을 가진 것이었다. 실제로 1948년에 미국 의회를 통과하여 마셜플랜의 근거가 된 '경제협력법(Economic Cooperation Act)'은 궁극 목적을 '건전한 경제조건, 안정적인 국제경제 관계, 외부원조에 독립적인 유럽경제의 성취'에 두었다. 이를 위해 다음과 같은 네 가지 구체적 목표 즉 ① 강력한 생산증대 ② 해외무역의 팽창 ③ 국내 금융안정의 창출과 유지 ④ 경제협력의 개발[4]을 설정하였다.

ERP기간 중(1948. 4~1951. 12) 이러한 목표는 달성되었는가. ①과 ②는 당초 예상과 목표를 초과했다. 1947년에서 1951년까지 서유럽의 통합

---

3 버크Burk(2001: 270)에 따르면 마셜플랜에 관해 출간된 연구저서와 논문 수는 1,000개가 넘는다. 그러나 주요저작 목록을 훑어보면 경제적 성과에 관한 분석이 매우 드물다는 사실을 알 수 있다. OECD(1996) 참조.

4 "the establishment of sound economic conditions, stable international economic relationships, and the achievement by the countries of Europe of a healthy economy independent of extraordinary outside assistance." Economic Cooperation Act of 1948, Section 102(a). 이것은 1948년의 대외원조법Foreign Assistant Act의 제1조로서 트루먼 대통령이 4월 3일 서명하여 법률(PL 472)로 발효되었다. ERP는 1948년 4월부터 1951년 12월 31일까지 경제협력국Economic Cooperation Administration(ECA)이 집행하였으며 이후 즉시 상호안보계획Mutual Security Program으로 연결되었다.

GNP는 30퍼센트 이상 증가했다. 산업생산은 1938년보다 30퍼센트 높은 수준으로 목표치를 정하였으나 실제로는 41퍼센트를 상회했다. 해외무역에 관해 1948년에 유럽경제협력기구(Organization for European Economic Cooperation, OEEC, 후에 OECD로 확대개편)가 예상했던 것은 유럽내 무역량이 1952/53년에 1938년 수준으로 회복하리라는 것이었다. 실제로는 1950년에 이미 1938년보다 24퍼센트 높은 수준으로 팽창했다. 1948년에서 1951년 말까지 유럽내 무역은 70퍼센트, 서유럽과 다른 세계 간의 수출과 수입은 각각 66퍼센트, 20퍼센트 증가했다. 그러나 유럽의 농업생산이 목표치에 미달하여 1951년 말에도 서유럽은 식품소비의 30퍼센트 정도를 수입에 의존했다. 또한 서유럽 전체에 심각한 국제수지 적자와 외환부족 상태가 계속되었다. 국내금융도 완전히 안정되지는 못했고 인플레이션 압력에 시달렸다. 유럽의 경제협력도 당초의 의욕만큼 이루어지지 않았다. 그러나 ③과 ④의 목표를 장기적으로 추구할 수 있는 기반도 마셜플랜으로 마련되었다는 설명이 전통적이다(Wexler 1983: ch.14, 2001: 150-151). 이와 같이 마셜원조의 경제적 성과를 평가하고 그 현실적 의의를 살피는 것이 이 글의 목적이다. 특히 서독의 경험과 유럽통합의 움직임을 더욱 상세히 고찰하고자 한다.

독일은 세계대전 발발의 책임이 있고 국토가 초토화된 패전국이며, 마셜플랜이 서유럽과 동유럽의 분리를 고착시키는 과정에서 분단국가가 된 특수한 사례다.[5] 자연스럽게 이 장의 주요관심사는 ERP가 서독경제의 재건에 기여한 성과와 의의에 있다. 서독의 특수성을 부각시키기 위해 먼저

---

5 서독은 마셜원조 수혜액이 13억 달러 정도였으며 점령지역 관리와 구호기금(GARIOA), 상호방위지원계획(MDAP) 등을 합한 미국의 지원총액은 약 34억 달러에 이른다. 〈표 1〉과 〈표 7〉 참조. 같은 패전국인 일본의 경우 좋은 비교대상이 되리라 생각되는데, 참고로 GARIOA와 경제부흥원조자금(EROA)을 포함한 미국의 점령기간(1945년~1951년)중 대일원조는 약 21억 달러에 달하였다. 김종현(1991: 276) 참조.

마셜원조 수혜국가들의 경험을 전반적으로 분석하였다. 물론 각 나라마다 상황이 달랐다.

글의 구성은 다음과 같다. 2절에서 마셜원조액의 국별 배분을 살펴보고 경제적 성과에 관한 해석의 변천을 설명한다. 다음으로 생산증대, 금융안정, 무역확대, 경제협력의 순으로 그 내용을 자세히 검토한다. 3절에서는 우선 미국의 서독에 대한 원조와 그 성과를 연도별로 평가한다. 다음으로 서독 마셜플랜의 경제적 성과에 대한 해석이 어떻게 변모해 왔는지 수정주의를 중심으로 살펴본다. 특히 통화개혁과 무역확대, 또 서독이 서유럽 경제에 통합되는 과정을 따로 논의한다. 4절에서는 본문을 요약하고 마셜플랜의 경험이 갖는 현대적 의미와 시사점에 대해 생각해 보도록 한다.

2. 마셜플랜의 경제적 성과

앞서 말한 것처럼 미국은 마셜플랜 이전에도 유럽 각국에 원조를 제공한 바 있다. 이 원조는 때로는 무기대여계획(Lend-Lease Program)의 연장선에서, 때로는 국제연합 구호복구사업(United Nations Relief and Rehabilitation Administration, UNRRA)이나, 1946년 7월 이후에는 점령지역 관리와 구호기금(Government and Relief in Occupied Areas, GARIOA)을 통해 이루어졌다. 또한 1949년 10월 통과된 상호방위지원법(Mutual Defense Assistance Act)에 기반을 둔 상호방위지원계획(Mutual Defense Assistance Program, MDAP)과 1951년 1952년의 상호안전법(Mutual Security Act of 1951, 1952)[6]에 의한 상호안전계획(Mutual Security Program, MSP)을 통해서

---

6 이 법에 따라 설립된 상호안보청Mutual Security Agency(MSA)이 1951년 말 ECA의 기능을 대신하게 되었다.

도 각종 지원이 이어졌다. 이들 원조의 총규모는 ERP 지원금과 거의 비슷하다. 미국 원조의 기여도를 평가할 때 이들도 같이 고려해야 함은 물론이다. 그러나 마셜원조의 경우 일관성 있게 통합적으로 관리되었다는 점이 다르다. 〈표 1〉은 수혜국별 원조액 배분을 보여 주며, 〈표 2〉는 ERP기간 중 참여국들의 산업생산 지수를 나타낸다. 〈표 2〉와 〈표 1〉 사이에 직접적인 관계는 거의 없을 것이다. 마셜원조가 없었다 해도 생산이 증대될 원동력이 존재했을 것이며, 원조액의 크기 또한 각 수혜국 경제의 규모를 고려하여 평가해야 하기 때문이다. 〈그림 1〉은 각 수혜국들에 대해 GNP에 대한 마셜원조의 배분과 성장률을 표시하고 있으나 뚜렷한 상관관계가 보

〈표 1〉	마셜 원조액수			(단위 : 100만 달러)
수혜국	연도 : 48/49	연도 : 49/50	연도 : 50/51	누적합계
오스트리아	280.0	166.5	114.3	560.8
벨기에–룩셈부르크	261.4	210.9	74.3	546.6
덴마크	126.2	86.1	45.1	257.4
프랑스	1,313.4	698.3	433.1	2,444.8
서독	613.5	284.7	399.1	1,297.3
그리스	191.7	156.3	167.1	515.1
아이슬란드	8.3	7.0	8.4	23.7
아일랜드	86.3	44.9	15.0	146.2
이탈리아(트리스트 포함)	685.9	416.2	246.1	1,348.2
네덜란드(인도네시아 포함)	571.1	305.6	101.9	978.6
노르웨이	101.1	89.5	46.1	236.7
포르투갈	0.0	38.8	11.7	50.5
스웨덴	45.4	51.9	21.2	118.5
터키	49.0	58.5	45.0	152.5
영국	1,619.7	907.9	289.4	2,826.0
EPU 출연	0.0	0.0	350.0	350.0
합계	5,953.0	3,523.1	2,376.8	11,852.9

주 : 연도는 회계연도 7월 1일~6월 30일을 말하며 1948/49년은 1948년 4월부터를 포괄한다. 50/51년도에는 MDAP 원조액이 포함되어 있다.

자료 : Mutual Security Agency: *Procurement Authorizations and Allotments*, Division of Statistics and Reports, Washington, D. C.(1953: 4)에서 작성

서유럽의 산업생산지수(1948~1951)(1938=100)

국가별	1948	1949	1950	1951
오스트리아	85	114	134	148[a]
벨기에	122	122	124	143
덴마크	135	143	159	160
프랑스	111	122	123	138
서독	50	72	91	106
그리스	76	90	114	130
아일랜드	135	154	170	176[b]
이탈리아	99	109	125	143
룩셈부르크	139	132	139	168[a]
네덜란드	114	127	140	147
노르웨이	125	135	146	153
스웨덴	149	157	164	172
터키	154	162	165	163[a]
영국	120	129	140	145
ERP 참여국 전체	99	112	124	135
서독을 제외한 ERP 참여국	119	130	138	145

주 : a 1951년 처음 세 개 사분기 평균

　　b 1951년 처음 두 개 사분기 평균

자료 : *First Report to Congress on the Mutual Security Program*, p.75, Wexler(1983: 94)에
　　서 전재

이지 않는다.

　실제로 마셜원조의 배분은 각국의 경제규모가 아니라 해외무역에서 발생하는 달러적자의 크기에 따라 결정되었다(〈그림 2〉참조). 4년 동안 총액 약 120억 달러(요즈음 가격으로는 약 1천억 달러)에 이르는 마셜원조는 무상 공여 91억 9,940만 달러, 대부 11억 3,970만 달러, '조건부' 원조 15억 4,290만 달러로 구성되었다. 여기서 조건부 원조는 1948년의 서유럽내 지불협약을 뒷받침하기 위한 것이다. 흑자국이 적자국에게 외환을 공여하고 대신 미국에서 같은 액수의 보상을 받는 것이다. 사실상 서유럽 국가 간 무역을 촉진하기 위한 지불이며 양도 가능했다(Milward 1984: 95).[7]

　공여와 대부형태로 제공되는 외화는 재건을 위한 수입대금으로 쓰였다.

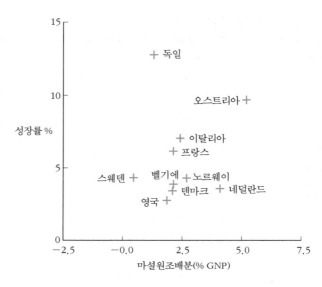

15

독일 +

10

오스트리아 +

성장률 %

이탈리아 +
프랑스 +

5

스웨덴 +   벨기에 + 노르웨이
덴마크 + 네덜란드
영국 +

0
-2.5   -0.0   2.5   5.0   7.5
마셜원조배분(% GNP)

〈그림 1〉 연평균 GNP성장과 마셜원조 배분(% of GNP)(1948~1951)
자료 : Eichengreen and Uzan(1992: 20)에서 작성

수입업자는 같은 금액을 자국 화폐로 정부에 지불한다. 대신 정부의 달러
화 계정에는 대충자금(counterpart funds)이 생성되어 투자활동이나 공채
상환 등에 사용할 수 있었다. 이 자금의 사용에 미국이 영향력을 행사함으
로써(ECA 동의 요구) 유럽 국가들로 하여금 시장기구의 범주 내에서 자본
형성을 추진하도록 유도한 것이다. 마셜원조의 약 15퍼센트는 '기계와 운
송장비'에 투자되고 나머지는 원자재와 농산물 구입에 사용되었다. 물론
나라마다 특징이 있어서 영국이나 서독은 자본재 수입의 비중이 낮고 프

7 총액의 크기는 ERP이전부터 존재하던 원조나 MDAP원조가 뒤섞여 정확하게 표현하기 어
렵다. 또한 스페인의 경우 별도의 대부계획이 집행되었다. 이 장의 〈표 1〉이 가장 믿을만한
수치를 제시하고 있다. 가드너Gardner(2001: 120)의 표는 웩슬러Wexler(1983)를 잘못 인용
하고 있다. 1948/49 년의 수치는 4월 3일부터 4월 2일까지, 1949/50년은 7월 1일부터 6월 30
일까지를 표시하여 일관성이 없고 더욱이 1950/51년은 전혀 다른 EPU 쿼터를 인용하여 터무
니 없다. 하르다크Hardach(1994: 244)의 표에는 벨기에-룩셈부르크가 빠져 있다. 참고로 미
국은 소련과 동유럽에도 ERP원조를 제안하였으나 소련의 반대로 무산되었다.

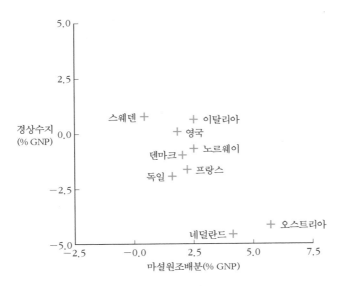

〈그림 2〉 연평균 경상수지와 마셜원조 배분(1948~1951)

자료 : Eichengreen and Uzan(1992: 27)에서 작성

랑스는 높다(〈표 3〉 참조). 여기에서 나라마다 ERP 수입의 구성이 다른 것은 앞으로 마셜플랜의 경제적 성과를 평가하는 데 중요한 의미를 갖는다.

마셜원조의 경제적 성과에 관한 해석은 그 동안 여러 모로 변천을 겪었다. '고전적인' 해석은 미국의 자금이 유럽으로 대거 이전된 사실을 중시했다.[8] 1950년대에 비해 일반적으로 낮은 저축률 때문에 마셜원조 기간(1948~1951년) 동안 자본형성이 부족했으며, 미국의 자금이 이를 보전하여 설비투자의 증대를 가능케 했다는 것이다. 최신 기술이 체화된 (embodied) 새로운 자본설비는 유럽의 생산성 제고에 도움이 되었다. 또한 마셜플랜의 기술지원 규정에 따라 미국기술이 서유럽에 빠른 속도로 이전되어 성장을 더욱 가속하였다.

---

8 예를 들어 마셜플랜의 '공식' 역사인 프라이스Price(1955).

<표 3> 총수입에 대비한 ERP수입 구성

	1949 ERP수입에 대한 비중%	1949 총수입에 대한 비중%	1950 ERP수입에 대한 비중%	1950 총수입에 대한 비중%
오스트리아				
식품	77.7	26.2	42.9	21.9
석탄과 관련연료	4.5	14.4	0	15.6
기계와 운송장비	11.9	6.8	12.0	10.5
덴마크				
식품	16.7	8.6	13.0	8.5
석탄과 관련연료	0.3	10.1	0	10.0
기계와 운송장비	21.9	12.9	20.1	11.2
프랑스				
식품	12.5	24.0	0.3	24.6
석탄과 관련연료	8.8	10.1	0.4	5.0
기계와 운송장비	21.1	9.1	38.8	10.5
이탈리아				
식품	35.2	27.0	8.8	17.4
석탄과 관련연료	10.5	11.5	0.1	8.8
기계와 운송장비	6.9	1.1	29.7	3.1
네덜란드				
식품	23.1	15.2	36.6	15.8
석탄과 관련연료	1.8	3.6	0.4	3.0
기계와 운송장비	22.5	11.5	26.8	9.3
노르웨이				
식품	18.8	10.3	48.2	13.1
석탄과 관련연료	0	3.9	0	3.8
기계와 운송장비	6.0	36.4	22.0	33.1
영국				
식품	32.5	42.7	34.0	37.9
석탄과 관련연료				
기계와 운송장비	8.3	0.4	12.2	0.3
서독				
식품	48.6	43.6	34.5	40.1
석탄과 관련연료				
기계와 운송장비	3.5	1.6	4.2	2.6

자료 : UN, *Yearbook of International trade Statistics*; US, *Statistical Abstract of the United States*(1950, 1951), Milward(1984: 103-4)에서 전재

더욱 중요한 것은 국제수지 적자에 따른 외환부족이었다. 석탄 부족으로 비료생산에 차질을 가져와 식품생산에 곤란을 겪었다. 또한 석탄 등 연료와 탄광의 수갱에 버팀목으로 쓸 목재가 부족하여 철강생산에 한계가 있었고, 면화가 부족하여 직물생산에도 애로가 있었다. 석탄과 면화 등 원자재를 수입하려면 금이나 달러가 필요했다. 마셜원조가 외환제약을 완화함으로써 이러한 애로를 제거한 것이다.

마셜원조는 기본 인프라 즉 철도, 운하, 항만, 도로, 전기선, 공항 등을 재건하는 데 기여했다. 또한 노동자들에게 식량과 주거를 제공함으로써 근로의욕을 고취하고 생산성을 높였다.

이러한 고전적 해석에 반박하는 '수정주의적' 견해가 등장했다 (Abelshauser 1982, 1991; Milward 1984, 1991). 이 견해에 따르면 마셜원조가 도착하기 전에 이미 경제회복은 시작되었다. 원조가 없더라도 자본과 노동이 유럽을 부흥시킬 수 있을 만큼 충분히 공급되었다. 인프라도 1948년 무렵이면 전쟁 전 수준으로 회복되었다. 그리고 마셜원조액은 유럽전체투자액의 10퍼센트 미만이었으므로 원조가 없었더라도 비슷한 속도로 성장이 가능했을 것이라는 등이 이들의 주장이다.[9] 그러나 기술지원규정의 효과에 대한 분석은 아직 잘 이루어지지 않았다. 특히 외환제약에 따른 원자재 수입의 애로 해결이라는 문제는 그대로 남는다. 대체원자재의 개발이 가능한 부문도 있겠으나 면화나 석탄은 대체가 곤란하다. 이들 원자재 수입의 직접·간접적인 총 경제적 효과는 투입산출분석(input-output analysis)으로 추정할 수 있다. 예를 들어 이탈리아는 마셜플랜 기간 동안 7,200만 달러 규모의 석탄을 수입하였다. 이들이 철강생산, 정유, 교통 등에 미친 영향을 모두 고려하면 이탈리아의 1년 국민총생산의 3.2퍼센트 정도다(Delong and Eichengreen 1993: 209-210). 나라에 따라 수입품목, 수입량, 산업구조가 다르므로 이 효과는 훨씬 더 커질 수 있다. 프랑스나 노르웨이와 같이 의욕적인 근대화 계획을 추진한 경우 외환제약 완화에서 오는 성과가 괄목할 만했다(Milward 1984: 50-53, 102). 물론 여기에는 각국의 사례연구가 더 필요할 것이다.

'최근의 해석'은 더욱 많은 변수를 고려하고 있다. 마셜원조가 투자촉진, 수입증가, 인프라 재건 등에 미친 영향보다 다른 면에서 더 큰 영향을 미쳤다. 즉 정치적 불안정, 소비재 부족, 금융혼란의 위험 등으로 말미암아 생산자들이 상품을 퇴장시키고 노동자들이 근로의욕을 상실하는 '시장위기'를 극복하게 해 주었다는 것, 물가와 환율을 안정시키고 시장에 대한 믿음을 제공한 면이 더 중요하다는 설명이다. 이러한 해석은 마셜원조의 제공조건(conditionality)에 통제와 규제완화 그리고 자유화가 포함된 것에 주목한다. 또한 파이를 키움으로써 분배분쟁을 해결한 면이 있다. 구체적

---

9 원조액은 수혜국 GDP의 2퍼센트 정도이며 첫 두 해에 집중되어 있다. 이것은 총투자의 10퍼센트 정도에 해당하는데 나라에 따라 다르다. 아래 표는 마이어Maier(1987: 172)에서 전재한 것이다.

국가별	1948	1949	1950	1951
영국				
미국의 원조 / 국내총자본형성	$\dfrac{\$\ 937m}{\$10,400m}=9\%$	$\dfrac{\$1,009m}{\$9,000m}=11\%$	$\dfrac{\$\ 629m}{\$6,400m}=10\%$	$\dfrac{\$\ 429m}{\$6,300m}=2\%$
프랑스				
미국의 원조 / 국내총자본형성	$\dfrac{\$\ 781m}{\$5,600m}=14\%$	$\dfrac{\$\ 766m}{\$5,600m}=12\%$	$\dfrac{\$\ 465m}{\$4,460m}=10\%$	$\dfrac{\$\ 421m}{\$5,380m}=7\%$
서독				
미국의 원조 / 국내총자본형성	$\dfrac{\$1,130m}{\$3,600m}=31\%$	$\dfrac{\$\ 948m}{\$4,340m}=22\%$	$\dfrac{\$\ 470m}{\$4,400m}=11\%$	$\dfrac{\$\ 362m}{\$5,300m}=7\%$
이탈리아				
미국의 원조 / 국내총자본형성	$\dfrac{\$\ 399m}{\$1,500m}=27\%$ (순투자)	$\dfrac{\$\ 437m}{\$1,300m}=34\%$ (순투자)	$\dfrac{\$\ 257m}{\$2,700m}=10\%$	$\dfrac{\$\ 261m}{\$3,000m}=9\%$

모든 수치의 단위는 경상가격 100만 달러, 이탈리아의 1948년과 1949년 자료는 국내 순자본형성; 서독 1948년은 상반기 자료가 없으므로 추정치.

으로는 국제수지의 적자를 줄이고, 소비재 수입으로 생활수준을 향상시킴으로써 분배적 갈등을 해소시켰다는 것이다. 특히 프랑스와 이탈리아에서는 사회당과 공산당을 무마하고 중도파의 입지를 강화했다(Eichengreen and Uzan 1992, Esposito 1994, Maier 1987, Barkin 1983).

또한 마셜원조의 조건에는 수혜국들 간에 원조금 사용계획을 공동으로 제출케 하는 규정이 있었다. 이것이 유럽경제협력기구(OEEC) 설립의 계기가 되었다. ERP는 IMF와 미국정부 일부의 반대를 극복하게 함으로써, 또한 3억 5,000만 달러의 운영자금을 지원함으로써 유럽지불동맹(European Payments Union, EPU)을 결성하게 했다. 이들이 유럽통합에 기여한 바는 크다. EPU는 예전의 쌍무적 계약에서 다자간 계약으로 결제방식을 바꿈으로써 무역 확장을 가능하게 했다. EPU는 국제결제은행(BIS)에만 지불책임이 있고 IMF 규약에서 벗어나 있었다. 그리고 EPU는 미국에 대해 차별대우를 허락받았으며, 1958년 태환 재개의 전기를 마련했다(Eichengreen 1993).

생산증대

마셜원조를 집행하기 위해 1948년 4월 미국 측에서 ECA가 활동을 시작했다. 유럽 측에서는 OEEC를 설립하여 원조금의 국별 배분계획과 사용계획을 공동으로 입안, 제출했다. OEEC는 생산증대, 물가안정, 경제협력, 달러지불문제해결 등을 목표로 세부 사안을 준비했다.[10] 마셜원조가 소비재와 원자재 수입, 또 기계와 운송장비 도입에 투입되었다는 사실은 위에서 언급한 바와 같다(〈표 3〉 참조). 이 과정에서 발생한 대충자금(counterpart

---

10 "마셜플랜은 개별국가들에 대한 원조 이상의 것이었다. ⋯ 그것은 OEEC가 ECA의 도움을 받아 수행한 방대한 회복계획의 일부였다(Barbezat 1997: 33)."

funds)이 공채상환이나 투자활동에 사용되었다. 사용처에 대해 ECA의 영향력이 실제로 얼마나 작용했는지에 대해서는 논란의 여지가 있다. 미국의 원조가 4년 동안 적절한 규모로 계속되리라는 가정 하에 OEEC 국가들은 해마다 GNP의 평균 20퍼센트에 달하는 투자목표를 세웠다. ERP기간 중 스칸디나비아 제국을 비롯한 몇몇 나라들은 30퍼센트에 이르는 투자율을 기록했다. 투자총액 이외에 투자 배분에도 ECA가 간여하였다. 대충자금 약 76억 달러 중 약 48억 달러가 투자목적으로 지정되었다. 이중 19억 달러가 공익사업과 교통통신설비에, 7억 7,470만 달러가 제조업에, 6억 9,350만 달러가 농업에, 5억 8,440만 달러가 주택건설에, 4억 8,560만 달러가 광업에 그리고 3억 7,810만 달러가 기타 생산활동에 배분되었다. 기술지원과 생산성 프로그램에도 액수는 상대적으로 미미하지만 대충자금이 투여되었다. 그러나 ERP가 공식적으로 종료되었을 때 10억 달러 정도의 자금이 아직 집행되지 않았다는 사실을 염두에 둘 필요가 있다(Wexler 1983: 86-87).[11]

대충자금 중 약 23억 달러는 공채상환에 쓰였다. 〈표 4〉에서 보는 것처럼 노르웨이와 영국은 대충자금 거의 모두를 공채상환에 사용하였는데, 이들은 물가안정을 위한 조치로 평가되고 있다. 그러나 문제는 수혜국의 대충자금 사용에 ECA가 갖는 영향력이 한계를 가지고 있다는 것이다. 마셜원조 제공조건을 효과적으로 준수했는지의 여부는 나라에 따라 달랐다. 경제규모가 크고 재정적 여건이 좋았던 영국이나 프랑스에서조차도 미국의 조건은 잘 지켜지지 않았다. 그리스 같은 나라에서는 비교적 준수되었다. 영국의 담당자들은 "공여자금 사용처에 대해 ECA에 언급도 하지 않으려 하며, 심지어 대충자금으로 상환할 목적으로 특정 공공채무를 창출하

---

11 이 통계는 1948. 4. 3~1951. 11. 30 기간의 지출승인액이고, 〈표 4〉는 1952. 6. 30까지를 포괄하고 있으므로 약간 차이가 있다.

<표 4>　국가별 사용목적별 대충자금 지출 승인액(1948. 4. 3~1952. 6. 30)

(단위: 백만 달러)

	ERP참여국 총계	덴마크	프랑스	서독	이탈리아	네덜란드	노르웨이	터키	영국
생산촉진									
생산합계	4,466.3	62.4	1,925.6	753.7	823.8	212.8	8.4	51.0	2.2
전기, 가스, 기타동력	1,025.5	0.6	738.4	182.6	1.0	0.0	0.0	0.6	0.0
교통통신	957.5	2.8	294.2	86.8	348.9	13.6	2.7	13.9	0.0
농업	817.6	11.2	234.1	70.7	204.8	166.5	0.0	15.2	0.2
제조업	681.7	6.7	249.2	218.7	22.6	32.3	0.0	8.0	0.0
광업	481.8	0.0	340.6	91.8	0.0	0.0	5.7	14.7	0.0
기타생산	502.2	41.1	69.1	103.1	246.5	0.4	0.0	4.6	2.0
기타목적									
공채상환 (금융과 재정안정)	2,583.3	130.1	171.4	0.0	0.0	197.4	292.7	0.0	1,706.7
주택과 공공건물	767.5	0.0	314.4	97.7	172.7	88.1	0.0	0.0	0.0
건설생산조달	460.9	9.4	283.9	0.0	0.0	46.3	0.0	60.4	47.5
기타	373.3	2.2	7.5	157.7	45.9	3.0	0.0	11.0	6.4
지출승인액 총계	8,651.3	204.1	2,702.8	1,009.1	1,042.4	547.6	301.1	128.4	1,762.8

자료 : Mutual Security Agency, *Report to Congress*, (December 1952: 13)(7개의 작은 나라들은 표시 않음), Eichengreen and Uzan(1992: 43)에서 전재

기도 했다(Wexler 1983: 112)."

　프랑스에서는 마셜플랜 집행자들이 모네플랜(Monnet Plan)에 따른 고율의 투자와 다투어야 했다. 이것이 강력한 인플레 압력을 수반했기 때문이다. 대충자금이 정부의 투자추진에 광범하게 동원되면서 얼마 가지 않아 국가경제 대수술계획의 일부가 되었다. 고율의 투자는 예산 불안과 물가 상승을 의미하는 것으로, 미국의 관리들은 프랑스에 건전한 재정과 신용 팽창의 제한을 요구했다. 그러나 프랑스 당국은 적자예산을 고집했고, 미국이 대충자금 지출승인을 거부할 경우 중앙은행 차입을 확대한다는 전략으로 반발했다. 결국 모네플랜은 계획대로 집행되었고, 1948년에서 1950

년까지 대충자금의 48퍼센트가 이 목적으로 지출되었다. 더욱 중요한 것은 이 같은 타협이 공산당과 드골의 극우파 양측에서 공격을 받고 있던 중도파 정부의 입지를 강화했다는 사실이다(Esposito 1995: 78-80, 1994: chs.2-4).[12]

이탈리아는 프랑스와 정반대의 상황이었다. 경제 근대화에 대한 강조는 없었고 금융안정의 필요성을 중요시했다. 패전국으로서 국제적 지위를 감안하여 신중한 정책과 미국의 협조를 추구할 수밖에 없었고, 파시즘 시절 지나친 국가간섭으로 경제가 침체했던 경험때문에 종전 후 자유주의적 경제학자와 기업가들은 정부개입을 강력히 제한하려 했다. 1947년 기민당 정부는 인플레이션을 진정시키기 위해 극단적인 처방을 내렸다. 은행신용과 예산지출을 과감히 삭감하여 투기적 재고가 폐기되었으며 물가가 급락했다. 즉각적인 물가안정은 고통을 수반하였는데 실업자가 200만을 넘어 몇 년 동안 그 수준에 머물렀다. 대신에 중간계급의 저축과 구매력이 회복되었고, 중간층의 지지를 받은 정부는 금융안정화 정책을 수 년 동안 유지했다. 대충자금의 지출은 인플레 재발 우려 때문에 매우 느린 속도로 이루

---

12 아래 표는 대충자금의 중요성을 보여 준다. 즉 1948년에 비해 1949년의 예산적자는 절반 이하로 떨어졌고 재무부 경상계정 조달분이 투자의 7퍼센트 밖에 안 되었는데도 공공투자액은 더욱 늘어난 것이다. 인플레이션을 부추기는 방식의 자금조달이 증가하지 않은 것도 심리적 금융 안정에 큰 도움을 주었다(Esposito 1994: 88-89).

프랑스의 국가재정(1946~1949)(10억 프랑)

	예산적자	투자		중앙은행 차입	ERP 대충자금
		공공투자	재무부 경상계정에서 지출		
1946	148	100	–	+73	–
1947	184	151	91%	+115	–
1948	338	445	44%	+17	140
1949	151	605	7%	+7	263

어졌다. 미국은 1949년부터 이탈리아 정부에게 상세한 투자계획을 수립하여 실행할 것을 요청했다. 즉 생산과 생산성 증가, 실업 감축, 생활수준 향상을 통해 1952년까지 미국 원조에서 독립된 경제성장을 이룰 수 있게 한다는 계획이었다. 그러나 이러한 일관된 계획은 1953~1954년까지 미루어졌다. 1950년 상반기에 사민당의 공격과 농민들의 폭동, 토지점령, 급진적 농지개혁과 재정개혁 요구 등의 압박을 받은 새 정부는 ERP 대충자금을 이용하여 투자활동을 적극적으로 추진했다. 그러나 그해 6월 한국전쟁의 발발에 따른 물가불안으로 다시 내핍정책으로 돌아섰다. 프랑스에서와는 다른 이유로, 대충자금은 미국이 이탈리아의 경제정책을 조정하는 효과적인 도구가 되지 못했다(Esposito 1995: 81-85, 1994: chs.5-7).

생산이 증가하려면 투자총액과 그 배분뿐 아니라 생산성도 높아져야 한다. 미국과 유럽의 생산성 격차는 마셜플랜 기간 내내 당연히 OEEC와 미국의 주요 관심사였다. 1949년 ECA는 향후의 자금지원을 생산성 차이를 극복하려는 노력의 정도에 연계시킬 것임을 분명히 했다. 이에 따라 OEEC는 과학기술위원회(Committee for Scientific and Technical Matters)와 기술지원그룹(Technical Assistance Group)을 구성했다. 이들의 주도로 1950년대에 각국별 국가생산성본부(National Productivity Center)들이 결성되었다. 미국의회는 1952년에 마셜플랜의 일환으로 OEEC 국가 10개국에 1억 달러, 또 OEEC에 250만 달러를 공여, 유럽 생산성 캠페인 기금을 조성했다(벤톤-무디Benton-Moody 원조). 그리고 수혜국들은 이중 8퍼센트를 대충자금 명목으로 새로운 기구에 자국화폐로 납부했다. 이에 응답하여 OEEC의회는 1953년 3월에 유럽생산성청European Productivity Agency(EPA)를 설립했다. 이는 정보를 보급하고 생산성 프로그램을 조정한다는 목표를 가지고 있었다. 미국의 직접 기여와 회원국들의 대충자금을 합한 EPA의 총자본은 35억 프랑스프랑에 달했다. 또한 로마조약(1957)

체결 때까지 미국은 중요하다고 여겨지는 특정 사업을 촉진하기 위해 연평균 150만 달러의 특별기여를 제공했다. OEEC 의회가 최고 결정기관이었지만 EPA를 운영한 것은 생산성과 응용연구위원회(Productivity and Applied Research Committee, PRA)였다. 또한 회원국들의 생산자, 노동자, 기술자 조직의 대표로 구성된 자문 위원회를 두었다. EPA의 예산은 기업경영기술, 응용연구, 농업, 저개발 지역 등 12개 부문에 배분되었다 (Barbezat 1997: 39).[13]

다시 말해 마셜플랜은 자본형성에 추가적으로 기여했다기보다는 생산에 대한 유럽의 태도를 변화시키는 역할에서 더욱 중요했다. 미국식 과학적 관리와 대량생산기술의 채택을 촉진한 것이다. 그러나 ECA의 생산성홍보 캠페인을 통해 이와 같은 태도변화를 야기하는 데에는 많은 저항이 뒤따랐다. 마셜플랜의 기술지원만으로 유럽의 뿌리 깊은 태도와 관행을 하루아침에 바꾸기에는 역부족이었다. 그런데도 ECA는 ERP 원조를 이용하여 유럽의 정부들이 생산부문의 구조조정 노력을 하게 해야 한다고 믿었다. 또한 ECA는 기술지원으로 미국식 모델의 생산과 노사관계를 채택케 함으로써 유럽의 생산성을 계속 높일 수 있다고 자신했다. 미국의 원조는 '생산성의 정치'로 이해해야 할 것이다. 마셜플랜은 생산성과 경제성장, 생활수준 향상을 자극하도록 고안된 정책이 사회적 갈등을 해소할 수 있으리라는 미국식 사회철학을 유럽에 가져다주었다. 문제는 이러한 기법이 계급분할의 정도가 미국보다 심하고 대량생산기술이 덜 발달한 유럽에 성공적으로 적용될 수 있었는지에 있다(Reichlin 1995: 44-47).[14, 15]

---

13 1952년에 17개 OEEC 국가중 11개국이 생산성 본부를 두었다. EPA의 활동범위와 이들이 유럽의 노동에 미친 영향에 대해서는 커루Carew(1987) 참조.

금융안정

　ECA 관료들은 경제가 계속 성장을 하려면 물가가 안정되어야 한다는 것을 잘 알고 있었다. 그러나 그들은 1947년 이탈리아나 1948년의 독일에서 취해진, 급격한 긴축정책을 쓰고 싶어하지 않았다. 극단적인 조치가 회복을 방해할까 우려했으며 점진적인 안정을 원했다. 실제로 서유럽 각국의 금융안정화 과정은 다양했다. 몇몇 나라들은 금융자산의 몰수를 수반하는 급진적 개혁을 택했다. 다른 나라들은 인플레이션이 금융자산의 가치를 잠식하도록 내버려두었다. 어떤 이들은 급속한 통제해제를, 다른 이들은 완만한 자유화를 택했다. 각국 정부는 과잉 유동성 문제를 해결해야 했다. 전시의 소비재 부족은 민간의 금융자산 축적을 낳았고, 이것은 인플레 통제정책을 결과적으로 무산시킬 위험이 있었다. 그리하여 1944년 10

---

14 생산성의 '전도傳道'는 다각도로 이루어졌다. 유럽사절단의 미국공장 방문과 미국 전문가의 유럽파견을 통한 경영, 기술, 노사관계의 시범과 교육; 미국의 노동지도자, 경영인, 공무원들이 협력하여 성장과 형평분배의 이득에 대한 공동관심사를 설명하고 계급투쟁에 기반을 둔 행위, 사회적 위계질서의 고수, 특정 정당에의 충성 등을 만류; 미국의 기업인들이 정부와의 협동, 노동조합과의 협조, 카르텔보다 경쟁의 선호 등의 중요성 설파; 이러한 모든 것들이 '미국식'이라는 항목에 포함된다고 주장할 수 있다. 미국인에게 마셜플랜의 "목적은 서유럽을 미국의 이미지 안에 재형성"하는 것이었다(Hogan 1987: 89). 그러나 이것은 '미국식'이기 때문이 아니고 실용적이라고 믿었기 때문에 추진한 것이 아닐까. 디볼드Diebold(1988: 425) 참조.

15 아직은 미국식 경영모델의 실질적 전파보다는 '이데올로기' 수준에서 연구가 진행 중인 듯 보인다. 미국식 경영의 우월성 주장에 대해서는 미국을 방문한 유럽인들의 열광과 미국식 경영개념과 패션의 보급 등이 기록되었다. 그러나 프랑스의 생산성 사절단은 대부분 미국 경험을 프랑스에 적용하는 것이 불가능하거나 심지어 바람직하지 않다고 보고하였고, 영국의 엔지니어와 경영자들이 미국 스타일 대량생산에 적대적 반응을 보였다는 사실이 부각되었다. 미국의 기술, 더 중요하게는 미국방식의 작업장조직이 유럽의 기업에서 심각한 저항에 부딪쳤다는 사례연구도 있다. 그렇지만 현 단계에서 미국 방식의 전파과정과 그 결과가 심층 연구된 분야는 경영교육 정도일 것이다. 미국식 비즈니스 스쿨과 종합경영 교과목이 제2차 세계대전 뒤 영국, 독일, 프랑스에 도입된 과정(속도와 범위)은 상세히 연구되었다. 그러나 경영교육의 전파가 미국식 경영모델의 전파를 말해 주지는 않는다(Kipping and Bjarnar 1998: 3).

월에서 1945년 5월까지 24건의 통화개혁이 있었다. 많은 개혁들이 자산 동결 없이 기존 통화와 새 통화의 전환비율을 결정하는 데 그친 반면 벨기에, 프랑스, 오스트리아, 네덜란드를 포함한 몇몇 나라들은 부분적 자산몰수 정책을 택했으며 자산의 일부분이 폐쇄된 은행계좌에 동결되었다. 서독의 통화개혁은 이 두 가지를 결합한 형태였다.

상당부분 개혁의 궁극목표는 미시경제적이었다. 통화개혁으로 억압된 인플레이션이 제거되고 물가통제도 해제되어 노동시장의 공급유인도 회복되었다. 더욱이 통화개혁에 가끔 수반되는 자본부과금이나 부유세가 성장에 부정적 영향을 미쳤다는 증거가 없다. 통화문제가 다른 곳보다 더 심했던 독일의 예가 나타내고 있는 것처럼 통화개혁은 유동성 문제를 치유했을 뿐 아니라 노동의욕을 고취했던 것이다. 〈표 5〉는 여러 나라의 안정

〈표 5〉 통화개혁, 안정화, 경제적 성과

	몰수적 통화개혁	안정화 계획	1인당 GNP 성장률(%) 1940~1959	인플레이션(%) 1950~1959
오스트리아	1945년 7월 1945년 11월		5.6	7.0
벨기에	1944년 10월	신용긴축, 1945 물가통제해제, 1946~1947	2.4	2.2
덴마크	1945년 7월		2.6	3.5
프랑스	1945년 6월 1948년 1월	물가통제해제, 내핍정책, 1948	3.6	6.3
서독	1948년 6월	신용긴축, 물가통제해제, 1949 중엽	6.3	3.1
이탈리아	개혁없음	신용긴축, 1947 여름	5.5	3.1
네덜란드	1945년 9월	1950년대까지 물가통제 1945년 말 내핍정책	3.3	5.7
영국	개혁없음	1950년대까지 물가통제와 배급제 1947 내핍정책	2.1	4.4

자료 : Reichlin(1995: 49)

화 프로그램을 개관하고 있다. 이탈리아와 벨기에는 긴축적 신용정책과 상당한 정도의 가격자유화를 선택하여 비교적 일찍 안정화를 달성했다. 프랑스와 서독에서 안정화는 지연되었다. 서독의 통화개혁은 긴축재정을 동반하여 인플레이션을 빠른 속도로 종식시켰고, 프랑스에서는 이와 대조적으로 개혁이 재정 안정화와 가격자유화보다 몇 년 앞서 시행되었다. 영국과 네덜란드의 통제해제는 더욱 늦었다. 많은 경우 가격통제는 1950년대까지 유지되었다. 통제를 일찍 해제한 몇몇 나라에서는 한국전쟁 등으로 말미암아 통제를 다시 도입하기도 했다(Reichlin 1995: 47-48).

무역확대

종전직후 서유럽 무역은 대부분 쌍무적 협약으로 이루어졌다. 또한 외환준비를 위해 고안된 각종 수량제한 때문에 무역량이 극히 한정되어 있었다. 따라서 OEEC의 초기과업 중 하나는 회원국 간에 축적된 무역장벽과 쌍무주의를 유럽 무역에서 제거하는 것이었다. 무역자유화가 가능하려면 유럽 내에 적당한 지불장치가 마련되어 통화의 이전성을 보장하고 국제수지 적자가 있을 때 단기금융을 제공해 줄 수 있어야 했다. 그러나 다자간 지불동맹이 원활히 작동된다 해도 관세나 수량제한 같은 무역장벽이 제거되지 않으면 무역확대를 기대할 수 없다. 그러므로 재화와 용역 무역의 통제를 해제하고 이와 동시에 적절한 지불 기구를 결성해야 했다.

1947년부터 수입할당제가 점진적으로 완화되었으나 지리적으로 부문별로 차이가 있었다. 1948년의 무역자유화는 영국이 할당품목의 66퍼센트를, 프랑스가 18퍼센트, 벨기에가 78퍼센트를 감축하는 것이었다. 자유화와 무관하게 사적 보상협정으로 이루어지는 무역도 잔존했다. 또한 벨기에, 서독, 스위스, 이탈리아 같은 흑자국은 덴마크, 미국, 노르웨이, 네덜란드, 아일랜드, 오스트리아의 수입자유화대상에서 제외되었다.

1950년 1월말 OEEC 의회는 EPU 발효(7월 1일) 이후 회원국들 간에 사私무역의 추가적 수량제한을 없애 60퍼센트까지 자유화를 달성하도록 결정했다. 물론 비회원국들에 대한 수량제한은 유지할 수 있었다. 공무역, 특히 농업부문에 만연하던 (준)정부수입기관은 제외되었으므로 자유화의 효과는 시작부터 반감되었다. 이러한 편이는 목표치가 상향된 후 넓은 생산물 범주에 걸쳐 동일하게 수량제한을 철폐한다는 초기조건을 포기함에 따라 더욱 복잡하게 되었다. 더욱이 계산의 기준년도 또한 문제였다. 기준년도에 어떤 품목의 수입은 거의 없고 다른 품목에서 쿼터제도가 느슨하거나 없을 경우 그 해 수입 총액의 60퍼센트에 해당하는 수입에서 수량제한을 철폐하는 목표는 비교적 쉽게 달성할 수 있을 것이었다. 그리고 '무역 자유화 규약(Code of Trade Liberalisation)'은 국제수지에 어려움이 있는 나라가 필요에 따라 수입제한을 다시 도입할 수 있도록 허용하였다. 이것은 무역당사국의 반발을 야기했으며, 그 과정에서 EPU의 규율을 훼손했다. 마지막으로 모든 자유화 계획에서 관세관련규정이 제외되었다. 이것은 관세와 무역에 관한 일반협정(GATT)의 소관으로 여겨졌기 때문이다. 따라서 수량제한의 철폐는 가끔 유예된 관세의 부과로 이어졌다. 수량제한이 점진적으로 없어지자 관세가 교역당사국 간 무역의 흐름을 결정하는 주요인으로 등장한 것이다.

1950년 10월 27일 OEEC 의회는 1951년 2월까지 회원국 간에 수입액의 75퍼센트까지 수량제한을 철폐하기로 합의했다. 농업을 둘러싼 이견 때문에 이 목표는 각 품목이 아니라 총액에만 적용했다. 자유화 대상품목의 공동목록을 작성하여 통합시장을 형성하려는 시도가 있었으나 성공하지 못했다. 더 이상의 진전은 지연되었다. 서독, 영국, 프랑스의 잇따른 국제수지 위기로 각국 정부가 자유화를 일시적으로 중단했기 때문이다. 이러한 위기적 환경을 맞게 되자 추가적 자유화를 추진할 시기에 관한 논의가 진전되지 못 했다. 이것은 관세에 대한, 따라서 무역장벽 전반에 대한 고려가 잘 이루어지지 못하자 소위 '저관세국'들의 태도가 굳어지면서 더욱 악화되었다. 또한 수량제한철폐가 진전됨에 따라 정치적, 사회적 또는 전략적으로 불가결한 부문과 관련된 보호주의의 핵심을 건드릴 위험이 커졌다.

이러한 문제에도 불구하고 1955년 1월 OEEC는 90퍼센트 자유화를 목표로 채택했다. 저관세국들은 관세인하 진전을 조건으로 협상에 동참했다. 목표는 결국 달성되었다. 1958년 12월 프랑스가 동의함으로써 서유럽 내의 사무역에서 수량제한은 사실상 사라졌다. 미국에 대한 나머지 쿼터차별은 남아 있었고, 물론 농산물의 공무역은 만연하였다. 그렇지만 실험적 출발이라는 점을 고려할 때 성과는 놀랄만한 것이었다. 관세문제를 다루는 것은 더 광범위한 다자간 협약 GATT가 짊어진 힘든 과업이었다. 그러나 서유럽이 1930년대 무역 혼란상태의 유산을 극복하고 무역자유화의 길로 들어선 것은 OEEC '무역 자유화 규약'의 집행을 감독하는 무역담당 운영위원회(Steering Board for Trade)의 몫이었다고 할 수 있다(Barbezat 1997: 37-39).[16] 〈표 6〉은 1950년대 서유럽국가 간 무역자유화의 추이를 보여 준다. 자유화에 따라 무역량, 특히 OEEC 역내 무역량이 산업생산보다 빠른 속도로 증가하였다(〈그림 3〉).

쌍무주의에서 벗어나기 위한 국제지불장치의 마련은 궁극적으로 EPU의 결성(1950)에 의해 해결되었다. 그 이전에도 다자간 결제가 시도되었으나 별로 성공적이지 못했다. 1947년에 수량제한 등 장벽은 어느 정도 완화되었다. 그러나 자동적으로 경화硬貨신용이 발생하는 각기 다른 액수의 많은 쌍무적 무역협정들 때문에 무역량은 그다지 늘지 않았다. 즉각적인 대책으로 모든 부채관계를 연합하는(pool) 방안이 시사되었으며 이에 따라

〈표6〉	유럽내 무역 : 자유화율(%) 추이											
국가별	1950	1951	1952	1953	1954	1955	1956	1957	1958	1959	1960	1961
오스트리아	53	–	–	36	76	82	90	90	90	90	90	90
벨기에- 룩셈부르크	56	75	75	87	87	88	91	96	96	96	97	97
네덜란드	55	66	75	92	93	93	–	–	–	–	–	–
덴마크	53	50	68	76	76	76	86	86	86	96	95	95
프랑스	58	75	–	–	51	75	82	–	–	91	(97)	(99)
서독	47	–	77	90	90	90	92	93	94	92	92	93
그리스	–	–	–	(90)	(90)	(95)	(95)	(95)	(95)	(76)	(76)	(72)
아이슬랜드	–	41	41	–	29	29	29	29	29	29	85	85
아일랜드	64	75	75	75	77	77	90	90	90	90	90	90
이탈리아	54	76	100	100	100	99	99	99	98	98	98	98
노르웨이	39	51	75	75	76	75	78	81	81	81	81	85
포르투갈	53	83	100	93	93	93	94	94	94	94	94	85
스페인	–	–	–	–	–	–	–	–	–	–	61	70
스웨덴	53	75	75	91	91	91	93	93	93	93	93	98
스위스	81	85	88	92	92	92	92	91	91	91	91	91
터키	42	63	63	–	–	–	–	–	–	–	–	(52)
영국	57	90	46	58	80	84	94	94	94	95	97	97
회원국전체	56	65	66	71	81	84	89	83	83	91	91	(94)

주 : 매년 6월 30일 현재 수량제한이 철폐된 사무역의 비중(%)임. 기준년도는 1948년이나 서독
  은 1949년, 스페인 1950년, 오스트리아, 그리스 1952년, 터키 1959년, 1960년 이후 아이슬
  랜드 1958년, 그리고 1957년 이후 벨기에-룩셈부르크, 네덜란드는 1953년임.
자료 : *Eleventh Annual Economic Review, Europe and the World Economy,* Paris, OEEC,
  p.185; Eichengreen(1996b: 59)에서 전재

무역 당사국들은 쌍무협약이 구체적으로 규정하고 있을 경우에만 금 또는
달러로 결제할 의무를 질 것이었다. 1947년 11월 18일에 벨기에, 룩셈부
르크, 네덜란드, 프랑스, 이탈리아를 포함한 11개국이 다자간 통화지불에
관한 1차 협약(First Agreement on Multilateral Monetary Compensations)에
서명했다. 이것은 하나의 쌍무적 무역에서 발생한 자산으로 다른 쌍무계
약에서 생긴 부채를 상환할 수 있게 하는 것이었다. 이 협약은 두 범주의
지불체계를 운영하였다. '제1범주 지불(first category compensations)'은

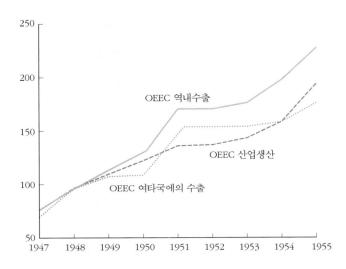

〈그림 3〉 OEEC 산업생산과 무역(1947~1955)(1948 = 100)
자료 : *OEEC Foreign Trade Bulletin*(various issues), Eichengreen(1993: 29)에서 전재

16 마셜플랜 기간 중 서유럽국가 간 수출성장지수는 아래와 같다(1948 = 100).

	1938	1947	1948	1949	1950	1951
벨기에/룩셈부르크	110	81	100	108	123	149
덴마크	139	92	100	130	172	195
프랑스	125	87	100	147	200	237
서독	481	38	100	188	435	622
아일랜드	136	95	100	121	136	135
이탈리아	124	67	100	113	140	175
네덜란드	156	69	100	151	204	242
노르웨이	124	100	100	104	137	161
스웨덴	111	91	100	115	144	147
스위스	79	91	100	99	113	136
영국	73	79	100	110	127	129

자료 : UN, *Economic Survey of Europe Since the War*, Geneva(1953: 255),
   Milward(1984: 257)에서 전재

자동적으로 작동되는 반면 '제2범주 지불'에 대해서는 각국이 거부권을 행사할 수 있었다. 제1범주 지불에서는 각 쌍무계약 당사자들이 자신들의 부채를 다른 나라에 대한 순 채권채무 상태를 통하여 결제하였다. 첫 나라가 상대국에 대한 새로운 채무를 발생시키지 않는 한, 한 나라에 대한 흑자로서 다른 나라에 진 부채를 갚을 수 있었다. 제2범주 지불은 통화 잔고(부채)의 증가를 수반한 것으로서 모든 관련 당사국들의 동의를 얻어야 했다 (Kaplan and Schleiminger 1989: 23-27).

이 협약은 채권자가 채무자를 신용도에 따라 선택하지 못하도록 하는 효과를 가졌다. 이에 더하여 금이나 달러 지불이 임박해진 나라는 자기네 부채를 더욱 장기간에 걸쳐 재조정함으로써 채권국으로의 달러유출을 감축시키도록 허용되었다. 이 체제 하에서 1947년 12월 말 쌍무적 부채의 잔고는 7억 6,210만 달러였으나 청산은 170만 달러에 그쳐 총액의 2퍼센트에 불과했다. 1차 협약기간을 통틀어(1947. 11~1948. 10) 500만 달러의 제1범주지불이 상쇄되었다. 일반적으로 준비금을 상대적으로 많이 보유한 흑자국은 청산에 소극적이었다. 궁극적으로 경화지불을 기대했기 때문이다. 또한 어떤 나라들은 모든 나라에 대해 채권국이었으며 다른 나라들은 순 채무국이었다. 이러한 종류의 순 부채가 약 4억 달러에 달했다. 더욱이 프랑스, 이탈리아, 베네룩스 3국 그리고 나중에는 독일의 영미점령지역(Bi-zone)만 제1범주 지불에 동의했고, 나머지는 '수시' 회원국으로서 자동조정에 동참하지 않았다.

1948년 10월에는 모든 OEEC 회원국이 다자간 부채청산에 합의했고 (Agreement for Intra-European Payments and Compensations, AIEPC), 이는 EPU 출범 때까지(1950년 7월)까지 운영되었다. 같은 시기에 '인출권(drawing rights)' 시스템이 도입되었다. 적자규모가 예측되면 영국, 이탈리아 등 흑자국이 그리스, 네덜란드 등 적자국에 공여를 제공하고 대신 미국에서 '조건부 원조'를 얻어낸 것이다. 마셜플랜의 조건부 원조는 유럽의 달러부족현상을 극복하는 데 추가적인 도움을 주었다. 유럽내 무역불균형 총액의 약 3분의 1이 이렇게 조달되었다. 그러나 적자규모 예측과 인출권의 배분에서 비효율과 시행착오가 만연하였으며, 기본적으로 무역의 쌍무적 성격을 영속화하는 경향이 있었다. 또한 인출권을 이용한 수입은 무료이므로 무역적자를 줄이려는 유인을 감소시킨 효과를 낳았다. 인출권의 배분도 비합리적이었다. 이 체계는 오스트리아의 순 적자를 97퍼센트 해결했으나, 노르웨이는 적자의 44퍼센트, 포르투갈은 10퍼센트 해결에 머물렀다. 영국이 제공한 인출권은 흑자의 18배나 되었다. 적자국인 서독은 나머지 나라에 인출권을 제공했으며 프랑스는 유럽내 무역에서 흑자였는데도 인출권 총액의 3분의 2를 할당받았다(Eichengreen 1993: 22-23).

1947년의 1차 협약도, 1948년의 AIEPC도 유럽의 지불문제를 해결하지 못했다. AIPEC은 1차 협약과 마찬가지로 부정적 유인을 낳았으며 수많은 (5개국에 105건) 쌍무적 무역협정과 직접적으로 연결되어 있었다. 이와 같은 쌍무적 협정은 수많은 종류의 왜곡을 가져왔다. 예를 들어, 사치품처럼 흔히 교역되지 않는 재화가 다른 상품의 교역계약에 '끼워팔기(tie-in)' 식으로 가끔 첨부되었다. 전후 시기에 고가의 직물, 화장품, 향수, 보석, 고급식품과 포도주, 심지어 진공소제기 등이 광범위하게 거래되었다. 물론 이러한 상황에서는 태환성을 유지하기도 매우 힘들었다. 예컨대 한 나라가 통화의 태환성을 제한하지 않았다면 다른 나라들은 조작적인 규제를 통해 흑자를 발생시킴으로써 달러를 획득할 수 있었다. 스위스가 이러한 문제에 봉착했고 통화를 자국민들과 기타 다른 경화국가에만 태환하는 방식으로 대응했다(Barbezat 1997: 36).

이와 같은 문제점을 극복하기 위해, 그리고 미국의 압력에 따라 1950년 9월 OEEC 회원국들은 유럽지불동맹(EPU)을 결성했다. EPU의 출범을 위해 당장 운영자금이 필요했다. 미국은 3억 5천만 달러를 제공하여 이중 7,840만 달러가 '구조적' 문제를 가진 나라에 원조되었으며, EPU는 초기 자본 2억 7,160만 달러로 발족했다.

EPU는 다른 나라에 대한 채권재무관계에 따라 각국의 지위를 결정했고, 일관된 공식에 따라 금/달러 지불을 배분했다. 부채는 일정 '쿼터'까지 부분적으로는 자국통화로 부분적으로는 경화로서 이동률(sliding scale) 방식으로 중앙은행이 지불할 것이었다. 그 이후의 지불은 별도의 합의가 없는 한 전적으로 달러 또는 금으로 이루어졌다. 쿼터는 총 39억 5,000만 달러에 이르렀고, 각국의 지불은 상품교역 액수의 15퍼센트를 기준으로 계산되었다. 총액 중 각국 쿼터의 비중은 영국 27퍼센트, 프랑스 13퍼센트, 벨기에–룩셈부르크 9퍼센트, 네덜란드 8퍼센트, 서독 8퍼센트였다. 쿼터 한계에 도달할 때까지 20퍼센트마다 채무국은 더 많은 부분을 경화로 지불하게 되었다. 각국이 쿼터의 한도에 도달했을 시점에는 40퍼센트를 금으로, 60퍼센트를 자국화폐로 지불했을 것이다. 극심한 위기상황에서는 지불요건을 쌍무적으로 재협상할 수 있었다. 이 응급조항은 순조롭게 작동했고 일시적 불균형을 극복하는 데 도움을 주었다. 금 지불의무의 체증 체계는 초기의 지불 협약들이 가졌던 부정적 유인을 역전시켰다. 적자국에서 금이나 달러의 유출은 만성적 적자를 치유하도록 강제했으며 흑자국에서 연화軟貨준비 누적은 흑자를 줄이도록 유도하였다. 40대 60의 비율은 나중에 변경되었다. 이것이 채무국에게 지나치게 관대한 것으로, 시스템을 편향되게 운영하는 것으로 여겨졌기 때문이다(Barbezat 1997: 37).

1950년 이전의 제한적 쌍무계약과 무역장벽에서 탈피하여 유지 가능한 다자간 지불시스템을 건설하는 잠정적 방편으로서 EPU는 대성공이었다. EPU나 그와 유사한 메커니즘이 없었다면 OEEC 회원국들은 국제결제를 원만하게 해결하지 못했을 것이며, 마셜플랜이 착수기금을 제공하지 않았다면 EPU의 결성은 극히 어려웠을 것이다. EPU가 없었다면 긴요한 수입을 위해 경화를 아껴야 했을 것이므로 계속 무역과 외환통제가 있었을 것이다. 지불이 제한되는 한 아무리 OEEC가 무역자유화 계획을 세워 실행시켜도 무역을 자극하지 못했을 것이다. EPU는 유럽을 달러나 스털링 지역에서 분리시키지 않으면서 유럽내 무역이 팽창할 수 있게 해 주었다.

더 큰 그림 안에서 보면 EPU의 역할이 부각된다. 전후 브레튼우즈 체제로 국제통화질서를 재편하려는 노력은 유럽의 달러부족현상 때문에 난관에 봉착했다. 미국에서 37억 5,000만 달러의 대부를 조건으로 파운드 스털링이 1947년 7월 15일 태환성을 회복한다(1파운드=4.03달러). 그러나 영국은 파운드화 가치를 유지하는 데 실패하여 같은 해 8월 20일 태환을 정지했다.[17] 1949년 9월 18일에는 영국을 비롯해 프랑스, 서독, 이탈리아 등 유럽 각국이 평가절하를 단행할 수밖에 없었다. 결국 유럽은 수입규제와 긴축정책을 통해 국제수지 문제를 해결해야 했다. 경상계정 태환은 1958년에 재개된다. 즉 유럽과 일본의 경제성장을 통해 달러 갭이 해소될 때까지 기다려야 했던 것이다. EPU는 경상거래 제한을 철폐하고 태환의 회복을 달성하려는 '지역적 브레튼우즈' 체제였다고 할 수 있다. 이들의 청산지불책임은 국제결제은행(Bank for International Settlements, BIS)에 있었고, IMF 규약에서 벗어나 있을 수 있었다. IMF가 과도기적 예외로 인정한 EPU는 결국 유럽 내 생산과 무역신장과 금융안정에 기여함으로써 태환정착에 일조한 것이다(Eichengreen 1996a: 102-114).

더 우월한 즉각적 태환회복을 유예하고 EPU의 길로 우회한 까닭에는 다른 설명도 있다. 즉 EPU가 유럽의 교역조건을 호전시킴으로써 생활수준을 향상시켰고, 이것이 분배를 둘러싼 사회적 갈등을 완화하고 사회경

---

17 "브레튼우즈 시스템이 1944년에 조망한대로 작동한 적이 있었다고 하더라도 유럽에서는 1947년에 이미 종료하였다(Milward 1984: 44)."

제적 안정을 가져왔다. 전후 정착의 핵심인 '사회적 시장경제'의 부산물로서 EPU는 국내분배계약을 '고착'시킨 제도적 장치였다(Eichengreen 1993: 5, ch.5; 1995: 187-191).

유럽통합

전후정착은 국제적으로 볼 때 무역확대와 유럽통합의 추진에 관련되어 있다. 한 나라가 경제구조를 수출주도형으로 전환하기 위해서는 이웃나라들도 똑같은 목표에 매진하고 있다는 믿음이 필요하다. 여기에 ERP의 지원을 받은 OEEC와 EPU가 무역과 경제통합 실행에 신뢰성을 부여하는 제도적 퇴출장벽(exit barrier)으로 작용했다.

유럽통합을 위한 협력이 자동적으로 성취된 것은 아니었다. 영국은 영연방을 유지하면서 독자적인 정책을 추구하려 했으며, 프랑스는 독일과의 반목에 더하여 계획경제(*dirigiste*) 정책을 선호했다(예를 들어 모네플랜 Monnet plan). 반면 미국은 서독경제를 빨리 재건하여 냉전의 선봉으로 삼으려고 노력했다. 이들의 타협으로 나타난 것이 마셜원조의 지지를 받은 EPU 설립이다.[18]

또한 마셜원조 수혜 16개국은 하나같이 독특하고 다양한 나라들이다. 이들은 마셜계획의 정책목표에 따라 회동하여 온갖 우여곡절과 갈등을 겪었으나 결국 집단적 목표를 위한 미국의 공동정책에 참여했다. 마셜원조는 첫째, 개별국가의 경제를 근린궁핍화없이 협조적으로 재건하려는 시도였다. 우선 고립되고 침체된 국가에서 공산주의가 싹틀 우려가 있기 때문이었다. 프랑스, 이탈리아, 그리스, 독일이 이러한 위험국에 속한다. 또한

---

18 이것은 한편으로는 IMF의 긴축일변도 정책권고에서 서유럽을 '구해 준' 의미가 있다. 에스포지토Esposito(1995: 86).

미국의 수출시장으로서 독일, 프랑스, 영국, 베네룩스 3국의 경제가 중요했다. 둘째, 소련을 제어하기 위해 지정학적으로 필요한 나라들이 있다. 즉 터키, 그리스, 아일랜드, 아이슬란드, 노르웨이, 스웨덴(핀란드는 소련의 압력으로 참여하지 못했다) 등이 그들이다. 영국도 이런 범주에 속한다고 할 수 있다. 셋째, 유럽통합의 추진을 위해 스위스, 포르투갈, 덴마크, 오스트리아를 포함시켰다. 통합된 유럽은 소련의 팽창에 강력한 장벽역할을 할 것이고, 미국은 자유민주주의, 자본주의 세계를 극대화하고자 했다. 물론 유럽 국가들이 모두 이러한 미국의 의도에 찬동한 것은 아니었고, 나라마다 이해득실을 계산하여 각기 마셜플랜에 대응했다. 유럽통합에 관한 미국의 제안으로 유럽은 이에 대한 찬반 양 진영으로 나뉘었다. 찬성한 나라는 이탈리아, 프랑스, 베네룩스 3국, 서독 등이고, 반대한 나라는 영국, 스위스, 스칸디나비아 제국 등이다(Burk 2001: 270-273). 여기서 유럽경제공동체(EEC)의 초기 6개 회원국이 뚜렷이 보인다. EEC는 유럽석탄철강 공동체(ECSC)의 후신이라기보다 마셜플랜과 연관된 무역과 금융자유화를 배경으로 등장한 것이라고 할 수 있다.[19]

전후정착에 대한 OEEC와 EPU의 기여도는 통화의 불태환과 지역적 지불장치 운영에 따른 자원배분의 왜곡에 따라 평가되어야 할 것이다. 즉 EPU는 무역과 가격의 왜곡을 가져오고 외자도입을 저해했는가? 아이켄그린Eichengreen(1993: ch.6, 1995: 182-187)은 무역창출과 무역전환효과, EPU국가들과 다른 세계 간 상대가격 구조의 차이, 해외자본 접근 가능성의 정도를 분석하여 무역, 상대가격, 자본시장 왜곡의 증거가 없다고 밝혔다. 그는 지불동맹이 흔히 수반하게 마련인 왜곡을 성공적으로 최소화한

---

19 길링검Gillingham(1995: 151-167)은 ECSC가 경제협력 측면에서는 비효율적일 뿐 아니라 유명무실했으며, 유럽통합에 기여한 바가 있다면 프랑스의 대독정책을 누그러뜨린 데서 찾아야 한다고 주장하였다. 이 주장의 현대적 의미는 길링검Gillingham(2003)에서 찾을 수 있다. 또한 밀워드Milward(2000: ch.4) 참조.

EPU의 특성을 부각시키고자 했다. 유럽제품이 가진 경쟁력과 높은 수준의 유럽내 무역으로 무역전환과 상대 가격 왜곡에서 올 손실이 극소화되었다. 미국의 원조와 투자가 어차피 해외에서 유럽에 포트폴리오 투자 필요액을 감소시켰으므로 태환을 선택했을 경우에도 해외투자 유입의 급증이 기대되지 않았을 것이다. 이러한 의미에서 EPU는 지역주의의 폐해를 최소화 했다(또한 양동휴(2004) 참조).

3. 마셜플랜과 서독의 재건

서독은 마셜플랜의 성과 연구에 좋은 사례로 떠오른다. 기존 연구의 양이 많고, 가설들이 구체적으로 정립되었으며, 무엇보다도 마셜플랜이 서유럽과 동유럽의 분리를 고착시켜 독일을 분단시켰기 때문이다. 미국이 서독을 유럽부흥의 중심축으로 삼고자 했던 의도는 상세히 기술되었다. 미국의 서독에 대한 원조에는 ERP뿐 아니라 점령지역 관리와 구호자금 (GARIOA), 그리고 ERP가 1951년 종료된 후 바로 뒤를 이은 상호안전계획 (MSP) 원조가 포함되며(〈표 7〉[20] 참조) 이들이 소위 '독일 경제의 기적 (Wirtschaftswunder)'에 결정적인 역할을 하였다는 가설과 관련된 논의가 많다.

1948년 4월에 제출된 서독의 재건계획은 생산목표의 우선순위를 식품과 기타 소비재에 두었다. 이는 노동의욕을 고취시키고 생산성을 향상시키는 데 중요했다. 또한 통화개혁과 무역자유화 프로그램의 성공을 위해

---

20 〈표 7〉의 표본인 버거Berger와 릿췰Ritschl(1995: 206), 〈table 8. 1〉은 부크하임 Buccheim(1990: 72, 185, 186)을 인용할 때 옮겨 적거나 합산하는 과정에서 오류를 많이 범하고 있다.

〈표 7〉	서독에 대한 외국의 원조(1945~1952)							(단위 : 100만 달러)	
	1945/1946	1947	1948	1949	1950	1951	1952	1945~1952
1 민간공급	195							195
2 GARIOA	78	237	788	503	177	12	0	1,795
3 ERP 등			142	420	303	416	114	1,395
I 미국원조합계	273	237	930	923	480	428	114	3,385
4 영국의 기여	264	317	90	32	1			704
II 해외원조합계	537	554	1,020	955	481	428	114	4,089
5 경상수지	52	179	295	−147	−77	592	649	
6 수입(cif)		867	1,587	2,237	2,703	3,503	3,854	
7 총 고정투자에 비한 ERP 대충자금 비중(%)				5.8	7.8	4.1	2.1	

자료 : 1, 2, 3, 4 Buchheim(1990: 72)
　　　　5 Buchheim(1990: 185)
　　　　6 Buchheim(1990: 186)
　　　　7 Baumgart(1961: 47)

서도 필요했다. 다음 순서는 석탄과 철강생산, 교통시스템의 발전, 에너지 공급이었다. 소비재 생산은 당시 전쟁 전 수준의 10~20퍼센트에서 35퍼센트로 높일 계획이었으며, 강철생산은 1947년 300만 톤에서 1948년에는 600만 톤으로 배증시킬 것이었다. 농업생산은 1938년 수치의 80퍼센트까지 높일 예정이었다. 수입계획은 식품과 원자재에 강조점을 두었다. 식품은 계획된 수입총액의 45퍼센트를, 원자재와 반제품이 16퍼센트, 소비재가 16퍼센트를 차지했다. 투자재 수입은 계획된 총액의 7퍼센트에 불과했다. 특정 애로해결을 위한 교통과 채광장비가 대부분이었다. 수입 필요량은 21억 달러로 추산되었고, 수출 예상치는 7억 달러였다. 적자는 GARIOA 자금과 새로운 ERP 원조로 보전할 계획이었다. 이와 같이 흔히 짐작하는 바와는 달리 마셜플랜은 서독 경제재건을 위한 투자재 수입 프로그램이 아니었다. 식품과 원자재 수입을 강조함으로써 재건계획은 식품과 원자재 수입, 공산품 수출이라는 독일의 전통적 무역패턴을 확인했다(Hardach 1987: 445-446).

경제회복을 위한 잠재력은 1948년 초의 혼란스러운 상황이 시사한 정도보다 나았다. 자본스톡은 1930년대 중엽보다 컸다. 1930년대 말과 전쟁 중 무기생산 붐 기간의 투자가 매우 중요하여 전시파괴와 감가상각을 제하여도 순 증가분을 남긴 것이다. 1945년 영미 점령지역의 총 자본스톡은 불변가격으로 1936년보다 20퍼센트 정도 높았던 것으로 추계되었다. 1945년에서 1948년까지는 새로운 투자가 거의 없는 가운데 감가상각과 산업장비철거의 결합효과로 순 감소가 있었다. 그래도 1948년의 불변가격 자본스톡은 1936년보다 10퍼센트 높은 수준이었다. 서독의 전후경제에서 또 하나의 자산은 양질의 미취업 노동력이었다. 몇 백만이 일자리를 찾고 있었고, 동독 탈출인구가 이에 가세했다(Abelshauser 1975: 102, 114-126).[21] 따라서 주요문제는 자본부족이 아니라 노동과 자본의 낮은 가동률이었다. 한편 투자는 ERP와 간접적으로 연결되어 있었다. 독일의 수입업자들은 수입대금을 마르크화(DM)로 지불했으며 이에 따라오는 ERP 대충자금(counterpart funds)이 투자를 위해 적립되었다.

ERP는 1948년 4~6월에 임시적인 '90일 회복계획'으로 시작하여, 1948년 7~1949년 6월의 정규적 1차년도로 이어졌다. 15개월 동안 미국은 OEEC가 요청했던 액수보다 약간 적은 60억 달러를 ERP에 제공했고, 서독은 이 중에서 6억 1,400만 달러를 배분받았다. 관료주의적 행정의 비효율 때문에 수입물품은 늦게 도착하였다. 1948년 4~12월에 영미 점령지역(Bi-zone)의 계획된 수입은 3억 6,100만 달러였다. ECA는 이중 3억 2,800만 달러(91퍼센트)를 승인하고 2억 4,400만 달러(68퍼센트) 어치 구매를 계

---

21 영미 점령지역Bi-zone의 자본스톡 추계는 〈표 10〉과 같다.

약했다. 실제 독일에 도착한 수입품은 9,900만 달러(28퍼센트)에 불과했다. 식품수입이 강조되어 곡물, 밀가루, 육류, 유지, 땅콩, 야채와 과일을 들여왔고, 직물산업을 위한 원면 등 산업 원자재가 수입되었다. 1948년의 총 ERP 수입구성은 식품 78퍼센트, 원자재 20퍼센트, 공산품 2퍼센트였다.

ERP 수입은 1948년 영미 점령지역의 총수입 14억 달러의 7퍼센트를 차지했다. GARIOA 수입이 50퍼센트였고, 나머지 43퍼센트의 수입자금은 수출대금으로 조달했다. 정규적 1차 ERP년도 1948~1949년의 총수입은 17억 2,300만 달러, 수출은 8억 6,200만 달러였다. 또한 1949년 초 행정효율이 향상됨에 따라 ERP 수입은 3억 1,000만 달러에 달했고, GARIOA 수입은 5억 7,900만 달러였다. 즉 1차 ERP년도 영미 점령지역의 수입은 약 33퍼센트가 GARIOA 원조로, 17퍼센트가 ERP원조로 그리고 50퍼센트는 수출대금으로 조달된 것이다(Hardach 1987: 454-458).

초기의 재건계획은 마셜플랜과 통화개혁, 자유시장 정책의 밀접한 관련을 강조했다. 그러나 마셜플랜의 실행이 지연됨에 따라 실제로 통화개혁이나 자유시장 정책에 마셜플랜이 직접적으로 기여한 바는 거의 없다. 통화개혁은 1948년 6월 서독 3개 점령지역에서 단행되었고, 영미지역에서는 포괄적인 자유화 프로그램과 결합되었다. 배급제와 대부분의 가격통제가 철폐되었으나 임금통제는 1948년 11월까지 유지되었다. 개혁은 1948년 후반기에 짧은 인플레이션을 유발했다. 실질임금하락으로 에르하르트 Ludwig Erhard 경제장관의 새로운 경제정책에 반발한 노동계는 11월 총파업에 돌입했다. 중앙은행(Bank deutscher Länder)의 긴축정책에 힘입어 물가는 안정되었으나 1949년 초 대규모 실업사태를 불러왔으며 이에 3월부터 정책기조가 팽창 쪽으로 변했다(Hardach 1987: 456).

1948년에 유럽 내 인출권(drawing rights) 시스템이 도입되자 서독은 당시 적자국이었는데도 프랑스, 오스트리아, 네덜란드 등에 인출권을 제공했다. 이것은 ERP 조건부 원조를 이웃나라에 이전하는 효과를 가졌으나 장기적으로 보아 수출주도형 무역패턴을 일찍 정착시키는 장점이 있었다.

2차 ERP 년도에는 미국의 원조가 줄어서 총액이 1948~1949년 60억 달러에서 1949~1950년 35억 달러가 되었다. 서독의 지분도 줄어 1949~1950년에는 2억 8,500만 달러가 제공되었다. 이에 더하여 1억 9,800만 달러가 GARIOA 원조로 들어왔는데, 이는 1950년 3월에 종료되었다. GARIOA 자금 잔여분 1억 7,200만 달러가 ECA로 이전되어 결국 1949~1950년에 서독에 제공된 외국원조는 6억 5,500만 달러였다. GARIOA 수입은 주로 식료품이었다. 서독 산업이 부흥함에 따라 마셜플랜 수입은 점차 식품에서 원자재 쪽으로 이동했다. 1948~1949년에서 1949~1950년까지 ERP 수입에서 원자재가 차지하는 비중은 27퍼센트에서 37퍼센트로 증가한 반면 식품수입의 비중은 55퍼센트에서 42퍼센트로 감소했다. 공산품 수입은 아직 미미한 수준이었다.

서독의 수출액이 1948~1949년에 8억 6,200만 달러에서 1949~1950년에 13억 6,300만 달러로 급증하자 외국원조의 상대적 중요성이 줄었다. 수출품도 석탄, 목재, 금속조각 등에서 공산품으로 바뀌어 서독의 수출에서 공산품이 차지하는 비중은 1948년에 17퍼센트에서 1950년에 65퍼센트로 증가했다. 수출증가는 1949년 9월 평가절하(1달러＝3.33DM에서 1달러＝4.20DM으로)와 미국으로의 수출촉진정책('dollar drive')에 힘입은 바 크다(Hardach 1987: 467-470).

마셜원조에서 발생한 대충자금(counterpart funds)을 서독 당국이 국내투자에 사용할 수 있게 되었으나 실적은 미미했다. 투자에 쓰일 대충자금은 GARIOA 프로그램에서 먼저 방출되었고 1949년까지 대응투자의 주요재원으로 머물렀다. 본격적인 ERP 투자계획은 1950년에야 승인되었다. 대충자금이 자본형성에 기여한 정도는 ERP 2차년도에 정점에 달한다.

1949년 하반기 순 고정자본 투자의 3.8퍼센트에서 1950년 상반기에 17.5 퍼센트로 상승했다. ERP 3차년도에 국내 자본형성속도가 커지자 대충자금의 기여도는 1950년 하반기에 12.8퍼센트, 1951년도 상반기에 5.0 퍼센트로 낮아졌다. 이후 대충자금 지출승인은 방위산업 위주였다. 1952년 하반기에 자본형성 기여도는 3.3퍼센트다(Bundesminister für den Marshallplan 1953: 26-27).

1950~1951년의 ERP 원조액은 전년도에 비해 32퍼센트 삭감된 24억 달러로 책정되었다. 3억 8,500만 달러를 할당받은 서독은 삭감률이 15퍼센트로 다른 나라보다는 낮지만 GARIOA 원조가 1950년 3월에 종료되므로 타격이 컸다. 다행히 마셜플랜 원조의 집행이 지연되면서 이월된 자금이 많아 ERP 3차년도의 총수입액은 4억 7,900만 달러였다. 원자재(41퍼센트), 식품(32퍼센트), 사료(9퍼센트)와 화물(6퍼센트) 등이 주요항목이었다(Bundesminister für den Marshallplan 1953: 23, 158).

거시정책을 보자. 이것은 1948년 7월 통화개혁 이후 인플레이션, 긴축정책으로 1949년 초 실업증가와 이에 따른 신용완화, 1949년 9월 평가절하와 신용제한, 1950년 한국전쟁의 여파로 수입가격 상승과 물가불안 때문에 신용긴축, 1952년 7월까지 지속된 신용제한 등으로 요약할 수 있다. 그러나 영국보다 평가절하 폭이 낮았기 때문에 1950년 EPU 설립과 무역자유화 움직임은 서독의 국제수지 위기를 불러왔다. 결국 1951년 2월 서독은 무역자유화를 중단하기에 이른 것이다(Emmer 1955, Holtfrerich 1999).[22]

미국 원조의 성격이 1951년 경제 재건에서 군사적 · 전략적인 것으로 바뀌면서 ERP는 종료하고 이월분의 처리는 1952년까지 MSA가 맡게 되었

---

22 부록 〈표 A-3〉은 1950~1954년간 분기별, 지역별 국제수지를 보여 준다(Bank deutscher Länder 1955: 256-259).

다. 1951~1952년의 ERP 총원조액은 15억 달러였고, 서독은 1억 400만 달러를 지원받았다. 이월된 구입 승인액을 합하여 1951~1952년의 ERP 수입액은 2억 1,000만 달러였고, 주요품목은 원자재(31퍼센트), 식품(30퍼센트), 화물(12퍼센트)이었다. 어떤 척도로 보더라도 4차년도에 오면 마셜 플랜이 서독에서 성공적이었음을 알 수 있다. 종전 후 처음으로 무역수지가 흑자를 기록했는데(〈표 8〉 참조), 이것은 대미적자를 유럽 내 흑자로 보전했음을 의미하여 장기계획이 실현되었음을 보인다. 생산에서도 1952~1953년 목표치를 1951~1952년에 조기달성했다. 산업생산은 1936년의 139퍼센트, 불변가격 GNP는 137퍼센트, 농업생산은 1933~1939년 평균의 111퍼센트를 기록했다(Bundesminister für den Marshallplan 1953: 23, 54, 82-86, 209).[23]

ERP는 1952년 6월에 공식적으로 종료되었다. 그러나 미국은 마지막으로 1952년 하반기용 5억 4,100만 달러를 내놓았는데 그 중 서독의 몫은 2,400만 달러였다. 이월된 구입승인을 합하여 1952년 7월부터 12월까지 ERP 수입액은 6,700만 달러에 달했다. 이것으로 서독은 마셜플랜 할당액을 거의 소진했는데, 1948년 4월부터 1952년 12월까지 배분된 자금의 98퍼센트를 수입에 사용했다. 1952년 하반기 ERP 수입의 구성은 전년도와 비슷하여 원자재(30퍼센트), 식품(36퍼센트), 화물(5퍼센트)을 강조했다(Bundesminister für den Marshallplan 1953: 23, 158).[24]

총액으로 보아, 또 경제적 효과로 보아도 종전 초기에 제공된 GARIOA 원조가 ERP 원조보다 중요해 보인다. 그러나 마셜플랜은 미국의 해외원

---

23 기준년도를 1938년으로 고치고 인구증가를 감안한다면 결론은 약간 달라진다. 1938년의 불변가격 1인당 소득은 1953년에야 달성되는 것이다. 또한 평균 실업자 수는 1952년에 줄어들었지만 여전히 140만 명이나 되었다(Ibid.: 89).

24 1948년 4월부터 1952년 12월까지 서독의 ERP 수입 구성은 부록 〈표 A-1〉에 표시하였다. 이와 함께 대충자금 지출구성은 〈표 A-2〉에 제시하였다(Ibid.: 156, 201).

〈표 8〉	서독의 대외무역(1948~1952)		(단위 : 10억 달러)
ERP 년도	수입	수출	수출/수입(%)
1948~1949	1.9	1.0	51
1949~1950	2.3	1.4	59
1950~1951	3.2	2.8	85
1951~1952	3.7	3.8	103

주 : 1948/49년은 프랑스 점령지역 수치를 합하였음. Hardach(1994: 319) 참조.

자료 : Bundesminister für den Marshallplan(1953: 83)

조 목표가 '구호'에서 '회복'으로 바뀌었음을 상징한다. 수입구성을 살펴보면 이것은 자명하다. 1946~1950년에는 GARIOA 수입의 72퍼센트가 식품이었다. ERP 수입은 초기에 식품 위주에서 점차 산업원자재로 비중을 옮겨갔다. 1948~1952년에 ERP 수입의 구성은 농산물(식품, 사료, 종자, 비료) 44퍼센트, 원자재 39퍼센트, 화물 8퍼센트, 연료 4퍼센트, 기계와 자동차 2퍼센트였다(부록 〈표 A-1〉 참조).

서독의 자본형성에 해외원조가 기여한 정도는 초기의 기대에 못 미쳤다. 1948~1952년 말에 대충자금으로 이루어진 투자는 총 57억 900만 마르크였다. 이중 16억 300만 마르크는 GARIOA 자금에서, 38억 2,300만 마르크는 ERP 자금에서 조달되었다. 그리고 2억 5,300만 마르크는 재투자된 이자와 재지불이었다. 투자는 석탄, 전기, 교통 등 몇몇 부문에 집중되었다. 그리고 마셜플랜은 식품과 원자재 수입을 허용함으로써 독일이 전통적 생산과 무역 패턴을 일찍 회복하는 데 큰 도움을 주었다(Bundesminister für den Marshallplan 1953: 23-24, 209-210).

서독 마셜플랜의 평가

종전직후 즉 1945~1947년 유럽지역을 괴롭힌 세 가지 위기를 극복하는 데 마셜플랜은 직접·간접적으로 기여했다. 그 하나는 세계의 권력균형에서 영국의 제국적 역할에 관한 것이다. 승전과 무역패턴, 자치령(Commonwealth)과 스털링 지역에 관련된 이권과 의무 등으로 인하여 영국은 유럽대륙 국가와 다른 위치에 있었다. 이것은 결국 유럽통합 움직임에 제동세력으로 작용한다. 또한 미국과의 관계 특수성 때문에 결국 대서양, 유럽, 자치령 세 가지 고리의 교차점에서 곡예를 해야 했다. 그러나 소련의 영향권 확대를 방지하고자 하는 미·영 공동노력의 비용을 분담할 능력이 영국에는 없었다. 1947년 태환재개의 실패로 큰 타격을 입었고, 마셜원조를 자치령 부채를 해결하는 데 사용하는 문제로 ECA와 갈등을 빚기도 했다.[25]

또 하나는 프랑스와 이탈리아(또, 벨기에)의 국내 사회안정 문제다. 1947년 경기가 급속히 나빠지면서 좌익세력의 임금동결과 석탄가 인상에 대한 반대투쟁이 격렬했다. 이런 상황에서 마셜원조가 돌파구를 제공했으며, 특히 석탄이 중요했다(Esposito 1994).

이들보다 중요성이 뒤지지 않는 것이 바로 '독일 문제'였다. 종전직후 유럽대륙에는 바르샤바 봉기, 그리스 내전, 루마니아 정부구성 등 급한 현안이 산적해 있었으나, 독일 경제와 독일인들의 사기를 회복시키는 것이 급선무였다. 초기에는 독일에 대한 적대적 대응이 잠시 있었다. 즉 독일의 생산활동을 1938년 수준으로 제한하기 위해 각 산업마다 일정 한도(Level of Industry, LOI)를 결정하고 이 수준보다 높다고 판단되는 '과잉설비'를 해체하여 배상금 형태로 몰수하는 계획이 시행되었다. 그러자 온갖 혼란이 야기되었다. 자본설비를 수거하는 대신 농산물을 지급한다는 협약은 소련이나 프랑스 점령지역에서 지켜지지 않았고, 4강 협력의 무산이 배상금 문제를 교착상태로 내몰았다. 이런 와중에서 시작된 마셜플랜은 독일

---

[25] 이것이 호건Hogan(1987)의 기본시각이다. 디볼드Diebold(1988: 423-424) 참조.

을 재건하여 이를 발판으로 서유럽의 정치경제를 회복시키자는, 일종의 정책 대변환이었던 것이다.

마셜원조에 대한 전통적 해석은 빈곤과 전체주의에서 서유럽을 구원했다는 것이다. 여기에 독일을 분단시켜 서독을 서유럽 경제와 통합시키고 공산품 수출국으로 육성한 '경제 기적'(Wirtschaftswunder)의 결과를 긍정적으로 평가하고 있다. 한편 서독에서 마셜플랜에 대한 수정주의적 해석은 마셜원조나 통화개혁의 효과를 폄하한다. 수정주의 연구들은 ERP나 DM(Deutsche Mark) 이전에, 즉 마셜원조 수입품이 도착하기 시작한 1948년 말 이전에, 아니면 1948년 6월의 통화개혁보다 훨씬 이른 1947년 중엽에 서독은 이미 경제회복이 궤도에 들어섰다고 본다. 그들은 이러한 서독의 경제회복을 다른 요인으로, 예를 들어 '따라잡기(catch-up)' 가설로 설명하고자 한다. 또한 대충자금이 총고정자본 형성에서 차지하는 비중도 낮았다(〈표 7〉 참조). 수정주의에 반발하는 해석도 있다. 이들은 원조품의 실제도착시기보다 원조계획 발표가 가져오는 기대부양효과에 주목했다. 원조액수 자체보다 의류, 전기 등 특정부분의 애로제거가 전략적으로 중요했음을 부각시킨다. 이들의 시각에는 물론 한편이 거시적이고, 다른 쪽은 미시적인 차이가 있다. 그러나 더욱 중요한 것은 각 주장이 평가의 준거로 삼고 있는 반사실적 모델(counterfactual model)이 서로 다르다는 점이다. 특정부문의 애로가 제거되지 않았을 경우의 침체, 마셜원조가 없었더라도 다가왔을 성공, 이러한 반사실적 가설이 얼마나 합리적인지에 따라 논의의 향방이 결정될 것이다(Maier 1991: 363-364, Maier and Bischof 1991: ch.1).

마셜원조의 시작 전에도 미국과 영국의 원조, 미국 군정청의 우호적 정책으로 독일경제는 서서히 회복되고 있었다. 그러나 1946년 말 경제회복은 중단되었고, 미국 점령지역의 산업생산은 군정시작 후 처음으로 하락했다. 계절적 요인도 있었겠지만 회복과정이 난관에 봉착하였음이 분명하다(〈표 9〉 참조). 교통망을 신뢰할 수 없었고, 식품공급 상황이 심각하여 루르지방에서는 시위, 무질서, 파업들이 성행하는 등 석탄생산을 위협했다. 미국은 독일의 산업부흥을 강력히 촉진하기로 정책 방향을 굳히게 된 것이다.

전시 파괴에도 불구하고 독일의 잠재생산력, 자본스톡과 노동력이 건전한 수준이었다는 사실은 앞에서 말한 바와 같다. 미국의 군정 당국자들은 오래 전에 이를 알고 있었다. 그러나 회복에 제동을 거는 요인도 많았다. LOI 계획에 따라 배상금 명목으로 분해수거하기 위한 제조업 공장의 목록

〈표 9〉	독일점령지역의 산업 생산(1945~1949)(1936=100)			
년도/분기	미국지역	영국지역	프랑스지역	소련지역
1945				
III	12	15		
IV	19	22		22
1946	41	34	36	44
I	31	30	32	39
II	37	33	36	40
III	46	37	38	47
IV	50	37	38	50
1947		44	45	54
I		34	39	41
II		44	46	48
III		46	48	
IV		50	48	
1948		63	58	60
I		54	50	
II		57	54	
III		65	61	
IV		79	67	
1949		86	78	68

자료 : Abelshauser(1991: 375)

이 작성되었다. 또한 '불법취득자산의 제거'를 위한 '반환(restitution)'도 자본스톡의 감소를 초래했다. 〈표 10〉에서 알 수 있듯이 자본스톡의 파괴, 몰수나 해체의 효과를 감안해도 1948년의 생산능력은 1936년 수준을 10퍼센트 정도 상향하고 있었다.

이에 비해 배상금 명목으로 행해지는 원자재 강제수출은 서독 경제회복에 실질적인 타격을 주었다. 종전 뒤 3년 동안 수출과 수입이 연합군의 통제 하에 있었으며 정부차원에서만 이루어졌다. 서독의 수입은 세계시장가격에 따라 달러로 지불하게 규제되었으므로 달러가 부족한 이웃나라들과 쌍무적 무역을 수행할 수 없었다. 오직 두 종류의 물자이동만 가능했다. GARIOA 원조를 통한 곡물수입과 원자재 강제수출의 형태를 띤 배상지불이었다. 이것은 공산품 중심의 서독 수출구조를 단번에 왜곡시켰다. 전쟁전의 수출 구성은 원자재 10퍼센트, 공산품 77퍼센트였던 반면, 1947년에는 원자재 64퍼센트, 공산품 11퍼센트로 급변하였다. 이 '수출'이 사실상 '숨겨진 배상'이었다는 것은 가격자료에 의해 입증된다. 연합국 측은 석탄가격을 톤당 10.5달러로 일방적으로 정하여 구매했다. 당시 세계시장

〈표 10〉　　　영미 점령지역의 총 산업고정자산(1936~1948)(1936=100)

총고정자산 1936(1936 불변가격)	100
총산업투자 1936~1945(1936 자산의%)	+75.3
감가상각(1936 자산의%)	−37.2
전시파괴(1936 자산의%)	−17.4
총고정자산 1945	120.6
총산업투자 1946~1948(1936 자산의%)	+8.7
감가상각 1946~1948(1936 자산의%)	−11.5
반환 1945~1948(1936 자산의%)	−2.4
해체 1945~1948(1936 자산의%)	−4.4
총고정자산 1948	111.1

자료 : Abelshauser(1991: 376)

가격은 25내지 30달러였다. 목재도 이와 비슷하게 세계 가격의 3분의 1에 수출되었다. 1945년 4월에서 1947년 중엽까지 약 300만 톤의 금속조각이 전리품과 배상금 조로 몰수되어 시장가격의 3분의 1에 처분되었다. 전기의 강제수출에서도 서독은 손해를 보았다. 이에 더하여 점령당국 경비를 위한 부과금, 독일인 소유의 특허나 생산과정의 몰수 등이 있었다. 따라서 1948년 말 마셜플랜 수입품이 도착하기 이전에 서독 경제의 재건기반은 많은 부분 국내에 있었던 것이다. 1947~1948년에 서독이 스스로 자원을 통제하고 해외무역 상황이 호전되자 급속한 경제성장이 예상되었다.

1946년 말에서 1947년 초 위기 이후 군정청은 자원을 특정 애로부분에 집중시켰다. 우선순위는 교통 인프라의 재건, 탄광의 광원 상여급제도 도입, 주택건설계획의 중앙화, 영국점령지역 전기생산 배증 그리고 철강공업에 필요한 석탄을 공급함으로써 철도와 주요산업시설에 원자재를 제공케 하는 일 등에 주어졌다. 이와 같은 노력은 영미점령지역의 통합(Bi-zone)과 함께 추진되었는데, 1947년 10월 무렵이면 서독경제가 외부의 도움 없이 지속적 생산증가를 이룰 수 있는 궤도에 진입한다(〈표 9〉 참조)(Abelshauser 1991: 373-383, 405-406).

서독이 마셜플랜의 도입을 환영하기만 한 것은 아니었다. 군정당국과 ECA의 행정적 갈등과 타협에 관한 긴 얘기는 이 글의 범위를 벗어난다. 그러나 마셜원조의 배분(〈표 1〉)만 보아도 ERP의 주요 목표가 서유럽 전체를 향한 것이지 서독의 경제재건을 강조한 것이 아니었음을 알 수 있다. ERP는 서독의 재건을 서유럽 경제부흥이라는 일반목표에 밀접히 연결시켰다. 초기부터 서독의 대유럽 수출을 추진함으로써, 즉 서유럽이 달러지역에서 수입해야 할 재화(자본재)를 서독에서 수입하게 함으로써, ECA는 중요한 임무를 서독에 이전한 셈이다. 이에 대한 반대급부로서 원조배분은 상대적으로 작았다. 마셜플랜 2차년도에 1인당 원조액은 프랑스 21.7

달러, 오스트리아 36.2달러, 네덜란드 45달러인 반면 서독의 경우 GARIOA 원조를 포함하더라도 12달러에 그쳤다(또한 이 가운데 상당부분을 서베를린으로 이전해야 했다).

더욱이 ERP 수입품의 도착은 제한되었고 지연되었다. 원자재 수입이 본격적으로 시작된 1949년 초에 수입품 가격은 1마르크＝30센트의 환율수준에서 지나치게 높았을 뿐더러(식품수입의 경우는 보조금이 주어졌다) 우연히 불경기가 겹쳐 ERP수입품 배달의 행정적 미숙을 악화시켰다. 1948년 말부터 성장률이 반감하고 물가가 하락했으며 실업률이 급등했던 것이다(〈표 11〉 참조). 1949년 봄에는 오히려 집행되지 않은 ERP 배분이 골칫거리였다. 생고무와 타이어, 가죽, 철강, 동·식물성유지, 저품질 원면 등이 매출감소의 곤란을 겪었다. 1949년 9월 평가절하에 뒤이은 신용제한, 엄격한 조세징수, 국가 현금보유의 일시적 증가 등이 몇몇 산업부문의 구매력을 감소시킨 면도 있었다(Abelshauser 1991: 389, 392-395).

투자를 위해 사용할 수 있는 대충자금계정에 대해서는 처음부터 그 목표와, 또 실제 집행에서 상당한 혼란이 있었다. 미국은 다른 나라와 달리 서독에 대해 두 가지 요구사항을 부과했다. 첫째, 원조는 수출로 벌어들인 달러로 갚을 것, 둘째, 대충자금 사용처의 결정권은 ECA에 있다는 조건이었다. ERP 수혜국 중 노르웨이, 영국, 덴마크 같이 자본시장이 발달하고 독자적 신용정책을 수행한 나라들은 대충자금 지출승인에 연연하지 않았거나 대충자금을 공채상환에 사용했다. 그러나 자본시장이 미성숙했거나 은행제도가 신용정책을 전달하기에 미흡했던 프랑스, 이탈리아, 서독에서는 대충자금 인출이 중요했다. 서독은 대충자금이 사실상 '독일인의 저축'임을 강조했다. 그래서 인프라 구축을 위한 장기투자 조달을 위해 자금을 즉각 방출할 것을 미국에 요구했다. 그러나 미국은 이를 물가안정을 위한 기금으로 비축할 것을 고집했다. ECA는 1950년에 주택건설, 소기업지

<표 11〉 서독의 분기별 경제발전 지표(1948~1953)

연도/분기	산업생산지수 (1936 = 100)	고용 (백만명)	실업률[1] (%)	공산품 가격지수 (1950 = 100)	생활비지수 (1950 = 100)	시간당 총 임금지수[2] (1950 = 100)
1948						
II	57	13.5	3.2	92	98	77
III	65	13.5	5.5	99	104	84
IV	79	13.7	5.3	105	112	89
1949						
I	83	13.4	8.0	104	109	90
II	87	13.5	8.7	101	107	94
III	90	13.6	8.8	100	105	95
IV	100	13.6	10.3	100	105	95
1950						
I	96	13.3	12.2	99	101	97
II	107	13.8	10.0	97	98	98
III	118	14.3	8.2	99	99	100
IV	134	14.2	10.7	104	103	105
1951						
I	129	14.2	9.9	116	115	108
II	137	14.7	8.3	121	119	117
III	133	14.9	7.7	121	108	117
IV	146	14.6	10.2	124	112	NA
1952						
I	136	14.6	9.8	122	111	120
II	143	15.2	7.6	121	109	122
III	144	15.5	6.4	121	109	123
IV	158	15.0	10.1	121	110	124
1953						
I	146	15.2	8.4	120	109	125
II	158	15.8	6.4	119	108	128
III	160	16.0	5.5	117	108	128
IV	174	15.6	8.9	116	107	128

주 : 1분기 구분은 3, 6, 9, 12월
　　 2분기 구분은 2, 5, 8, 11월

자료 : Statistisches Jahrbuch für die Bundesrepublik Deutschland(1952~1954), Wirtschaft und Statistik(1952~1954: Tabelle 1), Abelshauser(1982: 46)

원, 농업부문에는 대충자금지출을 승인했지만 장기투자 부문이나 기계 쪽은 불허했다. 결국 1949~1952년에 마셜플랜 대충자금은 총 산업투자의 5.5퍼센트 정도에 불과했다. 이들은 주로 인프라나 생산재 부분의 애로를 없애는 데 사용되었다. 초기에는 탄광, 철도, 에너지 부문에 주로 투자했고 한국전쟁 발발 후 철강공업 쪽에도 강조점을 두었다. 중공업 투자촉진과 마셜플랜을 제도적으로 연결시킨 면에서 대충자금지출은 심리적, 정치적 의미를 가졌을 수 있다. 그러나 장기투자에 대충자금을 사용하는 것은 결코 마셜플랜의 중심기제가 아니었다(Abelshauser 1991: 395-404).[26]

한편 발표효과(announcement effect)를 더욱 중요하게 생각하는 미시적 입장도 만만치 않다. 이들은 수정주의적 해석에 대해 다음과 같이 주장한다. 서독의 경기회복이 ERP 수입품의 실제 도착 시기인 1948년 말보다 훨씬 전, 즉 1947년 중엽에 시작되었다는 수정론적 해석에서는 마셜장관의 하버드대학 졸업연설(1947년 6월)이 불러일으킨 정치적·경제적 기대효과가 과소평가되어 있다는 것이다. 두 가지 예가 이러한 접근을 잘 보여준다.

당시 직물공업은 식량공급과 함께 주목의 대상이었으며, 정치적·사회적·경제적 이해의 중심적 위치에 있었다. 소비재에 대한 가격통제와 배급제가 폐지된 1948년 6월 이후 직물과 의류가격이 급등했다. 이것은 당시 매우 큰 관심사였으며, 그해 6~12월에 생활비지수 상승폭은 식품 18퍼센트, 의류 35퍼센트, 가정용품 12퍼센트, 광열비 13퍼센트였다 (*Statistisches Jahrbuch für die Bundesrepublik Deutschland* 1952: 404). 이와 같은 물가상승은 사회적 갈등을 야기하고 배급과 가격통제로의 회귀요구 등을 자극하여 시장경제실험의 성패에 관건이 되었다. 물론 직물가격상승

---

26 마셜플랜은 "서독으로 하여금 스스로 자원과 능력에 기반한 재건을 가능케 하였으며 그 과정에서 서유럽의 안정화에 기여하였다(Abelshauser 1991: 409)."

은 공급이 전후 폭발한 수요를 못 따라갔다는 것을 의미한다. 통화개혁 이후 재고가 줄고 생산이 늘었지만 수요증가를 충족시키기에는 역부족이었다. 소비자가 지닌 통화가 식품 다음으로 직물과 의류구입에 쇄도했으므로 결과는 〈그림 4〉에서 보는 것처럼 가격상승이었다. 가격상승의 효과는 당연히 직물공급을 증가시키는 방향이어야 했으나 역설적으로 그 반대현상이 나타났다. 이것은 한 편으로 미래의 원자재 공급에 대한 불확실성 때문이었고, 다른 한 편으로 직물생산자와 판매자들이 추가적인 가격상승을 예상하여 공급을 중단한 때문이었다. 물론 원자재 부족이 더욱 결정적 애로였다(Borchardt and Buchheim 1991: 417-421).

〈그림 4〉에서 알 수 있듯이 1948년 말에 소매가격은 추세가 반전되어 하락하기 시작했다. 이것은 아마 소비수요의 위축으로 일부 설명할 수 있을 것이다. 통화개혁 이후 늘어난 소비자 대중의 구매력이 포화상태에 이

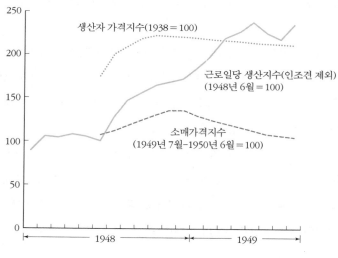

〈그림 4〉 영미점령지역의 직물생산과 직물가격(1948/49)
자료 : Borchardt and Buchheim(1991: 418)에서 작성

르러 이제 소비수준을 경상소득에 맞추어야 하게 되었다. 1948년 11월에 중앙은행 제도가 취한 신용제한 정책도 이에 한몫했을 것이다.[27]

그러나 직물처럼 정치적으로 민감한 재화는 부가적인 고려가 필요하다. 생산자 측면에서는 소매가격이 하향 반전한 이후에도, 또 생산이 연속적으로 증가하는데도 수요수준은 유지되었다. 생산자 가격은 1948년 10월에 정점에 도달하였고 그 이후에는 서서히 하락했다(〈그림 4〉). 사실상 직물거래와 의류산업은 가격에 의한 조정을 받지 못했는데, 소비자들이 제공되는 상품들을 더 이상 무비판적으로 구입하지 않았기 때문이다. 상대적으로 저품질이거나 낡고 비싼 재고들은 처분되지 않았다. 방적공장과 직포공장에서 갓 출하된 신제품들은 파는 데 문제가 없었다. 새로운 생산이 줄어든 것은 재고 감소가 아닌 오히려 증가를 초래했다. 이러한 모든 새로운 형태의 시장과정은 그 원인이 마셜플랜 수입에 의해 원자재를 확보하려는 데 있었다(Borchardt and Buchheim 1991: 425-426).

수입, 특히 원면 수입은 영미점령지역 직물업의 원자재를 공급하는 데 결정적으로 중요했다. 1948~1949년 초에 영미점령지역 면사의 절반 가까이가 면방적 공장에서 생산되었다. 면사수입이 미미했음을 볼 때 서독 내에서 생산된 면사가 직포공장의 가장 중요한 투입요소였음이 분명하다. 〈그림 4〉에서도 통화개혁 이후 1949년 초까지 직물생산과 특히 생산성(노동시간당 생산)이 꾸준히 상승한 것을 알 수 있다. 이에 비해 원면수입은 1948년 7월에 1만 3,500톤에서 1948년 11월 5,000톤으로 급감했다. 다음 달부터 ERP 수입이 도착할 때까지 직물공장의 원자재는 거의 전부 서독 내에서 자급했고, 원면와 면사 재고가 바닥나다시피 했다. 즉 1948년 12

---

27 독일중앙은행(BdL은 Reichsbank와 Bundesbank 사이에 위치했다) 월례보고서 *Monatsbericht der Bank deutscher Länder*, Jan. 1949: 12, 24ff; Buchheim(1993); Emmer(1955); Holtfrerich(1999). 그리고 앞의 주 22) 참조.

월 도착으로 시작된 ERP 수입이 없었다면 직물공장은 모두 폐쇄될 위기였다는 것인데, 이것은 마셜플랜 초기 수입품 즉 원면, 양모, 황마, 가죽 등이 적절한 시기에 도입된 덕택이 아니라 원자재가 서독에 들어올 테니까 그때까지 기존 서독 내 재고 원자재를 다 써가면서 생산했다는 뜻이다. 실제 원자재가 도착했기 때문이 아니라 ERP 수입을 기대(발표효과)했기 때문에 재고를 고갈시킬 수 있었다. 마셜플랜이 이러한 애로를 제거했을 가능성을 제공했다. 이 설명은 가죽과 신발공업의 관계에도 적용된다(Borchardt and Buchheim 1991: 426-431, Buchheim 1993: 76).

ERP 수입이 서독의 직물공업을 도와 시장생산에 믿음을 준 하나의 예라면, 대충자금 투입에 의한 발전소 건설, 또 이에 따른 전기생산 회복이 가속화된 것은 또 다른 예다. 발전량의 회복은 산업생산보다 훨씬 빨랐다. 1948년에 이미 1936년 수준을 넘어섰으나 수요를 채우기에는 아직 많이 모자랐다. 가전용품과 난방, 공장용 에너지 수요 등이 기술진보에 따라 장단기 전기수요를 급증시켰으며 한국전쟁기에 전기부족은 더욱 극심했다. 석탄부족과 효율적 발전소부족이 사태를 악화시켰는데, 전기부족은 비효율적 발전소의 용량확장 방식으로 1953년 이후에야 어느 정도 해소시킬 수 있었다. 이런 상황에서 대충자금으로 새로운 발전소를 건설하는 일은 시급하고 불가결한 것이었다.

실제로 1952년까지 재건금융공사(Kreditanstalt für Wiederaufbau, KfW)가 관리한 대충자금 32억 마르크DM 중 약 4분의 1이 전기산업에 투여되었다. 이는 석탄이나 철강산업 투자액보다 컸다.[28] 대충자금은 주로 발전

---

28 기간을 어떻게 잡는지, 계획, 승인, 실행 중 어느 단계에서 포착한 통계를 인용하는지에 따라 수치가 조금씩 달라진다. 예를 들어 대충자금 총액도 〈표 A-2〉에는 35억 7,500만 마르크이며 주로 전기인 에너지 투자액은 재건금융공사KfW 자료에 의하면 8억 3,500만 또는 7억 2,900만 마르크, 바움가르트Baumgart(1961: 71)에 의하면 8억 7,200만, 〈표A-2〉의 수치는 7억 2,600만 마르크다.

소의 신설 또는 확장에 사용되었고, 분배망 확충을 위한 자금은 회사자체라든가 다른 곳에서 조달했다. 규모로 보아 분배망 투자가 훨씬 중요했기 때문에 ERP 대충자금이 전기산업 투자되었다는 의미는 나머지 다른 자금을 발전소 신설에 묶이지 않게 해줌으로써 분배망 확충에 전념할 수 있다는 데 있다. 결국 대충자금은 1948~1952년 동안 발전량 증가분의 5분의 3, 발전소 신설의 5분의 4를 차지하여 2,400메가와트(MW)의 용량증가를 기록했다. 새로운 발전시설이 경제성장을 가속했을 만큼이 ERP 대충자금의 기여도라고 생각하자. GDP 대비 전력소비비율이 고정이라고 가정한다면 대충자금이 없었을 때 1952년 GDP가 약 17퍼센트 감소했을 것이다. 또 발전용량 1킬로와트(KW) 당 평균비용을 계산하여 대충자금의 기여도를 추계한다면 GDP의 약 9퍼센트가 된다. 물론, 당시 달러부족 상황을 생각한다면 이들 부문의 실제가격(shadow price)은 더 높았을 것이고 이에 앞으로 발생할 누적효과를 감안하면 위의 추계는 과소평가가 된다 (Borchardt and Buchheim 1991: 436-440, 450).[29]

통화개혁과 무역확대

위에서 본 것처럼 마셜플랜의 경제적 성과에 관한 수정주의적 해석은 ERP 수입량이나 대충자금의 상대적 규모를 근거로 하고 있다. 이에 대한 반론은 발표효과와 애로제거의 미시적 측면을 부각시킨다. 이들의 차이점은 설명틀과, 가정하고 있는 '반사실적' 상황에 있는 것으로 보인다. 그러나 이와는 다른 차원의 접근이 또 가능하다. 통화개혁과 대외경제개방이

---

[29] 추가적인 문제는 ERP 대충자금이 없을 때 나머지 액수라도 조달할 수 있었을까 하는 것이다. 통화 개혁 직후 발전소 수익이 낮았으므로 생산비에도 못 미쳤다. 불완전한 자본시장에서 KfW가 다른 곳에서 자금을 끌어올 수 있었을까? 중앙은행 신용이 대충자금을 대체할 수 있었을까? 물가와 국제수지에 신경 쓰느라 그리 쉽지는 않았을 것이다.

그것이다.

1948년 6월의 통화개혁은 여러 정치상황 때문에 서독지역에서만 수행되었다. 같은 해 3월 발족한 새로운 중앙은행(Bank deutscher Länder)이 발권을 독점했고, 환율은 새 화폐 1마르크(DM) = 미화 30센트로 고정되었다(49년 9월에 평가절하). 물가동결은 공식적으로 폐기되었다. 공산품 가격은 생산비를 충당할 수준까지 상승했고, 임금은 15퍼센트 인상되었다. 소비자는 배급대신 1인당 60마르크씩, 기업은 고용인 1인당 60마르크씩 할당받았다. 은행과 중앙 그리고 지방당국, 공기업, 국가사회당 조직의 채권은 소멸되고, 기타 모든 신용은 1인당 할당과 기업할당을 계상한 나머지 부분에 대해 10라이히스마르크(RM) 대 1도이체마르크(DM)로 교환되었다(Buchheim 1999: 90-94).[30]

통화개혁은 시장경제회복의 시발점이었다. 화폐임금으로 식품을 구매하게 되어 근로의욕이 고취되고 생산성이 향상되었다. 또한 수출환경을 개선하는 효과가 있었다. 물론 1949년까지는 달러결제조항 때문에 수입과 수출이 제한되었다. 달러조항이 철폐된 뒤 독일의 무역량은 늘고 경제개방이 가속되었다. 이것은 통화개혁 이후 이윤추구의 유인이 생겨 수출품 생산이 증가했기 때문에 가능했다. 서독의 수출은 1948~1952년 사이에 5배 증가했고 증가분 중 10분의 9가 공산품이었다. 수출 중 공산품이 차지하는 비중은 1948년에 40퍼센트 미만에서 1952년에 80퍼센트 이상으로 늘었다. 특히 OEEC 국가로 금속, 기계, 운송 장비를 수출하여 제1차 세계대전 이전에 독일제국이 담당하던 서유럽에의 자본재 공급자 역할을 회복한 것이다. 전후초기 서유럽은 자본재 수입을 주로 미국에 의존했다.

---

30 동결된 계정을 감안하면 총액으로 보아 실제 교환비율은 10대 1이 아닌 100대 6.5였다. 소련 점령지역에서도 별도의 통화개혁이 진행되었는데, 이것이 동서독 분단을 사실상 완결시킨 것이며 베를린 봉쇄의 시작시점과 일치한다.

1948년까지만 하더라도 오스트리아, 덴마크, 프랑스, 영국, 이탈리아, 노르웨이, 스위스 등은 기계와 운송장비의 39퍼센트를 미국에서, 4퍼센트를 서독에서 수입했다. 1952년에 오면 수입선이 미국 26퍼센트, 서독 24퍼센트로 달라졌고, 1955년에는 각각 20퍼센트와 32퍼센트로 변화했다. 이것이 유럽의 달러부족 사태해결에 도움을 주어 1958년 태환 회복에 기여했음은 물론이다. 결국 마셜플랜의 하나로 추진되던 서독의 통화개혁이 궁극적으로는 오히려 ERP 성공의 전제조건이 된 것이다(Buchheim 1993: 80-83).

독일을 폐쇄경제에서 탈피시켜 개방경제로, 특히 서유럽과의 다자간 무역망에 흡수된 유기체로 육성하는 것은 ECA의 의도였을 뿐 아니라 달러원조나 추가적 투자보다 근본적으로 높은 우선순위를 가진 목표였다. 서독의 자본재가 미국의 자본재를 대체하여 서유럽에 공급됨으로써 달러부족사태를 해결하도록 하려는 노력은 바로 EPU 결성으로 이어졌다. 이것은 서방 세계를 양대 통화블록, 즉 서유럽 통화지역과 달러지역으로 분할시킨 의미를 가졌다. 미국 국무부와 ECA의 이러한 정책은 미국 재무부나 브레튼우즈 체제의 기본 교리인 전세계적 다자간 무역에 위배되는 것이었다. 이는 또한 1880년대 이후 지속되던 무역패턴, 즉 미국, 영국, 독일이 세계 제조업 수출의 60퍼센트, 자본재 수출의 3분의 2를 담당했던 모습과도 달랐다. 서독의 공산품 수출 대상은 주로 서유럽이었다. 그러나 프랑스나 이탈리아보다 오히려 다른 소규모 개방경제인 오스트리아, 벨기에, 네덜란드, 노르웨이, 스웨덴, 스위스 등 자본재 특히 기계류의 수입수요가 큰 나라에 집중되었다(Milward 1991: 452-455, 462-464).

ERP, ECA가 서독을 세계경제에 재편입시키려는 목표는 결과적으로 미국이 대가를 치를 만큼 초과달성되었다. 취약한 노조와 귀환 또는 이민 노동자들 때문에 저임금이 오래 지속되었고, 나중에는 기술진보와 생산성

향상에 힘입어 경쟁력이 강해지면서 서독은 미국과 영국의 수출시장을 잠식했다. 서유럽 내부의 다자간 무역을 촉진하기 위한 EPU 결성은 차별적 무역블록을 형성하여 미국과 영국의 희생 하에 서독경제를 급속히 성장시킨 것이다. 이런 의미에서 서독에서 마셜플랜의 효과는 무역부분에서 가장 컸다고 할 수 있다(Milward 1991: 481-482, 484).

　EPU가 서유럽내 다자간 결제를 가능케 하여 무역확대에 기여했다는 것은 앞 절에서 설명한 바와 같다. 이제 서독 경제재건의 시각에서 EPU에 대해 다시 논의해 보자. 이를 위해 1939년부터 보호령 또는 점령국을 흡수하여 40년 이후 광대해진 독일치하 유럽의 다자간 무역형태와 결제망을 살펴볼 필요가 있다. 제국은행 산하의 중앙결제연합(Deutsche Verrechnungs-kasse)이 점령지역을 포함한 '대경제권(Grosswirtschaftsraum)'의 결제소 역할을 했다. 이것은 점령지역의 착취 수단이라고 할 수 있다. 〈표 12〉는 각 국에 대한 누적 결제 잔고를 보여 준다. 프랑스, 네덜란드, 벨기에, 폴란드 등에 결제적자가 크고 기타 동유럽이나 남유럽은 상대적으로 착취액수가 작았음을 알 수 있다. 무역패턴을 보면 수입에서 산업내 무역이 늘어나고 있어 '비특화(despecialization)' 과정을 보여 준다. 다시 말하여 점령지는 원자재 공급원이 아니라 독일에서 생산요소와 자본장비를 가져다가 완제품을 생산하여 되파는 강요된 통합경제였음을 나타낸다. 또한 프랑스와 베네룩스 3국과의 결제가 동유럽보다 상대적으로 컸다는 자료는 전후 EPU 가입이 독일 무역방향의 재편이 아니라 전시 패턴으로의 복귀라는 것을 말한다(Berger and Ritschl 1995: 222-225).[31]

　따라서 종전 후 세계적 무역단절은 독일과의 무역단절을 의미한다. 자본재를 미국에서 수입하려니 달러부족이 심각하고 따라서 서독 경제부흥

---

31 1960년 무렵까지 산업내 수입이 재등장하고 자본재 수출이 증가하는 모습은 독일경제의 전후 재건 잠재력을 표현하는 것으로 해석되고 있다.

	1940	1941	1942	1943	1944
벨기에	−131.9	−666.4	−1,980.1	−3,882.9	−4,976.2
덴마크	−190.7	−384.1	−559.1	−1,007.9	−1,421.2
프랑스	−55.2	−811.9	−2,590.0	−5,799.9	−8,532.2
폴란드	−11.3	−754.5	−1,753.0	−2,845.2	−4,712.7
그리스	−5.9	−59.1	−65.5	+69.3	+261.9
네덜란드	−425.4	−1,255.8	−2,345.6	−4,240.2	−5,989.6
노르웨이	+13.1	+59.5	+90.6	+159.6	+21.5
보호령 (보헤미아, 모라비아)	+0.2	−0.3	−11.2	−12.2	−3.5
세르비아	−	−52.4	−154.2	−370.2	−553.1
유고슬라비아	+46.5	+56.7	+50.5	−6.3	−10.5
우크라이나	−	−	−3.5	+279.6	+292.8
러시아	−	−	−	+318.4	+204.0
에스토니아	−0.3	−0.1	−0.1	−0.1	−
리투아니아	−2.3	−2.3	−2.3	−2.3	−
라트비아	−0.8	+0.1	+0.1	+0.1	−
합계 I	−763.3	−3,870.7	−9,323.4	−17,340.1	−25,418.9
알바니아	−	−	−	−	−2.3
불가리아	−48.5	−219.7	−425.4	−657.8	−758.2
핀란드	+6.0	+99.9	+131.1	+143.3	+31.9
이탈리아	−15.6	−236.3	−503.8	−241.8	−147.3
크로아티아	−	−23.8	−99.8	−563.2	−1,051.6
루마니아	−55.7	−360.1	−623.8	−721.8	−1,126.4
슬로바키아	−86.1	−197.6	−275.7	−466.3	−631.7
헝가리	−0.1	−193.0	−577.3	−1,049.5	−803.7
합계 II	−199.2	−1,130.5	−2,374.8	−3,557.0	−4,489.3

독일의 누적 결제잔고(1940~1944)　　　(연말, 100만RM)

자료 : Bundesarchiv Koblenz, R7/3636, fol.41

이 관건이 되었다. 중앙결제연합에 대한 혐오에도 불구하고 왜 EPU가 선호되는가. 이론적으로는 유럽통화의 충분한 평가절하와 브레튼우즈 태환으로 달러부족을 해결할 수 있었다. 그러나 그런 방법으로는 '독일문제'를 풀지 못하는 것이다. 서독을 유럽내 분업질서에 재통합시키기 위해 EPU가 필요했다. 종전직후 전시 결제부채를 회수하기 위해 벨기에와 네덜란드가 먼저 이와 비슷한 장치를 원했지만 이때는 미국이 달러결제조항을 고집했다. 이는 독일의 지불능력을 확보하기 위한 것이었다. 결국 미국의 채권을 전시채무나 배상금보다 우선적으로 인정한다는 조항을 (seniority clause) 선행시킨 후에야 1949년에 달러결제조항을 포기하게 되었다. 전시부채는 1953년 이후 따로 논의하기로 하고 새로운 신뢰와 운영자금으로 다자간 신용을 창출하자는 EPU는 상호견제의 타협물이었다. 이것은 브레튼우즈 태환보다 용이하고 쌍무적 결제보다 우월한 장치였다 (Berger and Ritschl 1995: 226-228).

EPU 다자간 결제에 참여하고 무역자유화를 실행한 이후 서독은 무역량이 급증했으나, 1949년 10월~1950년 3월, 또 1950년 7월~1951년 3월에 EPU 국가들에 대해 경상적자가 다량 발생하는 국제수지 위기를 맞게 된다(〈그림 5〉 참조). 이것은 서독이 EPU에 대한 적자를 축적하는 '적응기간'이라고 해석된다. 서독은 주로 1차산품과 원자재 수입으로 발생한 이 'EPU위기'를 벗어나려는 노력은 당분간 적극적으로 경주하지 않았다. 높은 실업률 때문에 긴축정책은 쓸 수도 없었으며 생산과 수출에 필요한 수입을 규제하는 보호주의정책도 1951년 2월까지 채택하지 않았다. 서독이 서유럽 경제에 통합되는 과정에서 '적응위기(adaptation crisis)'를 야기하고 극복하는 양상이라는 것이다(Berger and Ritschl 1995: 229-231).

그러나 이와 같은 경상수지 적자는 다른 요인으로도 충분히 설명할 수 있다. 우선 1949년 9월 유럽 각국통화의 평가절하시 절하폭이 상대적으로 낮았기 때문에(마르크(DM) 20.6퍼센트, 파운드 스털링pound sterling 30.5퍼센트) 마르크화가 고평가되었다. 이것은 아마도 수입가격을 낮게 유지할 수 있는 장점이 있었겠지만 무역수지에는 바람직하지 않았을 것이다. 그리고 1950년 6월의 한국전쟁은 서독의 수입품 가격을 일시적으로 상승시킨 효과가 있었을 것이다. 물론 이러한 설명은 증상을 묘사할 뿐이고 원인

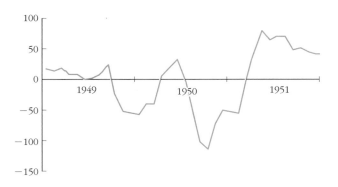

〈그림 5〉 서독의 EPU 국가들에 대한 월별 경상수지(100만 달러)
자료 : Bank deutscher Länder, *Monatsberichte*(각월호)

을 밝히는 길이 아닌지도 모른다.[32]

4. 남은 이야기 : 마셜플랜의 현대적 의의

이제 이 글을 요약하고 마셜플랜의 경험이 어떤 의의와 시사점을 갖고 있는지 생각해 보자. 서유럽 전반에 걸친 경제적 성과를 다각도로 검토하여 나라마다 다른 점이 많지만 마셜플랜이 비교적 성공적이었다는 결론을 내릴 수 있을 것이다. 첫째, 마셜원조는 생산증대에 필요한 재화의 수입은 물론 성장을 위한 투자 가속을 가능케 하였다. 이에 더하여 생산성 향상과 기술이전을 위한 노력이 수반되었다. 둘째, 통화금융개혁을 통한 안정화 과정을 추진했으며 물가통제와 배급제를 해제하고 시장경제회복의 틀을 마련했다. 이것은 또한 노동시장의 공급유인을 고취했다. 셋째, 무역자유

---

32 테민Temin(1995)은 한국전쟁이 서독경제의 회복에 도움을 주었다는 일부 학설들을 효과적으로 비판하고 있다.

화의 환경을 조성했으며 적절한 다자간 결제기구 형성을 촉진했다. 그 결과 무역량이 생산보다 빠른 속도로 증가했다. 넷째, OEEC와 EPU를 결성, 운영케 함으로써 서유럽 경제통합의 기반을 제공했다. 즉 투자자금이나 외환의 부족을 보전한 것도 중요하지만 '시장위기'의 극복, 분배분쟁의 해결, 경제협력에의 기여 등이 마셜플랜의 성과로 평가되어야 한다고 주장했다.

서독의 재건에 대한 마셜원조의 기여는 양상이 복잡하다. 자본스톡과 양질의 미취업 노동력 등 서독경제의 재건기반은 많은 부분 국내에 존재했다. 문제는 자본부족이 아니라 낮은 가동률에 있었다. 마셜원조액이 상대적으로 적었는데도 오히려 집행되지 않은 ERP 수입이 골칫거리였다. 대충자금 투자실적은 미미했으며 배상금 명목의 원자재 강제수출이 서독경제를 왜곡시킨 면이 있다. 마셜플랜의 역할을 긍정적으로 평가하기 위해서는 원면수입의 '기대효과', 발전소 건설에 의한 전기공급 증대 등 미시적인 애로제거를 따져야 할 것이다. 무엇보다도 통화개혁을 통한 시장경제 회복 그리고 EPU 가입에 따라 다자간 유럽무역에 자본재 공급국으로서 재통합된 사실을 강조했다. 서유럽 경제부흥이라는 일반목표, 또 유럽통합의 추진에서 서독의 역할이 부상했음을 부각시켰다.

구소련과 동구의 계획경제 붕괴 이후 조직적인 원조의 필요성 여부에 관한 논란이 많았다. 마셜플랜의 경험에서 얻을 수 있는 교훈을 검토하는 일련의 시도도 있었다(Eichengreen and Uzan 1992, Dornbusch, Noelling and Layard 1993). 우선 초기조건을 비교할 때 1989년 이후 구소련 동구권 경제의 형편은 1947년 무렵 마셜원조 수혜국들의 상황보다 훨씬 나빴다. 금융개혁이나 안정화는 IMF의 권고로 1947년 이탈리아의 예와 같은 신속한 결과를 보였다. 그러나 오히려 개혁의 미시적 측면이 중요한 것으로, 제도미비 상태에서 이루어진 생산수단 사유화는 심각한 주인-대리인 문제를 야기했다. 더 큰 문제는 시장행위를 보장할 법적, 제도적 장치가 결여되어 있다는 것이었다. 경영행위를 감시하고 계약을 집행하며 노사협약을 추진할 법제나 행정적·사회적 기구가 마련되어 있지 않았다. 원조의 역할에서도 마셜플랜의 공헌 비슷한 것이 기대되지 않았다. 분배적 갈등은 지나치게 심각하여 약간의 원조로는 해결이 불가능할 전망이고, 무역의 와해는 지금 지역적 EPU 같은 기구의 결성으로 해결되지 않을 것이다. 생산성의 철학을 이전하기도 힘들 것이다. 결국 초기조건과 원조의 성과기대라는 측면에서 비교불가능한 점이 너무 많다(Reichlin 1995: 53-63, Eichengreen and Uzan 1992: 52-54).[33] 그런데도 구소련 동구권에 대한 원조가 시장기구, 자유무역, 금융안정의 방향으로 정책을 집중토록 유도하게 되면 마셜플랜의 경험에서와 같이 성장을 가속시킬 수 있을 것으로 생각된다(DeLong and Eichengreen 1993: 221-223).

마셜원조의 성격 중 하나는 IMF의 긴축기조로부터 서유럽을 '구해준' 면이라고 2절에서 언급한 것을 상기하자(각주 18). 구소련 붕괴 이후 동유럽에 대해서도 긴축 일변도의 정책 권고를 지속하는 것이 꼭 바람직한 것인지 의심스럽다. 또한 구소련 동유럽에 원조를 제공할 때 집단적인 패키지 방식이 논의되는 것이 바람직하며, 특정 프로그램에 원조하지 않고 특정인, 특정집단에 무조건적 지원을 제공하는 것은 수혜국의 지배층이 악용할 여지가 있음을 염두에 두어야 할 것이다(Esposito 1995: 86-88).[34]

나아가서 마셜플랜 때와는 달리 1990년대 이후에는 민간자본시장에서 세계 방방곡곡으로 장단기 자금이 이동하고 있다. 여기에는 재정안정, 민영화, 규제완화, 무역개방, 행정효율을 막론하고 아무런 개혁조건이 부가

---

33 몇 년 전 모 정치인이 북한에 마셜플랜이 필요하다고 언급한 적이 있으나 개방 후 북한도 비슷한 상황이 될 것이다.
34 국제전쟁 이후의 코소보나 이라크 등에도 이러한 권고가 적용될 것이다.

되지 않는다. 이와 같은 '시장에 기반을 둔 마셜플랜(market-based Marshall Plan)'은 시행착오의 위험이 따르게 마련이며 오히려 물가, 이자율와 금융정책을 불안정하게 할 우려가 있다(Eichengreen 2001: 139-141).

마지막으로 마셜플랜이 결과적으로 추진한 셈인 유럽통합은 1990년대 이후 지역주의의 모범적 사례가 되고 있다. 그러나 지역주의가 진정한 의미의 다자간 세계시장통합의 디딤돌인지 아니면 걸림돌인지 매우 혼란스러운 형편이다. GATT/WTO에 통보된 지역무역협정이 189개가 되는 상황에서 이들을 세계적 후생증진으로 연결시키도록 관리하는 문제가 점점 심각해질 전망이다(양동휴 2004).

『경제사학』 37, 2004. 12

● 부록

〈표 A-1〉 마셜플랜 개시 후 서독과 서베를린 지역의 ECA/MSA 원조물품 공급

(1948. 4. 3- 1952. 12. 31)

상품	구분금액(단위 1000달러)	
식품과 농산물		
010 빵 제조용 곡물	234,927	
020 사료 곡물	162,627	
030 쌀	516	
040 밀제품	132	
050 식용 유지	80,573	
060 기름덩어리와 밀가루	2,469	
070 사탕	54,481	
080 육류	18,516	
090 낙농제품	212	
110 드라이 아이스	1,960	
120 종자, 기름짜는 씨 제외	323	
121 콩류	3,346	
122 감자	4,664	
125 야채	3,812	
130 말린 과일	2,126	
131 기타 과일과 호도, 땅콩 제외	5,240	575,924
공산품		
050 공업용 유지	13,122	
140 커피	4,603	
150 식용 동식물제품	360	
160 담배	82,831	
170 원면	261,091	
175 면사	4,084	
180 양모	7,603	
190 식물성 섬유, 면직 제외	6,629	
200 동물의 모발	2,170	
210 비식용 동식물제품	4,741	
215 수지와 테레빈	10,450	
220 알코올	1,007	
235 인조비료	6,086	
370 의약품	3,527	
380 공업용 화학제품, 알코올 제외	7,936	

390	기타 화학제품	7,928	
470	피혁	32,377	
480	가죽	8,664	
540	섬유제품	6,352	
570	목재	6,927	
591	종이	20,555	
620	원유와 파생물	61,226	
640	비금속 광물, 석재, 흙	6,516	
650	NE 광석과 정선광	29,011	
651	철광석과 정선광	1,498	
660	선철, 압연제품, 철합금	3,465	
691	알루미늄, 알루미늄 합금	1,622	
692	구리	25,762	
693	놋쇠, 청동	1,231	
695	니켈	1,708	
696	주석	681	
697	아연	3,901	
698	각종 비철금속	13,511	
710	발전기와 모터	492	
720	전기기구	240	
740	건설 광산 채굴 장비	3,914	
750	공작기계	5,580	
760	금속가공기계	2,886	
780	공업기계	17,351	
820	자동차 및 자동차 부품	5,161	
850	철도장비	716	
880	과학도구	237	
890	각종 공업원료 및 가공품	1,499	
891	고무	7,186	
930	기술서비스	1,224	
P	프로젝트 획득권	2,030	697,691
하물			
950	선적하물	113,002	
951	석탄과 식품	209	113,211
			1,386,826
	신용		· 22,506
	공급총액		1,364,320

자료 : Bundesminister für den Marshallplan, *Wiederaufbau im Zeichen des Marshallplanes 1948~1952*, Bonn(1953: 156)

<표 A-2> 마셜플랜 개시 후 대충자금 사용계획과 실제 지출 (단위 : 100만 DM)

사용목적	1952. 9. 30		1952. 12. 31	
	계획	실행	계획	실행
A. 투자				
에너지	725.75	710.78	725.75	725.75
탄광	591.00	505.65	591.00	527.00
기타공업(철강 제외)	480.64	470.29	479.38[a]	474.41
농산물과 식품	372.73	311.66	372.73	337.75
주택건설(점령군 주택 제외)	331.28	292.81	331.28	301.10
해운(항만포함)	175.92	150.23	175.92	157.14
가스와 수도	86.46	83.91	86.46	85.55
전차	17.30	17.30	17.30	17.30
철강	167.68	167.26	167.68	167.49
관광	22.57	22.12	22.57	22.26
소투자, 도피기업	95.70	95.70	95.70	95.70
내륙하운	9.40	9.40	9.40	9.40
내륙항만	11.96	11.96	11.96	11.96
사설전차	6.75	6.53	6.75	6.75
교통업	85.69	54.89	85.69	59.79
우편	20.00	20.00	20.00	20.00
연구	0.59	0.43	0.59	0.43
B. 보조금				
농산물	111.95	74.70	111.95	87.20
연구	30.46	22.80	30.46	24.41
개발건물	0.52	0.45	0.52	0.45
달러지역 시장개척	4.30	2.88	4.30	3.83
C. 기술지원	1.50	0.22	1.50	0.51
서독지역 합계	3,350.02	3,031.98	3,348.76	3,136.18
베를린	475.24	395.10	475.24	439.56
예비비	38.74	–	40.00	–
총계(베를린포함)	3,864.00	3,427.08	3,864.00	3,575.74

주 : a 126만 DM을 예비비로 이전

자료 : Bundesminister für den Marshallplan, *Wiederaufbau im Zeichen des Marshallplanes 1948~1952*, Bonn(1953: 201)

〈표 A-3〉

서독의 분기별 지역별 국제수지(1950~1954)

(단위 : 100만 달러)

분기별	총계			EPU 지역			기타청산지역			청산협정없는 지역 (IMF와 세계은행 포함)		
	무역수지	무역수지+무역외수지	외국원조	무역수지	무역수지+무역외수지	외국원조	무역수지	무역수지+무역외수지	외국원조	무역수지	무역수지+무역외수지	외국원조
1950. 1	−203.6	−214.7	+161.8	−106.8	−121.4	+33.9	+6.5	+6.0	−	−103.3	−99.3	+127.9
2	−75.8	−79.0	+81.6	−25.0	−30.2	−22.6	+26.7	+26.2	−	−77.5	−75.0	+104.2
3	−113.9	−118.9	+119.7	−70.9	−77.4	+0.1	+11.9	+9.6	−	−54.9	−51.1	+119.6
4	−163.7	−188.2	+127.7	−137.6	−160.8	+0.1	+19.5	+13.8	−	−45.6	−41.2	+127.6
1951. 1	−97.7	−143.4	+122.6	−56.8	−86.3	+0.0	+16.8	+12.1	−	−57.7	−69.2	+122.6
2	+170.3	+131.4	+151.5	+231.3	+222.7	+0.0	+20.1	+12.9	−	−81.1	−104.2	+151.5
3	+118.6	+85.2	+113.9	+171.2	+158.1	+0.0	+24.1	+17.0	−	−76.7	−89.9	+113.9
4	+169.4	+112.7	+39.7	+230.8	+206.6	−	+28.7	+20.6	−	−90.1	−114.5	+39.7
1952. 1	+41.0	−0.1	+24.2	+159.9	+110.7	−	+2.2	−3.3	−	−121.1	−107.5	+24.2
2	+206.6	+221.6	+21.2	+209.2	+181.5	−	+47.9	+42.3	−	−50.5	−2.2	+21.2
3	+208.0	+229.7	+38.3	+196.3	+163.4	−	+57.0	+53.6	−	−45.3	+12.7	+38.3
4	+74.8	+115.6	+30.8	+20.6	−5.5	−	+56.7	+52.2	−	−2.5	+68.9	+30.8
1953. 1	+109.5	+133.6	+12.2	+80.9	+51.2	−	+23.1	+18.7	−	+5.5	+63.7	+12.2
2	+235.1	+246.2	+16.7	+190.1	+148.4	−	+52.4	+46.6	−	−7.4	+51.2	+16.7
3	+232.1	+245.0	+13.0	+169.8	+123.3	−	+47.5	+44.3	−	+14.8	+77.4	+13.0
4	+305.9	+346.1	+21.1	+238.7	+211.2	−	+47.0	+43.2	−	+20.2	+91.7	+21.1
1954. 1	+261.5	+262.7	+29.7	+220.1	+182.3	−	+8.6	+3.2	−	+32.8	+77.2	+29.7
2	+214.7	+202.6	+17.7	+217.1	+156.0	−	+7.0	+3.1	−	−9.4	+43.5	+17.7
3	+263.6	+279.1	+12.1	+218.1	+165.2	−	+5.8	+2.2	−	+39.7	+111.7	+12.1
4	+211.9	+212.6	+9.7	+203.6	+160.9	−	−14.0	−19.3	−	+22.3	+71.0	+9.7

자료 : Bank deutscher Länder, Statistisches Handbuch der Bank deutscher Länder 1948~1954, Druck-und Verlagshaus Frankfurt a.M.(1955: 256–259)에서 작성

1946. 3	모네플랜Monnet Plan
1946 .7	Government and Relief in Occupied Areas(GARIOA)
1947. 6. 5	미국무장관 George C. Marshall 하버드 대학 졸업식 연설
1947. 7	Committee of European Economic Cooperation(CEEC)
1947. 9	파운드 태환 실패, Bretton Woods 체제 와해
1948. 4. 3	European Recovery Program(ERP) 입법
	European Cooperation Administration(ECA) 활동 시작
1948. 4	서독 Bank deutscher Länder
1948. 4. 16	Organisation for European Economic Cooperation(OEEC)
1948. 6	서독 통화개혁
1948. 10	Agreement for Intra-European Payments and Compensations(AIEPC)
1949. 4	North Atlantic Treaty Organization(NATO)
1949. 9	유럽 각국 평가 절하(파운드 30.5%, DM 20.6%)
	독일 연방공화국(서독) 정부수립
1949. 10	Mutual Defense Assistance Program(MDAP)
1950. 5	슈만플랜Schuman Plan
1950. 8	OEEC, Code of Trade Liberalisation 채택
1950. 9	European Payments Union(EPU) 7월 1일부터 소급적용
1951. 2	서독 무역자유화 중단
1951. 4	European Coal, Iron and Steel Community(ECSC)
1951. 12	영국 무역 자유화 축소
	Marshall Plan 종료, Mutual Security Administration(MSA)가 ECA대체
1952. 4	프랑스 무역자유화 중단, 독일은 자유화 재개
1953. 3	OEEC, European Productivity Agency(EPA) 설립, 5월 발효
1954. 4	프랑스 무역자유화 재개, 사실상 평가절하
1955. 8	European Monetary Agreement(EMA) 조인, 1958. 12 발효 각국통화 태환회복
1957. 3	Treaty of Rome, 1958. 1부터 European Economic Community(EEC), EURATOM 발효

참고문헌

김세원(2004): 『EU 경제학: 유럽경제통합의 이론과 현실』, 박영사.

김종현(1991): 『근대일본경제사』, 비봉출판사.

양동휴(2002): 「자본주의의 황금기 1950-1973: 전후 호황의 원인과 성격」, 『경제논집』, 41-1, pp.1-28.

───(2004): 「지역주의는 세계화의 디딤돌인가 걸림돌인가: 이론적 역사적 고찰」, 『경제논집』, 43-1 · 2, pp.131-164.

Abelshauser, W.(1975): *Wirtschaft in Westdeutschland 1945-1948: Rekonstruktion und Wachstumsbedingungen in der amerikanischen und britischen Zone*, Stuttgart: Deutsche Verlagsanstalt.

──────────(1981): "Wiederaufbau vor dem Marshall-Plan, Westeuropas Wachstums-chancen und die Wirtschaftsordnungspolitik in der zweiten Hälfte der vierziger Jahre," *Vierteljahreshefte für Zeitgeschichte*, 29, S.545-78.

──────────(1982): "West German Economic Recovery, 1945-1951: A Reassessment," *Three Banks Review*, 135, pp.34-53.

──────────(1991): "American Aid and West German Economic Recovery: A Macro-economic Perspective," in C. S. Maier and G. Bischof(eds.), *The Marshall Plan and Germany: West German Development within the Framework of the European Recovery Program*, New York, Berg, pp.367-409.

Bank deutscher Länder(1948ff): *Geschäftsberichte*(annual reports), various issues.

──────────(1948ff), *Monatsberichte*(Monthly reports), various issues.

──────────(1955), *Statistisches Handbuch der Bank deutscher Länder, 1948-1954*, Frankfurt/M.

Barbezat, Daniel(1997): "The Marshall Plan and the Origin of the OEEC," in R. T. Griffiths(ed.), *Explorations in OEEC History*, Paris, OECD, pp.33-44.

Barkin, S.(1983): "The Postwar Decades: Growth and Activism Followed by Stagnancy and Malaise," in Barkin(ed.), *Worker Militancy and its Consequences*, New York, Praeger.

Baumgart, E. R.(1961), *Investitionen und ERP-Finanzierung*, Berlin: Duncker & Humblot(DIW Sonderhefte(N. F.), 56.

Berger, H. and A. Ritschl(1995): "Germany and the Political Economy of the Marshall Plan,

1947–52: a Re-Revisionist view," in B. J. Eichengreen(ed.), *Europe's Post-war Recovery*, Cambridge, Cambridge University Press, pp.199–245.

Borchardt, K. and C. Buchheim(1991): "The Marshall Plan and Key Economic Sectors: A Microeconomic Perspective," in Maier and Bischof(eds.), *The Marshall Plan and Germany: West German Development within the Framework of the European Recovery Program*, New York, Berg, pp.410–51.

Buchheim, C.(1990): *Die Wiedereingliederung Westdeutschlands in die Weltwirtschaft 1945–1958*(Quellen und Darstellungen zur Zeitgeschichte Bd.31), Munich, Oldenbourg.

―――――(1993): "Marshall Plan and Currency Reform," in Diefendorf, Frohn and Rupieper(eds.), *American Policy and the Reconstruction of West Germany, 1945–1955*, Cambridge, Cambridge University Press, pp.69–83.

―――――(1999): "The Establishment of the Bank deutscher Laender and the West German Currency Reform," in Deutsche Bundesbank(ed.), *Fifty Years of the Deutsche Mark: Central Bank and the Currency in Germany since 1948*, Oxford, Oxford University Press.

Bundesminister für den Marshallplan(1953): *Weideraufbau im Zeichen des Marshallplanes 1948–1952*, Bonn.

Bundesminister für wirtschaftlichen Besitz des Bundes(1959): *Deutschland im Wiederaufbau 1949–1959: Ein Historischer Rückblick*, Bonn.

Burk, K.(2001): "The Marshall Plan : Filling in Some of the Blanks," *Contemporary European History 10–2*, pp.267–294.

Carew, Anthony(1987): *Labour under the Marshall Plan: The politics of productivity and the marketing of management science*, Manchester, Manchester University Press.

Cini, Cichelle(2001): "From the Marshall Plan to EEC:Direct and Indirect Influences," in M. Schain(ed.), *The Marshall Plan: Fifty Years After*.

Crafts, N. F. R. and G. Toniolo(eds.)(1996): *Economic Growth in Europe since 1945*, Cambridge, Cambridge University Press.

DeLong, J. B. and B. J. Eichengreen(1993): "The Marshall Plan: History's Most Successful Structural Adjustment Program," in R. Dornbusch, W.Noelling and R. Layard(eds.), *Postwar Economic Reconstruction and Lessons for the East Today*, Cambridge, MA, MIT Press, pp.189–230.

Deutsche Bundesbank(ed.)(1976a): *Deutsche Geld – und Bankwesen in Zahlen 1876–1975*, Frankfurt/M, Lang.

―――――(ed.)(1976b): *Währung und Wirtschaft in Deutschland 1876–1975, Frankfurt/M, Lang.*

―――――(ed.)(1999): *Fifty Years of the Deutsche Mark: Central Bank and the Currency in Germany since 1948*, Oxford, Oxford University Press.

Diebold, W.(1952): *Trade and Payments in Western Europe: A Study in European Cooperation 1947–1951*, New York, Harper & Bros.

──────(1988): "The Marshall Plan in Retrospect: A Review of Recent Scholarship," *Journal of International Affairs*, 41, pp.421-435.

Diefendorf, J. M., A. Frohn and H-J. Rupieper(eds.)(1993): *American Policy and the Reconstruction of West Germany, 1945-1955*, Cambridge, Cambridge University Press.

Dornbusch, R., W. Noelling and R. Layard(eds.)(1993): *Postwar Economic Reconstruction and Lessons for the East Today*, Cambridge, MA, MIT Press.

Dulles, A. W.(1993): *The Marshall Plan, edited and with an introduction by M. Wala*, Oxford, Berg.

Eichengreen, B. J.(1993): *Reconstructing Europe's Trade and Payments: The European Payments Union*, Manchester, Manchester University Press.

──────────(ed.)(1995): *Europe's Postwar Recovery*, Cambridge, Cambridge University Press.

──────────(1996a): *Globalizing Capital: A History of the International Monetary System*, Princeton, Princeton University Press.

──────────(1996b): "Institutions and Economic Growth: Europe after World War II," in N. F. R. Crafts and G. Toniolo(eds.), *Economic Growth in Europe Since 1945*, Cambridge, Cambridge University Press.

──────────(1996c): *The Reconstruction of the International Economy, 1945-1960*, Cheltenham, Edward Elgar.

──────────(2001): "The Market and the Marshall Plan," in M. Schain(ed.), *The Marshall Plan: Fifty Years After*, Houndmills, Palgrave, pp.131-145.

────────── and M. Uzan(1992): "The Marshall Plan : Economic Effects and Implications for Eastern Europe and the Former USSR," *Economic Policy*, 14, pp.13-76.

Emmer, R. E.(1955): "West German Monetary Policy, 1948-54" , *Journal of Political Economy*, 63, pp.52-69.

Esposito, Chiarella(1994): *America's Feeble Weapon: Funding the Marshall Plan in France and Italy, 1948-1950*, Westport, CT, Greenwood Press.

──────(1995): "Influencing aid recipients: Marshall Plan lessons for contemporary aid donors," in B. J. Eichengreen(ed.), *Europe's Post-war Recovery*, Cambridge, Cambridge University Press, pp.68-90.

Gardner, Ray(2001): "The Marshall Plan Fifty Years Later: Three What-Ifs and a When," in M. Schain(ed.), *The Marshall Plan: Fifty Years After*, Houndmills, Palgrave, pp.119-129.

Gillingham, J.(1995): "The European Coal and Steel Community: an object lesson?" in B. J. Eichengreen(ed.), *Europe's Post-war Recovery*, Cambridge, Cambridge University Press, pp. 151-168.

──────(2003): *European Integration 1950-2003: Superstate or New Market Economy?*, Cambridge, Cambridge University Press.

Gimbel, J.(1976): *The Origins of the Marshall Plan*, Stanford, Stanford University Press.

Griffiths, R. T.(ed.)(1997): *Explorations In OEEC History*, Paris, Organisation for Economic Cooperation and Development.

Hardach, G.(1987): "The Marshall Plan in Germany, 1948-1952," *Journal of European Economic History*, 16, 3, pp.433-485.

————(1994): *Der Marshall-Plan: Auslandshilfe und Weideraufbau in Westdeutschland 1948-1952*, München, Deutscher Taschenbuch Verlag.

Hoffmann, S. and C. Maier(eds.)(1984): *The Marshall Plan: a Retrospective*, London, Westview Press.

Hogan, M. J.(1985): "American Marshall Planners and the Search for a European Neocapitalism," *American Historical Review*, 90, 1, pp.44-72.

————(1987): *The Marshall Plan: America, Britain and the Reconstruction of Western Europe, 1947-1952*, Cambridge, Cambridge University Press.

Holtfrerich, C-L.(1999): "Monetary Policy under Fixed Exchange Rates, 1948-70," in Deutsche Bundesbank(ed.), *Fifty Years of the Deutsche Mark: Central Bank and the Currency in Germany since 1948*, Oxford, Oxford University Press.

Judt, T.(2001): "Introduction," in M. Schain(ed.). *The Marshall Plan: Fifty Years After*, Houndmills, Palgrave, pp.1-9.

Kaplan, Jacob J. and Günter Schleiminger(1989): *The European Payments Union: Financial Diplomacy in the 1950s*, Oxford, Clarendon Press.

Kindleberger, C. P.(1987): *Marshall Plan Days*, Boston, Allen & Unwins.

Kipping, M. and O. Bjarnar(eds.)(1998): *The Americanisation of European Business: The Marshall Plan and the Transfer of US Management Models*, London, Routledge.

Kluge, U.(1993): "West German Agriculture and the European Recovery Program, 1948-1952," in Diefendorf, Frohn and Rupieper(eds.), *American Policy and the Reconstruction of West Germany, 1945-1955*, Cambridge, Cambridge University Press, pp.155-74.

Maier, C.(1987): *In Search of Stability: Explorations in Historical Political Economy*, Cambridge, Cambridge University Press.

————(1991): "Introduction to Part III," in Maier and Bischof(eds.), *The Marshall Plan and Germany: West German Development within the Framework of the European Recovery Program*, New York, Berg, pp.363-366.

Maier, C. and G. Bischof(eds.)(1991): *The Marshall Plan and Germany: West German Development within the Framework of the European Recovery Program*, New York, Berg.

Marglin, S. A. and J. B. Schor(eds.)(1990): *The Golden Age of Capitalism: Reinterpreting the Postwar Experience*, Oxford, Clarendon Press.

Milward, A.(1984): *The Reconstruction of Western Europe, 1945-51*, Berkeley, University of California Press.

————(1991): "The Marshall Plan and German Foreign Trade," in Maier and Bischof (eds.), *The Marshall Plan and Germany: West German Development within the Framework of the European Recovery Program*, New York, Berg, pp.452–87.

───────(2000): The European Rescue of the Nation-State, 2nd ed., London, Routledge.

OECD(1996), *The European Reconstruction 1948–1961: Bibliography on the Marshall Plan and the OEEC*, Paris, OECD.

───────(2002), *The Rise and Fall of a National Strategy, 1945–63*, London, Frank Cass.

Price, H.(1955): *The Marshall Plan*, Ithaca, NY, Cornell University Press.

Reichlin, L.(1995): "The Marshall Plan Reconsidered," in B. J. Eichengreen(ed.), *Europe's Post-war Recovery*, Cambridge, Cambridge University Press, pp.39–67.

Schain, M. A.(ed.)(2001): *The Marshall Plan: Fifty Years After*, Houndmills, Palgrave.

Schroeder, H-J.(ed.)(1990): *Marshallplan und Westdeutscher Wiederaufstieg: Positionen-Kontroversen*, Stuttgart, Franz Steiner Verlag.

Statistisches Bundesamt(1950ff): *Statistisches Jahrbuch für die Bundesrepublik Deutschland*, Bonn.

Temin, P.(1995): "The Koreaboom in West Germany: fact or fiction?" *Economic History Review*, 48, pp.737–753.

───────(2002): "The Golden Age of European Growth Reconsidered," *European Review of Economic History*, 6, pp.3–22.

Turner, Ian D.(ed.)(1989): *Reconstruction in Post-War Germany: British Occupation Policy and the Western Zones, 1945–55*, Oxford, Berg.

U. S. Department of State(1947–): *Foreign Relations of the United States(FRUS)*, various years and volumes.

U. S. Economic Cooperation Administration(ECA)(1949): *European Recovery Program: Western Germany*, Country Study, Washington, D. C.

U. S. Mutual Security Agency(1953): *Procurement Authorizations and Allotments*, Division of Statistics and Reports, Washington, D. C.

Wexler, I.(1983): *The Marshall Plan Revisited: The European Recovery Program in Economic Perspective*, Westport, CT, Greenwood Press.

───────(2001): "The Marshall Plan in Economic Perspective: Goals and Accomplishments," in M. Schain(ed.), *The Marshall Plan: Fifty Years After*, Houndmills, Palgrave, pp.147–152.

제6장
자본주의의 황금기 1950~1973
••• 전후 호황의 원인과 성격

1. 머리말

1973년 달러화의 금태환 정지와 오일쇼크는 세계적, 특히 선진국들의 경기침체와 시기적으로 일치한다. 이는 몇 년이 지나지 않아 경제학자들이 설명해야 할 주요 대상으로 자리 잡았다. 또한 이 불황국면이 장기화되자 전간기와 1970, 80년대의 장기침체, 이 둘 사이의 1950, 60년대를 '자본주의의 황금기'라 지칭하여 오히려 이 '대호황'의 원인과 성격을 구명하는 일로 과제가 바뀌었다(〈표 1〉 참조). 실제로 영국의 보수당 해럴드 맥밀런Harold Macmillan 수상은 1959년에 "지금처럼 좋은 시절은 결코 없었다."라는 구호로 선거에서 승리했다. 1972년 국제연합 보고서는 "1970년대 초반과 중반의 기저에 깔린 성장추세가 1960년대와 마찬가지로 앞으로도 계속될 것을 의심할 만한 특별한 이유가 전혀 없다."라고 썼다 (Hobsbawm 1994: 257, 259). 그러던 것이 1982년 12월 미국 경제학회 연례 학술대회에서 경기의 장기파동에 관한 분과토론이 열리게 된다(Mansfield 1983, Rosenberg and Frischtak 1983, D. Gordon, Weisskopf, and Bowles 1983). 물론 1973년 무렵을 분기점으로 장기침체가 대호황기를 대체한 사실에 대해 여러 학자들이 지속적으로 논의를 거듭하고 새로운 해석을 시도하고 있다. 1982년 무렵 학계가 '전통적' 견해를 대표한다면 그 뒤 20년이 지난 시점에는 많은 새로운 모색이 있었다. 립 반 윙클Rip van Winkle이 캣츠킬 산에서 잠들었다가 허드슨 강변의 고향 동네로 돌아온 만큼의 시간이 흘렀고, 그만큼 환경이 바뀐 것이다. 이 글은 1973년 이후의 경기침체, 아니 그보다도 1950년에서 1973년까지의 대호황을 설명하는 전통적 해석을 개관하고 새로운 접근을 살핀다. 이로써 '자본주의의 황금기'의 성격을 파악할 좌표를 얻으려는 것이다.[1]

〈표 1〉 1인당 실질 GDP 증가율(1820~1998) (연율, %)

	1820~1870	1870~1913	1913~1950	1950~1973	1973~1998
서유럽	0.95	1.32	0.76	4.08	1.78
미국	1.34	1.82	1.61	2.45	1.99
동유럽	0.63	1.31	0.89	3.79	0.37
구소련	0.63	1.06	1.76	3.36	−1.75
일본	0.19	1.48	0.89	8.05	2.34
동아시아16개국	−0.10	0.49	−0.08	3.83	3.30

자료 : Maddison(2001: 186, 216)

우선 〈표 1〉에서도 알 수 있듯이 미국과 유럽(이하 계속 서유럽을 지칭한다) 그리고 일본은 상황이 약간 달랐다. 제2차 세계대전에서 파괴가 거의 없었던 미국은 '황금기'가 더 빨랐다. 유럽과 일본은 미국의 첨단기술을 도입하여 따라잡는(catch-up) 이점을 누렸을 것이기 때문에 대호황기에 훨씬 더 높은 성장률을 기록했다. 미국은 이미 19세기 후반부터 대량생산 산업 부문에서 강세를 보였다. 풍부한 자원과 대규모 시장 덕택에 기술적 우위를 획득할 수 있었다. 전간기에도 대량생산과 과학에 기초한 조직적

---

1 1982년 이후 출간된 문헌에도 '전통적' 해석이 많다. 여기서 립 반 윙클이 얼마동안 잠들었는지는 패러디일 뿐이다. 워싱턴 어빙Washington Irving의 소설 〈립 반 윙클〉은 미국판 '도끼자루 썩은 이야기'다.

연구가 결합된 전기·화학 분야에서, 전후에는 과학기술 인력과 연구개발에의 막대한 투자효과가 위력을 발휘하는 하이테크 부문에서 우위를 차지할 수 있었다(Nelson and Wright 1992). 이와 같은 기술 우위는 신산업 부문의 거대 기업조직에서 규모와 범위의 경제 실현, 대량투자, 대규모 유통·판매망 구축, 전문경영인층의 형성 등에 의한 조직적 능력 배양으로 보완되어 지속적 성장의 기초를 닦을 수 있었다(Chandler 1994). 자연자원의 추출, 가공 등에 노력을 기울인 것도 중요한 요인이었다(Wright 1990, P. M. Romer 1996). 반면 유럽이나 일본은 세계대전으로 인한 파괴에서 회복될 시간이 어느 정도 필요했고 대호황기는 빠른 회복의 연장선상에서, 그리고 일정 부분 미국을 따라잡는 과정으로 이해를 할 수 있다는 것이다. 앞으로의 논의에서는 이러한 점을 감안할 필요가 있다.

제2차 세계대전의 혼돈상태를 벗어난 직후 유럽이나 일본은 1948년 무렵부터 급속히 회복되기 시작했다. 1951년 정도면 이를 마무리하고 이후 20여 년 간의 황금기로 돌입한다. 제1차 세계대전 이후 전간기 동안 물적 생산성이 향상되고 있었는데도 혼란과 대공황을 겪었던 것과는 매우 대조적이다. 국내총생산에서 군비지출이 차지한 비중도, 전쟁 중 파괴와 손실의 크기도 제1차 세계대전보다 제2차 세계대전 때에 분명히 더 컸다. 따라서 세계경제체제에 더 심한 타격을 주었다. 그랬는데도 제2차 세계대전 후 회복이 빠르고 안정적이었던 이유는 논란의 여지없이 미국이 세계 리더로 부상하여 국제적 조정과 협력이 이루어졌기 때문이다. 관대한 무기대여(Lend-Lease) 협약으로 전시채무부담 문제를 회피할 수 있었고, 브레튼우즈 회의로 새로운 국제통화체제의 틀이 마련되었다. 폐허가 된 유럽의 곤궁을 수습하기 위해 구호원조(UNRRA)도 이루어졌다. 이른바 마셜플랜(유럽부흥계획)을 통해서 1948년에서 1951년까지 공여와 차관의 형태로 총 120억 달러가 넘게 유럽에 제공되었다. 즉 거시경제정책, 금융상황과 국제무역협정 등이 문제해결에 도움을 주는 환경을 조성했던 점이 중요하다(Feinstein, Temin, and Toniolo 1994, 1997: ch.10.1). 앞으로 이와 같은 사실을 염두에 두고 전통적 해석과 새로운 접근을 차례로 살펴보고자 한다.

2. 전통적 해석

여태껏 한 번도 경험해 보지 못한 대호황이 10년 넘게 지속되는 1960년 대에 경제학자들은 이를 설명하기 위해 비교적 단순한 이론틀부터 원용하기 시작했다. 루이스Lewis(1954)의 '무제한적 노동공급에 의한 경제발전' 가설 즉 전통부문에서 저고용(underemployed)된 노동 '예비군' 층이 저임금 노동을 탄력적으로 공급함으로써 공업부문 생산이 안정적으로 증가한다는 저개발국 경제발전이론을 차용하였다. 킨들버거Kindleberger(1967)는 탄력적 노동공급이 소득분배를 더욱 불평등하게 만들고 이윤율을 높였으며 따라서 높은 투자율을 유지할 수 있었다고 설명한다. 1950년 이후 구미 각국의 괄목할 만한 경제성장의 원동력은 대규모 노동투입의 가용성이다. 노동공급은 높은 인구 자연증가율과 여성의 노동력 참여율(미국, 네덜란드), 농업에서 공업과 서비스 부문으로의 노동이동(독일, 프랑스, 이탈리아), 이민의 유입(미국, 독일, 프랑스, 스위스)에서 비롯되었다. 노동공급이 가속되지 않은 영국, 벨기에, 스칸디나비아 제국은 성장속도가 상대적으로 느렸다. 이와 관련하여 매디슨Maddison(1964)은 국내총생산 중 투자 비중이 엄청나게 증가한 사실과 자본스톡에 기술진보가 체화된 것을 관찰했다. 그리하여 투자행위 자체가 생산성을 향상시키는 성과를 가져온 주된 요인이라고 주장했다. 수출수요와 전망도 투자를 증진시키는 요인 중의 하나다. 또한 수출은 시장 확대에 따라 생산에서 규모의 경제를 가져오며 국제수지제약에서 벗어날 수 있게 하여 투자자금과 원자재 수입대금 조달을 가능케 한다. 이와 같은 과정을 '황금기'의 수출주도형 성장이라고 부른다(Lamfalussy 1961, Beckerman 1962. 이 부분은 크래프츠Crafts와 토니올로Toniolo(1996: ch.1 sec.3)의 논의를 따랐다). 결국 여기까지는 전부 투자율 제고를 공통분모로 가진다고 할 수 있다. 투자와 성장 간의 인과관계 방향을 문제 삼지 않더라도 투자수요를 따져보아야 할지도 모른다. 한 편으로는 한국전쟁 특수를 거론하기도 하고 다른 한 편으로는 미국경제가 일찍부터 호황인 점 그리고 유럽내부의 상호교역확대를 강조하기도 한다(Temin 1995, Milward 1984, Lamfalussy 1961). 케인스주의적 수요관리를 여기서 언급할 수 있다.

전간기와 달리 제2차 세계대전 후에는 정부가 적극적인 총수요 안정정책으로 투자와 성장에 적절한 환경을 조성했다는 주장이 있다(Boltho 1982). 실제로 이러한 가설을 검정하려는 노력의 결과는 만족스럽지 못했다. 구체적으로, 더 안정적이고 예측 가능한 금융환경이 성장에 이로운 영향을 미친 반면 경기변동의 폭을 좁히는 정책은 이와 별 상관이 없는 것으로 나타났다. 실제로 가장 빠른 성장을 보인 독일이나 이탈리아는 전후 통화정책이 케인스주의적 '미세조정(fine tuning)'이라고 지칭하기 부적절하다(Crafts and Toniolo 1996: ch.1, 11-12). 또한 케인스주의적 안정화 정책을 썼을 때 수요자극이 임금이나 물가보다 실질생산에 영향을 주어야만 투자와 성장을 유지하는 효과가 날 것이다. 그런데 이것은 또 노동시장의 상태에 따라 달라진다.[2]

올슨Olson(1965, 1982)의 이익집단 가설은 전후 대호황이 전시에 경제성

---

2 또한 미국의 경우 1950년대의 통화정책은 주로 인플레 예방책이었다. 최근 한 경험적 연구는 1950년대 연방준비제도Federal Reserve의 정책이 1990년대와 매우 비슷하였다고 주장한다(Romer and Romer 2002).

장에 역행하는 분배적 연대(distributional coalition)들이 정리된 결과라고 설명한다. 기득권을 가지고 집단이익을 추구하던 분파들이 퇴출되므로 전시에 사회적 파괴가 큰 나라일수록, 특히 패전국에서 전후성장이 빨랐다는 것이다. 그러나 실증분석에서는 '분배적 연대'의 강도와 특질을 측정할 대리변수가 마땅치 않을 뿐더러 '코포라티즘Corporatism'의 각종 척도를 도입해 보아도 경제성과에 대한 설명력이 늘지 않았다. 이론적으로도 이기적 목표를 추구하는 이익집단의 존재가 성장을 저해하는 것인지 의심스럽다. 또한 역사적 사실과도 합치하지 않는다. 예를 들어, 1950년대 독일 노동시장의 제도적 구조는 1920년대 독일의 경우와 닮았고(그리고 1940년대에 독일의 국가사회주의 엘리트들이 거의 숙청당하지 않았고) 20세기 어느 시점의 영국과 비교해도 비슷하지 않았다. 또한 전쟁, 점령, 정치적 혼란 등은 이익집단을 약화시키기보다 오히려 확대발전시켰다는 것이다 (Toniolo 1998: 254, Crafts and Toniolo 1996: ch.4). 이것과 관련하여 전쟁 중 파괴가 심할수록 더 빠른 속도로 재건하는 경향이 있다는 논의가 있다 (spring back). 실제로 회복기(1947-1952년 무렵)에 이러한 현상이 관찰되지만 1950·60년대 대호황기에는 합당한 설명이 되지 못한다.

루이스Lewis(1949, 1978) 이래로 학자들은 기초상품의 공산품에 대한 상대가격의 변화추이에 깊은 관심을 기울여 왔다. 이 지표는 1차산품 수출국의 교역조건과 연결된 경제상태를 파악하는 데 주로 이용되어 왔으나 선진국들의 '황금기'와도 밀접한 관련이 있다. 〈그림 1〉에서 보듯이 1차산품의 가격지수를 공산품 가격지수로 나눈 비율은 세계가격이든 미국의 가격이든 1950년대와 1960년대에 지속적으로 하락하였다. 이 시기가 선진국들이 '대량소비단계'에 진입한 때라면 기초상품의 상대가격하락은 한 편으로 실질임금 상승을 가속하였을 것이다. 이것은 대규모 소비수요가, 특히 소득탄력성이 높은 상품 즉 자동차, 내구소비재, 여행, 교육, 보건 등의 소비가 증대한 효과를 낳았다. 다른 한 편으로 원자재 가격하락은 이윤전망을 밝게 하여 투자와 성장에 긍정적 영향을 주었다(Rostow 1978, 1985).

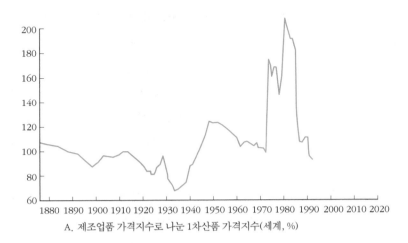

A. 제조업품 가격지수로 나눈 1차산품 가격지수(세계, %)

B. 완제품 가격지수로 나눈 원자재 가격지수(미국, %)

〈그림 1〉 상대가격추이

자료 : Rostow(1985: 259, 260), 1983 이후는 UN *Statistical Yearbook*, *Economic Report of the President* 각 연도를 이용하여 계산

흔히 거론되는 황금기 쇠퇴와 장기침체의 지속 요인을 몇 가지 더 살피자. 이 역시 황금기의 성격을 가늠하는 데 도움을 줄 수 있다. 우선 생산성 증가세 둔화가 1973~1996년까지 계속되었다. 따라서 석유파동의 충격을 과장할 수 없다. 에너지의 실질가격은 1990년대 초가 되면 1972년 수준으로 복귀했다(〈그림 1〉 참조). 민간설비투자의 부족으로 장기침체를 설명하려는 데에도 무리가 따른다. 같은 기간 노동생산성 증가율만 감소한 것이 아니라 총요소생산성 성장도 낮아졌기 때문이다. 이것은 산출-자본계수의 정체 또는 하락을 의미하는데, 민간투자부족설과는 맞지 않은 결과다. 사회간접자본투자가 미흡했다는 지적도 있다. 그러나 인프라 투자와 거시경제 지표 간의 인과관계가 미묘할 뿐더러 사회간접자본의 많고적음으로 국가별 생산성 차이를 설명하는 데는 많은 어려움이 있다. 정부규제, 특히 환경관련규제가 생산성 정체에 일정한 역할을 한 것은 사실이나 그 정도가 미미하고 화력발전 같은 몇몇 특수산업에 그 영향이 국한되었다. 표준적 시험성적으로 측정한 교육의 질적 저하와 생산성과의 상관관계는 거의 없는 것으로 나타났다(R. J. Gordon 2001: 1). 소득분배의 평등도와 성장의 관계도 관심거리다. 제2차 세계대전 후 최근까지를 대상으로 한 연구에 의하면 OECD국가 중 영어권(북미, 호주, 영국)에서는 불평등이 심할수록 성장률이 높았던 반면 유럽대륙에서는 평등도와 성장이 같이 갔다.[3] 그러나 소득분배와 생산성 성장 간의 인과관계를 밝히는 이론이 아직 합의된 것이 없다. 따라서 모종의 사회적 제도가 생산성과 소득분배에 동시에 영향을 미친 것으로, 그리고 이 영향이 지역적으로 달랐다고 추정할 수밖에 없다.

3 유럽 대륙에서는 지니계수가 5~10퍼센트 포인트 하락하면 균제상태steady state 노동생산성이 1퍼센트 포인트 상승한 반면 앵글로-색슨 국가들에서는 지니계수 5퍼센트 포인트 상승이 1퍼센트 포인트의 성장자극을 가져왔다. 브란돌리니Brandolini와 로씨Rossi(1997), 토니올로Toniolo(1998: 257)에서 재인용.

위에서 열거한 모든 가설들은 한 가지 요인으로 1950~1973년의 대호황을 설명하려는 시도로서 많은 비판에 적절히 대응하기 힘들어 보인다. 또한 각 산업마다 환경이 다르므로 한 가지 원인으로 모든 것을 포괄하는 것은 불가능하다. 그렇다 해도 데니슨Denison(1967, 1985)처럼 절충적으로 고속성장에 기여했을 모든 가능한 요인을 열거하는 방법은 황금기의 특성을 모호하게 만들 위험이 있다. 그의 모델은 모든 생산요소 투입량의 변화를 포함한 연후에 심지어 탈농 현상이나 범죄율까지를 언급하는 것이다.

3. 장기파동

콘드라티에프Kondratieff와 슘페터Schumpeter(1939, 1943) 이래로 경기의 장기파동(long wave)에 관심을 두는 학자들이 늘었다. '자본주의의 황금기'도 장기파동의 한 국면으로 해석하려는 시도가 드물지 않다. 선구자들의 아이디어를 종합한 가설, 즉 자본주의의 내적 조절 메커니즘에 의해 기술혁신이 주기적으로 군집(cluster)을 이루어 나타나며 이것이 생산과 물가의 장기파동을 가져온다는 설명이 있다. 이것은 '불황이 이노베이션을 촉발한다'는 명제에서 출발한다고 할 수 있다. 하지만 이 자체를 회의하는 견해도 있다. 또한 파동의 주기가 40~60년이어야 한다는 주장은 여러 가지로 비판을 받고 있다. 또한 이노베이션이 발명, 혁신, 전파, 투자행위, 생산성 제고, 산출증가 등의 경로를 따른다면 주요 기술혁신의 군집이 파동 형태를 보이기 위해서는 기존의 혁신이 자신의 성장과 쇠퇴의 경로를 따를 때까지 다른 대체적인 혁신은 배제될 필요가 있다. 만약 이러한 시간적인 간격 기제(spacing mechanism)가 없다면 중첩되는 혁신은 순환적이기보다 지속적인 성장을 보일 것이다. 다시 말해 주기적인 순환이 내생적 변화임을 밝혀야 할 터인데 오히려 역사적 사건(historical accident)의 성격이 더 많다는 지적이 있다(Mansfield 1983, Rosenberg and Frischtak 1983). 여기서 역사적 사건이란 체제 충격(system shock), 예를 들면 브레튼우즈 고정환율제의 붕괴라든지 제도적 정책혼합의 급격한 변경 같은 것을 말한다. 장기적으로 서서히 변하는 예로는 공업화나 정부역할의 증가, 기업규모의 변화나 노동조합의 성장, 국제관계 즉 무역, 이민, 자본이동, 기술이전 등의 심화를 포함한다고 할 수 있다(Maddison 1991: 108-111).

어찌되었든 자료가 비교적 풍부한 과거 130년 동안을(〈표 1〉에서는 180년 정도를 대상으로 하였음을 기억하라) 관찰하면 대략 몇 개의 국면(phase)으로 나누어 관찰할 수 있다. 쿠즈네츠Kuznets(1963: 24-25)에 따르면 성장단계를 구분하기 위해 다음과 같은 점을 고려할 필요가 있다.

① 경험적으로 검증이 가능한 특징들로서 식별되어야 한다.
② 이러한 특징들은 한 특정 국면에만 유일하게 나타나야 한다.
③ 이전 단계와의 분석적 관계가 분명히 인식되어야 한다.
④ 다음 단계와의 분석적 관계가 분명히 인식되어야 한다.
⑤ 단계구분이 적용되는 지리적 경계를 파악할 필요가 있다.

이러한 조건은 지나치게 결정론적이고 충족하기 어려운 사항임이 분명하다. 〈표 2〉는 1870년 이후 4개 국면의 특징을 나열한 것으로 '황금기'의 성격을 비교적 잘 보여 준다고 할 수 있다(Maddison 1991: 120-121).

〈표 2〉에서 황금기로의 이행과 황금기의 쇠퇴가 시스템 충격과 관련된 것이라면 일군의 마르크스주의 학자들은 장기 순환이 자본주의 운행에 내재된 '법칙法則'에 따라 나타난다고 설명한다. '황금기'는 장기파동의 상승국면이고 황금기 이후의 침체가 하강국면이라고 할 때 정상적인 축적조

	실업/물가안정 트레이드 오프에 관한 정부정책의 입장	국제결제 체제의 성격	노동시장의 행태	국제무역 에서의 자유도	국제요소 이동에서의 자유도
I 1870~1913 자유주의 국면	실업에 무관심	금(파운드) 본위 경직적 환율	약한 노조, 임금 약간의 하방 신축성	매우 자유스러움, 수량제한·외환 통제 없고, 관세가 유일한 장벽	거의 완전자유
II 1913~1950 인근 궁핍화 국면	물가 및 환율 안정을 위해 대규모 실업 의식적으로 감수	향수적 평가로 금본위복귀, 정부부채에 대한 분쟁, 1931체제붕괴 후 조정가능한 고정환율	임금 하방 신축성을 정부가 강제	수량제한 외환통제광범 관세대폭인상	자본과 노동 이동 극심한 통제
III 1950~1973 황금기	완전고용 우선	고정(경직은 아님)환율, 대규모 국제신용기관	강한 노조 임금 하방 경직성	자유무역과 관세동맹방향 으로 강력선회	자본노동이동 점진적 대폭 자유화
IV 1973 이후 조심스러운 목표의 국면	물가안정 우선	체제붕괴 후 변동환율과 EMS내 안정 지역확대	노조 약화	자유무역 유지	자본이동 자유증가, 노동이동 제한

자료 : Maddison(1991: 120-121)

건이 회복된다면 다시 순환이 계속되고 이것이 실패하면 장기침체에 빠진다는 것이다. 사회적 축적구조(SSA: social structure of accumulation)라고 불리는 제도 집합을 강조하는 이들의 설명을 아주 단순하게 표현한다면 다음과 같다(D. Gordon, Weisskopf, and Bowles 1983).[4]

---

4 이 가설을 '황금기'에 적용한 대표적인 저작으로 마글린Marglin과 쇼어Schor(1990) 참조. 프랑스의 조절학파Regulation에서도 비근한 접근을 택하고 있다. 예를 들어 아글리에타 Aglietta(1976).

이윤율에 따라 투자와 성장이 움직인다고 가정하고 π는 이윤의 크기, K는 자본스톡, Y는 생산, W는 임금총액, H는 노동투입시간이라고 하면

이윤율(π/K) = 이윤몫(π/Y) × 산출자본비율(Y/K)

이윤몫(π/Y) = 1-임금몫(W/Y) = 1 - 시간당 임금(W/H) × 노동생산성의 역수 (H/Y)

가 된다. 순환적 침체기에 산출자본비율이 떨어지면 이윤율이 저하한다.[5] 이때 고비용 기업을 퇴출시키고 잔존기업의 고비용 생산과정을 폐기함으로써 산출자본계수를 증가시킬 수 있다. 자본계수에 대한 순환의 효과는 기업 간 경쟁압력에 대한 순환의 효과와 밀접한 관련이 있다. 이윤몫에 대한 순환적 침체 효과는 더 복잡하다. 침체국면에서는 시간당 임금이 하락하고 시간당 노동생산성이 상승한다. 임금과 노동생산성은 산업예비군의 규모와 관련하여 기업 간 경쟁압력 또는 노동에 비해 강화된 자본의 힘에 의해 변화한다. 이와 같이 침체기에는 이윤몫과 산출자본비율이 커지는 경향이 발생하여 재생산적 순환으로 복귀하게 된다. 이러한 연관이 작동에 실패하는 것은 SSA의 유용성이 침식된다는 의미이며 장기파동의 위기가 시작됨을 보여 준다. 즉 고비용 기업과 고비용 생산 공정이 제거되지 않는다. 상대적으로 높은 산출자본비율을 가진 산업부문에서 심각한 침체가 나타난다. 산업예비군효과가 시간당 임금을 인하하거나 노동투입당 산출을 높이는 데 실패한다. 그러면 이윤율을 회복시키지 못할 것이다. 이러한 효과는 사회적 축적구조가 생산물 시장, 노동시장, 노동과정, 국제적 교환, 정부지출 등을 조절하는 방식에 좌우된다.[6]

5 근본주의 마르크스주의자들의 용어로는 '자본의 유기적 구성의 고도화에 의한 이윤율 저하'에 해당한다.

이제 사회적 축적 구조론이 '황금기' 설명에 어떻게 원용되는지 살펴보자.[7] 세계 대공황의 유산으로 구미 각국에는 복지국가가 형성되었다. 세계 대전 이후 케인스주의적 총수요관리가 주요 거시정책으로 자리 잡았고, 국제정치질서에서 미국의 헤게모니가 확립되었다. 그리고 복지지출과 수요관리로 노동자들이 부담할 실업비용을 낮추어 임금상승의 유인이 늘었다. 그러나 아직 대공황의 기억 때문에 임금은 당분간 일정수준에 머물렀다. 테일러리즘Taylorism이 유럽에 확산되고 미국에서는 포디즘Fordism이 정착하여 노동생산성이 꾸준히 제고되었으므로 그만큼 이윤율이 안정적으로 유지될 수 있었다. 미국의 헤게모니는 저개발국의 원자재를 염가로 확보할 수 있게 하여 이윤이 증가할 여지를 제공했다. 또한 미국의 무역흑자는 달러화의 대부나 해외투자(recycling)를 가능하게 했다. 1960년대 말, 1970년대 초에 오면 '조정 규칙'이 많이 바뀐다. 공황에 대한 기억이 사라지고 완전고용이 오래 지속되자 실업비용 감소는 임금인상 압력으로 작용했다. 경제의 성숙도 심화와 함께 테일러리즘이 한계에 도달했으며 노조세력도 강해져서('노동력'에서 '노동'을 추출하는 과정이 더욱 힘들어져서) 생산성이 정체되었다. 또한 월남전 패전이나 석유 파동으로 드러난 것처럼 미국의 헤게모니도 약화되었다. 미국의 국제수지가 적자로 반전됨에 따라 기왕의 평가에서는 달러화가 과대평가(인과관계는 양방향이겠지만)되어 태환성 유지가 곤란하게 된 것이다. 이러한 모든 요인이 미국의 이윤율을 저하시켰고('완전고용 임금압박'), 이러한 악순환이 나머지 다른 국가로도 파

---

6 최근 브레너Brenner(1998)는 제조업 국제경쟁의 격화에도 불구하고 진입이 증대하고 고정비용의 존재 때문에 고비용 기업의 퇴출이 부족하여 과잉설비와 과잉생산이 초래되었으며 이것이 제조업 가격에 대한 하방압력을 가하고 이에 따라 제조업 이윤율과 나아가서는 경제전체의 이윤율의 저하를 가져왔다고 주장하였다. 즉 명목 산출자본비율(Y/K)을 가격과 실물척도로 구분, 실질 산출량이 아닌 산출가격의 하락이 근본문제라고 지적하였다. 브레너의 견해에 대해 엄청나게 많은 학자들이 반론을 제기하고 있으므로 하회를 기대해 본다.

7 이 부분은 마글린Marglin(1990)을 따랐다.

급되었다. 인플레이션의 우려 때문에 케인스주의적 경기부양정책도 시도할 수 없었다. 결국 SSA가 원활히 운행하지 못하고 따라서 '황금기'도 쇠퇴했다는 것이다. 이러한 설명을 어떻게 받아들일지 좀 기다려 볼 필요가 있다.

4. 성장회계

대호황기가 옛이야기가 되고 침체국면이 장기화되자 전통적인 해석의 입장에서도 지난날을 돌이켜보며 생각을 되새길 기회를 가질 수 있었다. 그 이전에도 염두에 두던 성장회계나 성장 회귀분석, 따라잡기(catch-up, 미국의 첨단기술을 도입)와 수렴현상, 기타 분석틀이 정치화되고 중요성을 부각시키게 되었다. 이러한 접근들을 차례로 살펴보자.

솔로우 모형에서 경제성장의 원천은 몇 가지로 나누어 설명할 수 있다. 즉 자본증가(확대된(augmented) 모형에서는 인적자본 포함)와 인구증가 그리고 기술의 발전(총요소생산성, TFP: total factor productivity, 혹은 앞의 두 요소로 설명할 수 없는 것) 등이다. 경제가 전년도보다 많은 생산물을 생산했다면 이것은 투입(자본 혹은 노동)이 증가했거나, 혹은 같은 투입으로 더 많이 생산할 수 있게 되었기 때문이다. 또한 생산 함수를 코브 더글러스 Cobb-Douglas 형태로 가정함으로써 더 유력한 몇 가지 결론을 도출한다. 그 중 중요하거나 혹은 논쟁의 대상이 되는 것들이 있다. 첫째, 자본 증가가 1인당 생산의 증가율에 미치는 영향은 궁극적으로 사라진다. 둘째, 앞의 결론에 의해 저축률이 같다면, 두 국가 간의 1인당 생산은 출발점과 관계없이 같아질 것이다(수렴현상). 셋째, 균제상태(steady state)에서의 성장률은 자본의 증가율과 관계없이 인구증가율과 기술진보 속도에 의해 외생적으로 결정된다. 넷째, 그러므로 경제정책은 단기적으로는 어떨지 모르지만 장기적인 성장에는 아무런 영향을 미치지 못한다(물론 기술개발을 독려하는 정책은 영향을 미칠 수 있을 것이다). 위의 결론들이 받아들일만한 것인지 그렇지 않은지는 연구자의 주관과 연구주제에 달려 있을 것이다. 그러나 기술 성장이 어떤 것인지 명확하게 정의되지 않았다는 점, 외생적으로 주어져 있다는 점, 그리고 자본, 기술 등 축적되는 요소의 증가가 경제의 장기적인 성장에 미치는 영향을 과소평가했다는 점, 마지막으로 경험적으로 국가 간의 수렴현상이 모든 국가 간에 그리고 모든 시기에 일반적으로 일어나는 현상이 아니라는 점 등이 비판의 주된 내용들이다.

이러한 비판에도 불구하고 솔로우 모형에 의한 성장 방정식은 연구의 좋은 출발점이 된다. 그 이유는 자본과 노동의 질을 특정 연도로 고정한 상태에서 경제성장이 단순한 투입량 증가에 의한 것인지 아니면 다른 원인에 의한 것인지를 구분할 수 있기 때문이다. 즉 성장 방정식의 형태는 통제하려는 변수의 수에 따라 다양하지만 기본적으로

$$\dot{Y} = \alpha \dot{K} + (1-\alpha)\dot{L} + \sum \beta_i \dot{X}_i + \varepsilon$$

의 형태로서, 생산증가를 요소투입증가에 의한 부분과 TFP 상승에 의한 부분으로 나누어 볼 수 있다. 〈표 3〉에 황금기에서 특히 TFP의 비중이 매우 컸으며 정체기로 이행하는 과정에서 TFP 하락이 상당부분을 설명하는 것으로 나타났다. 최근에는 기술진보와 자본투입 간의 상호보완성을 강조하는 연구들이 나오고 있다. 그러므로 자본스톡의 크기에 따라 TFP의 기여도가 달라진다고 할 수 있음을 염두에 둘 필요가 있다(Boskin and Lau 2000). TFP의 중요성은 영국보다 프랑스와 독일에서 더 컸다. 생산요소 중에서 인적자본(교육)의 기여도가 큰 것도 괄목할 만하다. TFP의 내용을 보

〈표 3〉 성장의 원천(1950~1992) (연율, %)

	프랑스		독일		일본	
	1950~1973	1973~1992	1950~1973	1973~1992	1950~1973	1973~1992
GDP	5.02	2.26	5.99	2.30	9.25	3.76
노동시간	0.01	−0.32	0.00	−0.27	1.01	0.43
교육	0.36	0.69	0.19	0.12	0.52	0.46
노동력 참여율	0.00	0.00	0.32	0.00	0.88	−0.11
비주택 자본스톡	1.44	1.30	1.89	1.01	2.76	2.04
설비재 가동	0.00	0.00	0.19	0.00	0.38	0.00
노후 효과	0.15	−0.04	0.12	−0.08	−0.08	−0.07
TFP	3.06	0.63	3.28	1.52	3.78	1.01
해외무역효과	0.37	0.12	0.48	0.15	0.53	0.09
따라잡기	0.46	0.31	0.62	0.31	0.98	0.39
산업구조변화	0.36	0.15	0.36	0.17	1.22	0.20
규모의 경제	0.15	0.07	0.18	0.07	0.28	0.11
설명된 성장	3.30	2.28	4.35	1.48	8.64	3.54
설명안된 부분	1.72	−0.02	1.64	0.82	0.61	0.22
설명율(%)	66	101	73	64	93	94

	네덜란드		영국		미국	
	1950~1973	1973~1992	1950~1973	1973~1992	1950~1973	1973~1992
GDP	4.74	2.14	2.96	1.59	3.91	2.39
노동시간	−0.05	−0.05	−0.11	−0.40	0.81	0.86
교육	0.43	0.57	0.13	0.42	0.48	0.43
노동력 참여율	0.00	0.00	0.00	0.00	0.00	0.00
비주택 자본스톡	1.37	0.88	1.55	0.99	0.98	0.94
설비재 가동	0.00	0.00	0.00	0.00	0.00	0.00
노후 효과	0.13	−0.06	0.09	−0.06	0.07	−0.04
TFP	2.86	0.80	1.30	0.64	1.57	0.20
해외무역효과	1.32	0.32	0.32	0.15	1.57	0.20
따라잡기	0.41	0.24	0.08	0.15	0.11	0.05
산업구조변화	−0.07	−0.12	0.10	0.20	0.00	0.00
규모의 경제	0.14	0.06	0.09	−0.09	0.10	−0.17
설명된 성장	3.68	1.85	2.25	0.05	0.12	0.07
설명안된 부분	1.06	0.29	0.71	1.26	2.67	2.14
설명율(%)	78	86	76	0.33	1.24	0.25

자료 : Ark and Crafts(1996: 5, 59)

<표 4>　　　Levine-Renelt 모델에 의한 유럽 10개국 1인당 성장에의 기여도　　（연율, %）

	1923~1938 (1)	1950~1973 (2)	1973~1989 (3)	가속 (4)=(2)-(1)	감속 (5)=(3)-(2)
상수	2.01	2.01	2.01	-	-
초기 1인당 GDP	-2.43	-2.49	-3.55	-0.06	-1.06
투자/GDP	1.42	2.22	2.06	0.80	-0.16
중등교육 취학률	0.16	0.68	0.79	0.52	0.11
초등교육 취학률	1.90	1.99	1.79	0.09	-0.20
정부지출/GDP	-0.62	-0.87	-1.27	-0.25	-0.40
추계치	2.44	3.54	1.83	1.10	-1.71
실제 성장률	2.12	3.84	2.14	1.72	-1.70

자료 : Crafts and Toniolo(1996: 18)

면 따라잡기가 눈에 뛴다. 절대적 크기에서는 황금기에 두드러지나 그 비중은 정체기에 오히려 커서 따라잡기는 장기간 계속되는 경향이라고 할 수 있다. 이것은 〈표 4〉에서도 알 수 있다.

　전후, 특히 '황금기' 동안 서유럽에서는 상대적으로 초기 소득수준이나 생산성이 낮은 나라일수록 더 빠른 속도로 성장하는 경향이 두드러졌다. 1950년에는 중위 소득(median) ±8퍼센트 내에 있는 나라가 둘이었는데, 1990년에는 아홉으로 늘었다(Ark and Crafts 1996: 2). 따라잡기는 국가수준뿐 아니라 지역별로도 관찰된다. 이것은 아브라모비츠Abramovitz(1986)가 경고한 대로 자동적 과정은 아니며 '사회적 성장능력(social capacity for growth)'에 의존한다. 독일과 영국의 전후성장률을 비교해 보면 이는 뚜렷하다. 제2차 세계대전 후 따라잡기를 위한 '사회적 능력'이 증가한 배경은 다양하다. 시장의 크기, 요소비용, 지방에 특수한 기술의존도의 하락, 다국적 기업, 국제무역 등 모든 요인들이 세계대전 이후 기술이전을 쉽게 만들었다. 특히 점령지역에 이익집단들의 경직성이 줄었다. 무역자유화와 함께 규모의 경제, 경쟁, 합리화, X-효율성 등도 실현되었다. 누진소득세, 복지지출, 투자촉진, 기술이전과 생산요소이용의 효율제고 등 정부정책도 따라잡기에 긍정적 효과를 가져왔다(Crafts 1995: sec.III). 달리 표현해 보자. 유럽에서 따라잡기 성장잠재력은 제2차 세계대전 이후에야 빠른 속도로 확대되고 실현되었다. 이는 다음과 같은 상황 때문이다. 첫째, 인적자본 대 물적자본의 비율이 상대적으로 높아졌다. 전시에 공장설비나 사회간접자본의 파괴가 심했으나 교육은 지속되었다. 둘째, 이전 가능한 대량생산 기술이 소득탄력성이 큰 수요패턴과 합치되었다. 셋째, 전후처리에서 제1차 세계대전과는 대조적으로 정치적 안정이 보장되었다. 19세기 자유주의적 자본제의 위기에서 벗어나서 국민국가의 새로운 역할을 강조하게 된 것이다. 마지막으로, 협동적인 노동시장제도의 창출이다. 특히 자본장비율, 실질임금, 생산성 등이 높은 이윤과 안정적 소비수준에 걸맞게 균형성장을 이루었다(Toniolo 1998: sec.III).

따라잡기는 장기적인 수렴현상(convergence)과 관련이 있다. 무조건적 수렴은 모든 나라가 같은 생활수준 또는 생산성으로 이동한다는 것이고, 조건부 수렴이란 경제가 균제상태(steady state)의 생산성 수준이나 성장률로 접근하도록 하는 경향이 있지만 각 경제마다 균제상태가 다를 수 있음을 감안하고 있다. 다시 말하면 따라잡기 구심력을 상쇄할 만한 다른 종류의 원심력이 존재한다는 것이다. 수렴의 회귀방정식이 예를 들어 초기 노동생산성 수준(Y/L_0)과 이후 노동생산성 증가율($g_{Y/L}$)의 관계를 나타내는 $g_{Y/L}=a-b(Y/L_0)+cZ$라 할 때 $c=0$ 이면 무조건 수렴, $c\neq0$ 이면 조건부 수렴(여기서 Z는 균제상태에 영향을 주는 다른 독립변수)이 되며 b는 수렴과정의 속도를 나타낸다. 때로는 c의 값이 서로 같은 수렴집단(convergence club)별로 지역적 수렴(local convergence)을 보이기도 한다. 이에 관해서는 다음 장에서 내생적 성장이론을 논할 때 다시 언급하자(Ark and Crafts 1996: 328-329). 따라잡기의 속도와 규모가 황금기에 더 크고 침체기에 줄어드는 것은 전후 복구 이후 25년 동안 생산가능곡선이 급속하게 팽창했고, 잠재력을 '실현'할 가능성이 특별히 높았기 때문이다. 차츰 자원과 아이디어가 고갈되었다는 '소모 가설(depletion hypothesis)'에도 주목할 필요가 있다(Nordhaus 1982).

5. 새로운 접근

위에서 살펴본 전통적 해석에도 많은 새로운 시도들이 포함되어 있고, 앞으로 다룰 '새로운' 접근도 오래 전에 이미 그 맹아가 존재했다. 편의상 구분한 대로 여기서는 아이켄그린Eichengreen(1994, 1996a)의 '임금절제(wage moderation)', 또는 협조균형(cooperative equilibrium) 가설, 내생적 기술진보에 근거한 새 성장이론(new growth theory)을 원용한 '황금기' 설명(Crafts 1995, Crafts and Toniolo 1996, Ark and Crafts 1996), 그리고 고든R. Gordon(1999, 2001)의 생산성 성장의 초장기적 파동('One Big Wave')을 차례로 살펴보자.

황금기의 성장은 따라잡기(catch-up과 spring back)로 일부 설명할 수 있다. 높은 투자율과 무역확대 그리고 이들을 가능케 한 제도적 요인을 살피는 것도 중요하다. 국내에서 자본가와 노동자가 동태적 게임을 하고 있다고 생각하면 노동자가 임금인상 요구를 자제하는 대가로 기업도 배당금 지급 대신 투자를 추진하여 장기적으로 서로 이익인 고성장 협조균형이 존재할 것이다. 그러나 이 균형은 양측의 의사결정 시점이 다르므로 안정적으로 유지하기 힘들다. 즉 새로운 투자를 위해 유동성이 필요하므로 임금 희생이 투자행위보다 먼저 되어야 한다. 그런데 일단 임금억제가 이루어진 뒤 자본가가 합의를 어기고 투자 대신 이익배당을 챙겨 더 많은 이득을 볼 수 있다. 한편, 장기간에 걸쳐 수행해야 하는 투자가 시작된 뒤 임금인상을 요구함으로써 노동자의 몫이 더 커질 수도 있다. 양측이 모두 합의를 지키지 않게 되어 저투자·저성장의 비협조적 균형으로, 소위 '죄수의 딜레마 Prisoners' dilemma'로 전락할 가능성도 높다. 그러나 제2차 세계대전 이후에는 협조균형을 촉진할 메커니즘이 자리 잡았다. 장기계약, 노사정 협의체 구성, 임금물가통제, 임금협상의 중앙집권화 등이 그것이다. 프랑스, 이탈리아 등에서는 발달이 늦지만 구체적인 노사협조 촉진제도로서는 다음과 같은 것들이 있다. 첫째, 정보의 확산과 합의 준수 여부 감독. 여기에는 독일의 공동결정제도(Mitbestimmung), 오스트리아, 네덜란드의 노사정 위원회, 여러 나라의 노사협의회(works council) 등이 있다. 둘째, 본딩 bonding 즉 협약 위반시 상실하게 되는 본드bonds 조성이 있다. 예를 들면, 오스트리아에서는 원자재를 공기업에서 공급한다거나 보복과세의 도입, 독일의 정부보조금, 독일·스웨덴의 이윤세 또는 이윤의 일정부분을 정부에 예치토록 하는 조치, 벨기에의 조건부 사회보장제, 노르웨이·스웨덴의 노동조건 개선, 교육훈련, 각종 연금제도, 연금의 물가연동제 등이 여기에 속한다. 셋째, 협약의 중앙화와 코포라티즘 등 조절 메커니즘 등이다.

투자가 크게 늘어도 시장이 있어야 생산성이 높아진다. 따라서 국제무역, 유럽의 경우 유럽내부 무역의 확대가 중요하다. 이를 위해 각국이 비교우위에 따라 수출지향적으로 산업구조를 조정해야 하는 비용이 수반된다. 유럽 내 국제무역 촉진을 위한 제도들이 황금기의 고성장을 보장한 측면이 크다. 1950~1958년에 활동한 유럽지불동맹(EPU: European Payment Union)은 경상거래 제한을 없애고 태환 회복을 목적으로 한 일종의 '지역적 브레튼우즈 체제'였다. EPU는 이전의 쌍무적 계약에서 다자간 계약으로 무역을 확장 가능케 했다. EPU는 OEEC의 금융대리자인 국제결제은행(BIS: Bank of International Settlement)에만 지불 책임이 있고 IMF 규약에서 벗어나 있었다. EPU는 미국에 대해 차별대우를 허락받았고, 1958년 태환재개의 전기를 마련했다(Eichengreen 1995: 187-191, 1996b: 106-113). 슈만플랜Schumann Plan에 의거한 유럽석탄철강공동체 (ECSC: European Coal and Steel Community)는 독일의 석탄과 코크스와 프랑스의 철광석 간 무역을 대상으로 한 관세동맹이다. 이 계획의 출범이 무역확대는 물론 유럽통합의 장도에 내디딘 첫걸음이기도 했다. 마셜원조 (Marshall Plan)의 조건 즉 규제완화, 자유화 요구와 함께 수혜국에게 원조액 사용계획을 공동으로 제출하라는 요구는 유럽경제협력기구(OEEC: Organization for European Economic Cooperation, OECD의 전신이다)를 결성케 했으며, 이것도 유럽통합에 기여한 바 크다.

1948~1951년에 걸쳐 120억 달러에 달한 마셜원조에 대한 해석도 그동안 변천을 겪었다. 고전적인 견해는 유럽의 복구자금 부족, 특히 자본재 수입을 위한 외환부족을 해결하여 투자재원 조달과 사회간접자본 구축에 도움을 주었다는 것이다. 수정주의적 해석에 의하면 유럽의 전후 회복은 마셜원조 이전에 시작했으며, 액수도 총 투자액의 10퍼센트 정도에 불과해 원조가 없어도 회복이 가능했다. 원자재 수입을 위한 외환이 필요했지만 수입원자재를 필요로 하는 산업이 직·간접으로 유럽경제에서 차지한 비중은 작았다(Milward 1984). 최근의 해석은 정치적으로 나아가고 있는 듯하다. 마셜원조가 투자촉진, 수입증가, 인프라 재건 등에 미친 영향보다 정치적 불안정, 소비재 부족, 금융혼란의 위험 등으로 생산자들이 상품을 퇴장시키고 노동자들이 근로의욕을 상실하는 '시장위기'를 극복하게 해주었다는 점, 물가와 환율을 안정시키고 시장에 대한 믿음을 제공했다는 점 등을 더욱 중시하는 설명이다(Eichengreen and Uzan 1992, DeLong and Eichengreen 1993). 또한 파이를 키움으로써 분배분쟁을 해결한 면이 있다. 특히 프랑스와 이탈리아에서 사회당과 공산당을 무마하고 중도파의 입지를 강화했다(Eichengreen 1995: 16-21). 결국 국내에서는 임금자제와

고투자의 협조균형으로,[8] 국외에서는 국제규약 또는 초국가적 기구설립 등으로 시장 확대가 가능하여 황금기의 고성장을 이루었다고 할 수 있다.

EPU, ECSC, 마셜원조 등 유럽에 국한된 제도 외에 더욱 포괄적인 환경에서 국제무역의 증대에 기여한 환경에 대해서도 살펴볼 필요가 있다. 무역자유화는 일방적으로 되는 것이 아니고 서로 협조해야만 효과가 나타난다. 관세와 수량제한(quota)을 동시에 인하하도록 조정할 목적으로 국제무역기구(ITO: International Trade Organization)를 설치하자는 아바나 헌장 Havana Charter(1947~1948년, 56개국 참여)은 안타깝게도 미국하원의 동의를 얻지 못했다. 한 편으로는 보호주의자들의 반대에 부딪쳤고, 다른 한 편으로는 완벽주의자들이 여러 가지 예외규정 즉 완전고용이나 경제발전 가속, 상품수출 가격의 안정화 등을 추구하는 나라에 무역장벽 완화를 유예해 주는 조항 등이 불합리하다고 반발하는 바람에 비준안은 양측에서 공격받았을 뿐 아니라 상정되지도 못했다. 어떻게 보면 ITO헌장은 냉전의 희생물이라고 할 수 있다. 소련과의 갈등이 불거진 뒤 우선순위는 마셜계획과 나토NATO에 주어졌던 것이다(Eichengreen 1996b: 101). ITO가 실패하자 ITO 설립과 동시에 추진되던 관세와 무역에 관한 일반협정(GATT: General Agreement on Tariffs and Trade, 1947년, 23개국 참여)이 이를 대신하였다. 원래 독립된 기관으로 고안된 것이 아니고, ITO에 흡수될 때까지 한시적으로 존재할 잠정적 협정에 불과한 GATT는 ITO의 무산으로 국제 통상정책을 조정할 유일한 기구가 된 것이다. 실제로 1964~1967년의 케네디 라운드까지는 GATT에 의해 관세나 수량제한이 그다지 완화되지는 않았다. 그러나 확고한 무역자유화 의지와 표준설정의 투명성이 신뢰를 불러일으켜 안정적 무역성장에 기여할 수 있었다(Irwin 1995).

---

8 앞서 언급한 탄력적 노동공급가설이나 사회적 축적구조론에서의 저임금 설명과 다름을 기억할 필요가 있다. 협조균형론은 1950년대에 이미 노동조합이 강력해졌음을 지적한다.

IMF와 브레튼우즈 체제, 즉 조정 가능한 고정환율제(adjustable peg)라는 국제통화제도는 초기에 우여곡절이 많아 상징적으로나 가치가 있다고 평가해야 할 정도였다. 그러나 1958년 태환정착 이후로 환율 안정, 인플레 억제 등을 촉진함으로써 각국의 거시정책 효과를 제고했다. 또한 경기후퇴기에도 투자를 지속할 수 있게 하여 1960년대의 지속적 고성장에 일조했다. 초기에는 미국의 흑자 누적으로 유럽 국가들은 외환(달러) 부족 사태에 봉착했고, 1947년 7월 영국 파운드화의 태환성 회복 노력은 한 달 만에 실패로 끝났다. 1949년에는 거의 모든 유럽통화가 평가절하를 단행했다. 1947~1953년에 IMF에서 8억 1,200만 달러, 세계은행(IBRD: International Bank for Reconstruction and Development)에서 7억 5,300만 달러가 유럽에 공여되었다. 이는 1948~1951년 간 마셜원조액 120억 달러에 비하면 미미하기 짝이 없다. 마셜원조 시작 전에 대부된 자금이 그나마 숨통을 틔웠다고 해석하는 학자들도 있으나 전후 혼돈을 해결하는 데 브레튼우즈 체제가 큰 역할을 하지는 않았다. 국제 수지적자를 해결하기 위해 이자율을 올리면 성장과 고용이 침체되므로 EPU의 동의 아래 영국·독일·프랑스·이탈리아 등 유럽 국가들은 수입규제, 외환통제, 평가절하, 긴축재정 등으로 외환문제를 해결했다. 마셜원조가 어느 정도 도움이 되었는지는 논의의 대상이지만 유럽과 일본이 착실히 성장함에 따라 미국의 경상수지가 적자로 돌아서고, 1958년에는 유럽 각국이 경상계정 태환회복을 이룩할 수 있었다. 이후 1960년대에는 평온한 가운데 황금기가 지속되었다.

그러나 브레튼우즈 체제가 1971년까지 유지된 것 자체가 오히려 놀라운 일이다. 1960년대에 무역장벽이 빠른 속도로 완화되면서 국제수지 조정 메커니즘의 한계가 부각되었다. 경상계정 태환회복 후에는 수입규제를 유지하기 곤란한 면도 있었다. 자본유출제한 등 자본계정 규제강화는 일시적 미봉책에 불과했다. 다국적 기업이나 유로커런시Eurocurrency 시장의 존재로 인해 적자국의 운신폭은 제한되었다. 고정환율제는 정부와 중앙은행 간의 국제협력으로 1971년까지 끌고갈 수 있었으나, 자본이동성의 가속 때문에 조정 메커니즘을 결여한 채 막바지에 달했다(Eichengreen 1996b: 4).

기본적인 솔로우 성장모형에서 기술진보, 즉 TFP는 외생으로 주어지거나 따라잡기와 규모의 경제 같은 단순한 구성요소로 구분해 볼 수 있음은 앞 절에서 언급한 바 있다. TFP가 외생이면 생산요소투입의 수확체감 경향 때문에 성장이 소진되기 마련이다. 그러나 TFP 증가율이 내생적이고 연구개발 노력에 따라 결정된다면 수확체감은 장기적으로 극복된다. 학습효과에서와 같이 외부성(externality)이 발휘되어 한계수확이 체감하지 않고 경제 내에 스필오버효과(spillover effect)가 발생하면 생산성이 계속 향상되고 지속성장이 가능하다. 어느 쪽이든 이윤 동기에 따라 기술적 지식에 투자하는 것은 중요하다. 이와 같이 표준적인 신 슘페터 모델은 불완전경쟁 아래에서 연구개발 부문에 투여되는 자원의 규모가 시장의 크기, 인적자본의 공급가격, 수익의 전유가능성(appropriability) 등에 의존한다고 본다. 즉 내생적 기술진보를 상정한 새 성장이론(new growth theory)에는 신기술에의 투자를 모형에 넣기 위해 불완전 경쟁 도입이 필요하다. 최근의 모형들은 생산함수에 품질이 조정된 중간재를 넣는 방식으로 연구개발 투자가 기술혁신의 기회를 높인다는 가설을 반영하고 있다.[9]

다시 성장회귀 방정식으로 돌아오자. 새 성장이론에 새로이 등장하는 변수는 인적자본(대리변수로 교육(취학률)을 사용), 지식 성장(적절한 대리변

---

9 예를 들어 품질사다리 모형(quality-ladder model)과 다종부품투입모형(variety growth model)에 관하여는 김신행(1999: chs.9, 10) 참조. 나는 다른 곳에서 새성장이론을 간략히 소개한 적이 있다. 양동휴(2001, sec.6-7).

수를 찾기 어려움) 그리고 제도(이것은 무슨 방법으로 측정할 것인가) 등이다. 물론 여기에 연구개발, 학습효과, 시장 크기, 요소공급가격, 수익의 전유 가능성, 중간재에 체화된 품질수준, 스필오버, 국제무역과 다국적 기업 등을 대표하는 변수들을 추가하면 좋겠지만 아직 대리변수도 방정식의 형태도 오리무중이다. 레바인Levine과 르넬트Renelt(1992)의 접근을 원용하여 10개국(오스트리아, 덴마크, 핀란드, 프랑스, 독일, 이탈리아, 네덜란드, 노르웨이, 스웨덴, 영국) 자료로 성장회귀식을 추계(EBS 기법[10] 이용)한 것이 〈표 4〉다. 크라프츠Crafts(1995: 437-438), 크라프츠Crafts와 토니올로Toniolo (1996: sec.5-6)에 따르면 내생적 성장이론은 아직 발전초기 단계이기 때문에 앞으로 무한한 가능성이 있으며, 〈표 4〉에서도 몇 가지를 읽을 수 있다. 즉 따라잡기와 조건부 수렴이 보인다. 투자와 교육을 합친 광의의 자본(broad capital)의 기여도가 전간기에 비해 황금기에 특히 중요했고, 그 가운데 인적자본도 상당한 역할을 했다. 황금기의 성장가속 중 설명되지 않은 부분이 크다. 즉 〈표 4〉의 (4)열에 의하면 3분의 1가량이 된다. 이것은 전후 따라잡기 잠재력의 확대와 전간기의 보호주의와 수요충격 등을 반영했을 것이다. 1973년 이후의 성장둔화는 회귀식으로 잘 설명된다(〈표 4〉의 (5)열). 따라잡기 가능성의 소진과 정부지출의 비대가 주된 요인이었다. 〈표 4〉에는 제시되지 않았으나 노동시간당 GDP는 빠른 속도로 수렴했다. β수렴(시간당 GDP 수준의 수렴)과 σ수렴(시간당 GDP의 분산의 감소)이 동시에 나타났다. 미국과 유럽은 서로 다른 '수렴클럽'에 속해 있었다. 즉

---

10 EBA(extreme bounds analysis)는 잠재적으로 중요한 변수들을 추가 또는 제거하는 과정을 통해 관심 있는 변수의 회귀계수의 안정성(robustness)를 검정하는 방법이다. 즉 여타변수 집합의 변화에 따라 0.05퍼센트 유의수준을 만족하는 관심변수 회귀계수의 구간을 일단 정하고, 상한치는 극대치+(표준편차×2), 하한치는 극소치로 한정하여 양쪽 한계치에서 계수가 유의하고 부호가 같을 때 안정(robust), 그렇지 않으면 불안정(fragile)으로 판정한다(Levine and Renelt 1992: 944).

<표 5> 미국의 비농업, 비주택, 민간기업부문의 산출과 TFP 증가율(1871~1996)

(연율, %)

기간	산출	TFP		
		①	②	③
1871~1891	4.41	0.56	0.21	0.21
1891~1913	4.43	1.20	0.86	0.86
1913~1928	3.11	1.43	1.01	1.01
1928~1950	2.75	1.90	1.01	1.01
1950~1964	3.68	2.35	1.67	1.86
1964~1972	4.23	2.07	1.54	1.69
1972~1979	3.60	1.12	0.75	1.04
1979~1988	3.14	0.90	0.04	0.34
1988~1996	1.98	0.67	0.11	0.26
감속률, 1972~1996 vs. 1913~1972	−0.37	−1.02	−1.12	−0.79

주 : ① 조정이전 ② 구성조정치 ③ 구성조정과 자본량 조정 이후
자료 : Gordon(1999: 124)

기술적 잠재력 자체의 차이가 지속되었다. 황금기는 장기추세 경로로의 급속한 복귀였다. 그리고 무엇보다도 레바인-르넬트Levine-Renelt 회귀식은 새 성장이론뿐 아니라 확대된 솔로우 모형과도 부합한다.[11]

최근에는 19세기 후반 20세기 초에 이루어진 기술혁신의 축적이 뒤늦게 생산성과 산출증가로 나타난 결과 자본주의의 황금기를 가져왔다고 해석하는 견해가 각광받고 있다(R. J. Gordon 1999, 2001). 〈표 5〉는 미국의 자료(주로 켄드릭Kendrick (1961)이 정리한 BEA 자료와 1948년 이후 BLS 자료의 연결)를 이용하여 1871~1996년의 TFP를 계산한 것이다. 여기서 구성조정이란 노동투입에 연령, 성별, 교육정도의 변화를, 자본투입에서 구조물과 설비의 구성변화를 감안하는 것을 말한다. 자본량 조정은 순투자율에 대응한 자본연령의 변화를 고려했음을 뜻한다. 〈표 5〉의 수치는 비농업, 비주택 민간기업 부문만을 대상으로 한다. 어느 쪽을 보아도 TFP는 저속-

11 만퀴Mankiw et al.(1992), 레바인Levine과 르넬트Renelt(1992: 945, fn.5)에서 재인용.

고속-저속의 초장기 파동('one big wave')을 그리고 있다. 자본주의의 '황금기'에 TFP가 월등히 높은 것은 무엇보다도 19세기 말, 20세기 초 소위 '2차 산업혁명' 기간에 시작한 4대 기술혁신 군집의 효과가 시차를 두고 나타났기 때문이다. 그 효과가 정점에 도달하고 경제전체에 전파된 것이 '황금기'이며, 수확체감에 따라 생산성 증가율이 점차 낮아지고 있다는 것이다. 4대 발명 군집은 첫째, 전기: 전기조명, 전기모터, 가전제품, 냉방장치, 둘째, 내연기관: 자동차, 항공기, 부수적으로 교외, 고속도로, 슈퍼마켓, 셋째, 석유와 '분자재배열' 공정: 석유화학, 합성수지, 의약품, 넷째, 오락, 통신, 정보혁신: 전신, 전화, 라디오, 영화, TV, 음악레코드, 신문잡지의 대량보급 등이다. 생산성 자체보다 소비자 후생을 감안한다면 다섯 째 발명 군집을 추가할 수 있다. 실내배관과 공공인프라가 그것이며 상하수도, 오물처리 같은 서비스를 제공한다. 이들 기술혁신은 19세기와 20세기 인류의 생활을 근본적으로 바꾸어 놓았다.

고든R. J. Gordon(2001)은 기술혁신의 군집이 생산성 향상으로 나타나는 데 긴 시차가 있음을 설명하는 요인을 부가적으로 검토했다. 우선 19세기 후반, 20세기 초는 이민이 매우 중요했고 노동인구가 급증하여 임금을 압박했으며 노동절약적 설비의 도입을 지연시켰다. 1940년대에는 실질임금의 수렴 즉 불평등의 감소가 관찰된다. 미숙련 노동수요가 높은 기술이 동시에 도입된다면 미숙련 임금의 상승은 효율향상을 자극하여 생산성을 높였을 수 있다. 또한 1922년과 1930년의 고율관세(Fordney-McCumber Tariffs와 Smoot-Hawley Act)가 국제무역을 감소시켜 생산성 상승을 지연시켰다. 마지막으로 자본구성에서 설비-구조물 비율이 1945년 무렵에 급속히 높아진 것에 주목하자. 전동기 혁명 덕분에 공장설계가 공간절약형으로 바뀌었다.[12] 공장의 지리적 밀집현상도 정점을 지나 점차 분산하는 경향으로 발전했다. 공장설계와 공장입지의 변화가 시작되면서 TFP 상승이 가속되었다고 할 수 있다.

6. 맺음말: 황금기의 쇠퇴

'전통적' 해석이든 '새로운' 접근이든 자본주의 '황금기'의 도래를 가능케 한 요인이라는 동전의 뒷면을 보면 1973년 이후 경기침체의 원인과 성격을 짐작할 수 있다. 대부분의 설명요인들이 1950~1973년을 거치는 동안 설명력을 소진했거나 환경이 바뀌어 그 효과를 상실했다. 예를 들어 '따라잡기'만 해도 수렴현상이 진전될수록 소득격차가 줄어 '사회적 성장능력'이 소진하고 잠재력을 실현할 가능성이 고갈되며 자원과 아이디어가 '소모'되므로 그 속도가 느려질 것이 예상된다. 다른 해석들도 비근하게 접근할 수 있다. '임금절제'에 의한 협조균형도 불안하여 이미 1960년대 말에 임금폭발 현상이 나타났다. 투자의 수익체감 때문에 이윤율이 저하하고 또한 증세 등으로 정부부문에서 잉여를 점차 많이 흡수하자 분배의 위기가 발생했으며 노사협약의 분위기도 우호적이지 못했다.[13] 이는 규모의 경제가 한계에 달하고 생산기술이 노동시장의 유연성을 감소시키는 방향으로, 수요패턴이 제조업보다 서비스 쪽으로 변화하는 경향 때문에 더욱 악화되었다. 제2차 세계대전 이후 유럽의 경제성장은 포디즘적 생산기술에 기반을 두었다고 할 수 있다. 지배적 대량생산기술이 상대적으로 같

---

12 전동기 혁명과 예를 들어 1920년대의 집단구동(group drive)에서 개별구동(unit drive)으로의 전환은 엄청난 생산성 향상을 가져왔다(David and Wright 1999: 1-5).

13 3절 마무리에서 언급한대로 사회적축적구조(SSA)론자들은 노동력에서 노동을 추출해내는 문제가 불거진 '완전고용임금압박'을, 브레너Brenner는 제조업 과잉설비와 과잉생산이 초래한 수출가격 저하에 따른 투자수익을 하락을 주된 요인으로 꼽고 있으나 아직은 논의가 진행 중이다. 다만 기술적·제도적 환경이 더 중요하다는 것이 다수 설인 듯하다.

은 노동력에 의존할 때는 대규모 임금협약을 통해 분배갈등을 해결하고 '임금절제'와 고투자의 협조균형을 달성하는 데 어려움이 없었다. 그러나 높은 숙련이 필요한 다양한 고품질 생산과 유연전문화 시대에 포디즘은 쇠퇴한다. 이런 경우 중앙집권화된 노사협상은 임금인상과 실업증가를 촉발시키며 오히려 성장에 장애가 된다. 과학지식이 더욱 중요해질수록 중앙화된 노동시장제도들은 분산의 길을 걸어야 할 것이다(Eichengreen and Iversen 1999).

미국의 경상수지 적자가 누적되고 임금상승, 월남전, 나중에는 오일쇼크 때문에 인플레이션이 심각해져서 정부는 강력한 긴축정책을 채택할 수밖에 없게 되었다. 브레튼우즈 체제의 필연적 붕괴도 황금기 쇠퇴에 일정한 역할을 했다. 국제자본 이동성이 높아지면서 환율안정을 위한 외환시장 개입이 점점 힘들어졌다. 노동시장의 경직화와 참정권 확대 등 정책 환경의 정치화 때문에 고정환율 유지는 거의 불가능해졌다.

황금기의 도래보다 쇠퇴는 아직 연구가 덜 되어 있다. 한 가지 분명한 것은 황금기가 더 오래 지속될 수 없었다는 사실이다. 문제는 1950~1973년이 평상시 추세로 복귀하는 잠재적 국면인지 아니면 장기파동에 의해 다시 찾아올 순환적 국면인지를 잘 알 수 없다는 것이다.

유럽통화동맹의 출범 등 국제금융체제의 변화, WTO 정착과 뉴 라운드 등 무역질서의 재편, 냉전종식 이후 미국의 헤게모니 유지를 위한 노력 등 국제환경과, 황금기에서처럼 노사간 협조균형을 가져올 분위기가 다시 찾아올지 여부 등을 검토해야 할 것이다. 무엇보다도 19세기 말~20세기 초의 기술혁신 군집이 다시 도래할 것인지가 관심사다.

1990년대 후반에 주로 미국에서 일기 시작한 정보통신기술(IT), 그리고 생명과학, 신소재산업에 기반을 둔 '신경제'가 과연 새로운 황금기의 도래를 예고하는지도 의문이다(양동휴 2001: sec.8). 신경제 옹호론자들의 주장에 따르면 1970년대부터 가속된 정보통신기술의 혁신은 19세기 말 20세기 초, 전기·화학·자동차 산업이 주도한 '제2차 산업혁명'을 능가할 만큼 새로운 것이며 이에 따른 생산성의 지속적 상승이 '새로운 경제'로의 관문을 열었다고 한다. IT혁명은 IT산업뿐 아니라 구산업과 서비스에도 시장효율과 이노베이션을 전파하고 세계화의 선봉이 된다. 투자와 이윤이 높은 수준으로 유지되고 재고량이 감소하며 경기변동의 악몽에서 벗어날 수 있다는 것이다. 그러나 정보통신 분야(컴퓨터, 소프트웨어, 텔레콤, 인터넷)에의 투자가 기하급수적으로 증가하는데도 경제 전체의 생산성은 상승하지 않아 몇 년 전까지만 해도 이를 '생산성의 역설'이라 칭하기도 했다. 1990년대 후반~2000년에 미국의 생산성(노동생산성과 TFP)이 급격히 상승했고(불행히도 2001년 이후의 성과는 비관적이다), 이것이 신경제 장기파동의 효과가 가시적으로 나타나기 시작했음을 알린 것인지에 대해 논의가 진행 중이다.

새로운 접근으로 주목을 받고 있는 내생적 기술진보모델과 새 성장이론은 황금기 역사의 해석에 유용성을 발휘하기 위해서 아직 이론적으로, 실증적으로 많은 발달이 기대된다. 결국 립 반 윙클이 캣츠킬 산에서 20년 만에 내려와 고향동네가 많이 변했는데도 예전의 습관으로 돌아갔듯이 일상적으로 글을 맺을 수밖에 없다. 또한 〈표 1〉과 〈표 5〉에서 보는 바와 같이 1973년 이후의 경제성과가 크게 나쁜 것도 아니다.

『경제논집』 41-1, 2002. 3

참고문헌

김신행(1999): 『경제성장론』, 서울, 경문사.

양동휴(2001): 「기술, 경제, 역사 연구서설」, 서울대경제연구소, 『경제논집』, 40-2 · 3.

Abramovitz, Moses(1986): "Catching Up, Forging Ahead, and Falling Behind," *Journal of Economic History*, 46.

Aghion, P., and P. Howitt(1998): *Endogenous Growth Theory*, Cambridge, MIT Press.

Aglietta, M(1976): *Theory of Capitalist Regulation*, English translation, London, New Left Books.

Armstrong, P., A. Glyn, and M. Harrison(1991): *Capitalism since 1945*, Oxford, Basil Blackwell, 김수행 옮김(1993), 서울, 동아출판사.

Beckerman, W.(1962): "Projecting Europe's Growth," Economic Journal, 72.

Boltho, Andrea(1982): "Growth," in Andrea Boltho(ed.), *The European Economy: Growth and Crisis*, Oxford, Clarendon Press.

Boskin, Michael J., and Lawrence J. Lau(2000): "Generalized Solow-Neutral Technical Progress and Postwar Economic Growth," *NBER Working Paper* 8023, December.

Brandolini, A., and N. Rossi(1997): "Income Distribution and Growth in the Industrial Countries," in K. Chu, and V. Tanzi(eds.), *Income Distribution and High Quality Growth*, Cambridge, Harvard University Press.

Brenner, Robert(1998): "Uneven Development and the Long Downturn: the Advanced Capitalist Economies from Boom to Stagnation 1950-1998," *New Left Review*, 229, May/June, 전용복 · 백승은 옮김(2001), 『혼돈의 기원: 세계경제 위기의 역사 1950-1998』, 서울, 도서출판 이후.

Chandler, Alfred(1994): "The Competitive Performance of U. S. Industrial Enterprises since the Second World War," *Business History Review*, 68, Spring.

Crafts, N. F. R.(1995): "The Golden Age of Economic Growth in Western Europe, 1950-1973," *Economic History Review*, 48, August.

Crafts, N., and G. Toniolo(eds.)(1996): *Economic Growth in Europe since 1945*, Cambridge, Cambridge University Press.

David, P.(1990): "The Dynamo and the Computer: A Historical Perspective on the Modern Productivity Paradox," *American Economic Review*, 80, May.

David, P., and G. Wright(1999): "General Purpose Technologies and Surges in

Productivity: Historical Reflections on the Future of the ICT Revolution," *Stanford University Department of Economics Working Paper* 99-026, July.

DeLong, J. Bradford, and Barry Eichengreen(1993): "The Marshall Plan: History's Most Successful Structural Adjustment Program," in Rudigar Dornbusch, Wilhelm Nolling, and Richard Layard(eds.), *Postwar Economic Reconstruction and Lessons for the East Today*, Cambridge, MIT Press.

Denison, Edward F.(1967): *Why Growth Rates Differ: Postwar Experience in Nine Western Countries*, Washington, D. C., Brookings Institution.

——————————(1982): *Trends in American Economic Growth, 1929-82*, Washington, D. C., Brookings Institution.

Dornbusch, Rudiger, Wilhelm Nolling, and Richard Layard(eds.)(1993): *Postwar Economic Reconstruction and Lessons for the East Today*, Cambridge, MIT Press.

Eichengreen, Barry J.(1994): "Institutional Prerequisites for Economic Growth: Europe after World War II," *European Economic Review*, 38.

——————————(ed.)(1995): *Europe's Post War Recovery*, Cambridge, Cambridge University Press.

——————————(1996a): "Institutions and Economic Growth: Europe after World War II," in N. Crafts, and G. Toniolo(eds.), *Economic Growth in Europe since 1945*, Cambridge, Cambridge University Press.

——————————(1996b): *Globalizing Capital: A History of the International Monetary System*, Princeton, Princeton University Press.

——————————(ed.)(1996c): *The Reconstruction of the International Economy, 1945-1960*, Cheltenham, Edward Elgar.

Eichengreen, Barry, and Torben Iversen(1999): "Institutions and Economic Performance: Evidence from the Labour Market," *Oxford Review of Economic Policy*, 15, 4.

Eichengreen, Barry, and Marc Uzan(1992): "The Marshall Plan: Economic Effects and Implications for Eastern Europe and the Former USSR," *Economic Policy*, 14.

Feinstein, Charles, Peter Temin, and Gianni Toniolo(1994): "Three Shocks, Two Recoveries? Historical Parallels for the End of the Cold War," *Revista Di Storia Economica*, 11.

——————————(1997): *The European Economy Between the Wars*, Oxford, Oxford University Press.

Feldstein, Martin(ed.)(1980): *The American Economy in Transition*, Chicago, University of Chicago Press.

Gordon, David, Thomas Weisskopf, and Samuel Bowles(1983): "Long Swings and the Nonproductive Cycle," *American Economic Review*, 73, May.

Gordon, Robert J.(1999): "U. S. Economic Growth Since 1879: One Big Wave?," *American Economic Review*, 89, May.

——————————(2000): "Does the 'New Economy' Measure Up to the Great Inventions of the Past?," *Journal of Economic Perspectives*, 14, 4, Fall.

—————————(2001): "Interpreting the 'One Big Wave' in U. S. Long-Term Pro-
ductivity Growth," in Bart van Ark, Simon Kuipers, and Gerard Kuper(eds.),
Productivity, Technology, and Economic Growth, Amsterdam, Kluwer Publishers.

Helpman, E.(ed.)(1998): *General Purpose Technologies and Economic Growth*,
Cambridge, MIT Press.

Hobsbawm, Eric(1994): *Age of Extremes: The Short Twentieth Century, 1914-1991*,
London, Michael Joseph.

Irwin, Douglas A.(1995): "The GATT's Contribution to Economic Recovery in Post-War
Western Europe," in Barry Eichengreen(ed.), *Europe's Post-war Recovery*,
Cambridge, Cambridge University Press.

Kendrick, John W.(1961): *Productivity Trends in the United States*, Princeton, Princeton
University Press.

Kindleberger, Charles P.(1967): *Europe's Postwar Growth: The Role of Labor Supply*,
Cambridge, Harvard University Press.

Kuznets, Simon(1963): "Notes on the Take-off," in W. W. Rostow(ed.), *The Economics of
Take-Off into Sustained Growth*, London, Macmillan.

Lamfalussy, A.(1961): "Europe's Growth: due to Common Market?," *Lloyd Bank Review*,
October.

Levine, R., and D. Renelt(1992): "A Sensitivity Analysis of Cross-Country Growth
Regressions," *American Economic Review*, 82, December.

Lewis, W. Arthur(1949): *Economic Survey*, London, Allen & Unwin.

—————————(1954): "Development with Unlimited Supplies of Labor," *The Manchester
School*, 22, May.

—————————(1978): *Growth and Fluctuations, 1870-1913*, London, Allen & Unwin.

—————————(1980): "The Slowing Down of the Engine of Growth," *American Econo-
mic Review*, 70, September.

Lindbeck, A.(1983), "The Recent Slowdown of Productivity Growth," *Economic Journal*,
93, March.

Maddison, Angus(1964): *Economic Growth in the West*, London, Allen & Unwin.

—————————(1982): *Phases of Capitalist Development*, Oxford, Oxford University
Press.

—————————(1991): *Dynamic Forces in Capitalist Development: A Long-Run Com-
parative View*, Oxford, Oxford University Press.

—————————(1995): *Monitoring the World Economy*, Paris, OECD.

—————————(2001): *The World Economy: A Millennial Perspective*, Paris, OECD.

Mankiw, N. Gregory, David Romer, and David Weil(1992): "A Contribution to the Empirics
of Economic Growth," *Quarterly Journal of Economics*, 152, May.

Mansfield, Edwin(1983): "Long Waves and Technological Innovation," *American Economic
Review*, 73, May.

Marglin, Stephen A.(1990): "Lessons of the Golden Age: An Overview," in S. A. Marglin, and Juliet Schor(eds.), *The Golden Age of Capitalism*, Oxford, Clarendon Press.

Marglin, S. A., and J. B. Schor(eds.)(1990): *The Golden Age of Capitalism: Reinterpreting the Postwar Experience*, Oxford, Clarendon Press.

Milward, Alan(1984): *The Reconstruction of Western Europe, 1945-51*, Berkeley, University of California Press.

Nelson, R., and G. Wright(1992): "The Rise and Fall of American Technological Leadership: The Postwar Era in Historical Perspective," *Journal of Economic Literature*, 30.

Nordhaus, William D.(1982): "Economic Policy in the Face of Declining Productivity Growth," *European Economic Review*, 18, May/June.

Olson, Mancur(1965): *The Logic of Collective Action: Public Goods and the Theory of Groups*, Cambridge, Harvard University Press.

——————(1982): *The Rise and Decline of Nations*, New Haven, Yale University Press.

Romer, Christina D., and David Romer(2002): "A Rehabilitation of Monetary Policy in the 1950s," *NBER Working Paper* 8800, February.

Romer, Paul M.(1994): "The Origins of Endogenous Growth," *Journal of Economic Perspectives*, 8, Winter.

——————(1996): "Why, Indeed, in America? Theory, History, and the Origins of Modern Economic Growth," *American Economic Review*, 86, May.

Rosenberg, Nathan, and Claudio R. Frischtak(1983): "Long Waves and Economic Growth: A Critical Appraisal," *American Economic Review*, 73, May.

Rostow, W. W.(1978): The World Economy, London, Macmillan.

——————(1985): "The World Economy since 1945: A Stylized Historical Analysis," *Economic History Review*, 38, May.

Scammel, W. M.(1980): *The International Economy since 1945*, New York, Macmillan.

Schumpeter, J. A.(1939): *Business Cycles*, New York, McGraw-Hill.

——————(1943): *Capitalism, Socialism and Democracy*, London, Allen & Unwin.

Sutcliffe, A.(1996): *An Economic and Social History of Western Europe since 1945*, London, Longman.

Temin, Peter(1995): "The 'Koreaboom' in West Germany: Fact or Fiction?," *Economic History Review*, 48, November.

——————(1997): "The Golden Age of European Growth: A Review Essay," *European Review of Economic History*, 1, April.

Toniolo, Gianni(1998): "Europe's Golden Age, 1950-1973: Speculation from a Long-term Perspective," *Economic History Review*, 51, May.

van Ark, B, and N. Crafts(eds.)(1996): *Quantitative Aspects of Post-War European Economic Growth*, Cambridge, Cambridge University Press.

van der Wee, Herman(1986): *Prosperity and Upheaval: The World Economy, 1914-1980*, English trans., Berkeley, University of California Press.

Wright, Gavin(1990): "The Origins of American Industrial Success, 1879-1940," *American Economic Review*, 80, September.

제 7 장
세계화의 역사적 조망

사상, 지식, 과학, 환대, 여행 등 그 성질상 국제적이어야만 하는 것들이 있다. 그러나 재화는 비용이 적절하고 사용도 편리하다면 얼마든지 자급하도록 하자. 무엇보다 금융은 국내사정을 우선으로 해야 한다.

(Keynes 1933: 758)

자본주의 세계경제의 독특한 특징은, 정치적 결정은 주로 법적 구속력을 갖는 더 작은 구조, 즉 세계경제 내의 국가들(민족국가, 도시국가, 제국)을 지향하는 반면, 경제적인 결정은 주로 세계경제 무대를 지향한다는 것이다.

(Wallerstein 1974: 67)

1. 문제 제기

오늘날 우리는 도처에서 세계화(globalization)에 대한 찬반논의를 접하고 있다. 여러 나라에서 벌어지고 있는 세계화 반대시위 소식에도 익숙하다. 그러나 세계화라는 개념이 일상용어 또는 학술용어로 정착한 것은 그리 오래 전의 일이 아니다.[1] 이 개념은 기술, 정치, 문화, 환경 등 매우 여러 가지 차원을 포함하고 있다. 그래서 계제에 따라 서로 다른 의미로 혼란을 일으킬 가능성을 항상 담고 있다(Held et al. 1999, O'Meara et al. 2000).

이 글의 논의는 경제적 차원의 세계화에 한정시킨다. 경제학적으로 세계화란 '재화와 용역과 생산요소, 즉 노동과 자본시장이 더욱 밀접하게 국제적으로 통합되는' 과정으로 정의된다(Bordo 2002: 20). 국가 간 시장통합은 대서양 연안국끼리, 또 이들과 남아시아, 동남아시아 나라들과 16세기부터 시작되었다(Wallerstein 1974). 그러나 교역 상품은 사치품에 국한되었다. 또한 19세기 이전에는 '가격수렴'이 관찰되지 않았다(O'Rourke and Williamson 2002). 따라서 일반적으로 19세기 후반을 세계화의 제1차 물결(first wave), 20세기 후반을 세계화의 제2차 물결(second wave)이라고 부른다. 제2차 물결에서는 상품과 생산요소시장에 부가하여 정보시장 통합이 포함된다. 국가 간 시장통합 뿐 아니라 국가 내 시장통합까지 논의하는 경우도 있다(Temin 1999: 77). 제1차 물결과 제2차 물결 사이는, 즉 두 차례의 세계대전을 포함하는 약 반세기 동안은 세계화가 정지되었거나 오히려 후퇴(backlash)한 기간이었다. 이 시기는 경제전쟁, 무역장벽, 이민제한, 자본통제, 민족주의 등으로 점철되었다.

즉 세계화라는 용어 사용은 비교적 최근의 일이다. 그렇지만 시장통합의 역사는 약 150년 전까지 거슬러 올라간다. 이 장의 목적은 세계화를 역사적으로 조망하는 것이다. 그러면서 현 시점의 세계화 찬반논의에 대한 이해를 얻고자 한다.

글의 구성은 다음과 같다. 우선 다음 세 개의 절에서 각각 상품시장, 자본시장, 노동시장의 통합을 검토한다. 5절에서는 세계화와 불평등의 관계

1 옥스퍼드 영어사전에 의하면 '글로벌global'이라는 단어는 17세기부터 사용되었으나 '글로벌라이즈globalize'는 1962년 『스펙테이터Spectator』지에 처음 등장한다. 이때 '글로벌라이징'은 사물을 '글로벌'하게 만드는 행위를 지칭하였다. 그러므로 '글로벌' 경제라 함은 지구의 모든 부분이 단일경제의 일부가 된 상태를 의미한다. 그 정도에 따라 완전한, 또는 부분적 세계화로 구분할 수도 있다(Temin 1999: 76). 『뉴욕 타임스』에 '세계화'가 언급된 횟수는 1970년대에는 한 번도 없다가 1980년대에는 1주에 한 번 미만, 1990년대에는 1주에 두서너 번, 2000년 이후로는 하루에 평균 한 번 이상이었다(Fischer 2003: 2, fn.1).

를 고찰한다. 다음 절에서는 세계화의 후퇴 경험을 살펴보고 향후 세계화의
정지 및 후퇴가능성을 가늠한다. 7절과 8절은 지역통합 움직임과 세계화를
조율하는 문제를 다룬다. 마지막으로 이 글의 정책적 함의를 따져 본다.

2. 상품시장 통합

   상품시장 통합의 정도는 GDP 대비 무역(수출+수입)량의 비율 또는 상
품가격의 수렴으로 측정할 수 있다.
   〈그림 1〉을 보자. 세계무역액을 세계총생산으로 나눈 비율이 19세기 후
반에, 그리고 다시 20세기 후반에 급속도로 증가했다. 또한 품목별로 다르
겠지만 예를 들어 향료나 커피는 생산지가격과 소비지가격의 비율도 1820
년대까지 5 내지 20대 1이었던 것이 점차 하락하여 1900년대에 오면 2대 1
이하로 떨어졌다(O'Rourke and Williamson 2002). 이것은 물론 특히 19세기
에 운송비가 빠른 속도로 하락했기 때문이다. 증기선의 발달이나 수에즈

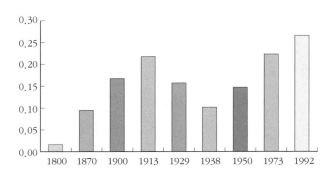

〈그림 1〉 1800년 이후 GDP 대비 국제무역(%)
주 : (수출+수입)/생산. 자료 : Taylor(2002)

운하의 개통(1869), 철도 건설 붐, 냉장기술의 진보 등은 국내적으로도 국제적으로도 운송비를 절감케 한 주 요인이었다(O'Rourke and Williamson 1999: ch.3). 교통통신의 발달이 세계화를 가능하게 할 가시적인 기술적 근간('flesh')이라면 정치적·제도적 근간('spirit')도 중요하다. 여기에는 상품시장에 영향을 미치는 무역정책뿐만 아니라 '재산권의 안전, 계약의 이행, 안정적이고 예측 가능한 통화와 재정정책 등 공공재를 공급하는 각종 법적·관습적 장치의 광범위한 집합'이 포함된다(Taylor 2002). 한 마디로 세계 무역이 이루어질 '안전한' 환경이 19세기에 정착되었다는 것이다.

무역정책만 본다면 영국이 주도하여 중상주의에서 자유무역기조로 이행한 계기로서 1846년 곡물법 폐지, 1860년 영불무역협정(Cobden-Chevalier Treaty)을 들 수 있다. 그러나 미국은 1860년대, 유럽 대륙은 1870년대 후반부터 보호주의로 선회했으므로 전반적인 효과는 미지수다. 역사적으로 보아 '자유무역은 예외이고 보호주의가 일반적이었다

〈표 1〉 제3세계와 선진국의 공업화 수준(1750~1990) (영국 1900년=100)

	총 제조업 생산(10억$)		1인당(지수)	
	제3세계	선진국	제3세계	선진국
1750	93	34	7	8
1800	99	47	6	8
1830	112	73	6	11
1860	83	143	4	16
1900	60	481	2	35
1913	70	863	2	55
1928	98	1,260	3	71
1938	122	1,560	4	81
1953	200	2,870	5	135
1973	927	8,430	14	315
1980	1,320	9,910	19	347
1990	2,480	12,090	29	412

주 : 공업화 수준은 1인당 제조업 생산 지수
자료 : Bairoch(1993: 91)

(Bairoch 1993: 16)'. 유럽에서는 1860년대와 1870년대 전반 정도가 자유무역의 막간('interlude')이었다. 자유무역정책이 더 오래 유지된 영국과 네덜란드는 예외다. 그 밖의 곳과 그 이외의 기간에는 관세, 비관세 장벽이 풍미했다. 식민지나 주변부 국가들에서만 경제를 개방하도록 강요당했던 것이다. 그러나 그들은 결코 자유무역의 수혜자라고 할 수 없다. 〈표1〉은 제3세계의 탈공업화 과정을 뚜렷이 보여 준다. 19세기의 상품시장 통합은 중심-주변 관계를 더욱 공고히 했다고 결론지을 수 있다.

19세기에 비하면 20세기에는 항공운송비가 큰 폭으로 하락했는데도 교통비 감소의 속도가 느릴뿐더러 상품시장 통합에의 기여도도 작았다. 20세기 후반 무역성장의 주된 요인은 무역정책의 변화, 즉 관세와 비관세 장벽의 완화와 교환에 관계된 정보의 원활한 소통이다. 20세기 무역성장의 또 하나의 요인은 교역당사국들의 경제규모가 비슷해졌다는 것이다.[2] 또 다른 특징은 교역된 상품의 구성 변화다. 19세기에는 62~64퍼센트가 1차 산품(식품 27, 농업원자재 22-23, 광물 14)이었으나 20세기에는 18퍼센트(식품 8, 농업원자재 2, 광물과 원료 8)로 떨어졌다(Findlay and O'Rourke 2003: 55).

〈그림 1〉에서 보는 것처럼 GDP 대비 국제무역의 비율은 1970년 무렵에 오면 1913년 수준으로 회복되고 그 이후에는 그 수준을 능가하기 시작한다. 그러나 상품 부가가치 대비 상품 교역의 비율, 즉 교역 가능한 재화(제조업, 광업, 농업)의 생산 중 실제 교역이 차지하는 비중을 살펴보면 시장 통합이 훨씬 더 높은 수준으로, 빠른 속도로 이루어지고 있다. 이것은 서

---

2 예를 들어 3개국으로 구성된 GDP 120의 세계를 가정해 보자. 각국의 GDP가 100, 10, 10일 때 이 세계의 최대 무역 가능 수준은 40으로서, 소규모 국가의 생산을 모두 수출하고 같은 액수를 수입하는 경우다. 그러나 각국의 GDP가 각각 40이라면 최대무역가능수준은 120이 된다. 이와 같이 교역국들의 경제규모가 비슷하게 되면 국제무역이 늘어난다(Feenstra 1998: 34).

비스 부문이 커졌고 이에 부가하여 중간재교역이 급속도로 증가한 것에 기인한다. 소위 '수직적 특화(vertical specialization)', 달리 말하여 '생산의 분할(disintegration of production)'이 1970년대부터 급속도로 정착했다. 그 형태는 주문자 상표 부착방식(OEM)이라든지 외부 조달(outsourcing)[3] 등이 있다. 이와 같은 외부 조달은 요소가격균등화를 가속시킨다. 또한 미숙련 노동절약적 기술진보와 마찬가지로 임금분배에 영향을 미쳐 수입국 내의 불평등도를 높일 것이다(Feenstra 1998). 세계화와 소득분배에 관해서는 5절에서 다시 논의하기로 한다.

이와 관련하여 크루그만Krugman(1995)은 현재의 무역성장이 19세기와 다른 네 가지 특징에 대해 논의하고 있다. 즉 산업내 무역의 성장, 부가가치 연쇄 고리의 단절, 싱가포르, 홍콩 등 초무역 경제의 등장, 그리고 저임금 제조업 수출국의 대두 등이다. 처음 두 가지는 다음과 같은 '비특화(despecialization)지수'를 구함으로써 검증할 수 있다.

$$1 - \Sigma |X_i - M_i| / \Sigma(X_i + M_i)$$

단 X_i와 M_i는 i 산업의 수출과 수입이다. 이 지수는 모든 무역이 산업간 무역일 때 0, 모든 무역이 산업내 무역일 때는 1이 된다. 15부문의 2자리 SIC 수준에서 미국의 경우 1909년에 이 지수는 0.53, 1995년에 0.78로 계산되어 산업내 무역이 늘어났음이 확인된다(Bordo, Eichengreen and Irwin 1999). 비슷한 지수를 이용한 1960년대 이후 미국, 독일, 일본에서 산업내 무역의 증가추세는 지버트Siebert(1999)가 계산한 바 있다.[4]

---

3 다국적 기업 내의 교역을 포함하나 이 중요성은 감소하고 있다.

3. 자본시장 통합

 상품시장과 마찬가지로 자본시장 통합의 정도도 GDP 대비 국제투자의 비율 또는 수익률의 수렴으로 측정할 수 있다. 〈그림 2〉는 자본이동을 총생산으로 나눈 비율이 19세기 말에, 그리고 다시 20세기 말에 급상승했음을 보여 준다.

 세계화의 제1차 물결에서 일어난 자본이동이 워낙 대량이었기 때문에 1980년대에도 해외투자율이 100년 전의 절반 정도밖에 안 되었음을 염두

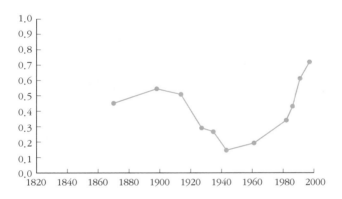

〈그림 2〉 1870년 이후 GDP 대비 국제투자
자료 : Taylor(2002)

4 산업내 무역

	1961	1966	1971	1976	1981	1986	1991	1996
독일	0.4102	0.4868	0.5735	0.5631	0.6115	0.6597	0.7500	0.7277
일본	0.2453	0.2319	0.2743	0.2025	0.2010	0.2463	0.3385	0.4310
미국	0.4695	0.5295	0.5271	0.5008	0.4953	0.5361	0.6556	0.6721

자료 : OECD International Trade by Commodities Statistics.
산업내 무역은 두 자리 SIC 수준 Grubel-Lloyd 지수 $\sum[(X_i+M_i)-|X_i-M_i|]/\sum(X_i+M_i)$

에 둘 필요가 있다. 그 이후 기간에 국제투자가 급증한 것에 주목하자. 19세기에는 국제자본이 중심부, 즉 영국, 프랑스, 독일에서 상대적으로 주변부라 할 수 있는 캐나다, 호주, 아르헨티나로 이동하였다. 그러나 더욱 가난한 나라로 투자되지는 않았다. 이것은 아마 더 가난한 국가는 기술수준이 낮아서 임금뿐 아니라 자본수익률도 낮았던 데 기인했을 것이다. 자본공여국은 규모가 클 때 국내총저축의 거의 절반을 해외에 투자했고, 자본수입국은 외자의존도가 매우 높아서 요즈음 남미보다 더 심했다. 이들 자본은 주로 주식이나 채권 등 포트폴리오의 형태로 사회간접자본(SOC) 또는 정부부문으로 흘러들어갔다. 20세기에는 직접투자의 비중이 늘었다. 이는 기술이전을 수반하므로 소득수준 수렴에 일조했을 것이다. 19세기 말 자본이동이 노동이동과 함께 신대륙으로 감으로써 수렴이 아닌 발산의 동력이 된 것과 대조적이라 할 수 있다(O'Rourke and Williamson 1999: chs.11-12). 또한 100년 전에 비해 서비스에 대한 직접 투자가 늘어난 것도 특징이다. 1914년에 미국 해외직접투자(FDI)의 40퍼센트 이상이 광업과 석유 부문이고, 제조업과 서비스(주로 철도와 전기, 가스, 수도 등)가 각각 20퍼센트였다. 오늘날에는 50퍼센트 이상이 은행, 금융, 보험, 유통, 에너지, 정보통신 등 서비스 부문이고 제조업이 35퍼센트 정도다. 이것은 상품시장뿐 아니라 서비스 시장에도 국제경쟁이 심화되었음을 의미한다(Bordo, Eichengreen and Irwin 1999). 전간기 국제자본시장의 와해 기간을 제외하고 자본이동은 귀금속 운송비용의 하락, 통신기술과 보험, 기타 금융기관의 발달 덕분에 지속적으로 촉진되었다. 또한 정보비대칭성이나 계약의 문제, 거시경제적 위험 등도 차차 줄었다. 적절한 회계기준도 광범하게 채택되었으며 중앙은행 간 협력도 향상되었다.

자본이동의 크기보다 이자율이 자본시장 통합의 더 좋은 척도가 될 수도 있다. 이자율은 19세기 말에, 그리고 20세기 말에 다시, 낮은 수준에서 안정적이었다. 외환리스크를 감안한 명목이자율('exchange-risk free nominal interest rates')은 미국, 영국, 독일 간에 1880년대에서 1910년대까지, 그리고 1980년대 이후 비슷한 수준으로 수렴했다(Obstfeld and Taylor 2003: 152-154). 투자율을 저축률에 회귀했을 때의 기울기 계수인 펠드스틴-호리오카 계수(Feldstein-Horioka coefficient)는 낮을수록 자본시장통합의 정도가 높음을 나타낸다. 〈그림 3〉은 1872~1927년에 1970년대 이후보다 자본시장 통합 정도가 높았음을 보인다. 이는 아마도 자본시장이 호황일 때 더욱 통합되는 경향이 있음을 의미할 것이다. 국제통화제도, 즉 금본위제인지 변동환율제인지에 따라 달라진 측면도 생각할 수 있다.

자본시장통합은 금융위기의 빈도와 강도, 전염성에 영향을 미친다. 금융세계화의 제1차 물결에서는 통화위기가 더 오래 지속되었다. 이것은 금융시장과 금융제도가 미성숙했기 때문으로 보인다. 1970년대 후반 이후에는 위기가 종종 통화와 은행의 동시위기(twin crisis)의 형태를 띠었다. 그러나 위기의 강도는 낮았다. 다시 말해 실물 생산손실이 심하지 않고 회

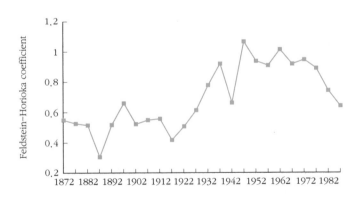

〈그림 3〉 Feldstein-Horioka 상관관계의 역사

주 : Feldstein-Horioka coefficient는 투자율을 저축율에 회귀했을 때의 기울기 계수임.
자료 : O'Rourke and Williamson(1999: 216)

복도 빨랐다. 자본의 높은 이동성은 소규모 경제에 항상 불리했다. 이것은 자본이동이 소규모 경제의 거시정책수행 범위를 불비례적으로 더 제한하기 때문이다(Eichengreen and Bordo 2002). 스티글리츠Stiglitz(2002)는 심지어 국제통화기금(IMF) 요구조건과 단기자본이동의 결합은 금융후진국에 자동적으로 위기를 초래한다고까지 주장하고 있다. 이 모든 것이 금융제도가 발달하지 못한 나라의 경우 단기자본이동을 규제할 필요가 있다는 것을 의미한다. 금융위기와 금융위기에 대한 우려는 상존하는 반反-세계화 운동의 잠재요소다. 세계화 후퇴('backlash')의 기폭제가 될 가능성도 있다. 금융제도가 성숙되지 못한 소규모 경제일수록 소위 트라이레마 trilemma, 즉 자유로운 자본이동, 안정적 환율, 독립적인 통화정책의 수행 세 가지를 동시에 구가할 수 없다는 수렁에서 빠져나오기 힘들게 된다. 이것은 자본시장의 통합에 직면했을 때 과감히 자유로운 변동환율을 택하기도 힘들기 때문이다.[5] 그러나 엄격한 자본통제보다는 시기와 순서를 적절히 조정해 가며 세계화된 자본시장에 통합되는 편('well-phased and well-sequenced integration into the global capital market')이 득이 된다는 설이 지배적이다(Fischer 2003: 14). 다시 말해 작은 나라일수록 큰 시장에 편입됨으로써 다각화를 통해 위험을 분산하고 규모의 경제를 누릴 수 있다.

4. 노동시장 통합

19세기 말은 특히 유럽에서 신세계 쪽으로 움직이는 대량 이민(mass migration)의 시대였다. 미국에서만 약 3천만 명의 이민을 받아들였다. 비

---

5 외환시장을 신뢰할 수가 없기 때문인데 크루그만의 표현에 따르면 '과민한 쇠약자(nervous wreck)'의 입장에 취하게 되는 것이다(Krugman 1998).

교적 부유한 도시민들이 가족 단위로 이동한 것이 19세기 초의 이민유형이었다. 이와 대조적으로 19세기 말에 올수록 농촌 출신의 젊은 미숙련 미혼 남성이 많아졌다. 특히 이민의 출발지가 동유럽과 남유럽 쪽으로 확산되면서 이민의 '질'이 낮아지는 추세가 보인다. 이것은 후발공업국의 농촌-도시 간 이주의 연장선상에서 해석할 수도 있다. 그러나 극히 가난한 자들은 드물었다. 이들이 이민비용을 부담할 수 없었기 때문이다. 이를 뒷받침하는 증거로 연쇄이민('chain migration')을 들 수 있다. 일단 정착하여 여유가 생긴 이민자가 가족, 친지, 이웃 등을 뒤따라 이동하도록 정보, 자금 등 모든 면에서 도와주는 것이다. 세계화의 제2물결, 즉 20세기 말의 이민은 1차 대량이민 시기보다 양적으로도 제한되었으며 패턴도 많이 변했다. 인구이동은 주로 동유럽에서 서유럽으로, 저개발국에서 선진공업국으로 움직이는 방향이었다. 아시아 출신 이민이 증가했고, 라틴아메리카는 이민의 도착지에서 출발지로 그 위상이 바뀌었다. 물론 이민은 높은 임금을 따라 노동이 이동하는 현상이며, 임금수준 균등화를 이루는 강력한 요인이었다(Chiswick and Hatton 2003: 69-76, O'Rourke and Williamson 1999: ch.7).

요소가격균등화는 요소이동이 없이도 이루어진다. 스톨퍼-사뮤엘슨 정리(Stolper- Samuelson theorem)와 헥셔-올린 정리(Heckscher-Ohlin theorem)에 따르면 자유무역은 상품가격을 균등화한다. 그리고 이에 따른 생산의 특화는 차례로 상대적 요소가격을 균등화한다. 상품시장이 통합되면 각국은 자기나라에 풍부한 생산요소를 상대적으로 더 많이 사용하여 만들어지는 상품의 생산에 특화하게 된다. 예를 들어 신세계에서는 토지와 자연자원 집약적 상품생산에, 구세계에서는 노동집약적 상품생산에 특화한다. 자연히 신세계의 토지수요와 구세계의 노동수요가 증가한다. 따라서 19세기에 임금-지대 비율은 신세계에서는 하락하고 구세계에서는 상승한 것이다. 이러한 추세는 구세계에서 신세계로의 노동이동 때문에 더욱 강화된다. 또한 희소한 생산요소를 절약하는 방향으로 기술진보가 일어난다면 이와 같은 상대적 요소가격 균등화 경향은 더욱 더 힘을 얻게 될 것이다. 몇몇 추계에 따르면 19세기 말 임금수렴(1875~1914, 신세계와 구세계, 미국과 영국의 상대적 임금-지대 비율의 변화)을 설명하는 가장 큰 요인은 희소요소 절약적 기술진보였다. 그 다음이 헥셔-올린 상품가격효과였다. 이민에 의한 요소부존비율의 변화는 중요도 순위가 셋째로 나타났다(O'Rourke, Taylor and Williamson 1996, Williamson 1996).[6] 저개발국이 세계화에 따라 소규모 개방경제가 되면 상품가격 균등화의 영향력이 크다. 중심 주변부 간 생활수준 격차가 크고, 더욱 커지는데도 상대적 요소가격 수렴현상이 관찰된다. 선진국에서와 같이 자본축적이나 기술진보가 중요하지 않으므로 임금-지대비율의 변화는 노동이동과 헥셔-올린 효과를 통해 설명가능하게 된다. 헥셔-올린 정리에 따라 19세기 말 20세기 초에 토지가 풍부한 주변부, 즉 남미나 동남아의 임금-지대 비율은 하락했고 20세기 초 인구밀도가 높은 주변부, 예를 들어 한국이나 대만에서는 임금-지대 비율이 상승했다(Williamson 2002a). 20세기 말의 세계화 제2차 물결이 오면 자연자원부존의 중요성이 감소하고, 세계화에서 자본시장통합의 비중이 점차 커지게 되어 이민이 실질임금이나 소득분배에 갖는 중요성이 줄었다. 19세기 말부터 시작하여 점차 경직적이 되던 이민제한이 1960년대부터 완화된 것도 이런 맥락에서 이해할 수 있다(Chiswick and Hatton 2003: 84).

---

6 20세기 말 세계화의 제2차 물결에서 이러한 추세는 더욱 강하게 나타나서 노동절약적 기술진보가 미숙련 임금하락 대부분 설명하게 된다. 주 7 참조.

5. 세계화와 불평등

　개인소득의 세계적 불평등도는 19세기에는 급속히, 20세기에는 완만히 높아졌다. 이를 국가 내 불평등과 국가 간 불평등으로 나누어 보면 국가 간 불평등이 상승추세를 주도한 것으로 나타났다(〈그림 4〉). 다른 요인들이 많이 있겠지만 세계화의 영향만을 고려해 보자.

　요소가격변화는 소득분배, 즉 국가 내 불평등과 국가 간 불평등에 직접적인 영향을 미친다. 국가 내에서는 임금-지대 비율이 균등화되면 신세계의 임금이 하락하고 구세계의 임금이 상승한다. 따라서 19세기의 세계화는 신세계의 불평등을 악화시키고 구세계의 불평등을 감소시켰다. 20세기 말에 부유한 나라의 상대적 임금이 저개발국 임금 수준으로 하락하는 추세를 보였다. 이것은 선진공업국에서 불평등이 심화되고, 저개발국의 불평등이 완화된 것을 의미한다. 미국 같은 부유한 선진국 미숙련 노동자의

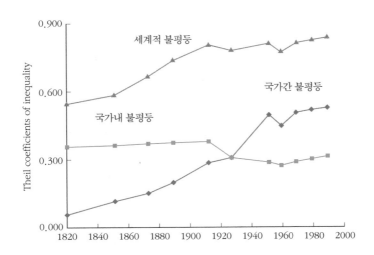

〈그림 4〉 개인소득의 세계적 불평등도(1820~1992)

자료 : Lindert and Williamson(2003 : 230)

소득은 세계화가 진행됨에 따라 다음과 같은 요인 때문에 감소했으며, 국가 내 불평등이 커져갔다. 즉 실질임금의 균등화, 미숙련 노동집약적인 수입상품과의 경쟁, 특히 이민쿼터가 폐지된 1960년대 이후에는 미숙련 노동자의 유입, 외부 조달(아웃소싱) 그리고 노동절약적 기술진보. 이 중에서 기술진보의 효과가 가장 컸던 것으로 추계되고 있다.[7] 저개발국은 세계화에 동참한 대부분의 국가에서 불평등이 감소했다.[8] 선진국과 세계화에 동참한 저개발국, 불참한 저개발국을 전부 포함한 19~20세기의 국가 내 불평등도에 미친 세계화의 순효과는 분명치 않다(Lindert and Williamson 2003: 264).[9]

국가 간 불평등은 약간 더 복잡하다. 국가 간 1인당 소득 격차가 장기적으로 커지는 가운데 지난 20년 동안 그 속도가 눈에 띄게 줄었다.[10] 이 문제를 새 성장이론('New Growth Theory', endogeneous growth theory)에서는 국가 간 소득격차가 장기적으로 줄어든다는 수렴('convergence'), 또는 여타 변수의 영향력을 통제하면 국가 간 불평등이 결국 감소하는 경향이 있다는 조건부 수렴('conditional convergence')이 관찰되는지, 아니면 왜 관찰되지 않는지에 관한 논의로 접근하고 있다(예를 들어 Aghion and Howitt 1998, 양동휴 2001). 수렴논쟁은 주로 1인당, 또는 노동 1시간당

---

7 최근 미국의 소득불평등 악화의 80퍼센트 정도까지를 기술 진보의 숙련 바이어스가 설명한다고 한다(Fischer 2003: 10).

8 남미의 몇몇 나라에서는 경제 개방 이후 불평등이 악화되었는데 이는 아마도 너무 늦게 세계화에 동참한 까닭에 중국과의 경쟁에서 뒤떨어진 때문일 것이다(O'Rourke and Williamson 1999: ch.9). 또한 중국, 인도, 옛 소련 등의 국가 내 불평등이 1990년대에 증가하였다. 이는 지역별 부분적 개방의 결과인 것으로 보인다.

9 19세기에 그러했던 것처럼 자본이 노동이동을 따라 움직인다면 이민에 의해 국가 내 불평등이 교차하는 경향이 약화된다. 즉 토지나 자연자원에 비한 노동의 희소성 여부의 효과가 자본이라는 동반 생산요소 때문에 절감되는 것이다. 2국 모형에서 3국 모형으로 확대하면 세계화에 의해 중위권 국가의 미숙련 노동의 소득이 상대적으로 하락하게 된다(O'Rourke 2001).

10 이것은 주로 중국과 인도의 빠른 성장에 기인한다.

GDP를 기초 자료로 이용한다. 그러나 그보다 구매력 평가로 조정된(PPP-adjusted) 실질임금이 시장통합과 수렴의 관련을 검토하는 데 더 좋은 척도라는 주장이 있다(Williamson 1995). 일반적으로 기술진보의 차이가 불평등의, 기술이전이 수렴의 가장 중요한 요인으로 알려져 있다. 이 글의 관심사는 국가 간 불평등에 미치는 세계화의 영향 즉 무역, 이민, 자본이동의

시기	세계적 불평등 추세	국가간 불평등		국가내 불평등	
		추세	세계화의 영향	추세	세계화의 영향
1500~1820	불평등 악화	불평등 악화	명백한 순효과 없음	불평등 악화 (서유럽)	명백한 순효과 없음
1820~1914	불평등 악화	불평등 악화	참가국이 불참국보다 이득. 참가국 중 이민은, 자본이동이 악화시키는 정도보다 불평등 감소효과가 크다. 예외가 있지만 자유무역은 불평등을 감소시켰을 것.	명백한 추세 없음	세계화는 신세계의 불평등을 악화시키고 구세계의 참가국 불평등을 감소시킴
1914~1950	명백한 추세 없음	불평등 악화	세계화의 후퇴는 국가간 격차를 확대함	불평등 감소 (OECD)	명백한 순효과 없음
1950~2000	불평등 약간 악화	불평등 약간 악화	세계화된 무역과 이민은 참가국간 격차를 축소시킴. 불참국은 더욱 뒤떨어짐.	불평등 약간 악화 (OECD)	세계화는 OECD 국가 내의 불평등 악화. 여타국에서는 불참지역이 뒤떨어짐.
1820~2000 전체	불평등 악화	불평등 악화	세계화된 무역과 이민은 참가국간 격차를 축소시킴. 불참국은 더욱 뒤떨어짐.	명백한 추세 없음	명백한 순효과 없음

〈표 2〉 세계화가 개인소득의 불평등에 미친 영향 요약

자료 : Lindert and Williamson(2003: 264)

효과다. 장기균형을 생각하면 요소가격 균등화는 국가 간 임금격차를 감소시킬 것이다. 그러나 동태적 측면을 고려하면 무역 자유화의 효과는 불분명해진다. 저개발국의 숙련 프리미엄이 낮아지면 인적자본투자가 감소하므로 성장률이 하락하여 국가 간 불평등이 심화된다. 인적자본이 외생이면 숙련도의 비용이 싼 저개발국에 기술진보의 유인을 제공하여 성장을 촉진한다. 따라서 국가 간 불평등은 감소한다. 〈그림 4〉를 보자. 국가 간 불평등이 증가하는 추세다. 이것은 세계화의 결과가 아니다. 선진국의 성장속도가 빨랐기 때문이다. 오히려 세계화는 기술이전과 요소가격 균등화를 통해 국가 간 불평등을 감소시킨 면이 클 것이다. 세계화에 불참한 나라들이 뒤떨어진 것도 불평등 심화의 한 요인이다. 〈표 2〉에 시기별로 세계적 불평등도에 미친 세계화의 효과를 정리했다. 각 시기마다 다른 요인이 중요했음을 명백히 보여 준다.

6. 세계화의 후퇴(backlash)

19세기 말, 20세기 초에 세계화의 동력이 약해져서 전간기에 세계경제가 파편화되는 일이 일어났다. 이렇게 된 데에는 몇 가지 요인이 있다. 즉 값싼 곡물이 신대륙에서 유입('grain invasion')되어(O'Rourke 1997) 유럽의 지대수입자들의 소득을 감소시켰다. 또한 유럽에서 온 대량이민으로 신대륙의 미숙련 노동임금이 하락했다. 또 유럽의 제조업품이 수입되면서 신세계의 유치산업 발달을 저해하였고 이윤율을 위협했다. 이와 같은 변화에 대응한 정책의 형태는 다음과 같다. 유럽에서 곡물수입에 대한 관세부과, 신세계에서 제조업을 보호하기 위한 무역장벽의 구축, 노동임금을 유지하기 위한 이민제한 등이었다. 이들은 자연스럽게 세계화 추세를 중지, 나아가서는 반전시키기에 이르렀다. 다시 말해 세계화의 결과로 보이는 국가 내 그리고 국가 간 불평등의 심화가 반세계화 운동을 촉발했다. 그러나 세계화가 불평등을 줄였다고 하더라도 항상 소득과 부의 재분배를 수반한다. 그래서 세계화로 인해 이득을 보는 집단과 손해를 보는 사람들이 있게 마련이다. 무역은 수입 대체부문과 희소 생산요소의 손실을 초래한다. 노동이동은 이민을 받아들인 나라의 미숙련 노동자 임금을 하락시킨다. 자본이동은 한 편으로 국가 간 소득수렴 경향을 약화시키는 방향으로 영향을 미칠 수도 있다(5절 주9). 다른 한 편으로는 금융시장의 교란요인으로 작용한다(3절). 이러한 효과들은 반세계화 세력이 상품과 요소시장 통합을 지연시키는 국가정책을 성공적으로 추진할 가능성을 의미한다. 실제로 세계화의 후퇴 조짐이 1880년대에 이미 나타났고, 전간기에는 광범하게 확산되었다(Williamson 2002b). 아마도 '세계화의 동력은 스스로 파괴의 씨앗을 잉태하고 있는'지도 모른다. 세계화와 그 반작용이 시계추처럼 교대한다는 것이다(James 2001). 오늘날 시장통합은 100년 전 수준과 비슷하거나 더 강력하지만 아직 세계화의 후퇴가 심각하다는 징조는 보이지 않고 있다. 이것은 다음과 같은 요인 때문인 것으로 보인다. 즉 100년 전에 비하면 더 이상 대규모 이민은 보이지 않는다. GDP 중에 교역불가능 품목(nontradables)의 비중이 커졌으며, 농업의 비중은 매우 작아졌다. 그리고 손실을 보는 부문에 보조금 지급이 증가했다(Williamson 1998). 또한 각국의 금융 기관과 제도가 성숙했으며 중앙은행 간 협력이 개선되었다.

7. 세계화와 지역주의

1980년대 후반부터 가속된 경제적 지역주의, 지역통합의 움직임은 개방

되고 통합된 세계화 경제의 원만한 운행을 위협하고 있다. 예를 들어 확대
일변도의 유럽연합(EU)은 무역장벽을 유지 또는 강화함으로써 다른 국가
가 유럽시장에 접근하는 데 제약을 가한다. 북미주 자유무역협정(NAFTA)
은 북미시장에서 다른 지역 수출업자들을 차별하고 있다. 따라서 미국 소
비자에게 높은 가격을 감수하도록 강요한다. 라틴아메리카의 지역통합운
동(MERCOSUR)도 극도로 차별적이다. 이와 같은 형태의 지역화는 더욱 개
방된 세계 경제로 나아가는 디딤돌이 될 것 같지 않다.[11] 지역화된 세계경
제는 많은 저개발국을 배제할 것이며 그들의 경제발전을 저해하거나 최소
한 지연시킬 것이다. 지역주의는 또한 비회원국에서 회원국으로 무역전환
(trade diversion)과 투자전환을 초래하여 경제적 효율달성을 방해한다. 지
역통합의 결과 회원국 간에 경제력 차이에 따른 강대국의 약소국 지배와
착취 가능성도 배제할 수 없다.

반면에 경제적 지역주의는 세계적 다자간 통합에 비해 몇 가지 이점을
가진다. 지역적 조정은 해외직접투자(FDI)나 다국적 기업의 행위에 대한
규제 등 세계무역기구(WTO)의 규정이 소홀히 하고 있는 중요한 문제, 즉
세계적 협상을 통해서는 효과적으로 해결할 수 없는 논쟁점들을 다룰 수
있다. 지역적 기구들은 규제 완화나 경쟁 정책분야의 개혁을 수행하는 면
에서 세계적 제도보다 더 신축적으로 대응할 수 있다. 특정 지역이 규모의
경제나 동태적 비교우위를 달성할 만큼 넓고 다양하다면 관세 동맹(CU)이
나 자유무역협정(FTA)[12]은 큰 경제적 의미를 갖는다. 경제적 지역주의의
현실적 대안이 경제적 민족주의 밖에 없다면 지역주의는 가능한 세계에서

---

11 더 자세한 이론적 실증적 논의는 양동휴(2004a) 참조.
12 우선적 무역협정(PTA)은 회원국 간에 특혜 관세를 부과하는 등으로 비회원국과 차별을 두
   는 것이며, FTA는 회원국 간의 자유무역(관세, 비관세 장벽의 완전 철폐)을 보장, CU는 이에
   더하여 공동역외관세(CET)를 채택한다. 공동시장(CM)은 상품교역뿐 아니라 노동, 자본, 서
   비스와 기업의 자유로운 이동을 허용하는 지역통합의 최고 단계를 지칭한다.

의 최적('best of all possible worlds')을 구성한다(Gilpin, 2000: ch.11).

역사적으로 보면 1950년에 서독이 유럽지불동맹(EPU)을 이용하여 쌍무적 무역에서 다자간 무역으로 이행하도록 허용되었으며 브레튼우즈 체제로 직접 흡수될 필요가 없었던 사례가 있다. EPU는 고비용의 쌍무적 무역을 피하도록, 그리고 다자간 무역과 결제가 가능하도록 함으로써 유럽 내 교역량을 대규모로 증가시켰다. EPU는 국제결제은행(BIS)에만 책임이 있었고 IMF에 대한 의무에서 자유로웠다. 미국으로부터도 특별대우를 받은 이 지불동맹은 궁극적으로 1958년 태환성 회복으로 가는 중요한 한 걸음으로 여겨졌다(Eichengreen 1995, 양동휴 2004b).

세계화와 지역주의의 흐름을 보면 이들이 반드시 상반되게 교대로 나타난 것이 아님을 알 수 있다.[13] 19세기 후반의 1차 세계화 기간에는 최혜국(MFN) 대우에 기반을 둔 자유무역이 기조였으나 전간기에는 파괴적인 쌍무적 조정만 남아 무역이 전반적으로 침체하였다.[14] 전후 관세와 무역에 관한 일반협정(GATT)의 최혜국(MFN) 조항은 무역자유화에 큰 도움이 되었다. 1947년 제네바 회의부터 1986년 우루과이 라운드에 이르기까지 수차례에 걸친 다자간 자유무역 협상은 자유무역을 지속적으로 추진했고, 세계 무역량이 대폭 늘었다.[15]

---

13 클라크Ian Clark(1997)의 용어로 세계화와 파편화(fragmentation)는, 1914년 이전에는 동시에 심화되었다가 제1차 세계대전 중에는 파편화가, 1920년대에는 세계화가, 1930년대와 제2차 세계대전기에는 파편화가 우세하였다. 전후 냉전시기에 세계화쪽으로 기울다가 냉전의 침식과 붕괴 이후 다시 양자가 공존한다고 설명한다.

14 역설적으로 19세기 후반 자유무역은 1860년 영국과 프랑스의 쌍무적 조약으로 시작하였고 1920년대에는 다자간 협상으로 무역을 증대시키려는 노력이 별 효과를 보지 못했다. 그러나 영불조약(Cobden-Chevalier Treaty)은 MFN에 입각한 쌍무적 협정이므로 진보적 성격을 띤 것으로 보아야 할 것이다(progressive bilateralism).

15 GATT/WTO의 무역자유화 효과를 의심하는 연구들도 있으나 최근 서브러매니언 Subramanian과 웨이Wei(2003)는 비대칭적이기는 하지만 GATT의 역할이 매우 컸음을 밝히고 있다. 이 효과는 선진 공업국들에, 또 우루과이 라운드 이후 가입한 저개발국에 컸으며 식품, 의류, 신발류 부문에는 작았다.

이와 함께 두 차례에 걸쳐 지역주의의 팽창이 있었다. 1960년대 초와 1980년 중엽 이후가 그것이다. GATT 제24조는 MFN 규정의 예외조치로 관세동맹과 FTA를 허용하고 있다. 이를 이용하여 유럽공동시장(ECM)의 자극을 받은 지역주의가 아프리카, 라틴아메리카, 또 다른 지역의 저개발 국에 풍미했다. 이들의 목표는 주로 수입대체 공업화였으나 그 효과는 미미했다. 이때는 헤게모니를 쥐고 있던 미국이 다자주의(multilateralism)의 열렬한 지지자였다. 1980년대 중엽 이후 지역주의 추세에는 미국이 주요 선봉이었다. 미국은 1989년 캐나다와 FTA를 체결하고 이에 멕시코를 영입, 1994년 NAFTA를 설립했다. 라틴아메리카와 전미주자유무역지역 협상도 추진하고 있다. EU도 지속적으로 회원국을 확대하면서 단일통화(Euro)를 도입했다. 이러는 중에 다른 지역에서도 방어적 블록을 형성하는 형태로 지역주의가 부흥한 것이다.

미국의 태도가 다자주의에서 지역주의로 선회한 것은 당시 GATT 협상이 예전보다 지지부진했던 데 기인한다. 크루그만Krugman(1993)은 GATT의 한계점으로 네 가지를 들고 있다. 즉 회원국이 많아져서 협상이 더 힘들고 무임승차자(free-rider) 문제가 심각해졌다. 보호의 형태가 관세나 수량할당에서 자발적 수출제한(VER), 덤핑방지(AD), 기타 행정조치로 다양해짐에 따라 협상공간이 복잡해졌다. 미국의 세력이 상대적으로 약화되어 체제를 선도하기 힘들게 되었다. 주요국 간의 제도적인 차이로 협상이 더 어려워졌다. 예를 들어 일본 같으면 '비공식적 이해와 카르텔'이 시장을 지배하고 있어 '자유시장'에 입각한 미국과는 관세인하 약속이 갖는 의미가 다를 수밖에 없다는 것이다.[16]

이와 같이 세계경제가 지역주의에 의한 지역통합으로 나아가는 것이 세

---

16 일본의 경우 수입상품 유통구조에 특이한 면이 있으므로 한일 FTA 추진 시에도 고려할 것이 요망된다. 이승훈 외(1990) 참조.

계적 후생수준에 갖는 의미는 무엇일까. 정태적으로 볼 때 지역통합은 무역창출(trade creation) 효과가 있는 만큼 후생 증가를 가져온다. 그러나 역외에서 더 작은 비용으로 생산하여 수입할 수 있는 상품을 고비용의 회원

〈표 3〉   지역통합별 무역 분포 : 역내수출과 세계수출

	설립	1960	1970	1975	1980	1985	1990	2000
ANZCERTA	1983	5.7	6.1	6.2	6.4	7.0	7.6	4.8
		(2.4)	(2.1)	(1.7)	(1.4)	(1.6)	(1.5)	(0.4)
EC	1957	34.5	51.0	50.0	54.0	54.4	60.4	66.0
		(24.9)	(39.0)	(35.9)	(34.9)	(35.6)	(41.4)	(35.8)
EFTA	1960	21.1	28.0	35.2	32.6	31.2	28.2	0.6*
		(14.9)	(14.9)	(6.3)	(6.1)	(6.3)	(6.8)	(2.2)
Canada-US FTA	1989	26.5	32.8	30.6	26.5	38.0	34.0	39.7
		(21.9)	(20.5)	(16.8)	(15.1)	(16.7)	(15.8)	(16.4)
ASEAN	1967	4.4	20.7	15.9	16.9	18.4	18.6	23.9
		(2.6)	(2.1)	(2.6)	(3.7)	(3.9)	(4.3)	(6.7)
ANDEAN PACT	1969	0.7	2.0	3.7	3.8	3.4	4.6	8.4
		(2.9)	(1.6)	(1.6)	(1.6)	(1.2)	(0.9)	(1.0)
CACM	1961	7.0	25.7	23.3	24.1	14.7	14.8	10.9
		(0.4)	(0.4)	(0.3)	(0.2)	(0.2)	(0.1)	(0.2)
LAFTA/LAIA	1960/80	7.9	9.9	13.6	13.7	8.3	10.6	12.9
		(6.0)	(4.4)	(3.5)	(4.2)	(4.7)	(3.4)	(5.2)
ECOWAS	1975	n.a.	3.0	4.2	3.5	5.3	6.0	9.6
		n.a.	(1.0)	(1.4)	(1.7)	(1.1)	(0.6)	(0.5)
PTA/COMESA	1987/94	n.a	8.4	9.4	8.9	7.0	8.5	4.8**
		n.a	(1.1)	(0.5)	(0.4)	(0.3)	(0.2)	(0.4)

주 : 역내무역(IR)은 지역의 총수출에서 차지하는 역내수출의 비중(%). ANZCERTA-Australia-New Zealand Closer Economic Relations Trade Agreement; EC-European Community; EFTA-European Free-Trade Area; ASEAN-Association of South East Asian Nationa; CACM-Central American Common Market; LAFTA/LAIA-Latin American Integration Association; ECOWAS-Economies Community of West African States; PTA/COMESA-Commom Market for Eastern and Southern Africa. 괄호 안은 세계 수출총액에서 차지하는 지역의 총수출.
자료 : De Melo and Panagariya(1993: 13), IMF, *Direction of Trade*(2002)
* 1990년대에 가입국들이 대거 탈퇴하고, 2000년에는 아이슬란드, 리히텐슈타인, 노르웨이, 스위스만 남았다.
** Eritrea, Namibia, Swaziland 제외(통계 없음)

국에서 수입하게 되면, 즉 무역전환(trade diversion) 효과가 있는 경우 비효율과 후생감소를 초래한다. 여러 지역통합 블록이 동시에 설립될 때 상호작용과 전략적 행위 그리고 동태적 시간과정 효과 등을 고려할 필요가 있다. 지역화된 세계경제에서는 협상당사자의 수가 줄어 협상이 쉬워지고 무임승차 문제도 잘 해결하게 되어 완전한 세계적 자유무역의 달성이 빨라지고 확실해질 가능성이 있다. 그러나 대규모 블록은 시장지배력을 수반하므로 내부지향적이고 높은 관세를 유지할 경향이 있다. 역외국가에 블록을 개방할 필요 또한 줄어들 것이다. 문제는 지역주의를 MFN과 연결시키고 개방적으로 만들도록 게임 법칙을 수정해 가는 데 있다. 이것은 다음 절에서 세계화의 관리(governance)라는 개념으로 살펴보고자 한다.

〈표 3〉은 60년대 이후 역내수출이 총 수출의 4퍼센트 이상인 지역통합들의 성과를 보여 준다. 선진공업국 간 지역통합은 역내수출의 비중도 늘고 세계 전체에서 차지하는 총 수출의 비중도 늘었다. 저개발국 간 지역통합의 경우에는 무역증대 추세가 뚜렷하지 않다. 또한 1980년대 중엽 이후에는 재화 용역이나 생산요소의 이동을 넘어선 제도적 수준의 조화, 예를 들어 공동입법이나 노동, 환경 등의 표준설정에서 조정이 이루어지고 있다. 선진공업국과 저개발국 간의 지역통합은 주로 선진국의 정치적 이득과 저개발국이 자발적 수출제한(VER), 덤핑방지(AD) 같은 차별에서 벗어나려는 유인이 맞물려 시도되고 있는 데 후생수준의 효과는 모호하다. 작은 나라일수록 아직 불확실한 세계적 무역체계에 일방적으로 개방하는 것보다 선진국 간, 또는 선후진국 사이의 지역통합에 참여하는 방안이 조심스럽게 권장되고 있다(De Melo and Panagariya 1993: 20-21). 일정한 조건하에서, 지역통합에 참여한 작은 나라는 불참하는 비슷한 나라에 비해 큰 시장에 손쉽게 접근할 수 있으므로 해외직접투자(FDI)를 유치하는 데 약간 유리할 수 있다. 또한 기업구조조정 같은 정책개혁을 촉진하기도 한다.

이런 의미에서라면 지역통합 참여국들은 다자간 무역체계의 이점을 확산하는 데 도움을 준다. 따라서 다자주의 유지를 방해하기보다는 강화한다(Ethier 1998).

그러나 정의상 지역통합은 적어도 어느 정도 외부 국가에 차별적이다. 비교우위와 특화의 원리에 기반을 둔 세계화된 경제만이 더욱 우월한 경제적 이득을 가져올 것이다. 그러므로 1980년대 미국의 지역주의 선회는 큰 실수였다고 주장하는 학자들이 많다.[17] 이들의 논지는 매우 강력하다. 80년대 중반 이후 지역통합(PTA, FTA, CU, CM)의 만발[18]은 같은 품목에도 원산지에 따라 관세를 차등 부과하는 경우 소위 '스파게티 접시' 효과('Spaghetti Bowl' effect)를 가져왔다(Bhagwati and Panagariya 1996: 53-54). 나라에 따라 우선적 무역 특혜를 제공할 때 세계화가 진행된 결과(아웃소싱 등)로 생산지를 알아내기 힘든 경우 행정적 재분류 작업에 의존하게 된다. 이 때문에 무역의 흐름이 왜곡되고 부패를 초래하는 등 혼돈스러울 만큼 거래비용이 초래되었다. 지역통합은 이와 같은 현실을 무시하는 움직임이며 비차별 원리(MFN)의 준수가 가장 바람직하다는 것이다. 지역주의는 진실된 공동시장(CM)을 지향하는 경우거나, GATT/WTO 주최의 다자간 무역협상이 불가능한 경우에만 정당화될 수 있다. 그렇지 않으면 지역통합물결을 막아야 한다. 이것도 되지 않으면 차별에 따른 피해를 최소화하는 노력이 필요하다. 특히 헤게모니국과의 지역통합은 비효율적이

---

17 정책 당국자들이 '자유무역'과 '자유무역협정'을 혼동하여 지역주의를 옹호하는 경우가 비일비재하다고까지 언급된다. 심지어 경쟁적 FTA는 어린 아이들의 닌텐도Nintendo 게임과 같다고 묘사되었다(Bhagwati and Panagariya 1996: 52-53).

18 20세기 말엽의 통계는 약 180개의 지역협정을 보고하고 있다. WTO 회원국은 대부분 하나 이상의 공식적 지역무역협정에 관여하였다. 대표적인 예외로 일본, 홍콩, 한국을 들 수 있다(Gilpin 2001: 342). 21세기 초에 이 숫자는 300을 넘어섰다. 그러나 이중 2003년 10월 현재 발효 중인 지역무역 협정 수는 189개다.
⟨http://www.wto.org/english/tratop_e/region_e/regfac_e.htm⟩

고 비형평적이다.[19] 생산지별 무역특혜는 VER, AD 등을 통해 보호 장벽을 더 높이는 결과를 가져왔다. 다자간 협상을 위한 자원을 지역통합 쪽으로 유출시켰다. 중첩되는 FTA간에 비효율이 누적되었다.

그러면 어떻게 하라는 것인가. 이들의 주장은 무조건 다자간 협상을 통해 세계적 자유무역에 도달하자는 것이다. 그러나 앞에서 보았듯이 세계화는 소득을 재분배하고 금융 불안을 야기하므로 최고의 선은 아니다. 그러나 "민주주의는 여태까지 시도해 본 모든 다른 것을 제외한다면 가장 나쁜 형태의 정치이다"라고 한 처칠Churchill 이야기를 흉내내보자. "친 시장, 친 세계화적 접근은 여태까지 시도해 본 모든 다른 것을 제외한다면 가장 나쁜 경제정책이다(Fischer 2003: 26-27)." 또한 선진국들의 농산물, 직물 부문의 보호 장벽과 보조금 지급 또한 VER, AD 등을 감안한다면 세계화의 비대칭성에 노출된 저개발국들은 세계화로 인해 피해를 입은 국민들에 대한 보상에 신경을 쓰면서 신중히 대처해야 할 것이다. 나아가 세계적 자유무역으로 바로 이행하기 힘들다면 임시적 방편으로서 지역주의를 택하는 것이 차선책일 수 있다. 지역통합 움직임에서 제외될 경우 더욱 차별을 받고 뒤떨어질 것이다. 지역통합을 추진할 경우 '개방적' FTA가 바람직하다는 데에는 다수가 동의한다. 지역주의를 다자간 협상에 의한 세계화로 연결시키는 방법에 대해서는 다음 절에서 고찰하기로 하자. 그러나 이 절에서 다룬 지역통합에도, 특히 공동시장(CM)의 경우라면, 2절부터 6절까지 살펴본 세계화에 관한 논의가 거의 똑같이 적용된다는 사실을 염두에 두어야 할 것이다. 시장 통합의 효과에 대해 다시 생각하라는 뜻이다.

---

19 이에 해당하는 것으로 NAFTA의 남미 또는 해외로의 확장, EU와 여타국의 FTA 체결, APEC의 FTA화, TAFTA 추진 등이 있다(ibid.: 54). 또한 바퀴통—바퀴살(hub and spokes) 관계도 비효율과 바퀴살(spoke) 쪽의 상대적 손실을 가져오므로 곤란하다(Ibid.: 87 ff). 지역주의에 비교적 호의를 보이는 학자들도 지역통합이 다자간 세계화와 동시에 진행되는 경우를 상정하고 있다(Frankel 1998).

8. 세계화의 관리(governance)

지역통합 움직임을 통제하고 관리할 체제(regime)를 고안하는 것이 지역화된 국제경제의 개방성과 안정을 유지하는 데 기여할 수 있다. 또한 체제의 규칙을 집행하는 '거버넌스governance', 즉 '집단의 단체행동을 공식적으로 또 비공식적으로 지도하고 제한하는 과정과 제도(Nye and Donahue 2000: 12)'가 중요하다. 세계 경제가 완전히 세계화되었다고 하더라도 거버넌스는 계속 어려운 문제로 남는다. 세계 정부는 실현가능성이 없고 자유방임은 세계화를 후퇴시키는 것으로 귀결될 것이다.[20] 결국 각국의 정부, 국제기구 등 공적 기관과 다국적 기업, 초국적 NGO 등이 각종 법률, 규범, 시장, 계획을 동원하여 거버넌스를 담당하려고 노력하고 있다.

최근에 WTO를 개혁하여 궁극적 세계자유무역을 위한 더욱 효과적인 규칙을 설정하자는 논의가 광범하게 진행 중이다. 현재 발효 중인 GATT 제24조, 즉 MFN 원칙의 예외규정으로서 관세동맹과 FTA를 허용한 조항은, 지역적 무역협정의 차별행동으로부터 비참여국 일반을 보호하기 위한 조치를 거의 하지 못하고 있다. 지금 지역협정이 180개가 넘는 상황에서 GATT의 요구조건을 만족시켰다고 공식적으로 인정받은 것은 5개 정도밖에 안 된다.[21] GATT 제24조에서 FTA 관련조항 중 허가조건으로 협정국 간에 '실질적으로 모든(substantially all)' 품목의 교역에서 자유무역을

---

20 '세계화된 경제'라는 공공재를 공급하는 과정에서 시장 실패가 발생한다. 특히 무임승차자 문제가 심각해질 것이다.

21 GATT 제24조는 관세동맹과 FTA의 형성을 허용하되 다음과 같은 조건을 요구하고 있다. 즉, 관세동맹의 경우 공동역외관세와 기타 교역장벽이 관세동맹 이전에 통용되었던 수준보다 더 제한적이어서는 안 되며, FTA의 경우 개별역외관세와 기타 교역 규제가 FTA 이전에 …. 또한 관세동맹이나 FTA는 형성 계획과 시간 계획을 협정에 포함할 경우 단계별로 시행할 수 있다는 언급도 하고 있다. 문제는 이 조건이 제대로 집행되지 못했으며 규정 자체에도 이를 피해갈 수 있는 허점이 내포되어 있다는 것이다. 핑거Finger(1993) 참조.

보장하되 '과도 기간'을 둘 수 있게 하여 그 범위와 속도를 매우 모호하게 규정하고 있다. 또한 역외 관세와 기타 장벽의 수준을 협정 이전보다 높일 수 없다는 조건은 상대국마다 다를 것이다. 따라서 '평균적'으로 적용하기도 곤란하고 위반여부를 따지기도 힘들므로 집행하기에 어려움이 따른다. 이를 해결하기 위해 24조에 공동 역외관세를 도입하는 관세동맹만을 허용하고 FTA는 제외하자는 주장이 있다. 또한 행정적 보호조치를 규정하고 있는 제6조(AD)와 제19조(VER)도 개정해야 한다는 목소리가 높다. 제19조는 폐기하고 제6조의 안티덤핑부과금의 발동조건을 더욱 엄격하게 고쳐야 한다는 것이다(Bhagwati 1993: 25-27, 35-37). 이외에 추가적 권고사항으로 다음과 같은 것들이 제기되고 있다.

① 동반적 자유화: 역내 관세인하와 비례하여 역외관세 인하. 한 가지 방법은 지역통합 참가국 중 통합 이전의 가장 낮은 관세율을 통합 후 공동 관세로 정하는 것이다. ② 단일 소속: 각국에 하나의 우선적 무역 협정에만 참여하도록 하고 중복협정을 허용하지 않음으로써 복잡하고 서로 이율배반적이고 정치적 요소가 개입된 지역주의 네트워크의 등장을 예방한다. ③ 개방성: 새로운 참여자가 기존의 규칙 이외의 부가적 조건을 받아들이게 강요하지 못하게 한다. ④ 규칙 개정에서 차별 금지: MFN 원리의 원용 ⑤ 상호 책임: 협정 초기 GATT 24조 허가 이후 지속적으로 상호 감시(Cable and Henderson 1994: 14-15).

그러나 거의 모든 나라가 지금 하나 이상의 FTA의 회원이므로 GATT 제24조를 개정하는 일은 쉽지 않을 것이다. 또한 선진국들이 주로 사용하는 VER, AD 등의 규정도 고치기 힘들 것으로 보인다. 기타 권고사항들도 마찬가지다. 다자간 협상을 통한 자유무역 세계경제를 이루려면 선진국들 간의 협력, 그리고 미국의 지도력이 중요하다는 결론을 내릴 수밖에 없다. 이와 관련하여 헤게몬이 있어야 자유주의적 국제경제가 안정된다는 패권

안정론(Hegemonic Stability Theory)을 살펴볼 필요가 있다. 이 가설은 성공적인 다자주의는 단일권력에 의한 예외적인 경제적 지배와 역사적으로 시기가 일치한다는 단순한 관찰(19세기 후반 영국, 20세기 후반 미국)에서 출발하였다. 이 가설은 이론적 뒷받침이 불충분하다는 이유로 비판을 많이 받는다. 그러나 헤게몬(미국)의 힘이 약해졌을 때 쌍무적 협정이 만발한 사실과도 관련이 있어 보인다. 그 동안 이론적인 지지도 차츰 축적되었으며, 무역, 통화, 기타 분야의 국제 협력은 강력한 리더십이 없을 때 매우 힘들다는 경험을 설명하고 있다. 단순한 카르텔 이론에 따르면 회원이 많을 경우 지배적 기업(dominant firm)이 협약을 준수하는지 감시하고 집행할 때만 카르텔이 안정적일 수 있으며, 그렇지 않으면 인접한 두 개 기업의 복점(duopoly)이 가장 유지 가능성이 크다. 이것은 세계 경제의 다극화 현상이 쌍무적 지역주의를 자극했다는 설명을 제공한다. 또한 자유무역을 국제적 공공재로 간주한다면, 그 공공재의 공급을 원하는 강력한 국가의 압력이 없을 경우 다른 나라로서는 일방적으로 무역 장벽을 낮출 유인이 없을 것이다. 같은 논리로 헤게몬의 세계경제상 중요성이 줄어들면 보호주의 사상이 부흥하고 해외원조도 줄어들게 되며 지역주의가 득세하게 된다 (Gilpin 2001: 95-97).[22]

---

22 자유주의적 국제경제가 유지되기 위해서 지배적 경제권력에 의한 정치적 리더십이 필요하다는 논리를 최초로 본격적으로 정립한 학자는 킨들버거Kindleberger(1973)다. 그에 의하면 정상시에 헤게몬은 빈국으로의 자본이동을 유지하고 주요 통화 간의 환율을 안정시키며 선진국 간 거시경제정책을 조정하는 역할을 맡는다. 위기시에는 품귀된 재화를 공급하고 특히 국제금융위기에는 '최종대부자(lender of last resort)'로 기능을 발휘해야 한다. 1930년대에 헤게몬이 부재했기 때문에 국제경제가 심연으로 추락했다는 그의 설명은 아직 논란의 대상이 되고 있지만, 헤게모니 이론은 후학들에게 많은 시사점을 주었고 여러 형태의 확대 해석과 비판이 아직도 진행 중이다(Gilpin 2001: 97-102).

9. 요약과 정책 시사점

경제학적으로 세계화란 재화와 용역과 생산요소, 즉 노동과 자본의 시장이 더욱 밀접하게 국제적으로 통합되는 과정으로 정의된다. 세계화라는 용어 사용은 비교적 최근의 일이지만 시장 통합의 역사는 약 150년 전까지 거슬러 올라간다. 세계화를 역사적으로 조망하여, 즉 세계화의 제2차 물결(20세기 후반 이후)을 제1차 물결(19세기 후반에서 제1차 세계대전까지)과 비교하여 다음과 같은 특징을 밝혀냈다. ① 교통통신의 발달과 무역장벽의 완화로 상품시장의 통합이 더욱 심화되었다. 이와 함께 '수직적 특화'에 따른 산업내 교역이 신장했다. ② 국제자본이동은 포트폴리오 형태로 사회간접자본(SOC)이나 정부 부문으로 흘러들던 것이 차츰 직접 투자의 형태로, 그리고 금융, 유통 등 서비스와 제조업 부문으로 방향을 바꾸었다. 금융 제도의 발달에 따라 자본시장 통합의 가속에도 불구하고 통화 위기의 빈발 위험은 줄었고 그 위기의 강도는 회복 속도로 볼 때 낮아졌다. 그러나 소규모 개방경제는 비대칭적으로 불안정성이 커졌다. ③ 대량이민이 줄었다. 노동시장 통합이 덜하다 해도 요소가격 균등화의 움직임은 지속된다. 미숙련 노동절약적 기술진보가 이를 더욱 심화시킨다. ④ 국가 간 불평등이 커졌지만 세계화가 그 원인은 아니다. 국가 내 불평등에 미친 영향은 불확실하다. ⑤ 불평등도를 따지지 않아도 세계화의 피해자가 있기 마련이고 따라서 반세계화 운동 세력이 세계화를 중지 또는 후퇴시킬지도 모르나, 각종 제도와 정책이 성숙했기 때문에 세계화는 계속될 것으로 보인다. ⑥ 지역주의 움직임이 다자간 협상과 경합하고 있다. 불비례적 효과가 다소 우려된다. ⑦ 세계화를 조율하는 거버넌스가 문제이며 WTO 체제 개선방안들이 무성하다.

반세계화 세력의 확산이 세계 경제를 20세기 전반부에서 경험했던 세계화 후퇴로 몰아갈 가능성을 배제할 수 없지만 시장통합의 추세는 당분간 지속될 것으로 보인다. 문제는 세계화를 안정적으로 선도하고 조율할 거버넌스의 성공여부에 있다고 할 것이다. 가속적으로 확산되는 지역통합의 움직임이 진정한 다자간 세계화로 나아가는 지름길이라고 판단되지는 않는다. 따라서 한국의 처지에서는 세계화에 직접 동참하는 일이나 지역주의를 통해 차선책을 택하는 쪽, 그 어느 쪽을 막론하고 신중을 기할 필요가 있다. 신자유주의적 '워싱턴 합의(Washington consensus)'[23]를 따르는 일이나 전염병처럼 번지는 지역주의적 무역협정의 경주에도 뚜렷한 입장을 가지고 대처할 필요가 있을 것이다.

동아시아는 미주나 유럽보다 훨씬 외부지향적이고 다자주의에 입각한 개방을 추진해 왔다. 따라서 지역 통합에서 얻을 이득은 상대적으로 작을 것이다(Barrell and Choy 2003). 그러나 반대 방향으로 작용하는 요인도 적지 않다. 우선 더욱 자유로운 무역은 이미 장벽을 낮춘 나라들에게 상대적으로 이롭다. 이는 교역조건 호전 효과가 크고 관세수입 손실이 작다는 점에 기인한다(Frankel 2000: 60). 동아시아 쪽은 무역량이 많은 반면 지역적 특색이 없고 오히려 무역 대상은 세계적이었으며 GATT 원리를 존중하는 방향이었다. 지역 통합을 주도하지도 않았다. 지역 내 편향도 발견되지 않으며 비공식적 우선무역협정 같은 것도 없었다. 이러한 사실은 지역 통합에서 무역창출효과가 더 클 것이라는 의미를 가진다. 또한 다른 지역의 무역 블록이 동아시아의 후생을 감소시킬 우려가 있다. 그러므로 집단적 보복 행위를 견제할 수 있다면 GATT 24조에 입각한 무역블록 형성으로 동아시아가 이득을 취할 수 있다는 뜻이다(Saxonhouse 1993: 410-412).

---

23 미국정부와 IMF, 세계은행의 지지를 받고 있는 10개 항의 지침으로, 균형 재정, 교육과 보건 관련 지출 우선, 세제 개혁(세원확보와 세율 인하), 안정적이고 낮은 이자율, 경쟁적 환율, 수입 개방, FDI 개방, 공기업 민영화, 규제 완화, 재산권 보호 등을 가리킨다.

장기적인 대의를 위해 목표를 멀리 잡는 것이 중요하다. 세계화가 주춤하고 지역주의가 대세가 된다면 이에 따를 수밖에 없지만 단기적 이득과 장기적 세계 후생을 저울질해야 한다. 당면한 여러 FTA 현안에 대처함에 있어 정책 당국이 개방적인 견해에 귀를 기울일 것을 기대한다.[24] MFN 원리에 기반을 둔 '개방적' 지역주의를 동아시아에 뿌리내리는 데 일본이 주축이 되어야 한다는 주장에도 주의를 기울여야 할 것이다(Cable and Henderson 1994: 104-106).

『경제발전연구』, 10-1, 2004. 6

---

24 APEC의 FTA화는 1994년 보고르 선언에서 2020년까지 실현할 것을 명시하였지만 저개발국은 2020년, 선진공업국은 2010년까지로 차별적 시간 계획을 채택하였다. 그러나 미국이 이미 WTO에 가입한 중국에 대해 10년 동안이나 특혜를 주는 '선언'을 구체적으로 추진할 리가 만무하다. 이 당시 '개방적' 지방주의의 의미를 두고 논란이 있었다. 한국과 일본은 APEC 비회원국에 대한 MFN 원리를 염두에 두었고, 미국, 호주, 뉴질랜드는 상호주의에 입각해야 한다고 주장하였다. 그때의 입장이 관철되어야 할 것이다(Bhagwati and Panagariya 1996: 151).

참고문헌

양동휴(2001): 「기술 · 경제 · 역사 연구서설」, 『경제논집』 40, pp.149-174.

──(2004a): 「지역주의는 세계화의 디딤돌인가, 걸림돌인가: 이론적 역사적 고찰」, 『경제논집』 43, pp.131-164.

──(2004b): 「마셜플랜의 경제적 성과와 의의 : 서독의 재건과 유럽통합의 추진」, 『경제사학』, 37, pp.195-252.

이승훈 외(1990): 「수입상품 유통구조 개선방안」, 서울대학교 사회과학연구소.

Aghion, P. and P. Howitt(1998): *Endogenous Growth Theory*, Cambridge, MIT Press.

Anderson, Edward(2001): "Globalisation and wage inequalities, 1870-1970," *European Review of Economic History*, 5-1, April.

Bairoch, Paul(1993): *Economics and World History: Myths and Paradoxes*, Chicago, University of Chicago Press.

Banuri, T. and J. B. Schor(eds.)(1992): *Financial Openness and National Autonomy*, Oxford, Oxford University Press.

Barrell, Ray and Amanda Choy(2003): *Economic Integration and Openness in Europe and East Asia*, NIESR, paper presented at the ASEM Symposium on Multilateral and Regional economic Relations, Tokyo, March 25.

Bhagwati, Jagdish(1993): "Regionalism and multilateralism: an overview," in De Melo and Panagariya(eds.), *New Dimensions in Regional Integration*.

Bhagwati, Jagdish, and Arvind Panagariya(eds.)(1996): *The Economics of Preferential Trade Arrangements*, Washington, D. C., AEI Press.

Bordo, Michael(2002): "Globalization in Historical Perspective," *Business Economics*, January, pp.20-29.

Bordo, Michael D., Barry Eichengreen, and Douglas A. Irwin(1999): "Is Globalization Today Really Different than Globalization A Hundred Years Ago?" *NBER Working Paper*, 7195, June.

Bordo Micael D., Alan M. Taylor, and Jeffrey G. Williamson(eds.)(2003): *Globalization in Historical Perspective*, University of Chicago Press.

Bourguignon, François et al.(2002): "Making Sense of Globalization: A Guide to the Economic Issues," *Center for Economic Policy*, Research Policy Paper, No.8.

Cable, Vincent, and David Henderson(eds.)(1994): *Trade Blocs? The Future of Regional*

Integration, London: Royal Institute of International Affairs.

Castles, S. and M. J. Miller(1993): *The Age of Migration: International Population Movements in the Modern World*, New York, Guilford Press.

Chiswick, Barry R. and Timothy J. Hatton(2003): "International Migration and the Integration of Labor Market," In Michael D. Bordo, Alan M. Taylor and Jefferey G. Williamson(eds.), *Globalization in Historical Perspective*.

Clark, Ian(1997): *Globalization and Fragmentation: International Relations in the Twentieth Century*, Oxford: Oxford University Press.

Commission of the European Communities(2002): *Responses to the Challenges of Globalization: A Study on the International Monetary and Financial System and on Financing for Development*, Working Document of the Commission Services, SEC 185, Feb.

De Melo, Jaime, and Arvind Panagariya(eds.)(1995): *New Dimensions in Regional Integration*, London: Centre for Economic Policy Research.

Eichengreen, Barry(1995): "The European Payments Union: an Efficient Mechanism for Rebuilding Europe's Trade?" in Barry Eichengreen(ed.), *Europe's Post-war Recovery*, Cambridge, Cambridge University Press, pp.169-195.

──────────(1996): *Globalizing Capital: A History of the International Monetary System*, Princeton, Princeton University Press.

Eichengreen, Barry and Michael D. Bordo(2002): "Crises Now and Then: What Lessons from the Last Era of Financial Globalization?" *NBER Working Paper*, 8716, Jan.

Estevadeordal, Antoni and Alan Taylor(2002): "A Century of Missing Trade?", *American Economic Review*. 92, March, pp.383-393.

Ethier, W.(1998): "Regionalism in a Multilateral World," *Journal of Political Economy*, 106, December, pp.1214-1245.

Feenstra, Robert(1998): "Integration of Trade and Disintegration of Production in the Global Economy," *Journal of Economic Perspectives*, 12-4, Fall, pp.31-50.

Findlay, Ronald and Kevin O'Rourke(2003): "Commodity Market Integration 1500-2000," In Michael D. Bordo, Alan M. Taylor and Jefferey G. Williamson(eds.), *Globalization in Historical Perspective*.

Finger, J. Michael(1993): "GATT's influence on regional arrangements," in De Melo and Panagariya(eds.), *New Dimensions in Regional Integration*.

Fischer, Stanley(2003): "Globalization and Its Challenges," *AEA Papers and Proceedings*, 93-2, May, pp.1-30.

Frankel, Jeffrey A.(1997): *Regional trading Blocs in the World Economic System*, Washington D. C., Institute for International Economics.

──────────(ed.)(1998): *The Regionalization of the World Economy*, Chicago, University of Chicago Press.

──────────(2000): "Globalization of the Economy," in Joseph Nye and John Donahue(eds.), *Governance in a Globalizing World*, Washington D. C., Brookings

Institution.

Friedman, Thomas(2000): *The Lexus and the Olive Tree : Understanding Globalization*, New York, Anchor Books.

Gilpin, Robert(2000): *The Challenge of Global Capitalism: The World Economy in the 21st Century*, Princeton, Princeton University Press.

──────(2001): *Global Political Economy: Understanding the International Economic Order*, Princeton, Princeton University Press.

Graham, Edward(2000): *Fighting the Wrong Enemy : Anti-Global Activists and Multinational Enterprises*, Washington, D.C., Institute for International Economics.

Held, David, Anthony McGrew, David Goldblatt, and Jonathan Perraton(1999): *Global Transformations*, Basil Blackwell, 조효제(2002) 옮김, 『전지구적 변환』, 창작과비평사.

Helliwell, J. F.(1998): *How Much Do National Borders Matter?* Washington, D. C., Brookings Institution.

James, Harold(2001): *The End of Globalization : Lessons from the Great Depression*, Cambridge, Mass., Harvard University Press, 이헌대, 이명휘, 최상오(2002) 옮김, 『세계화의 종말』, 한울.

Keynes, John Maynard(1933): "National Self-Sufficiency," *Yale Review*, 22-4, June.

Kindleberger, Charles P.(1973): *The World in Depression 1929-1939*, Berkeley, University of California Press, 박명섭(1998) 옮김, 『대공황의 세계』, 부키.

Kozul-Wright and Robert Rowthorn(eds.)(1998), *Transnational Corporations and the Global Economy*, New York, St. Martin's Press.

Krugman, Paul(1993): "Regionalism versus multilateralism: analytical notes," in De Melo and Panagarnya(eds.), *New Dimensions in Regional Integration*.

──────(1995): "Growing World Trade: Cause and Consequences," *Brookings Papers on Economic Activity*, 1, pp.327-377.

──────(1998): "Making the World Safe for George Soros," in *The Accidental Theorist*, New York, W. W. Norton, 김이수(2002) 옮김, 『우울한 경제학자의 유쾌한 에세이』, 부키.

Lindert, Peter H. and Jeffrey G. Williamson(2003): "Does Globalization Make the World More Unequal?" In Michael D. Bordo, Alan M. Taylor and Jefferey G. Williamson(eds.), *Globalization in Historical Perspective*.

Mansfield, Edward D. and Helen V. Milner(eds.)(1997): *The Political Economy of Regionalism*, New York, Columbia University Press.

Nye, Joseph S. Jr. and John D. Donahue(eds.)(2000): *Governance in a Globalizing World, Visions of Governance for the 21st Century*, Washington, D. C., Brookings Institution.

Obstfeld, Maurice and Alan M. Taylor(2003): "Globalization and Capital Market," In Michael D. Bordo, Alan M. Taylor and Jefferey G. Williamson(eds.), *Globalization in Historical Perspective*.

O'Meara, Patrick, Howard Mehlinger, and Matthew Krain(eds.)(2000): *Globalization and* the *Challenges of the New Century*, Bloomington, Indiana University Press.

O'Rourke, Kevin H.(1997): "The European Grain Invasion, 1870-1913," *Journal of Economic History*, 57, pp.775-801.

─────────(2001): "Globalization and Inequality : Historical Trends," *NBER Working Paper*, 8339, June.

O'Rourke, Kevin H., Alan Taylor and Jeffrey G. Williamson(1996): "Factor Price Convergence in the Late Nineteenth Century," *International Economic Review*, 37, Aug, pp.49-53.

O'Rourke, Kevin H. and Jeffrey G. Williamson(1999): *Globalization and History: The Evolution of a 19th Century Atlantic Economy*, Cambridge, MIT Press.

─────────(2002): "When did globalisation begin?" *European Review of Economic History*, 6, April, pp.23-50.

Oman, Charles(1994): *Globalisation and Regionalisation: The Challenge for Developing Countries*, Paris: Development Centre of the Organization for Economic Cooperation and Development.

Rodrik, D.(1997): *Has Globalization Gone Too Far? Washington, D. C.*, Institute for International Economics.

Saxonhouse, Gary R.(1993): "Trade blocs and East Asia," in De Melo and Panagariya(eds.), *New Dimensions in Regional Integration*.

Siebert, Horst(1999): *The World Economy*, London, Routledge.

Soros, George(1998): *The Crisis of Global Capitalism*, New York, Public Affairs Books.

Stiglitz, Joseph(2002): *Globalization and its Discontents*, New York, W. W. Norton, 송철복(2002) 옮김, 『세계화와 그 불만』, 세종연구원.

Subramanian, Arvind and Shang-Jin Wei(2003): "The WTO Promotes Trade, Strongly but Unevenly," *NBER Working Paper*, 10024, October.

Taylor, Alan M.(2002): "Globalization, Trade, and Development: Some Lessons from History," *NBER Working Paper*, 9326, Nov.

Temin, Peter(1999): "Globalization," *Oxford Review of Economic Policy*, 15-4, pp.76-89.

Wallerstein, Immanuel(1974): *The Modern World System I*, New York, Academic Press, 나종일외(1999) 옮김, 『근대세계체계 I』, 까치.

Williamson, Jeffrey G.(1995): "The Evolution of Global Labor Markets since 1830: Background Evidence and Hypothesis," *Explorations in Economic History*, 32, April.

─────────(1996): "Globalization, Convergence and History," *Journal of Economic History*, 56, June, pp.277-306.

─────────(1998): "Globalization, Labor Markets and Policy Backlash in the Past," *Journal of Economic Perspectives*, 12-4, Fall, pp.51-72.

─────────(2002a): "Land, Labor and Globalization in the Third World, 1870-1940," *Journal of Economic History*, 62, March.

─────────(2002b): "Winners and Losers over Two Centuries of Globalization," *NBER Working Paper*, 9161, Sep.

제8장

기술 · 경제 · 역사 연구서설

1. 머리말

기술혁신은 20세기 말의 산업종교가 되었다. 기업은 이노베이션을 이윤과 시장점유율 증가의 관건으로 간주하며, 정부는 국가경쟁력 제고의 최우선 방도로 파악한다. 세계 각국에서 기술혁신이라는 수사가 전후에 풍미하던 후생경제학이라는 용어를 대체한 것이다. 이는 '정치에서의 좌파와 우파를 통합시키는 새로운 신학이다(The Economist 1999, Feb. 20, p.58 다음 p.5).'

기술혁신, 온건하게 말해 기술진보는 여러 가지 개념정의와 계측방법으로 접근할 수 있을 것이다. 그러나 경제학에서는 이를 단순화하여 생산성 성장과 연결시킨다. 수확체감의 법칙에 따른다면 생산의 증가와 함께 생산성이 하락할 것이다. 이를 보전하기 위해 기술진보가 필요하다. 그러므로 경제성장과 생산성의 궤적을 살펴봄으로써 시기별 기술혁신의 정도를 파악할 수 있고, 특정기술의 진보 배경과 전파과정을 검토할 수 있다. 물론 경제규모가 커지고 교역이 발달함에 따라 규모의 경제, 교환의 이득, 분업과 특화, 거래비용의 절감 등으로 경제성장이 촉진된다. 그러나 장기적으로 제약을 극복하는 지식과 기술의 축적이나 제도변화가 갖는 의미가 더 크다.

기술혁신이나 경제성장 그리고 물가, 임금, 이자율 등 또 다른 지표들은 역사적으로 장기파동(콘드라티에프 장기파동Kondratieff long wave)을 보인다. 장기파동은 기점을 통계적으로 확정짓기도 힘들 뿐만 아니라 특정 기술의 급진적 발달과 연결시키기도, 이론적 의미를 부여하기도 어렵다. 이런 가운데 아직 여러 학자들이 그 성격을 규명하려고 노력하고 있다. 더욱이 관측된 장기파동 중 셋(정점이 1760년대, 1870년대, 1970년대)은 공정工程혁신(process innovation)이며, 둘(1820년대, 1920년대)은 제품혁신(product innovation)이어서 일관성 있는 분석틀을 귀납해내기에는 아직 관측치수가 부족한 듯하다.[1]

그러나 기술과 경제와의 관계를 역사적 경험을 무시하고 연구하는 것은 한계가 있게 마련이다. 예를 들어 기술수준은 모든 나라에 동일하다고 가정하는 신고전파 성장이론에 따라 저축률과 교육을 가지고 소득수준과 성장률의 차이를 설명하려는 것은 무리다. 19세기 말 20세기 초에 미국이 영국보다 훨씬 높은 성장률을 기록한 것은 저축과 교육 때문이 아니다. 1870~1929년간 노동자 1인당 교육 년수는 영국이 2.2배, 미국이 2.3배로 비슷하게 증가했다. 또한 투자율과 저축률은 매우 다른 것이어서 1913년까지 10년 동안 영국저축의 절반은 미국을 비롯한 해외에 투자되었다(M. Romer 1996: 202).

이론은 역사적 사실을 단순화하고 각 추상수준으로 구분하여 다시 종합함으로써(hierarchical reductionism)(Romer 1996: 203) 역사에 대한 이해를 돕는다. 다만 기술혁신을 결정론적이 아니라 '조합적(combinatoric)'으로

---

1 이와 같이 공정혁신과 제품혁신의 교대는 요즈음 정보통신기술, 생명공학 및 신소재 등 공정혁신의 대두에 연장된다고 할 수 있다. 장기파동의 주기가 조금씩 짧아지고 있는 점도 주목할 필요가 있다(von Tunzelmann 2000: 124-126).

접근한다면 역사가 중요하다('history matters'). 여기에 '경로종속(path-dependence)'의 정도가 시간이 갈수록 증가한다는 것을 생각하면 역사는 더욱 중요하다('history matters more')(Weitzman 1996: 212).

이 장은 기술진보가 어떻게 생성되고 새로운 기술이 어떤 과정을 거쳐 경제행위에 도입되는지를 역사적으로 관찰할 때 염두에 두어야 할 사항들을 부각시킨다. 첨단기술의 발전 속도도 빠르고 새로운 경제성장이론도 급속도로 변모해 가는 시점에서 경제사학도의 접근방법을 다듬을 필요가 있다. 글은 마르크스와 슘페터의 고전적 견해를 재검토하는 것으로 시작한다. 3절과 4절에서는 최근까지의 기술경제사 분석틀을 살핀다. 4절에서는 특히 국가 기술혁신 체제(national system of innovation), 경로종속(path-dependence)과 역사적 기술경제학, 일반목적기술(general purpose technology) 등에 중점을 둔다. 5절은 과학과 기술의 관계를, 6절은 내생적 기술진보와 새 성장이론(new growth theory)을 비판적으로 검토한다. 7절에서는 영국의 산업혁명에 관한 사례연구를 시도하며 마지막으로 최근 정보통신혁명과 신경제(new economy)에 관한 언급으로 글을 맺고자 한다.

2. 마르크스와 슘페터

기술진보는 기본적으로 경제학에서 주로 사용하는 정태균형분석으로 설명할 수가 없다. 진화론적 또는 변증법적 방법을 원용한 동태분석으로 접근해야 한다. 따라서 마르크스와 슘페터의 고전을 돌아보는 것이 반드시 필요하다.[2]

마르크스는 개인 간의 적대보다 사회적 계급과 제도의 상호작용과 적대를 중시하였으며, 발명과 기술혁신을 개인의 문제가 아닌 사회적 과정으로 파악했다. 사회진화의 불연속적 속성을 동태적으로 이해하고 변증법적 방법을 가장 중시한 것이다. 즉 그의 유물사관은 일방적인 기술결정론이 아니고 경제와 기술의 상호작용과 피드백을 강조한 것이다.[3] 예를 들어 『자본론』 1권 14장, 15장을 보아도 시장 확대의 중요성을 강조하고 생산 규모의 확대에 따라 생산기술의 변화가 없었다는 점을 지적한다. 새로운 기술은 갑자기 나오는 것이 아니라 이전의 생산력과 생산관계의 변증법적 상호작용의 결과라는 것이다. 분업의 촉진이나 과학의 응용 등도 이와 같다. 여기서 더욱 돋보이는 것은 기계로 만드는 기계생산에 관한 분석이다. 마르크스는 자본재 부문의 중요하고 유일한 역할을 부각시킨 2부문 모형의 선구자였던 것이다. 이를 이용하여 기술의 전파과정과 기계의 라이프 사이클을 분석하였다(Marx [1867] 1967: Vol.I, chs.14, 15; Rosenberg 1982: ch.2).

정태균형분석을 맹렬히 비판하는 태도는 슘페터에서 더욱 뚜렷하다. 기술혁신이란 새로운 균형으로 급격히 옮아가는 과정이므로 정상(stationary)상태나 균제상태(steady state)라기보다 외부적 충격에 따른 불연속과 부조화가 그 특징이라는 것이다. 따라서 이노베이션을 담당하는 기업가(entrepreneur)는 합리적 행동이나 위험부담의 주체가 아니라 여태까지 시도하지 않았던 방식으로 신상품을 생산하거나 기존상품 생산비를 절감하는 전략가다. 그의 이윤은 경영이나 위험부담에 대한 보수가 아니다(Schumpeter 1939: ch.3). '창조적 파괴'는 소비자의 기호를 주어진 것으

---

2 자본주의 발달 분석의 중심에 기술진보를 위치시키는 '경제동학'의 고전 중에 마르크스 Marx는 이데올로기 때문에, 슘페터Schumpeter(1911)는 한계혁명과 신고전파 전통에, 슘페터(1939)는 케인스주의에, 슘페터(1942)는 제2차 세계대전에 묻혀 버렸다(Rosenberg 1976: ch.4, 특히 p.82 참조).

3 로젠버그Rosenberg(1982: ch.2)는 기술뿐 아니라 과학의 발달도 '생산에 의해 결정'되는 면이 큼을 누차 지적하고 있다(Rosenberg 1976: ch.7).

로 받아들이는 것이 아니다. 또한 신고전파에서 가정하는 바와 달리 수요도 생산기술도 주어진 외생변수가 아니다.[4]

슘페터의 견해는 초기에서 후기에 걸쳐 약간 변화하고 있다. 초기(Schumpeter [1911] 1934)에는 19세기 말 많은 소기업이 경험한 진입의 자유와 새 벤처기업의 혁신성을 주로 강조하였으나, 후기(Schumpeter 1942: chs.7-9)에는 20세기 초 미국 대기업의 역사를 주로 분석하여 연구개발투자와 축적된 지식, 진입장벽, 규모의 경제, 학습효과(learning curve), 금융지원 등에 주목하였다. 독점이윤이 창조적 파괴에 도움을 준다는 것이다. 완전경쟁기업은 내부적으로 기술적 효율이 떨어지며 기회를 놓치고 자본을 낭비하여 시대에 뒤처지게 마련이다. 대기업이 제약적으로 보이는 전략을 통해 장기성장의 동력으로 작용한다. 따라서 독점금지정책 등은 바람직하지 않다. 또한 특히 대공황시기 산업부흥법(NIRA)을 비난해서는 안된다(Schumpeter 1942: ch.8).

후기 견해를 흔히 슘페터 가설이라 하는데 이는 시장구조와 기술혁신의 상관관계를 구명하려는 연구의 단서가 되어 왔다(Kamien and Schwartz 1982). 나는 19세기 말 영국·미국·독일 철강공업의 사례연구에서 기술진보와 산업조직은 시기에 따라 독특한 상호작용을 하는 유기적 관계에 있으며, 독점자본 형성기의 철강공업에서는 기술선택, 산업조직, 기술진보의 연쇄반응이 독과점적 산업조직을 갖는 경제에 이로운 쪽으로 작용했다는 결론을 내린 적이 있다(양동휴 1994: ch.6). 최근 독일·프랑스·영국·이탈리아의 특허자료 분석에 따르면 초기 슘페터와 후기 슘페터 가설이 산업별로 일관성 있게 구분 적용된다. 기계 산업과 '전통적'인 부문 등

---

4 슘페터Schumpeter([1911] 1934)에서는 발명을 외생, 이노베이션을 내생으로 처리하고 있으나 슘페터(1942)에서는 둘다 모두 내생으로 다루고 있다. 로젠버그Rosenberg(1994: ch.3) 참조. 기술진보와 경제현상을 역사적 맥락에서 연구해야 한다는 것은 슘페터의 공개된 주장이다(Schumpeter 1954: 12-13).

은 기업집중도가 낮고 불안정하며 새로 진입한 기업이 많고 기업규모가 작은 곳에 기술혁신의 기회가 많았다. 반면 화학이나 전기 전자산업에서는 집중도가 높고 안정적이며 진입이 힘들고 기업규모가 큰 곳에 기술혁신이 축적되어 신기술의 과실을 독차지(appropriate)하는 경우가 많았다. 연구가 더 진전되어야 하겠지만 이는 중요한 정책적 함의를 갖는 것으로 판단된다(Archibugi and Michie 1997: ch.9).

3. 분석틀을 찾아

기술과 생산성의 역사적 조망은 산업혁명 이후 유럽의 경험을 중심으로 한 진화론적 접근의 형태를 종종 띤다. 내생적 기술진보론이나 경로종속(path-dependence)을 막론하고 신고전파식의 생산함수 방식과는 다른 점이 많다. 전통적인 신고전파에서는 기술진보를 단순히 생산함수의 이동으로 파악하는 반면 역사적 접근에서는 시장실패, 성장 등보다 기술진보로의 피드백, 자본형성과 기술혁신의 구분 모호, 현시기술우위(RTA, revealed technological advantage)의 지속과 이동 등을 주로 언급한다(Broadberry and de Jong 2000: 115-119).

신고전파 생산이론에 접목된 기술혁신의 개념화에는 사실 문제점이 없지 않다.[5] 우선 등량곡선(isoquant)을 따라 움직이는 요소대체 자체가 생산함수의 이동을 포함하는 경우가 많다. 등량곡선은 이론적으로 선택할 수 있는 점들의 집합일지는 모르나 엔지니어링 기술에 의해 실제로 단기간 내에 도달하기 불가능한 부분이 많으며 따라서 요소대체 자체가 기술진보

---

5 이 부분은 로젠버그Rosenberg(1976: ch.4)의 논의를 따랐다.

일 수 있다.

발명과 이노베이션도 뚜렷하게 구분되지 않는다. 슘페터는 기술혁신의 불연속성을 강조하고 동시다발성(cluster)을 설명하기 위해 이를 구분하고 그 경계에 기업가(entrepreneur)를 위치시켰다. 그러나 그의 논의는 중요한 기술혁신에만 적용 가능한 것이다. 이와 같이 발명과 혁신의 시차를 따지기도 어려울 뿐더러 무의미하다. '이노베이션은 불연속적이면서 동시에 연속적이기도 해야 한다(Rosenberg 1976: 75).' 기술의 확산(diffusion)이라는 것도 명확히 구분되지 않는 면이 있다. 기술이전, 기술전파 과정에서 일어나는 무수한 개선과 현지적응이 생산성 향상에 매우 중요하며, 같은 맥락에서 연구개발투자 중 개발투자액이 순수 연구비를 상회하는 것이다.

다시 말하여 전통적 경제학의 개념화에서는 주요 기술혁신, 불연속성, 과학적 지식, 발명초기과정 등을 지나치게 강조하는 면이 있다. 일반적이고 보편적인 문제보다 '낮은 수준'의, 즉 구체적이고 특수한 문제를 잘 살펴보아야 할 것이다.

제품혁신이나 공정혁신을 막론하고 '필요는 발명의 어머니'인가. 기술시장에서 수요와 공급이 기술적 창조성의 수준과 속도를 결정하는가. 아니다. 필요나 수요는 항상 존재하며 또한 외생적인 것도 아니다. 다만 선호의 구조 즉 초점장치가 기술진보의 방향에 영향을 줄 수는 있다(focusing device)(Rosenberg 1976: ch.6).[6]

한 사회가 기술혁신을 촉진하는 요인은 어떤 것들이 있는가. '낮은 수준'의 문제들을 살펴본다면 다음과 같은 목록을 점검할 수 있다(Mokyr 1990: ch.7).

---

6 상대적 요소가격이 기술진보의 요소절약 바이어스를 가져 올 것이다. 예를 들어 19세기 미국의 노동력 부족이 공업화 형태에 갖는 의미에 대해 많은 논쟁이 있다(David 1975: ch.1, Temin 2000: ch.3) 등 참조.

① 평균수명: 별 것 아님. 평균개념, 경험적 상관도 없다.

② 영양상태: 생후 18~24개월 특히 중요. 양질의 노동력이 농업, 광업, 해운, 제조업 그리고 서비스의 대량생산에 중요하다.

③ 위험부담에 대한 태도: 사회안전망, 소득수준과 분배, 가족규모, 다각화 기회 등과 연관되어 있다.

④ 지리적 환경: 자원이 풍부한지 부족한지는 '초점장치(focusing device)'일 뿐이지 기술진보의 동력이 되지는 못한다. 대체자원 모색의 성패에 따라 달라진다.

⑤ 경로종속(path-dependence): 광업, 해운에서 연쇄효과가 크다. 학습은 '국지적(local)'으로 이루어진다. 진보의 '초점' 장치, 강제적 진행(compulsive sequence)[7], 자원배분의 이동성 문제, 기술공급의 탄력성 문제 등이 있다. 기술선택의 역설과 감금(lock-in) 효과다.

⑥ 노동비용: 노동뿐 아니라 모든 비용이 문제다.

⑦ 과학과 기술: 17세기 과학혁명, 1850년 이후 밀월 점증, 특히 개발단계에서.

⑧ 종교: 자연과 사물을 지배하려는 '파우스트적' 윤리(Landes 1969: 21-32)가 과연 기독교의 인류 중심적 철학에서 나오는가. 초기에는 기독교도 매우 보수적이었다. 그러나 힌두교 등은 더 보수적이다.

⑨ 가치체계: 부 이외에 위신의 원천은 여러 가지다. 군사, 예술, 신앙, 스포츠, 행정, 학문, 교육 등. 생산, 물질적 부의 축적에 가치가 주어지지 않으면 기술진보가 늦다.

가치의 위계질서: 아름다움, 착함보다 쓸모 있음, 또한 미적 · 도덕적인 것보다 기능적인 것을 중시할수록 기술이 발달한다.

⑩ 제도와 재산권: 재산권 보장이 경제를 육성한다. 신기술 보상책으로서의 특

---

7 란데스Landes(1969: 87)에서는 도전과 응전(challenge and response)이라고 표현하고 있다.

허, 독점, 보조금, 연금, 상금, 메달 등의 유인이 중요하다.

⑪ 기술혁신에 대한 저항: 기술변화의 결과 노동시장에 충격, 경쟁자 손실, 환경 변화, 인적 · 물적 자본의 폐물화 예상. 기득권자들의 집단행동 사례가 많다.

⑫ 정치와 국가: 정치적 안정이 중요하나 장기적으로는 해롭다. 권력의 분산, 지방자치, NGO, 약한 정부가 안정을 추구하는 독재(명明, 도쿠가와 막부, 로마)보다 나은가. 개발독재(피터 대제, 메이지, 나폴레옹)는? 신기술은 공공재이므로 정부가 시장실패를 보완? 정치를 검토할 때 염두에 두어야 할 사항은 제로섬 게임, 지대추구, 부패, 매관 매직, 국방비, 이교도에 대한 태도다.

⑬ 전쟁: 군사기술의 민간이전?

⑭ 새 정보에 대한 개방도: 개척정신, 사해동포주의, 배우려는 자세.

⑮ 인구적 요인: 크기, 밀도, 도시인구비율.

기술진보를 생물학적 진화론과 비유하여 분석틀을 모색해 볼 수 있다.[8] 기술을 종種이라고 하고 돌연변이, 자연선택, 적응, 유전자형(genotype), 표현형(phenotype) 등의 개념을 원용할 수 있다. 즉 점진적 진화, 경로종속, 미시돌연변이, 거시돌연변이 등에 의해 종이 태어나듯이 미시발명 (microinvention)과 거시발명(macroinvention)에 의해 신기술이 출현한다고 상정한다. 농업, 광업, 건설, 해운 등에 주로 보이는 미시발명은 수요공급의 가격메커니즘, 연구개발투자, 직업훈련, 습득효과 등을 통해 지역특수성을 가진 기술진보에 주로 나타나며, 이들이 보완적 기능을 수행해 줄 때 거시발명이 성공한다. 또한 거시발명 없이 미시발명만 축적되면 수확체감으로 귀결될 것이다. 제도적 · 사회적 환경의 외생적 변화에 의해 미시발명축적이 동시다발(cluster)로 터져나오는 거시발명으로 이어진다면

---

8 이 부분은 모키르Mokyr(1990: ch.11)를 주로 참조하였다.

이는 임계량모형(critical-mass model)의 원용 대상이다. 나아가서 거시발명끼리 서로 모방하고 학습함으로써 유럽에서 중세와 산업혁명기에 기술혁신의 꽃을 피운 것이었다.[9]

4. 기술경제학의 면모

기술경제학은 집계 생산함수를 이용한 성장이론에서 다루는 분야(6절 참조)와 기업 또는 산업수준의 특정 기술혁신과 확산을 설명하려는 접근으로 나눌 수 있다. 최근 빠른 속도로 축적되어 온 기술경제학 문헌에 대해서는 이미 좋은 서베이가 있고(Dosi 1988, Freeman 1994), 여러 다른 경제현안과의 관계를 섭렵한 편람도 출간되었다(Stoneman 1994).

개별 기술의 발달은 산업마다 다르기 때문에 일반화가 어려울지 모른다. 그러나 이노베이션이 수요견인(demand pull)과 기술폭발(technology push)에 의해 수행되고 전파된다고 접근한 것이 1960년대의 학계였다. 특허등록의 순환적 변동이 설비투자의 변동을 일정 시차를 두고 따라간다는 등의 자료가 수요견인설을 뒷받침하였다. 1970년대 이후 이들은 크게 비판되었는데 '필요'가 있어도 '유효수요'인지 불확실하다는 점, 또 특수한 기술혁신이 특정 시간에 나타나는 것을 설명하지 못하는 점이 지적되었다. 또한 수요견인은 대개 부차적 기술진보에 설명력이 있고 주요 이노베이션은 기술폭발에 의하였다. 그러나 견인이든 폭발이든 단선적인 관계는 아니고, 잠재적 사용자와 과학기술 발전의 복합적 상호작용의 결과로서

---

9 거시발명에는 중세의 풍차, 안경, 시계, 활자, 주철(cast iron), 18세기 말의 가스조명, 브레스트 휠breastwheel(회전축이 수면과 같은 높이의 수차), 자카르 직포기, 염소표백, 풍선(기구), 화학농약, 화학비료, 스크루 프로펠러, 광산에서 압축공기를 동력으로 사용 등이 있다(*Ibid.*).

피드백이 항상 존재한다. 기술확산 과정에서도 제품과 공정이 계속 변화하는 것이 보통이며, 생산성은 주로 이러한 학습과정에서 사용자와 공급자, 또 제3자까지 포함한 '네트워크 구조'를 통해 향상된다.

기술혁신이 조직과 제도혁신과 밀접한 관련을 가지고 상호작용을 한다는 주장이 계속되는 가운데 기술은 기술특유의 '자연적 궤도(natural trajectories)'를 가지고 초기의 다양한 형태에서 패러다임으로 수렴해 간다는 가설이 제시되었다. 연결성, 소비자의 적응, 학습효과, 규모의 경제 등은 기술의 표준화를 초래한다. 이러한 과정은 최적결과가 아닌 형태의 기술에 감금(lock-in)되는 불가역적 경로종속을 강제하며, 이들의 불일치, 구조조정 등이 순환적 안정성 문제와 연결되어 소위 '기술-경제 패러다임(techno-economic paradigm)'에 도달한다는 설명이다(Freeman 1994: sec.7).

세계화의 진전과 다국적 기업의 만발에도 불구하고 모든 기술이 국제적으로 수렴하지는 않는다. 나라마다 성장률에 차이가 있고 앞서가기, 뒤처지기, 따라잡기가 있으며 국가내부의 기업 간 네트워크나 사용자-생산자 관계의 특수성이 있어서 '국가 기술혁신 체제(national system of innovation)'를 분석대상으로 삼아야 한다는 것이다. 1항에서는 국가 기술혁신 체제를, 2항에서는 경로종속을, 3항에서는 최근 독립적 연구대상으로 부상한 일반목적기술(general purpose technology)을 살펴본다.

1) 국가 기술혁신 체제(national system of innovation)

이미 19세기 초에 리스트Friedrich List는 특정 국가에 고유한(nation-specific) 요인들이 기술혁신에 갖는 중요성을 강조하였다. 그는 영국이 자유무역을 주장하면서도 지식이나 전략적 기계의 유출을 강력히 억제하고 있음을 비난하고, 후발국이 선진국을 따라잡기 위해서 훈련된 노동인구 육성을 위한 교육투자, 지식전파에 필요한 기반시설 구축, 국가 간 관세동맹 같은 경제협력의 모색, 유치산업의 보호 등 적극적 정책을 시행할 것을 주장하였다. 이들 중 처음 두 처방은 1980년대 후반부터 '국가 기술혁신체제(NSI)'의 개념으로 기술경제학계를 풍미하고 있다. 한 나라 기업들의 기술적 능력은 그들의 경쟁력을 결정하는데, 이 능력은 국가적인 것이며 국가의 행동에 의해 키워질 수 있다는 믿음 즉 다분히 '기술 민족주의(technonationalism)'적인 함의를 가진 분석틀이라고 할 수 있다. 국가 특유의 요인들이란 교육, 기술혁신에 대한 공적 지원, 국방과 관련된 기술 산업 등 제도적인 것과 문화, 국토면적, 언어, 주요산업 등 역사적인 것을 포함한다. 여기서 NSI는 기업, 공공부문, 금융기관 등의 역할을 통하여 그 구체적 내용을 드러낸다는 것이다.

경제적·사회적 세계화와 밀접한 연관 아래에서 신기술이 등장하고 과학과 기술에서의 국가 간 경쟁, 국가 간 협조, 다국적 기업, 해외직접투자 등이 점차 국경을 혼란케 하고 있는데, 다음과 같은 요인들의 차이에 따라 NSI의 성패가 갈린다고 한다(Archibugi and Michie 1997: ch.1 특히 pp.8-10).

① 교육과 훈련: 국가별로 수행된다. 분야별 학생 분포도 다르다.
② 과학과 기술 잠재력: 연구개발에 투하되는 재원의 크기. 공공과 민간부문간의 배분
③ 산업구조: 기업의 크기와 시장에서의 경쟁정도
④ 과학기술의 강건함과 취약함: 산업별 특화의 문제
⑤ 기술혁신체제 내부에서의 상호작용: 정부와 대기업 관계, 중소기업 서로 간의 협조 여부

⑥ 해외로부터의 흡수: 기술이전 협약 등

단기간에 NSI의 특징이 변화하거나 국경을 넘어 이동하는 경우가 드물기 때문에 이에 따라 경제성과가 다를 것이지만 성공적 결과에 이르는 단일 모형이 존재한다고 하기는 힘들다. 또한 제품의 공학적 특징에 따라 NSI의 규정성이 달라질 것이다. 세계화와 함께 기술전파와 이전의 속도가 빨라져 나라마다 NSI의 특성이 비슷해지면 NSI의 중요성은 줄어들 것으로 보인다. 그러나 다국적 기업 등에 의해 기술의 표준화와 수렴이 일어나는 속도는 재화용역의 성격에 따라 다를 것이며 불확실성, 학습의 국지화(localized learning), 합리성의 제한(bounded rationality)을 감안하면 수렴보다 오히려 다양화로 귀결될지도 모른다. 연구개발-생산-기술도입의 통합조정, 사용자-생산자의 연계 등도 점점 중요해지고 있다(Ibid.: ch.2).

2) 경로종속(path-dependence)

흔히 "역사가 중요하다(history matters)."라고 말할 때 경로종속의 개념을 의미하는 수가 많다. 경로종속이란 '진화적(evolutionary)'이라고 표현할 수 있는 여러 과정을 포함하며, 우연하고 불가역적인 동태적 과정의 한 가지 성질을 가리킨다. 경로독립적 자원배분 과정은 단일하고 총체적으로 안정적인 균형으로 수렴한다. 이것이 확률적 과정이라면 가능한 모든 결과 공간에서 연속적인 점근적 정상 확률분포를 갖는다(ergodic). 그렇지 않은 경우(non-ergodic)가 경로종속적 과정이다(David 2000: 5). 이러한 성질을 가진 시스템은 과거 사건들의 효과를 털어 버릴 수 없으며, 상태 공간 전체에 걸쳐 연속적인 정상 극한 확률분포(limiting, invariant probability distribution)를 갖지 못한다. 양의 국지적 피드백 메커니즘과 그에 따른 다수균형이 점차 기술경제학 모델에 등장하고 있다. 여기서는 우연하고도 작은 사건들, 특히 과정의 초기에 생긴 사건들이 시스템으로 하여금 확률적 과정을 통해 다수의 국지적으로 안정적인 균형들 중 하나를 '선택'하게 하는 데 큰 역할을 한다. 경로종속적 상황 하에서는 결과의 사전적(ex ante) 예측이 불가능하다. 그러나 초기조건을 알면 시스템이 어떤 상태에 도달할 확률이 어느 정도인지를 유추해 낼 수 있는 확률적 경로종속 과정이 존재한다(Foray and Freeman 1993: ch.10).

경로종속성은 외부효과와 불가분성을 통해 양의 국지적 피드백과 적응적 선택의 결합을 초래할 수 있다. 무제한적 수익체증의 조건 하에서라면 이러한 과정은 결국 단일한 기술체제에 의한 시장독점으로 귀결될 것이다. 핵 발전이 중수로에 기반한 '미국식' 기술에 감금(lock-in)된 예를 보자. 불행히도 요즘음 전문가들은 이 기술이 다른 대안에 비해 '열등'하다고 판단한다. 이 '역사적 사고'는 전후 미군이 웨스팅하우스와 제너럴 일렉트릭에 잠수함용 원자로를 주문한 데서 비롯되었다. 그 이후 민간 핵 프로그램을 급히 개발할 필요가 있을 때 군사용 기술이 다른 곳에서도 성공적으로 이전되리라는 보장이 없이 익숙한 기술을 선택했던 것이다. 이 결정은 동태적 과정에서 보면 '사고事故'일지 모르나 역사적으로 조망하면 일관성이 있는 것이었다(Ibid.: 5).

경로종속적 과정이 그 결과를 전혀 예측할 수 없는 것은 아니라고 앞에서도 말했다. 또한 경로종속의 결과가 항상 위의 예처럼 비효율적일 필요도 없다. 경로존속이 '시장실패'도 아니다. 시장실패는 정태적 · 결정론적 모델의 개념이므로 동태적 · 확률적 과정에 원용할 수 없다. 경로종속 과정의 결과가 비효율적인 사례에 대해서만 흥미를 갖는 일도 조심해야 한다. 과정 중에서 형평성 문제 등도 중요하다. 요점은 경로종속 과정의 귀착점이 국지적으로 안정적이라는 데 있으며, 이곳이 최적일 수도 있고 비효율적인데도 정보부족 때문에 또는 조정비용 때문에 내쉬균형(Nash equilibrium)으로 존재할 수도 있다는 것이다. 이윤극대화를 위한 합리적 선택에도 때로는 근시안적 서두름 때문에, 또 네트워크 외부효과 때문에 최적균형이 아닌 쪽으로 수렴하도록 이력효과(hysteresis effect)가 작용한다(David 2000, 특히 pp.8-15).

최근 재검토되고 있는 기술변화들에서 의사결정주체들의 행위가 일관성 있게 의도적이고 이윤동기에 부합했다는 사실을 상기할 필요가 있다. QWERTY 배열을 선택한 레밍턴 타자기 회사의 엔지니어들은 접촉자판을 꿈도 꾸지 못했을 것이다. 에디슨은 직류전기 공급장치를 다상교류 네트워크를 통해 원격지의 사용자에 연결하는 효율적이고 경제적인 변류기가 개발되리라고 예상하지 못했다. 마찬가지로 초기 VCR 시장의 경쟁자였던 소니 베타맥스Sony Betamax 방식과 VHS 방식 모두 녹화된 영화와 비디오 대여점의 상업적 중요성을 인식하지 못했다. 그러나 이후 확대된 시스템의 형태는 이들의 선택에 의해 결정되었다.

3) 일반목적기술(general purpose technology)

일반목적기술(GPT)이란 특정한 신제품이거나 특정제품을 만들기 위한 신공정이 아니라 경제의 다양한 분야에 적용되어 새로운 기회를 제공하는 기술을 말한다. 다시 말하여 GPT는 다음과 같은 특징을 가지고 있다.

① 개량과 정교화의 여지가 크다.
② 넓은 범위의 사용처에 응용할 수 있다.
③ 다양한 제품과 공정에 잠재적 실용성이 있다.
④ 기존 기술 또는 가능한 신기술과 강한 보완성이 있다.

이와 같은 평가기준을 가지고 GPT의 목록을 만든다면 수차, 증기, 전기, 내연기관 같은 동력전달시스템, 철도, 자동차 등 교통혁신, 또 레이저, 인터넷 등이 포함될 것이다. 이 개념을 더 확대해석하여 공장제도, 대량생산, 유연전문화 등 '조직기술'이나 화학공학 같은 지식의 제도적 구조에도 적용가능하다(Helpman 1998: 38-43, 167-192).

GPT의 한 예로 20세기 초 미국의 공장전기화를 살펴보자. 소위 전동기혁명(dynamo revolution)으로 1920년대에 제조업 동력 중 전기가 차지하는 비중은 50퍼센트에서 80퍼센트로 급증했으며 수력이나 증기력을 이용하는 공장들은 쇠퇴하였다. 1910년대에 이미 발전과 송전이 집중화 대규모화하여 규모의 경제를 누림과 동시에 지방정부 규제에서 벗어났으며 전기요금을 인하할 수 있었던 것이다. 공장내부의 동력전달도 굴대(축)와 피대皮帶(두 개의 기계 바퀴에 걸어 동력을 전달하는 띠 모양의 물건)를 이용하여 몇몇 연관된 기계들을 돌리는 방식(group drive)에서 서로 다른 크기의 모든 기계와 기구에 각각 전기 모터가 하나씩 장착되는 형태(unit drive)로 변화하였다. 이는 연료나 에너지 효율 향상뿐 아니라 공장을 단층, 선형으로 설계할 수 있게 함으로써 자재의 흐름을 한결 신속하게 한 이점을 가져왔다. 공장디자인의 변화, 굴대, 피대 등의 전선으로의 대체 등은 자본산출비(capital-output ratio)의 하락을 가져왔으며, 이것이 노동효율과 결합하여 제조업 부문의 총요소생산성을 1919~1929년 동안 연율 5퍼센트 이상 끌어올렸다(David and Wright 1999: 1-5).

GPT는 몇몇 서로 다른 기술들이 융합하여 더 큰 결과를 가져오는 예가 많은데, '전동기 혁명'은 '전기화'라는 GPT와 다음 세 가지 다른 GPT 즉, 첫째, 조립공정에서 교환가능 부품의 운반 장치를 이용한 대량생산, 둘째, 자재취급의 자동화, 셋째, 연속공정 화학기술 등이 합류한 것으로 보인다(Ibid.: 6-7). 복잡한 GPT는 산업연관효과, 연구개발 투자, 규모의 경제, 조정문제, 외부효과, 기타 구조적 측면 등으로 다양하게 특징지을 수 있다. 그리고 잠재력을 완전히 발휘하는 과정에서 지연과 불연속이 있을 수 있다. 구조조정과 적응에 시간과 비용이 드는 만큼 초기에는 오히려 생산, 생산성, 고용이 하락하여 '슘페터 장기 파동'을 설명한다는 것이다(Aghion and Howitt 1998: 243-252).

1920 · 30년대 영국에서도 공장전기화는 제조업부문 총요소생산성 상승의 주요인이었다. 미국보다 늦게 시작했으나 일단 시작한 이후 전기화의 속도는 더 빨랐다. 이는 따라잡기(catch up) 현상으로 보이는데, 노동효율의 정체로 총요소생산성 상승폭은 미국보다 작았다. 여기서 얻은 결론은 공장전기화가 진정한 GPT였다는 것, GPT 전파의 속도는 선발국과 후발국에서 다르다는 것, 어떤 특정 GPT 전파의 효과는 보완적 생산요소 투입에 영향을 주는 주위상황에 따라 좌우된다는 것이다(David and Wright 1999: 8-12).

요컨대 GPT에 주목하는 까닭은 긍정적인 기술진보가 측정된 생산성 향상으로 직접 연결되지 않을 가능성(productivity puzzle)을 설명하기 위함이고, 나아가서는 장기파동의 이론적 배경이 될지 모른다는 희망에서다. 마지막 장에서 정보통신기술(ICT)과 관련하여 다시 언급하기로 한다(R. J. Gordon 2000a, 2000b).

5. 과학과 기술

쿠즈네츠Kuznets(1966: ch.1)는 과학적 연구에서 비롯된 체계적 지식을 경제문제에 성공적으로 적용하는 것이 근대산업사회의 특징이라고 설명한다. 이는 과학에서 기술로, 기술에서 경제로의 일방적인 인과관계를 의미한다기보다 이들의 상호작용과 연관성을 강조하는 것으로 해석해야 할 것이다. 근대에 들어 기초과학과 산업기술의 관계가 점점 밀접해지고 과학과 기술의 공유영역(접촉영역, interface)이 커지며 산학협동이 늘어나고 있다. 그러나 기술이 기존 과학적 지식의 응용이라고 말하기는 곤란하다. 기술자체가 지식의 한 형태다. 역사적으로 기술적 지식이 중요했으며 요즈음 점차 과학적 지식의 중요성이 커지고 있다. 물론 이것은 산업에 따라 다르며 요즈음 정보기술, 바이오 기술, 신소재 산업 등에서는 과학과 기술이 밀월관계에 있다고 해도 과언이 아니다.[10]

인과관계에 있어서도 기술진보가 과학발달을 촉진한 예가 많다. 토리첼리Torricelli의 대기압 측정은 그가 펌프 개량에 기울인 노력의 결과이며, 열역학이 학문으로 정착한 것은 증기기관의 효율을 연구하는 과정에서였다. 파스퇴르Pasteur의 세균학은 포도주 산업에서 발효와 정제과정에서의 문제점을 해결하기 위해 등장하였다. 이와 같은 사소한 일화뿐이 아니고 일반적으로 기술적 지식이 과학적 이해를 선행한 예는 많이 들 수 있다. 이럴 때 과학자들은 산업기술의 경험적 지식을 나중에 음미하고 평가한다. 과학적 연구에 기반을 둔 전기전자 산업의 경우까지 그러하며, 제강이나 알루미늄 합금에 연관된 금속공학 같은 경우는 시차가 더 크다. 정유나 트랜지스터의 예에서도 비근한 모습을 볼 수 있다(Rosenberg 1982: ch.7).

기술진보는 또한 과학연구의 과제를 제시해 줌으로써 과학발달의 방향 결정에 영향을 준다. 과학적 연구결과 다시 기술이 진보되며 이와 같은 상

---

10 여러 가지 정의가 있을 수 있겠으나 이 글의 성격상 과학은 주로 공적재원으로 공적지식을 제공하기 위해 대학이나 공공연구기관에서 수행하는 연구 또는 관련된 교육행위, 기술은 사적재원으로 사적이윤을 추구하기 위해 기업에서 수행하는 개발 그리고 관련된 연구학습행위를 지칭한다. 사회조직의 규범에 의해 구분하면 과학은 정보 발표가 필수적이나 기술적 정보는 발표가 억제된다. 복잡성의 분석과정에서도 차이가 있어 과학은 추상적 복잡성('다른 것들이 같을 때' 즉 ceteris paribus의 세계)을, 기술은 구체적 복잡성을 취급한다(Foray and Freeman 1993: 29, 11).

호작용의 축적이 더욱 큰 혁신을 가져오는 것이다. 1850년대의 철강기술, 20세기의 기타 금속, 항공, 전신전화 등이 쉽게 찾아볼 수 있는 예이며, 트랜지스터 기술이 고체물리학에 준 영향이나 레이저 기술이 광섬유제조를 통해 광학발달을 촉진한 사실 등은 괄목할 만하다(Rosenberg 1994: ch.1).

기술진보와 과학발달을 연결해 주는 또 하나의 고리는 관찰과 측정기구(scientific instrument)다. 망원경, X선 촬영 등 기구사용이 학문 간에, 연구실험실과 산업계 간에 전파되어 과학발달과 기술진보의 속도와 방향에 영향을 미친다. 물리학에 기반을 둔 MRI, CT, 초음파 등이 생물학, 의학, 의료에 이용됨이 좋은 예다.[11]

과학, 특히 산업기술과 관련된 과학적 지식의 생산은 어떻게 조직되는가. 전통적인 해석에 의하면 기업이 기초적 연구에는 결과가 불확실하고 수익을 독점하기 힘들며 기간이 길다는 이유로 투자를 하지 않을 것이므로, 시장실패를 보완하기 위해 대학이나 연구소에 지원을 할 필요가 있다. 과학적 지식은 비배제성(non-excludbility)과 비경합성(nonrivalness)을 가진 공공재라는 것이다. 신슘페터적 견해에 의하면 지식은 특히 국지적(localized) 지식은 누적적이고 경로종속적이므로 준공공재의 성질을 띠어 부분적으로 배제가능하고 경합적이다. 지식생산의 투입요소는 정보, 기업의 능력, 기술적 외부효과이며 다시 기업의 능력은 학습, 경험의 사회화, 연구개발, 정보의 재결합에 의해 결정된다. 지식생산에서 결과물에 대한 재산권이 한 편으로는 이노베이션을 추진하는 유인으로 작용하면서 다른 한 편으로는 정보의 전파를 억제하는 양면적 효과(knowledge tradeoff)를 가지고 있음을 유념하면서 생산조직의 변모와 다양성을 살펴보자

---

11 로젠버그Rosenberg(1994: ch.3) 이것은 로젠버그가 공작기계(machine tool) 산업이 직물, 기관차, 총포에서 재봉틀, 자전거, 타자기, 자동차로 영향의 범위를 넓혀가는 과정을 설명하면서 정착시킨 기술수렴(technological convergence) 개념과 약간 비슷해 보인다(Rosenberg 1976: ch.1).

(Antonelli 1999, 특히 pp.244-247).

산업혁명기의 지식(주로 국지적 기술)은 혁신적 개인기업가(entre-preneur)가 생산하였다. 과학적 발견과 기술적 응용으로 특허를 획득하여 자유시장에 새로운 기업으로 진입한 이들은 주로 개인이었다. 19세기 말에 이르면 지식생산은 주로 대학교 등 제도적 조직이 담당하게 되었다. 이들의 생산물은 준공공재에 해당하며 긍정적 외부효과를 가진다고 할 수 있다. 20세기 초에는 수직결합에 의해 기업들이 내부에 연구개발 부서를 두어 지식생산을 담당하였는데, 이들은 범위의 경제를 보였다. 최근 지식의 생산조직은 협조하는 형태로 변하고 있다. 규모의 경제를 실현하고 개별 사용자의 부담을 줄이는 것이다. 지식생산의 산업조직이 이와 같이 변모함에 따라 기술혁신을 위한 유인은 줄어들었으나, 연구자금이나 개별적 효율성은 증가하였다(Ibid.: 247-252).

정보통신기술의 발달과 함께 수직결합의 해체, 전문화 등이 진행되면서 사용자와 생산자 사이의 상호작용은 더욱 밀접해졌다. 지식집약적 서비스 시장이 형성되었으며, 지식집약적 서비스 기업이 지식경제의 중요 부분으로 등장하였다. 이와 함께 지식생산이 효율화되고 전파가능성이 높아졌다(Ibid.: 252-257).

협조형태의 생산조직 중 흥미 있는 형태로 공동대리계약(common agency contracting)이라는 것이 있다. '개방과학(open science)'이란 국가 또는 재단의 지원으로 대학이나 비영리 연구소에서 믿을만한 사람들이 자유로이 참석하여 생산하는 공공지식을 말함인데, 이 생산을 위해 많은 후원자가 소수의 연구자와 공개적으로 계약을 맺는 것이다. 이는 비밀유지의 중세적 에토스ethos(윤리)에서 벗어난 근대적 현상으로서 중복투자 회피, 지식축적 그리고 전파 가속이 가능하면서도 이노베이션의 유인을 유지할 수 있는 이점을 가진다. 즉 대학이나 연구자들이 명성을 유지하기 위해 성실히 노력하고 있다는 것이다. 이와 같이 정보비대칭성에 따른 주인-대리인 문제를 해결하는 방식은 서유럽 봉건제의 중복충성의 유산 비슷한 의미가 있으며, 후원과 보호의 체계가 사라지면 매우 취약하게 될 우려가 있다(David 1998).

6. 내생적 기술진보와 새 성장이론

4절에서 언급한 것처럼 성장이론에서 기술진보는 집계 생산함수의 독립변수로 취급되어 왔다. 솔로우의 신고전파 성장모형에 입각한 성장회계 분석에서는 경제성장이 노동과 자본의 투입량 증가에 의해서 설명되는 부분과 요소투입의 증가에 의해 설명되지 못하고 남는 잔여항(residuals)의 두 부분으로 나뉜다. 이를 총요소생산성(TFP: Total Factor Productivity)이라고 한다. 생산성의 증가가 기술진보와 일치하지 않음은 앞에서부터 설명한 바와 같으나 둘이 일정하게 서로 관련이 있음은 분명하다. 〈표 1〉과 〈표 2〉는 각각 신흥공업국(1966-1991)과 선진국 경제(1950~1973, 1973~1984)에서 TFP가 성장에 기여한 정도를 보여 준다. 여기서 알 수 있는 것은 첫째, 1973년을 기점으로 한 선진국 경제성장률의 하락은 TFP 증가율

〈표 1〉	신흥공업국 경제에서 TFP의 성장기여도			(단위 : %)
국가	기간	GDP 성장률	TFP 증가율	TFP의 성장기여도
한국	1966~1990	10.3	1.7	16.5
대만	1966~1990	9.4	2.6	27.7
홍콩	1966~1991	7.3	2.3	31.5
싱가포르	1966~1990	8.7	0.2	2.3
4개국 평균		8.9	1.7	19.0

자료 : 김신행(1999: 179)

<표 2>
선진 6개국 경제의 1950~1973년과
1973~1984년의 두 기간에 걸친 성장요인분석 비교 (단위 : %)

국가	1950~1973			1973~1984			성장요인의 변화		
	GDP 성장률 (A)	요소투입 증가율 (B)	TFP 증가율 (C)	GDP 성장률 (D)	요소투입 증가율 (E)	TFP 증가율 (F)	(G) (D−A)	(H) (F−C)	(I) (H/G)
프랑스	5.13	2.02 (39.4)	3.11 (60.6)	2.18	1.25 (57.3)	0.93 (42.7)	−2.95	−2.17	73.9
독일	5.92	2.31 (39.0)	3.61 (61.0)	1.68	0.55 (32.7)	1.13 (67.3)	−4.24	−2.48	58.5
일본	9.37	4.68 (49.9)	4.69 (50.1)	3.78	3.35 (88.6)	0.43 (11.4)	−5.59	−4.26	76.2
네덜란드	4.70	2.32 (49.4)	2.38 (50.6)	1.58	1.44 (91.9)	0.14 (8.9)	−3.12	−2.24	71.8
영국	3.02	1.49 (49.3)	1.53 (50.7)	1.06	0.42 (39.6)	0.64 (60.4)	−1.96	−0.89	45.4
미국	3.72	2.67 (71.8)	1.05 (28.2)	2.32	2.59 (111.6)	−0.27 (−11.6)	−1.40	−1.32	94.3
6개국 평균치	5.31	2.58 (48.6)	2.73 (51.4)	2.1	1.60 (76.2)	0.50 (23.8)	−3.21	−2.23	69.42

주 : ( )은 투입요소 및 TFP의 성장기여도를 나타냄.
자료 : 김신행(1999: 180)

의 감소에 기인한다는 것이다. 둘째, 선진국 경제에서 TFP의 기여도가 신흥공업국 경제에서보다 높다는 것이다. 즉 선진국 경제에 있어서의 경제성장은 생산성 증가가 주도해 왔으나 이와는 대조적으로 신흥공업국의 경제성장에 있어서는 투입요소의 증가가 성장에 더 큰 기여를 한 것으로 나타난다(김신행 1999: ch.8).

신고전파 성장이론에서 기술수준(여기서는 잔여항, TFP)은 외생이고 모든 나라에 같다. 그러나 위에서 본 것처럼 TFP(여기서는 TFP 증가율)가 나라마다 다름을 설명해야 할 것이다. 기술수준이 같다면 솔로우 모델에서 1인당소득수준이 수렴(혹은 인구증가 속도에 따른 '조건부 수렴') 경향을 보여야 하지만 이것이 잘 나타나지 않는 사실('수렴 논쟁')이 1980년대부터 성

장이론에서 '내생적 기술진보' 모델을 구상하게 했다고 설명하기도 한다.[12]

　TFP 증가율이 낮으면 요소투입이 증가하더라도 수확체감의 경향 때문에 성장이 소진되기 마련이다. 그러나 TFP 증가율이 내생적이고 연구개발 노력에 의해 '조합적(combinatoric)'으로[13] 정해진다면 수확체감은 장기적으로 극복된다고 할 수 있다. 왜냐하면 조합적 성장과정은 기하급수적 성장과정을 압도하기 때문이다(Weitzman 1996). 기술진보가 조합적으로 이루어지지 않더라도 학습효과에서와 같이 외부성이 발휘하여 한계수확을 체감하지 않고 경제 내에 스필오버 효과(spillover effects)가 발생하면 생산성이 계속해서 향상되고 지속성장이 가능해진다. 어느 쪽이든 이윤동기에 의한 기술적 지식에의 투자가 중요함은 말할 필요가 없다. 이와 같이 표준적인 신슘페터 모델은 불완전경쟁 하에서 연구개발부문에 투여되는 자원의 규모가 시장의 크기, 인적자본의 공급가격, 수익의 독점 가능성 등에 의존한다고 본다.[14]

　지속성장을 설명하는 내생적 기술진보 모형의 한 가지 함의는 독점이윤

12　수렴논쟁이란 인적자본 변수를 포함한 확대된 솔로우 모형(augmented Solow model)으로 미수렴을 설명할 수 있는가 하는 것인데, 성장회귀분석 문헌을 검토한 팩Pack(1994)을 참조할 것. 그러나 내생적 성장모형의 등장에서 수렴 논쟁의 역할은 부분적일 뿐이다. 완전경쟁 가정을 풀려는 노력에서 기술의 내생성을 모형 내부에 들여오게 되었으며, 신슘페터 모형 neo-Schumpeterian models, 스필오버 모형spillover models, 리니어 모형linear models 등이 만발하고 있다(Romer 1994).

13　이것은 수학의 분야인 '조합'에서 유추한 표현인데 이전에 서로 조합된 적이 없던 기존의 아이디어들을 성공적으로 재배열함으로써 새로운 아이디어가 형성되는 패턴으로 아이디어가 축적된다고 상정한다. 쉬운 예로 1935년에 '발명'된 '야간 야구경기'를 들어 보자. 이것은 '야구'라는 아이디어와 '대량 조명의 홍수'라는 아이디어의 조합에 의해 빛을 본 것이다. 차례로 '대량조명의 홍수'는 '전기조명'과 '전기생산과 분배 네트워크'의 결합에서, 다시 '전기조명'은 '전기'와 '인공조명'의 조합에서 생성되었다. 이와 같이 전화, 핵잠수함, 정보고속도로 등 거의 모든 '새로운' 아이디어에 가족계보를 형성할 수 있다(Weitzman 1996: 209-210).

때문에 가격이 한계비용과 일치하지 않으며 지식의 스필오버 때문에 투자
수익을 독점하지 못하여 경제성장과정이 사회적으로 '효율적'이지 못하
다는 것이다. 즉 지식에 대한 투자가 부족할 것이므로 각종 정책으로 보조
할 필요가 있다는 말이다. 그러나 연구개발투자가 과잉일 경우도 얼마든
지 있으므로 일방적 정책결정에는 위험이 따른다. 즉 새로운 기술이 기존
기술을 대체함에 있어 새 기업이 얻는 이윤의 대부분은 다른 기업의 손실
을 의미하므로 경제전체로서의 장기적 비용효과를 분석할 필요가 있다.[15]

7. 사례 연구: 영국의 산업혁명

산업혁명이 어떤 의미에서 '혁명'이었는지에 대해서는 학자에 따라 강
조하는 바가 다르고, 이에 따라 다양한 연구주제가 결정될 것이다(양동휴
1996). 란데스Landes(1969)를 중심으로 하는 '기술진보설'은 석탄을 비롯
한 에너지 사용에서의 혁신, 각종 기계의 발달, 합성 원자재의 등장 그리고
공장생산을 포함한 넓은 의미의 복잡한 기술진보를 산업혁명의 본질로 파
악하고 있다. "산업혁명이란 기술적 창조성(technological creativity)에 의
해 추진된 생산기술의 급속한 변화를 의미한다", "산업혁명은 거시발명

---

14 신기술에의 투자를 모형에 넣기 위해 불완전 경쟁도입이 필요하다. 최근의 모형들은 생산함
수에 품질 조정된 중간재를 넣는 방식으로 연구개발투자가 기술혁신의 기회를 높인다는 가설
을 반영하고 있다. 버라이어티 성장 모형variety growth model과 품질 사다리 모형quality
ladder model의 설명은 김신행(1999: chs.9, 10)을 참조.
15 그로스맨Grossman과 헬프맨Helpman(1994: 특히 36-38). 내생적 성장모형은 지식집약부
문과 전통적 소비재 부문 그리고 생산요소로 인적자본과 미숙련 노동을 둔 국제모형으로 확
대되어 헥셔-올린Hecksher-Ohlin 정리와 비슷한 것을 얻을 수 있다. 그러나 무역의 확대가
오히려 장기적 기술진보와 성장에 해로운 경우가 가능함을 보일 수도 있다(Grossman and
Helpman 1991: chs.7-9, Aghion and Howitt 1998: ch.11).

(macroinventions)의 동시다발적 집중(cluster)과 이의 개선과 조정을 위한 강렬한 노력, 이를 뒤따르는 미시발명(microinventions)의 보완적 흐름이다."(Mokyr 1993: 17, 22).

산업혁명기의 구체적인 기술진보의 내용을 증기기관, 철강, 직물 등을 필두로 간결하게 서술한 문헌이 많다(예를 들어 Landes 1969: ch.2, Mokyr 1990: ch.5). 여기서는 여태껏 검토해 온 분석틀과 관련하여 새로 생각해야 할 점은 무엇인지 살펴보자. 〈표 3〉은 전통적 성장회계와 인적자본변수를 추가한 확대된 솔로우 모형(augmented-Solow growth model)에 입각한 성장회계를 통해 산업혁명기와 빅토리아 왕조 말에서 에드워드 왕조 초 침체기까지의 성장요인을 보여 준다. 우선 성장률과 TFP 증가율이 매우 낮고 19세기 중엽까지는 완만하게 늘다가 그 이후 줄어듦을 알 수 있다. 저성장과 낮은 TFP 증가율은 부족한 설비투자, 작은 시장 규모, 과학과 공적 교육 미비, 특허제의 비효율성, 지대추구 행위, 노사관계, 정부정책의 부적절함과 기타 제도적 요인 등으로 설명할 수 있겠으나(Crafts 1996), 거의 모든 면에서 영국이 유럽대륙보다 상대적으로 좋은 조건이었음을 상기해야 할 것이다. 성장이 가속되다가 멈추는 것은 집중된 거시발명의 영향이 학습효과에 의해 오랫동안 누적적으로 나타나다가 소진되는 과정으로 볼 수 있다. 즉 산업혁명은 "기술적 충격과 제한적 학습과정으로 설명함이 적절하다"(Crafts 1995: 759).

그러면 6절에서 언급한 새 성장이론으로 영국의 산업혁명을 접근한다면 얻는 점은 무엇인가. 내생적 기술진보는 경제성장을 가져오며 연구개발투자에 의해 결정된다. 따라서 지식에의 투자유인이 되는 변수들 즉 인구, 연구부문의 노동생산성, 성공적인 기술혁신자들의 독점력, 시선호(time preference)를 살펴보아야 한다. 이에 부가하여 인적자본의 상태(교육정도 또는 숙련임금), 학습과정과 시장의 크기, 노사관계 등도 고려해야

	GDP성장률	자본의 기여	노동의 기여	인적자본의 기여	TFP증가율
전통적 성장회계					
1760~1780	0.6	0.25	0.35		0.00
1780~1831	1.7	0.60	0.80		0.30
1831~1873	2.4	0.90	0.75		0.75
1873~1899	2.1	0.80	0.55		0.75
1899~1913	1.4	0.80	0.55		0.05
확대된 솔로우 성장회계					
1760~1780	0.6	0.25	0.20	0.10	0.05
1780~1831	1.7	0.60	0.45	0.45	0.20
1831~1873	2.4	0.90	0.45	0.70	0.35
1873~1899	2.1	0.80	0.30	0.50	0.50
1899~1913	1.4	0.80	0.30	0.50	−0.20

자료 : Crafts(1995: 752)

할 것이다. 문제는 이들을 거의 전부 수량화하기 어렵다는 데 있다.

관찰가능한, 그리고 산업혁명 관련문헌에서 지적된 단편적 경향들을 찾아보자(Ibid.: 761-767, Mokyr 1990: ch.10). 부실하지만 특허자료를 분석하면 산업혁명 전야에 등록건수가 급격히 늘어난 것으로 나타나며, 이는 기술 활동의 활성화를 보여 준다고 할 수 있다. 물론 20세기에 비하면 특허권의 가치가 물적 투자에 비해 미미하였고, 진입장벽은 높은 모방비용에서 나왔다. 또한 '집단적 이노베이션'이 많아 특허출원이 불가능한 경우도 있었으므로 결국 이윤추구를 위한 연구개발 행위보다 학습이 중요했을 것이다. 이런 의미에서 시장크기의 영향도 작았으리라 판단된다. 기술혁신에 의한 '준지대'의 독점 가능성은 노사관계와도 관련이 있을 터인데 산업혁명기의 영국에서 신기술의 희생자(기존 기업과 숙련공)들은 저항운동에 성공적이지 못하였다. 고급인력들의 배분은 관료, 법조계, 교회, 군대 우선이었고 다음에 상업과 금융계였으며, 제조업을 등한시하였다. 인적자본의 축적, 특히 학교교육은 빈약하였다. 그런데도 학습능력은 상당했다고 여겨지는데, 도제제도나 현장실습 등을 통해 두터운 숙련공 층을 형성하고 있었다는 것이다. 다시 말해 영국은 미시발명에서 비교우위가 있었다. 미시발명에 관하여는 내생적 성장모형의 설명력이 크다고 생각된다.

위에 지적한 요인들, 또 도시화의 정도, 금융발달, 재산권 보장, 국제무역의 개방도 등이 유럽대륙, 예를 들어 프랑스보다 영국이 기술진보에 앞설 확률을 높게 했다는 견해가 전통적으로 유력했다. 그러나 이들의 영향이 거시발명을 내생적으로 설명해줄 만큼 강력했는지는 의문이다. 특히 내생적 성장모형이 거시발명의 동시다발적 집중과, 거시 이노베이션의 시점을 설명할 수 없다는 사실을 감안하면 산업혁명의 원동력이 된 주요 기술혁신은 외생적 요인에 의해 나타났다고 판단된다. 다시 말하여 산업혁명은 외생적 거시발명과 내생적 미시발명(학습과정과 스필오버)으로 이해함이 적당할 것이다.[16] 내생적 기술혁신모형과 새 성장이론의 유용성은 20세기의 경험을 설명하는 데 더욱 크다고 할 수 있다.

8. IT혁명과 신경제의 향방: 맺음말에 대신하여

지금까지 본문에서 주마간산 격으로 검토한 '기술진보의 경제사' 또는 '역사적 기술경제학'이라고나 불릴 분석틀은 아직 단편적이고 모호하다. 또한 전문적 사학도들은 역사를 미래예측의 도구로 삼으려 하지 않는다. 그러나 과거의 이해와 현실적 함의와 정책 시사점을 제공하려는 유혹은

---

16 산업혁명기 기술혁신 전체를 내생적으로 설명하는 것이 가능하다는 반론도 제기되었다 (Greasley and Oxley 1997). 시계열 통계분석의 기법, 성장회계의 기술적 사안 등에서 이견을 보이는 이들의 논란은 문제의 본질을 벗어난 것이 아닌지 하는 의구심마저 든다. 결국 모형을 구성함에 있어 변수를 내생으로 설정하느냐 외생으로 두느냐의 논쟁은 '시스템'을 어디까지 확장하느냐는 것으로 귀결되므로 자칫 공허해질 우려가 있다.

상존한다고 할 수 있다. 마지막으로 최근 정보기술(IT)의 발달을 토대로 한 '신경제(new economy)'의 추이를 간단히 살펴봄으로써 이 장의 맺음에 대신하고자 한다.

신경제 옹호론자들의 주장에 따르면 1970년대부터 가속된 정보통신기술의 혁신은 19세기 말 20세기 초 전기, 화학, 자동차 산업이 주도한 '2차 산업혁명'을 능가할 만큼 새로운 것이며, 이에 따른 생산성의 지속적 상승이 '새로운 경제'로의 관문을 열었다는 것이다. IT혁명은 IT산업뿐 아니라 구산업과 서비스에도 시장효율과 이노베이션을 전파하고 세계화의 선봉이 되고 있다. 투자와 이윤이 높은 수준으로 유지되고 재고량이 감소하며 경기변동의 악몽에서 벗어날 수 있다는 것이다. 그러나 정보통신 분야(컴퓨터, 소프트웨어, 텔레콤, 인터넷)에의 투자가 기하급수적으로 증가하는데도 경제 전체의 생산성은 상승하지 않고 있어서 몇 년 전까지만 해도 이를 '생산성의 역설'이라 칭하기도 하였다. 1990년대 후반부터 미국의 생산성(노동생산성과 TFP)이 급격히 상승하였고, 이것이 신경제 장기파동의 효과가 가시적으로 나타나기 시작했음을 알린 것인지에 대해 논의가 진행 중이다.[17]

〈표 4〉는 1995부터 1999년까지 4년 동안 미국경제가 달성한 총생산, 투입과 생산성 증가율을 1870~1913년, 1913~1972년, 1972~1995년 기간과 대비시킨 것이다. 여기서 구성조정이란 노동투입에 연령, 성별, 교육정도의 변화를, 자본투입에서 구조물과 설비의 구성변화를 감안함을 말한다. 어느 쪽을 보아도 노동생산성과 TFP 공히 1870~1995년 기간은 저속-고속-저속의 장파('one big wave')(R. J. Gordon 1999)를 그리고 있으며, 1990

---

17 이 글을 쓰고 있는 시점(2001년 8월)에서 IT기업들의 도산이나 투자 감축 등이 만연하는 가운데 미국 비농업 민간 부문의 노동생산성이 2001년 1사분기부터 하락세로 돌아섰고(BLS) 산업생산은 9개월째 하락하고 있으므로(FRB) 이하의 논의에 편의가 있을 수 있다.

〈표 4〉	미국의 GDP, 노동과 자본투입, 생산성 성장률			(단위 : %)
	1870~1913	1913~1972	1972~1995	1995~1999
GDP	4.42	3.14	2.75	4.90
구성조정 이전				
노동	3.24	1.28	1.71	2.25
자본	4.16	2.07	2.98	4.87
자본 장비율	0.92	0.79	1.27	2.62
노동 생산성	1.18	1.86	1.04	2.65
TFP	0.77	1.60	0.62	1.79
구성조정치				
노동	3.73	1.72	2.09	2.71
자본	4.22	2.76	4.04	5.58
자본 장비율	0.49	1.04	1.95	2.87
노동 생산성	0.69	1.42	0.66	2.19
TFP	0.47	1.08	0.02	1.25

주 : 2000년의 비농업 민간부문 노동생산성 증가율은 4.3%로 기록되었으나 2001년 8월 7일
　　BLS의 수정치는 3.0%로 낮아졌고 2001년 1사분기 0.1%, 2사분기 2.5%(거의 전부가 노동
　　투입 감소에 기인함)를 나타냈다.
자료 : Gordon(2000a: 53)

년대 후반에 생산성 향상의 새로운 황금기가 시작하는 것처럼 보인다.

　‘생산성 역설’은 일반목적기술(GPT)의 경우 잠재력이 실현되기 전에 즉
체제전환을 위해 구조조정과 적응기간이 필요하다는 가설로 설명할 수 있
다(David 1990). 전동기 혁명과 IT혁신을 유추하는 한 시도에 의하면 정보
통신기술은 아직도 초기단계라는 것이다. PC의 계산능력 증가속도는 천
문학적이지만 업무조직의 구조가 거의 변화하지 않고 있으며, GPT의 특
징적 경로를 답습하느라 과업별 생산성이 높아질 기회가 늦어졌다. 부분
적으로 네트워크를 이룬 PC로서는 조직들의 정보처리 행위를 전반적으로
재건축하기 힘들었다. 이제야 특수과업 전문 IT가 등장하기 시작했고 네
트워크 서버network server 역할이 가능한 PC가 개발되었다. 공장전기화
에서 개별구동체계unit-drive system의 도입으로 공장설계의 혁신을 이루
었듯이 IT의 발달은 결국 새로운 형태의 업무조직, 범조직적 자료처리의

방향으로 폭발할 것이며 그때에야 TFP가 가속적으로 증가할 전망이라는 것이다(David and Wright 1999: chs.4-5).

그러면 1995~1999년 기간의 생산성 증가율은 새로운 황금기의 시작을 알리는 길조이며 지속가능한(sustainable) 수준인가. 신경제 회의론자들은 절대 그렇지 않다고 주장한다. 최근 한 추계에 따르면 비농업 민간부문의 노동생산성 증가율은 1972~1995년 기간에 연평균 1.47퍼센트이고, 이것이 1995~1999년에 2.82퍼센트로 높아졌다. 그 차이 1.35포인트 중 0.54 포인트는 경기 순환적 요인에 의한 것이며, 나머지 0.81 포인트에서 노동의 질적 변화(0.05)와 물가측정 방법의 변화(0.14)를 감안하면 0.62포인트만 남게 된다. 이 중 자본장비율 증가, 즉 IT에의 투자 효과가 0.33포인트이며(이것은 투자가 감소하면 생산성도 떨어진다는 의미다. 2001년의 경험을 염두에 두자), 나머지 0.29포인트가 TFP 성장가속의 효과다. 그러나 이것은 컴퓨터와 컴퓨터 관련 반도체 제조업을 비롯한 내구재 산업에 집중되었으며, 경제의 88퍼센트를 차지하는 비농업 내구재 부문에서는 오히려 TFP 성장속도가 상당한 정도로 떨어진 것으로 나타났다(Gordon 2000a: 55, table 2). IT의 공헌이 '구경제'의 생산성을 높이는 방향으로 확산되지 못하였던 것이다.

결국 IT혁신은 대략 1860~1900년 사이에 유럽과 미국에서 일어났던 그리고 20세기에 생산성 성장 황금시기의 도래를 가능케 했던 '2차 산업혁명'에 비하면 부차적인 듯 (아직까지는) 보인다. 2차 산업혁명기의 소위 5개 발명 군집은 ① 전기: 전기모터, 전기조명, 가전제품 ② 내연기관: 자동차, 항공기, 부수적으로 고속도로, 슈퍼마켓, 교외 ③ 분자재배열: 석유화학, 합성수지, 의약품 ④ 정보, 통신, 오락: 전화, 라디오, 영화, TV ⑤ 실내배관과 공공인프라: 상하수도, 오물처리 등인데 이들은 19세기와 20세기 인류의 생활을 근본적으로 바꾸었다. IT에 기반을 둔 신경제는 아직은,

또 앞으로도, 덜 혁신적이라는 것이다(Gordon 2000b).

IT혁신에 대한 유보적 견해는 이외에도 많다. 즉 한계효용이 체감한다, 시간의 공급이 한정되어 있으므로 컴퓨터의 힘이 수확체감에 봉착할 것이다, 컴퓨터에 대한 수요는 단위 탄력적이며 우향이동하지 않는다, 기존활동을 대체하거나 기존기업의 시장점유율을 수취함으로써 수익을 얻으므로 사회적으로 바람직한 수준 이상으로 과잉투자 또는 중복투자를 행할 우려가 있다 등이 있다(Gordon 2000a).

IT에 기반을 둔 신경제가 언제, 어떤 형태로, 어느 정도나 꽃을 피울지는 단정하기 힘들다. '기술진보의 요체는 그 예측불가성이다'. 그러나 '과거의 진보에 관심을 두지 않는 사회는 미래의 진보 능력에 대한 믿음을 곧 잃게 된다(Mokyr 1990: 301, 304).' 기술변화의 경제사를 연구할 필요가 여기에 있다.

『경제논집』40-2 · 3, 2001. 9

참고문헌

김세원(2000):「신경제(new economy)를 둘러싼 논쟁과 정보통신산업」, 서울대학교 경제연구소,『경제논집』, 39-3·4, pp.235-260.

김신행(1999):『경제성장론』, 서울, 경문사.

박우희 외(2001):『기술경제학 개론』, 서울, 서울대학교 출판부.

양동휴(1994):『미국경제사 탐구』, 서울, 서울대학교 출판부.

────(1996):「영국 산업혁명과 신경제사」, 김종현 편,『공업화의 제유형 I: 동서양의 역사적 경험』, 서울, 경문사.

Aghion, P., and P. Howitt(1998): *Endogenous Growth Theory*, Cambridge, MIT Press.

Antonelli, C.(1999): "The Evolution of the Industrial Organisation of the Production of Knowledge," *Cambridge Journal of Economics*, 23, 2, March, pp.243-260.

Archibugi, D., and J. Michie(eds.)(1997): *Technology, Globalisation and Economic Performance*, Cambridge, Cambridge University Press.

Broadberry, S., and H. de Jong(2000): "Technology and Productivity in Historical Perspective: Introduction," *Cambridge Journal of Economics*, 4, 2, August, pp.115-120.

Crafts, N. F. R.(1995): "Exogenous or Endogenous Growth? The Industrial Revolution Reconsidered," *Journal of Economic History*, 55, 4, December, pp.745-772.

────(1996): "The First Industrial Revolution: A Guided Tour for Growth Economists," *American Economic Association Papers and Proceedings*, 86, 2, May, pp.197-201.

David, P. A.(1975): *Technical Choice, Innovation and Economic Growth*, Cambridge, Cambridge University Press.

────(1990): "The Dynamo and the Computer: An Historical Perspective on the Modern Productivity Paradox," *American Economic Association Papers and Proceedings*, 80, 2, May, pp.355-361.

────(1993): "Path-Dependence and Predictability in Dynamic Systems with Local Network Externalities: A Paradigm for Historical Economics," in D. Foray, and C. Freeman(eds.), *Technology and the Wealth of Nations*, Paris, OECD.

────(1998): "Common Agency Contracting and the Emergence of 'Open Science' Institutions," *American Economic Association Papers and Proceedings*, 88, 2, May, pp.15-22.

—————(2000): "Path Dependence, its Critics and the Quest for 'Historical Econo-
mics'," *Stanford University Department of Economics Working Paper*, 00-011, June.

David, P., and G. Wright(1999): "General Purpose Technologies and Surges in
Productivity: Historical Reflections on the Future of the ICT Revolution," *Stanford
University Department of Economics Working Paper*, 99-026, July.

Dosi, G.(1988): "Sources, Procedures, and Microeconomic Effects of Innovation," *Journal
of Economic Literature*, 26, 3, September, pp.1120-1171.

Economist, The(1999): "A Survey of Innovation in Industry," February, 26.

—————(2000): "A Survey of the New Economy," September, 23.

—————(2001): "The New Economy: What's Left?," May, 12.

Foray, D., and C. Freeman(eds.)(1993): *Technology and the Wealth of Nations*, Paris,
OECD.

Freeman, C.(1994): "The Economics of Technical Change," *Cambridge Journal of
Economics*, 18, 3, pp.463-514.

Gordon, R. J.(1999): "U. S. Economic Growth Since 1870: One Big Wave?," *American
Economic Association Papers and Proceedings*, 89, 2, May, pp.123-128.

—————(2000a): "Does the 'New Economy' Measure up to the Great Inventions of
the Past?," *Journal of Economic Perspectives*, 14, 4, pp.49-74.

—————(2000b): "Interpreting the 'One Big Wave' in U. S. Long-term Productivity
Growth," *NBER Working Paper*, 7752, June.

Greasley, D., and L. Oxley(1997): "Endogenous Growth or 'Big Bang': Two Views of the
First Industrial Revolution," *Journal of Economic History*, 57, 4, December, pp.935-
949.

Grossman, M., and E. Helpman(1991): *Innovation and Growth in the Global Economy*,
Cambridge, MIT Press.

—————(1994): "Endogenous Innovation in the Theory of Growth,"
Journal of Economic Perspectives, 8, 1, Winter, pp.23-44.

Helpman, E.(ed.)(1998): *General Purpose Technologies and Economic Growth*,
Cambridge, MIT Press.

Higonnet, P., D. Landes, and H. Rosovsky(eds.)(1991): *Favorites of Fortune*, Cambridge,
Cambridge University Press.

Kamien, M., and N. Schwartz(1982): *Market Structure and Innovation*, Cambridge,
Cambridge University Press.

Kuznets, S.(1966): *Modern Economic Growth*, New Haven, Yale University Press.

Landes, D.(1969): *Unbound Prometheus*, Cambridge, Cambridge University Press.

—————(1998): *The Wealth and Poverty of Nations*, New York, Norton.

Liebowitz S. J., and S. E. Margolis: "Path Dependence, Lock-In, and History," *Journal of
Law, Economics, and Organization*, 11, 1, April, pp.205-226.

Marx, K.([1867] 1967): *Capital, Vol. 1*, New York, International Publishers.

Mokyr, J.(1990): *The Lever of Riches*, Oxford, Oxford University Press.

──(ed.)(1993): *The British Industrial Revolution: An Economic Perspective*, Boulder, Westview Press.

Musson, A. E., and E. Robinson(1969): *Science and Technology in the Industrial Revolution*, Manchester, Manchester University Press.

Oliner, S. D., and D. E. Sichel(2000): "The Resurgence of Growth in the Late 1990s: Is Information Technology the Story?", *Journal of Economic Perspectives*, 14, 4, Fall, pp.3–22.

Pack, H.(1994): "Endogenous Growth Theory: Intellectual Appeal and Empirical Shortcomings," *Journal of Economic Perspectives*, 8, 1, Winter, pp.55–72.

Price, L.(2000): "What is New in 'the New Economy'?," in U. S. Department of Commerce, *Digital Economy 2000*, ch.7, pp.59–70.

Puffert, D. J.(2000): "The Standardization of Track Gauge on North American Railways, 1830–1890," *Journal of Economic History*, 60, 4, pp.933–960.

Romer, M.(1994): "The Origins of Endogenous Growth," *Journal of Economic Perspectives*, 8, 1, Winter, pp.3–22.

──(1996): "Why, Indeed, in America? Theory, History, and the Origins of Modern Economic Growth," *American Economic Association Papers and Proceedings*, 86, 2, May, pp.202–206.

Rosenberg, N.(1976): *Perspectives on Technology*, Cambridge, Cambridge University Press.

──(1982): *Inside the Black Box: Technology and Economics*, Cambridge, Cambridge University Press.

──(1994): *Exploring the Black Box: Technology, Economics, and History*, Cambridge, Cambridge University Press.

Rosenberg, N., and L. E. Birdzell Jr.(1986): *How the West Grew Rich*, Basic Books.

Scherer, F. M.(1999): *New Perspectives on Economic Growth and Technological Innovation*, Washington, D. C., Brookings Institution.

Schumpeter, J. A.((1911] 1934): *The Theory of Economic Development*, Oxford, Oxford University Press.

──(1939): *Business Cycles: A Theoretical, Historical and Statistical Analysis of the Capitalist Process*, New York, McGraw-Hill.

──(1942): *Capitalism, Socialism and Democracy*, New York, Harper & Row.

──(1954): *History of Economic Analysis*, New York, Oxford University Press.

Solow, R. M.(1994): "Perspectives on Growth Theory," *Journal of Economic Perspectives*, 8, 1, Winter, pp.45–54.

Stoneman, P.(ed.)(1995): *Handbook of the Economics of Innovation and Technological Change*, New York, Blackwell.

Temin, P.(ed.)(2000): *Engines of Enterprise: An Economic History of New England*, Cambridge, Harvard University Press.

von Tunzelman, G. N.(2000): "Technology Generation, Technology Use and Economic Growth," *European Review of Economic History*, 4, 2, pp.121-146.

Weitzman, M. L.(1996): "Hybridizing Growth Theory," *American Economic Association Papers and Proceedings*, 86, 2, May, pp.207-212.

보론

분석적 경제이론과 수량적 자료를 이용하여 역사를 해석하려는 신경제사(수량경제사, Cliometrics)도 이제 많이 뿌리를 내렸다. 미국의 경제사학계에서 출발한 이러한 방법론의 응용이 주로 미국사를 대상으로 축적된 것은 당연한 일이며, 차츰 영국을 비롯한 유럽사 쪽으로 그 범위를 확대해 가고 있다. 특히 수량적 자료의 신빙성 문제 때문에 신경제사는 비교적 자료가 풍부한 근·현대사의 해석에 상대적으로 유용한 것으로 알려지고 있다. 이 때문에 신경제사적 접근이 경제사의 가장 핵심부문이라고 할 수 있는 영국 산업혁명 연구에 주목하고 있는 것은 자연스럽다. 그 동안 노력의 집적이 대학교재(Floud and McCloskey 1981, 전정판 1994)로 출간되었으며, 이미 〈*Explorations in Economic History*〉지의 영국 산업혁명 특집(July 1987)을 시작으로 기타 각 학술지도 특별호를 발간하였다. 예를 들어 〈*Economic History Review*〉지는 거의 매호에 산업혁명에 관한 신경제사적 분석논문,. 혹은 이에 대한 반박논문을 게재하고 있다. 이미 이 글과 같은 제목의 글이 두 편(Mokyr 1985, 1993)이나 출판된 까닭에 이와 같은 세설을 시도하는 의미가 많이 희석되었다. 그러나 내 나름대로 학계의 현황을 비판적으로 검토, 정리하고 전망함으로써 앞으로의 연구에 좌표를 제공하고자 한다.

1. 정의의 문제

'산업혁명'이라는 단어가 시사하는 것처럼 18세기 말~19세기 초를 계기로 영국의 경제가 혁명적인 변모를 겪었음은 부인하기 힘들다. 물론 이것이 어떠한 면에서 본질적인 단절이었는지에 대해서는 학자에 따라 강조하는 바가 다르다. 모키르Mokyr(1985, 1993)의 분류가 비교적 명쾌하다.

토인비Toynbee(1884)에 의해 시작된 '사회적 변화설'은 경쟁시장의 성립을 중시하여 재화와 용역의 생산과 분배, 또한 생산요소들의 배분이 중세적 규제에서 벗어나 시장기구에 의해 운행되기 시작한 것이 가장 큰 변화라고 한다. '산업조직설'은 예부터 내려오는 기능공 중심 또는 선대제(putting-out system) 생산에서 공장제 대량생산으로 전환한 것이 가장 혁신적이며, 유동자본보다 고정자본의 비중이 커지고 산업노동자 계층이 형성되는 것을 이 과정의 특징이라고 설명한다. 마르크스Marx(1867), 망뚜Mantoux(1928) 등이 대표적이다. 란데스Landes(1969)를 중심으로 하는 '기술진보설'은 석탄을 비롯한 에너지 사용에서의 혁신, 각종 기계의 발달, 합성 원자재 등장 그리고 공장생산을 포함한 넓은 의미의 복잡한 기술진보를 산업혁명의 본질로 파악하고 있다. "산업혁명이란 기술적 창조성(technological creativity)에 의해 추진된 생산기술의 급속한 변화를 의미한다."라는 것이다(Mokyr 1993: 17). 한편 쿠즈네츠Kuznets(1966), 로스토우Rostow(1960) 같은 수량경제사가들은 국민소득, 자본형성, 노동공급의 양적 성장이 급속히 가속된 것을 산업혁명으로 이해하는데, 이를 '거시경제설'이라고 부를 수 있을 것이다. 물론 이러한 분류는 편의상의 시도이며 거의 모든 학자들이 다른 학설을 상당부분 받아들이고 있다. 아마도 가장 포괄적인 정의는 퍼킨Perkin(1969: 3)의 것일텐데, 그는 산업혁명을 '인간의 생활수단에 대한 접근방법의 혁명'이요, 인간이 '생태적 환경을 통제하는 데에서, 자연의 독재와 인색함으로부터 도피하는 능력에 있어서의 혁명'이라고 규정한다.

그러나 최근 연구들은 18세기 말엽의 '혁명'의 존재를 회의하게 만드는 결과를 내놓고 있다. 즉 산업혁명은 지역적 그리고 부문별로 극히 제한된 점진적 현상이었으며, 그 효과도 작았다는 것이다. 산업혁명 기간 동안, 특히 초기에는 제조업 생산 확대의 대부분을 담당한 것은 선대제 농촌수공업의 확산이었으며, 공장제 생산의 기여는 미미하였다. 후술할 바와 같이 1인당 총생산성장률도 오랫동안 받아들여지고 있던 수치를 훨씬 밑도는 것이었다. 또한 새로운 에너지나 합성원자재 그리고 기계 이용은 산업혁명기간이 훨씬 지난 후까지도 그다지 광범위하게 이루어지지 않았다는 해석이 점차 널리 받아들여지고 있다(Wrigley 1988). 가장 빠른 생산성 향상을 보인 면방직공업에서도 증기기관의 이용은 매우 느린 속도로 확산되었다. 또한 합리정신이나 부르주아 심성(mentality)도 이 당시에 급속히 퍼진 것이 아니고 귀족문화가 오랫동안 남아 있었다는 것이다. 시장을 통한 자원배분도 산업혁명 훨씬 이전부터 서서히 진행되어 왔다(Clapham 1930, Braudel 1984). 이와 같이 산업혁명 해석의 변천을 학설사적으로 다음과 같이 설명하기도 한다. 즉 1950년대~1970년대 초반에는 전반적인 성장 지향적인 풍토 위에 제3세계의 경제개발을 추진하는데 선진국의 과거 공업화 경험을 원용코자 산업혁명에 대한 관심이 고조되었다. 그후 1970년대 후반부터 세계적 경기침체와 함께 '낙관론'적 역사해석을 재검토하는 과정에서 산업혁명을 극히 제한되고 점진적인 변화로 보는 견해가 대두되었다는 것이다(Cannadine 1984). 그렇지만 그것보다는 요즈음 현안으로 떠오르는 '역사에서의 연속과 단절' 논의의 일환으로 생각하는 편이 옳으리라고 생각한다.[1]

어찌되었건 산업혁명의 '혁명성'은 변화의 속도보다 결과가 중요한 것으로 지역적·미시적 분야에서의 변화가 가속적이고 불가역적, 누적적이라는 사실이 대변하고 있다. 당시 영국의 인구가 급증하고 있었던 것만 보아도(1760~1830년 동안 거의 두 배로 증가) 1인당성장률이 낮았던 것은 이해가 가며, 또한 농업에서 상공업으로의 산업구조 변화가 다른 '혁명'들과 성격이 판이하다고 하더라도 이미 100년 동안 사용해 온 개념을 포기한다면[2] 어떤 대안이 있을지 의심스럽다.

2. 성장률과 생산성추계 그리고 그 함의

산업혁명기의 성장률과 생산성추이는 1962년에 발간된 딘Deane과 코울Cole의 추계가 20여 년 동안 가장 믿을 만한 수치로 받아들여져 왔다. 1인당 총생산의 연평균성장률이 1700~1760년 0.45퍼센트, 1760~1780년 -0.04퍼센트, 1780~1801년 1.08퍼센트, 1801~1831년 1.61퍼센트로써 산업혁명기간 경제규모가 비약적으로 가속 성장하였음을 보여 주는 자료로 자주 이용되었다. 그러나 1980년대에 들어 새로운 사료가 발굴되고 통계처리방법이 발달하면서 그와 같은 단절이 없었던 것으로 점차 통념이 바뀌고 있다. 이것 자체가 산업혁명의 단절성을 부인하는 것이 전혀 아니라는 것은 앞서 얘기했거니와 앞으로 다시 부연 설명하도록 하자. 우선 주로 크래프츠N. F. R. Crafts에 의해 재추계된 수치가 어떻게 형성되었는지 간단히 살펴볼 필요가 있다.

---

1 주변 환경이 역사가의 연구주제 선택에 영향을 주겠지만 사료해석 방향을 좌지우지한다고 믿을 수 없다. 또한 영국 초기자본주의의 성격에 대한 앤더슨Anderson 대 브라운Barret Brown의 논란도 참조하라(Brown 1988, Ingham 1988, Komlos 1989).

2 '산업혁명'이란 개념은 경제사의 극우파 근본주의 아야톨라ayatollah'라고 혹평하는 학자도 있다(Cameron 1991: 1165).

우선 새롭게 이용할 수 있는 자료는 리글리Wrigley와 스코필드 Schofield(1981)의 인구추계, 린더트Lindert와 윌리엄슨Williamson(1982, 1983a)의 직업구성자료(Social Table), 파인스틴Feinstein(1981, 1988a)의 자본형성추계 등이다. 여기에 각 산업의 가중치를 수정할 필요가 생겼고, 각 수치를 불변가격으로 환산하는 데 있어서 가격지수 채택문제 등을 고려하면 우선 산업생산지수 자체가 훨씬 완만하게 성장하는 결과가 나온다. 다음으로는 서비스생산 역시 인구추계와 자본형성추계에 따라 조정할 필요가 있었으며 농업부문도 후술하는 바와 같은 문제점이 있기는 하나 농업생산성장률도 재추계할 필요가 있었다(Crafts 1985a). 〈표 1〉은 크래프츠 Crafts(1985a)의 〈표 2.11〉에서 철강, 면화, 건설 가중치의 재수정(Crafts and Harley 1992)과 상업부문 계산착오의 정정을 반영하여 현재까지 가장 믿을 만하다는 국민소득성장률을 표시한 것이다.[3]

〈표 1〉 연평균 성장률 (단위 : %)

		최신추계		Deane and Cole	
		GDP	1인당	GDP	1인당
잉글랜드와 웨일스	1700~1760	0.69	0.31	0.66	0.45
	1760~1780	0.64	0.01	0.65	−0.04
	1780~1801	1.38	0.37	2.06	1.08
브리튼	1801~1831	1.90	0.50	3.06	1.61

자료 : Crafts(1985a), Crafts and Harley(1992)과 본문 참조

여기서 알 수 있는 것은 최신추계가 딘Deane과 코울Cole의 추계에 비해 첫째, 성장률이 전반적으로 낮고 따라서 소비수준의 증가나 생산성향상 정도도 낮을 것이라는 것, 이것은 이후 생활수준 논쟁과도 연결이 된다고

---

3 클라크Clack(2001a)는 주로 구호위원회보고서Charity Commission Report를 이용해 재산소득을 상향조정한 결과 이들보다 더 낮은 성장률 추계를 얻었다. 인구증가로 지대가 일찍부터 상승했으며 산업혁명기 이전부터 재산소득이 높았으므로 성장률은 자연히 낮아진다는 것이다. 클라크(2002) 참조.

할 수 있다. 둘째, 농업생산증가가 1760년 이전에 이미 상당했다는 것(표 자체에서는 읽을 수 없지만), 셋째, 성장률의 가속이 비교적 완만했다는 것, 넷째 성장률이 연 2퍼센트 정도로 계속 된 것은 1820년대 이후에나 가능했을 것 등이다.

그러나 이러한 새로운 추계를 산업혁명의 존재를 부인하는 것으로 해석해서는 안 된다. 진실로 혁명적인 요소는 경제사회의 구조변환, 공업화, 도시화, 국제경제 내에서의 역할 급변 등에 있기 때문이다. 따라서 단지 이러한 추계는 '도약단계'를 거친 후발공업국과의 차이점을 부각시키고 있을 뿐이다(Crafts and Harley 1992). 제한적·점진적 성장이었음을 강조하는 추계에 대해 가격지수문제, 가중치, 지역별 특수성, 제한적인 모습이라도 '상징적'인 의미가 크다는 문제제기같은 여러 비판이 있긴 하다. 하지만 이러한 비판들이 이 추계에 큰 타격을 가할 정도는 아니다(Hoppit 1990, Jackson 1992, Berg and Hudson 1992 등). 다만 면직물가격 하락속도가 기존연구 결과보다 훨씬 컸다는 주장이 있는데 이것은 생산성이 그만큼 더 빨리 상승했음을 시사한다. 그렇다면 면직의 가중치를 생각할 때 총산업 생산 증가속도가 상향조정될 가능성이 있다. 이는 아직 더 논의의 대상이 되리라고 판단된다(Cuenca Esteban 1994).[4] 한편 칼만필터Kalman filter를 이용한 추세성장 논의는 지나치게 기술적인 듯이 보여 그야말로 '필자들끼리 이메일로나 대화'하는 것이 좋을 것 같다(Greasley and Oxley 1994; Crafts and Mills 1994a, 1994b; Honeyman 1994). 어찌되었든 이제 새로운

---

4 할리Harley와의 1995 〈*Economic History Review*〉 화답에서도 이 가설은 공고한 듯 보인다. 단지 추계 조정의 크기가 문제일 뿐. 이후 할리(1998)는 공장도 가격과 물품세를 포함한 시장가격을 구분하여 더욱 상세한 자료를 제시하며 1770~1815년간 면제품 명목가격이 바뀌지 않았음을 주장하였다. 1999년 쿠엔카 에스테반Cuenca Esteban과의 화답에서는 가격하락 가능성을 인정하였으나 불변대체탄력성(CES) 수요함수를 가정하면 가격하락이 커도 소비자 잉여의 변화분은 그다지 달라지지 않는다고 언급하여 암묵적으로 면직부문의 중요성 특히 수출의 중요성을 폄하하였다.

추계 쪽을 버리고 딘Deane과 코울Cole의 추계로 돌아가기는 힘든 것처럼 보인다.

국민총생산 또는 국내총생산 추계가 어느 정도 확립이 되고 노동, 자본 등 생산요소의 양적 계산이 가능하면 생산성에 관한 정보를 얻을 수 있다. 생산량을 각 요소로 나눈 요소생산성들의 가중기하평균을 총요소생산성 (total factor productivity: TFP)이라고 부르는데, 이는 집계생산함수의 존재 여부, 각 요소의 측정문제, 요소가중치의 결정문제, 규모의 경제 여부 등 많은 문제점을 내포하고 있지만(Solow and Temin 1985, Abramovitz 1993), 경제학자들이 즐겨 사용하고 있다. 예를 들어 생산함수가 $Y = AK^{\alpha}L^{\beta}$라 하면 $TFP = A = \dfrac{Y}{K^{\alpha}L^{\beta}}$ 가 되고 생산함수의 성장률 표현은 $\dfrac{dY}{Y} = \dfrac{dA}{A} + \dfrac{\alpha dK}{K} + \dfrac{\beta dL}{L}$ 이 되어 각 요소와 TFP의 변화가 성장률에 기여한 정도를 나누어 볼 수 있게 된다. 최근 계산의 결과는 〈표 2〉와 같다.

〈표 2〉	성장의 원천				(연율, %)
	dY/Y	dK/K에 의한 부분	dL/L에 의한 부분	TFP성장	TFP비중
1700~1760	0.7	0.5×0.7	0.5×0.3	0.2	29
1760~1801	1.0	0.5×1.0	0.5×0.8	0.1	10
1801~1831	1.9	0.5×1.7	0.5×1.4	0.35	18

자료 : Crafts(1994: 51)

이것이 크래프츠Crafts와 할리Harley(1992: 718)로 하여금 TFP의 중요성이 자본형성보다 덜했다고 주장한 근거가 되었다.[5] 그러나 성장회계에서 더욱 의미가 있는 것은 노동단위당 또는 1인당성장률임이 분명하므로 1인당 성장의 요인을 원천별로 나누어 보면 〈표 3〉과 같다.

표에서 보는 바와 같이 산업혁명 전 기간 동안 1인당성장의 거의 모든

5 가격 듀얼price dual을 이용한 TFP 계산도 비슷한 결과를 낳았다. Antras and Voth(2003) 참조

	연평균1인당성장율	자본장비율	TFP	TFP가 차지하는 비중
1760~1800	0.2	0.06	0.14	70
1800~1830	0.5	0.09	0.41	82

〈표 3〉 1인당 성장의 원천 (연율, %)

자료 : 본문과 Mokyr(1993: 25)

부분이 생산성향상으로 설명된다. 성장률이 예전에 믿던 것보다는 낮았지만 그나마 성장은 거의 전부 TFP증가에 의한 것이다. 물론 TFP가 곧 기술진보를 의미하는 것은 아니다. 가시적인 생산요소의 투입증가로 해명되지 못하는 '잔여항(residual)'이 전부 TFP로 나타나므로 이것이 기술진보의 척도라기보다는 알 수 없는 부분(ignorance)의 척도라고 할 수 있다. 여기에는 좁은 의미의 기술진보를 포함하여 측정오차, 생산요소의 질적 향상, 규모의 경제, 자원의 효율적 재배분 등이 포함될 수 있다. 그런데도 후발공업국이나 현재 개발도상국들의 성장패턴과 확연히 다르게, 자본형성보다 TFP의 역할이 컸음은 영국 공업화과정의 특수성이라고 할 수 있다.[6]

산업부문별로 생산성 증가에 대한 기여도가 어느 정도였는지 추계가 계속 수정되고 있다. 〈표 4〉는 1780~1860년 동안 맥클로스키McCloskey (1981)의 추계와 최근 추계인 할리Harley(1993)를 함께 보여 준다. 총생산성 향상율이 하향 조정된 이 누계에서는 '기타부문'의 기여도가 독립적으로 추계된 것이 아니라 차액방식으로 얻어졌기 때문에 미세한 것으로 나타났다. 그러나 테민Temin(1997)은 같은 기간 직물이나 철강 이외에 기타

---

6 버그Berg와 허드슨Hudson(1992)은 크래프츠Crafts 등이 노동투입을 성인 남성에 국한시켜 여성과 아동노동을 간과하였으므로 이들의 TFP계산이 과소평가되었다고 주장하나, 추가 노동투입을 감안하면 TFP의 상대적 중요성이 오히려 감소할 것이다. 또한 내생적 성장모형 (endogenous growth model)의 유용성이 있다면 이야기가 달라질 수도 있으나 아직 이 모형은 개발단계에 있기 때문에 역사해석에 응용함이 너무 이른 느낌이 있다(Crafts 1995, 1996, 2004; Rebelo 1991; Solow 1994).

〈표 4〉	각 산업부문의 생산성향상에 대한 기여도(1780~1860)				(연율, %)
	가중치	McCloskey		Harley	
		생산성	기여도	생산성	기여도
면직	0.070	2.6	0.18	1.9	0.13
우스테드	0.035	1.8	0.06	1.3	0.05
모직	0.035	0.9	0.03	0.6	0.02
철강	0.020	0.9	0.018	0.9	0.02
운하 및 철도	0.070	1.3	0.09	1.3	0.09
해운	0.060	2.3	0.14	0.5	0.03
근대부문합계	0.290	1.8	0.52	1.2	0.34
농업	0.270	0.45	0.12	0.7	0.19
기타부문	0.850	0.65	0.55	0.02	0.02
총계	1.410		1.19		0.55

자료 : McCloskey(1981: 114), Harley(1993: 200)

제조업의 수출액이 상당하였다는 자료를 토대로 '기타부문'에도 국제적 비교우위가 존재하였음을 확인하였고, 따라서 생산성 향상이 면직, 철강 등 제한된 분야에서만 이루어졌다기보다 산업혁명기의 기술진보는 광범위한 부문에 널리 확산되었다는 고전적 해석이 옳다고 주장하였다. 기타부문의 기여도 추계가 잘못되었을 가능성을 제기한 것이다. 다만 1794~1796년에서 1814~1816년 사이에 면직, 모직, 철강을 제외한 기타제조업의 총제조업수출에서 차지하는 비중이 44퍼센트에서 28퍼센트로 떨어진 점은 설명하고 있지 않다.[7]

---

7 할리Harley와 크래프츠Crafts(2000)는 계산 가능한 일반균형모형(CGE model)을 시뮬레이션 하여 식품수입수요를 감당하기 위해 공산품 수출이 불가피했다는 결과를 얻었다. 그러나 이것이 '선도부문 무용론'에 대한 대응인지는 의심스럽다. 테민Temin(2000)의 화답 참조. 어찌되었든 할리는 쿠엔카 에스테반Cuenca Esteban과의 논쟁에서는 면제품 수출의 중요성을 부인하고 테민과의 논쟁에서는 강조하는 줄타기를 하고 있다.

3. 산업혁명의 원인

산업혁명의 원인을 구명하는 일은 난제 중의 난제이며 백과전서적 접근으로도 명쾌하게 해결되지 않는다(Hartwell 1967). 산업혁명이 어떤 점에서 혁명적인지를 강조하는 측면에 따라 문제의 성격도 달라짐은 물론이다. 우선 '클레오파트라의 코' 식의 필요조건 논의는 역사해석에서 무의미하다는 점을 지적해 두자. 그렇다고 조건부확률론-단순한 우연이 아닌-과 일단 선두주자가 되면 선발자의 이점이 누적적으로 자기 재생산된다는 이론으로 영국의 우월성을 설명하는 것(Crafts 1977)은 사학자들의 오랜 연구관행을 벗어난다. 요즈음은 빛이 바랜 발전단계설이나 선행조건설, 또는 이의 변형인 거셴크론Gerschenkron 가설 등도 영국의 선발성, 산업혁명의 시기 등을 설명하는 데 난점이 있는 듯이 보인다. 복잡한 사건은 복잡하게 설명해야 하는 것이 옳을지 모른다(Landes 1993, 1994). 그렇다면 산업혁명의 원인이라는 문제는 '왜 프랑스나 네덜란드가 아니고 영국인가' 라는 식으로 질문의 형태를 바꾸어 묻는 쪽이 가장 적절한 접근인 것 같다. 다시 말하여 18세기 영국이 나머지 나라들과 다른 점이 무엇이었는지를 밝히는 작업이 그것이다. 불행히도 이는 인과의 오류(post hoc ergo propter hoc)를 범할 가능성이 있으나 별 대안이 있어 보이지도 않는다.

자연자원 특히 석탄의 풍부, 섬나라의 이점, 전쟁에 의한 파괴로부터 제외됨, 타고난 국민성 등은 제쳐놓더라도 여러 가지를 들 수 있다. 몇 가지 가설만 열거한다면, 우선 분할상속으로 토지경영 규모가 계속 영세해 가던 프랑스에 비해 장자 상속제를 고수함으로써 대토지 소유에 의해 새로운 영농기술의 도입이 가능하였고 차남 이후는 새로운 경영계층에 참여해야 했다는 점(Landes 1969), 토지재산에 기반을 둔 '열린' 귀족제가 1660년 왕정복고 이후 정착하여 물질적 부와 정치적 권력이 밀접히 연결되어 있었다는 것(Perkin 1969), 사유재산권을 보호하고 기업행위의 자유를 최대한 보장했다는 점, 물론 조세부담률을 보면 1788년 당시 프랑스가 GNP의 6.8퍼센트 정도임에 비해 12.4퍼센트로 월등 높았으나 자의적인 부과가 아니라 오래 전부터(명예혁명?) 규정에 의해 부과되었다는 것(Weir 1989, North and Weingast 1989) 등이다. 또한 중상주의의 성격만 하더라도 거의 자유방임에 가까운 것으로 무역규제 이외에는 거의 유명무실했다는 점 등이다. 정부보조가 없이도 도로, 운하 등의 정비로 일찍 국내시장이 통일되었다는 면도 강조되고 있다(e.g. Braudel 1984). 이 외에 영국봉건제의 역동성, 시민혁명, 17세기 위기의 이른 극복(Dobb 1946, Hobsbawm 1954) 등이 언급되기도 한다.

이와 같이 영국의 특수성을 단편적으로 부각시키는 시도 이외에 소위 체네리Chenery와 써킨Syrquin(1975) 방식을 사용하여 영국 산업혁명의 특징을 살펴보려는 시도가 있다. 크래프츠Crafts(1984, 1989)는 19세기 유럽 각국의 통계에서 1인당 소득수준에 따른 평균적(normal) 구조변화에 주목하였다. 그는 각 산업간 노동력 배분과 소득창출의 구성뿐 아니라 총지출에서 소비, 투자, 정부지출, 해외부문이 차지하는 비중 그리고 출생률, 사망률, 취학률 등의 변화까지를 관찰대상으로 삼았으며, 영국의 사례를 19세기 유럽의 평균적 변화와 대비시킴으로써 영국 공업화 패턴의 특징을 찾아내려 하였다. 그 결과 영국은 같은 소득수준에 달했던 유럽 평균(norm)과 괴리가 너무 커 영국의 선례를 후발국이 따라온 것이 아니고 오히려 영국 공업화가 매우 특이하고 유일한 패턴을 나타내었다고 주장하였다. 여러 가지 특이점 중 가장 두드러진 것을 하나만 지적하자면, 비1차산업 생산성과 1차산업 생산성의 차이가 영국은 산업혁명기간에 급속히 줄어들어 소멸하지만 유럽 평균적으로는 전혀 줄어들지 않고 두 배 정도를 유지한다는 점이다. 이는 물론 산업간 자원의 이동성이 영국에서 한결 높왔다는 함의를 갖는다. 우선 농업생산성 자체도 상대적으로 높았을 뿐더러 농업노동력 비중이 17세기 말에 이미 50~55퍼센트에 불과했고 1811년에는 약 35퍼센트, 1841년에는 약 20퍼센트로 급격히 감소한 것이다. 영국의 특수성을 밝히는 것이 꼭 영국의 우월성이나 영국에서 산업혁명이 먼저 시작되어야 함을 말해주는 것이 아님은 앞서 얘기한 바와 같다. 특히 요즈음 유연전문화(flexible specialization)론자들은 공장제 대량생산이 아닌 다른 경로로도 충분히 공업화를 이룰 수 있고 또 그렇게 해왔다고 주장하기도 한다(Sabel and Zeitlin 1985, O'Brien and Keyder 1978, Roehl 1976, O'Brien 1996). 이러한 가설이 18세기 말 19세기 초에 원용될 수 있는지 또한 독과점 대기업이 자원배분의 상당부분을 차지하기 시작한 19세기 말에는 어떨지 앞으로 구체적인 연구결과가 기대된다.

왜 영국인지에 대한 설명 중에 시장의 크기를 언급하는 학자들이 있다. 농업소득증대, 인구증가, 해외시장 특히 식민지시장의 수요 등에 힘입어 공업화가 촉진되었다는 설이다. 하나씩 검토해 보겠거니와 결론적으로 말하자면 수요측면은 그다지 중요하지 않다. 우선 인구증가가 식량수요보다 공산품수요를 상대적으로 증대시킨다는 보장이 없으며, 인구증가에 따른 농산물수요의 탄력성이 더 크다면 오히려 탈공업화를 야기할 것이다. 농업소득의 증대라면 공산품수요가 비교적 더 빨리 상승할 것이 예상되지만, 소득증가에 따른 수요증대는 외생적인 수요팽창으로 볼 수 없으므로 수요견인성장이란 가설은 설득력이 없다. 요컨대 장기적으로 볼 때 수요는 외생변수가 될 수 없다. 성장에 따른 소득효과로서 수요는 공급에서 파생된 것일 뿐이기 때문이다(Mokyr 1977).

수요증대에 의한 생산과 소득의 증가는 케인지안실업이 존재할 경우에 국한된다고 가정한다면 첫째, 그러한 유휴자원이 실재했는지가 의문이고 둘째, 당시 수요증대는 대부분 미국독립전쟁과 나폴레옹전쟁에 의한 정부지출이었으므로 전쟁이 산업혁명을 촉진시켰다는 우스꽝스러운 결론이 나오게 된다. 물론 수요구성의 변화가 공업화의 방향을 결정짓는 초점장치(focusing device)가 될 수는 있다. 예를 들어 의류 수요패턴이 모직이나 린넨에서 기계화에 적합한 면직으로 변했다든지 하는 경우다. 또 한 가지 언급해야 할 사항은 유행을 타는 소비풍조의 팽창, 또는 '소비자혁명'이 공업화를 불러일으켰다는 주장인데[8] 이것 역시 소비풍조의 외생성이 의심되는 만큼 산업혁명은 어디까지나 생산과 분배 쪽에서 찾아야 한다는 전통설이 지배적이라고 할 수 있다(Fine and Leopold 1990).

광범위한 해외시장이 영국 산업혁명을 촉진시켰다는 가설에 다다르면 제국주의론과의 관련 때문에 논의가 한층 복잡해진다. 순전히 수출시장의 성장이 공업화의 원동력이라는 가설부터 살펴보면, 수출이 국민소득의 15퍼센트 정도나 되고 급속히 성장한 것은 사실이나 두 차례에 걸친 전쟁 때문에 수출수요의 증가는 1760년 이전과 1780-1800년 무렵에 제한되었다. 여기서 공산품 특히 면직물의 수출비중[9]이 컸다는 면은 주목할 만하다. 사탕이나 차 등의 수입과 제조업제품 수출로 대표되는 선진국형 무역패턴이 나타나고 있다.[10] 그러나 무역은 대부분 유럽과, 또 미국독립 이후에는 유럽과 미국을 대상으로 한 것이었으며, 아시아·아프리카 지역과

---

8 도시화와 중상류층을 위한 근대적인 실내안락 소비의 '발명'이 내구소비재의 표준화와 다양화를 통해 신제품 시장을 확대했다는 것으로, 공업화의 과정혁신(process innovation)에 버금가는 제품혁신(product innovation)에 주목하자는 것이다. 17~18세기의 신제품, 또는 같은 제품이라도 더욱 참신하고 편의와 효용, 기호와 스타일을 더한 것의 목록을 들면 엄청나다. 예를 들어 안경, 시계, 날염사라사, 실크모자, 등나무 의자, 유리병, 포켓 현미경, 납유리잔, 오지그릇, 베네치안 글래스, 융단커버 의자, 자기, 마호가니, 니스 칠한 장롱, 은제 찻주전자 등. 스타일즈Styles(2000), 버그Berg(2002) 참조. 한편 하층 노동계급의 지출구성은 오히려 전통적인 필수품 비중이 늘어나는 방향으로 변화하였다. 호렐Horrell(1996) 참조.

9 쿠엔카 에스테반Cuenca Esteban(1997)의 새 추계에 의하면 공산품 생산액 중 수출이 차지하는 비중은 훨씬 높아서 11년 이동평균치로 볼 때 1801년 불변가격으로는 1760년에 28퍼센트, 1780년에 33퍼센트, 1801년에 40퍼센트에 달한다. 경상가격으로는 각각 31퍼센트, 28퍼센트, 39퍼센트다.

의 교역은 미미했음을 염두에 둘 필요가 있다(Engerman 1994). 여기서 '수출주도형 성장' 같은 요즈음 개발도상국의 논리가 당시에는 적용되지 않는 상황이었다는 것을 상기해야 한다. 수출시장이 없었어도 자원을 내수산업으로 손쉽게 이전할 수 있었을 것이다. 단지 개방경제의 장점이라면 농업생산이 부족하더라도 식량수입에 의해 제조업을 육성시킬 수 있었다는 정도였을 뿐이다(Mokyr 1993: 74). 제국주의의 이점에 관한 논의에서는 인도와의 교역이 산업혁명 이전 수준을 유지하는 정도도 안 되었고, 공업화 당시에 가장 큰 식민지인 미국을 잃었다는 사실에 주목해야 할 것이다. 제국을 유지하는 비용이 경제적 이득보다 컸다는 등의 계산은 아직 공허한 수준에 머무는 듯 보인다(e.g. Davis and Huttenback 1986).[11] 한 마디로 해외시장의 존재가 산업혁명을 주도했다는 가설을 뒷받침하기 어렵다. 만일 영국 산업혁명이 지주 상업자본과 궤를 같이했다는 주장이 맞다면 결론은 달라질 수 있다(Daunton 1989, Porter 1990).

---

10 17세기 무렵부터 서인도제도의 사탕을 대량으로 수입하기 시작한 것이 '역사적 단절'이었다는 가설은 상당한 타당성이 있다. 영국과 프랑스 식민지인 카리브 연안 플랜테이션 농업은 주로 아프리카에서 이주시킨 흑인 노예노동을 이용, 유럽시장을 겨냥한 사탕 단작(monoculture)을 수행했던 것이다. 사탕을 비롯하여 커피, 담배, 인디고 등 중남미의 노예생산품과 영국의 공산품 교환은 당사자국들 무역액의 절반 가량이 될 만큼 커다란 비중을 차지하고 있었고, 이 열대산품들은 영국의 홍차음용 관습을 확대시킴과 동시에 소비생활을 자극하고 노동의욕을 고취했다고까지 표현된다. 히그먼Higman(2000), 엘티스Eltis와 엥거만Engerman(2000) 참조. 제국주의와 산업혁명의 관계에 대해서는 이 밖에도 자본이동 등 고려할 점이 많다. 이에 대해서는 자본조달항목에서 다시 논의할 예정이지만 워드Ward(1994) 등 참조.
11 주요 반론으로는 홉슨Hobson(1993), 오퍼Offer(1993) 등이 있다.

4. 기술혁신

초·중등 교육에서 산업혁명을 설명할 때 빠지지 않는 것이 개량된 방적기, 직포기라든지 새로 등장한 증기기관이다. 산업조직이나 사회적 변화, 거시지표의 성장보다 만져지고 보이는 각종 기계, 석탄 등 새로운 에너지, 합성원자재 등이 부각되는 것이 당연한지 모른다(Landes 1969). 실제로 100만 관람객을 기록한 1851년 런던의 수정궁 박람회에 출품한 품목들은 기술진보가 체화된(embodied) 소비재와 자본재들로서, 영국이 '세계의 작업장(workshop of the world)'임을 과시하였다.

다시 말하여 앞서 인용한대로 '산업혁명이란 기술적 창조성에 의해 추진된 생산기술의 급속한 변화를 의미'하며, '산업혁명은 거시발명(macroinventions)의 동시다발적 군집(cluster)과 이의 개선과 조정을 위한 강렬한 노력, 이에 따르는 미시발명 또는 소발명(microinventions)의 보완적 흐름'이라는 것이다. 여기서 소발명은 이미 알려진 기술에 미미하게 더해진 개선을 의미한다. 한편 거시발명은 과거와 단절된 전혀 새로운 방법으로 지금껏 알려지지 않던 신기술을 극적으로 개발하는 것으로서, 증기기관, 방적기, 자카르 직포기, 가스조명, 염소표백 등이 여기 속한다. 거시발명의 군집은 설명하기가 매우 어렵다.[12] 영국의 경우 기능공들의 층이 두텁고 이들의 교류가 활발하여 소발명에 비교우위가 있었으며, 이것이 중요하다는 사실이 최근 강조되고 있다(Mokyr 1993: 18-22, 1994).

당시 다른 유럽 국가들에 비해 영국이 생산기술에서 우위를 누렸던 요인들에 대해 모키르Mokyr(1990: ch.10)를 중심으로 살펴보자(발명과 기술혁

---

12 발명의 군집(cluster) 설명으로는 크리티컬 매스 모델critical mass model, 포지티브 피드백 positive feedback, 선순환virtuous circle 등이 있으나 전부 적용하기에 난점이 있다(Mokyr 1994).

신(innovation)과 전파(diffusion)의 구분, 기술진보의 요소바이어스, 과학과 기술의 관계, 경로종속 등 개념과 분석틀은 양동휴(2001)를 참조). 우선 숙련공 층이 두터운 원인으로 기술이전을 자극하는 도제제도와 현장훈련(OJT)을 들 수 있다. 종교전쟁 이후 고급두뇌가 영국으로 이주한 사실도 이점이다. 정보의 전파를 담당한 상층부 집단인 문학과 철학 협회Literary and Philo-sophical Society(맨체스터Manchester)와 루나 소사이어티Lunar Society(버밍햄Birmingham) 등의 역할도 컸다. 통합된 시장과 정치적 응집력이 기술진보를 자극하였다. 사유재산보호와 일찍 정착한 특허제도 또한 기술향상과 관련이 있다. 기업가들이 많아 발명을 상품화하는 경향 또한 높았다. 이리하여 일단 소발명들이 거시발명을 중심으로 군집하게 되면 모방효과, 보완효과들이 따라서 상승작용을 하였다는 것이다.

기술혁신의 저항세력이 얼마나 정치력을 가졌는지도 문제다. 흔히 생각하는 기계가 노동을 대체하여 실업을 양산하므로 미숙련노동자들의 저항이 심했다는 가설은 사실과 맞지 않다. 산업혁명기 노동자본비율은 거의 불변이었으며, 기술변화의 요소바이어스는 거의 없었다. 오히려 기존기업과 숙련공들이 타격을 입어 저항이 컸다. 수직포공, 모직 완성공, 인쇄업자, 마차제조, 대장간 등이 손해가 막심했는데, 이들은 가격하락으로 이득을 보는 소비자들에 비해 소수이나 조직력을 이용해 성공적으로 저항할 수 있다. 그러나 1750~1850년 영국의 정치력은 토지재산에 있었으므로 저항운동은 대개 실패하였고 탄압만 받았다. 유럽대륙보다 장인 길드의 힘이 약해 대규모 시장을 상대로 대량생산을 시작할 유인이 컸다는 점도 지적된다.[13]

---

13 장인길드를 기술혁신을 저해하는 조직된 지대추구 집단으로 보는 입장에 대한 비판도 있다. 숙련에 투자하는 것을 지원함으로써 의도하지 않았더라도 기술혁신에 도움을 주었으며 기술 전파에도 중요한 역할을 담당했다는 것이다(Epstein 1998).

이와 같은 영국의 이점이 19세기 말에는 소진되고 저항세력이 커졌으며, 2차 산업혁명에 필요한 과학기술교육을 소홀히 하여 1867년 파리박람회 즈음에는 이미 영국의 우위상실이 보인다. 소위 슘페터 가설이 적용되기 시작하는데, 철강, 전기, 화학, 내연기관의 경우 두드러진다(양동휴 1994: ch.6). 그러나 이것은 이 글에서 다루는 시기보다 훨씬 뒤의 일이다.

5. 자본조달

산업혁명기에 설립된 새로운 회사들의 초기자본, 또는 기존 기업의 확장에 필요한 자금수요는 그다지 크지 않아서 외부자본시장에 의존하지 않고 가족, 친지의 도움이나 이윤 재투자 등으로 충분히 조달할 수 있었다는 것이 최근까지의 통설이었다(e.g. Pollard 1964). 기껏해야 지방은행(country bank)에서 단기상업금융을 얻어 유동성을 충족시키고 유보이윤으로 고정자본을 형성할 수 있었다는 것이다.

그러나 1720년의 남해포말사건(South Sea Bubble) 이후 주식회사 설립을 엄격히 제한하여 자본시장 발달을 저해했다는 전통적 해석에도 불구하고 존 로John Law 체제 붕괴 이후의 프랑스 자본시장 정체와는 대조적으로 영국의 금융제도는 안정적으로 성장하였다.[14] 영국의 '금융혁명, 1688~1750년?(Neal 1990)'이 외부자본을 별로 필요로 하지 않던 산업혁명기

---

14 남해회사(South Sea Company)는 1711년 정부부채를 주식 전환함으로써 설립되어 중남미 무역을 담당하였다. 이후에는 노예무역을 독점하며 주식가격이 1720년 1월에서 7월 말까지 150파운드에서 1,000파운드로 오르는 등 거품을 형성했다. 1720년 7월 11일부터 1825년까지 발효하던 포말법(Bubble Act)은 따라서 남해회사 거품붕괴의 대응이 아니었고 오히려 남해회사의 주가 연착륙을 위한 로비의 산물이라고 할 수 있다. 포말법은 주식회사 설립과 운영에 상당한 제한을 가했지만 관습법(common law)보다 그다지 더 심했던 것도 아니다. 해리스Harris(1994, 1997) 참조.

기업들의 성장과 과연 무관한 것이었을까. 자본시장이 더욱 취약했더라면 공업화가 지연되었을지, 자본시장이 더 효율적이었더라면 산업혁명이 가속화되었을지, 그러한 효과는 어느 정도인지 검증하기가 곤란한 (가상적) 가설이지만 산업혁명과 '금융혁명'이 전혀 관계가 없다는 설을 부정하는 증거들이 제시되기 시작하였다. 리처드슨Richardson(1989)은 유동자본보다 고정자본의 비중이 시간이 흐를수록 커진다는 전통설에서 그렇지 않다는 '새로운 정통'을 소개한 다음 이를 통계적으로 반박하고 있다. 그러나 전체 경제수준의 고정자본 비중의 상승은 개별기업마다 같은 추세를 나타내는 것이 아니고 고정자본비율이 높은 새로운 기업의 진입 때문에 그렇게 된 것뿐이라고 주장한다. 두 기업의 사례를 분석하여 실제로 개별기업 수준에서는 설립초기와 확장투자시 특히 고정자본비율이 높고 이후 서서히 낮아짐을 밝혀내었다. 산업이나 경제 전체적으로는 새로운 기업의 진입 또는 설비확장 때문에 고정자본비율이 완만히 상승하거나 안정적일 뿐이라고 한다. 따라서 외부자본 필요성이 거의 없었기 때문에 자본시장의 역할이 미미했다는 고전적인 가설을 지지할 수 없다는 것이다. 물론 방법론적 약점, 자료부족, 자료해석의 문제 등으로 연구의 신뢰도가 의심되는 바 없지 않으나 앞으로 이 방향의 접근이 확산되기를 기대한다.

〈표 5〉				영국의 투자율					(단위 : %)
년도	1761/70	1771	1781	1791	1801	1811	1821	1831	1841	1851/60
투자율	6.8	8.1	8.0	8.5	8.4	10.1	10.7	9.7	10.8	9.7

자료 : 본문과 Crafts(1985a), Feinstein(1988a)

당시 영국의 투자율이 후발공업국이나 요즈음 개발도상국에 비해 월등히 낮은 것이 사실이다. 파인스틴Feinstein(1988a)의 자본형성액을 크래프츠Crafts(1985a)의 국민소득으로 나눈 투자율은 〈표 5〉와 같다. 이와 같이 투자율이 낮은 까닭은 어디에 있을까? 자본형성의 미약함을 설명하는 연구들은 초기 공장들의 진입소요자본이 얼마 안 된다는 투자수요부족설과 (Crafts 1987) 나폴레옹전쟁 수행에 필요한 공채발행으로 야기된 자본시장에서 민간투자의 구축효과(crowding-out) 논의(Williamson 1984, 1987)로 구분할 수 있다. 그러나 이들의 논쟁은 "뒤뚱거리는 두 갓난쟁이가 서로 비눗방울을 불어대며 싸우는 것과 같아서 쟁점을 해결하기 위해서는 무기가 너무 유치하기 짝이 없다(Mokyr 1987: 308)." 구축효과가 있다는 것을 검증하는 방법 중 한 가지는 이자율 관찰이다. 하임Heim과 미로스키Mirowski (1987)는 전쟁기간 중 실질이자율이 오히려 낮았음을 근거로 구축효과가설에 강력히 반발하였다. 또한 민간투자의 이자율 탄력성이 낮다는 자료를 들어 당시 자본시장이 불완전하고 지역별로 통합되지도 못하였다고 주장하였다. 그리고 클라크Clark(2001b)는 정부차입이 구축효과를 갖기는 하지만 인구증가 때문에 GDP 대비 지대수입이 줄어 들고 다른 자산소득에 대한 수요를 창출함으로써 자본시장을 이완시켜 자본수익률 상승이 관찰되지 않았다고 설명한다. 앞으로 이러한 접근이 유용하리라 생각된다.

한편 영국이 18세기 중 경상수지적자를 보전하기 위해 자본을 수입했다는 추론이 브레지스Brezis(1995)에 의해 제기되었다. 그는 임라Imlah(1958)의 방법을 원용하여 경상수지와 외환보유고추계에서 자본이동량을 계산하였는데, 이는 18세기 후반 투자액의 3분의 1에 달하는 액수였다. 특히 네덜란드자본이 대거 유입되었고, 이러한 외자유입이 투자로 연결되는 매개항을 상인은행(merchant banking)에 의한 운전자본 조달로 '추측'하고 있다. 방법론의 문제와 파인스틴Feinstein(1988a)의 추계를 간과한 점 등의 문제가 있을 듯하지만 상인은행의 역할에 주목한 점은 매우 흥미롭다. 따라서 산업혁명의 자본조달연구에 새로운 시각을 제공할 수 있을지도 모른다는 기대를 해 본다.

더 나아가서 라이트Wright(1997, 1999)는 1815년 영국의 대외채무가 7억 9,200만 파운드에 달하여 국민소득의 2.5배 가량이 되었으며, 해외저축이 전비부담에 도움을 준 만큼 구축효과를 완화시킨 효과가 있었다고 설명한다. 그러나 쿠엔카 에스테반Cuenca Esteban(2001)의 새로운 국제수지 추계에서는 1772~1820년 동안 무역수지 적자를 하향조정하고 운송비 수입을 상향조정하였으며, 외국 자본의 역할을 반박하고 대신 인도로부터 자본이전수입의 중요성을 강조한다. 여기에는 '납공' 액수 이외에 인도와의 무역에서 생사, 인디고, 초석 등을 시장가격보다 월등하게 낮은 가격으로 수입함으로써 얻은 이익이 포함되었다고 한다. 이것이 전쟁비용 충당과 경상수지 흑자에 결정적 기여를 했다는 것이다. 제국주의와 영국 산업혁명의 또 다른 연결고리가 제시된 셈이다.

6. 노동공급

저렴하고 풍부한 노동력이 탄력적으로 공급되어야 공업화가 순조롭게 진행된다는 것이 고전적인 해석이었다. 인구의 자연증가율 제고, 해외이민의 유입, 농촌에서 도시로, 농업 부문에서 제조업 부문으로, 가사노동에서 공장노동으로의 이동 등이 그 내용이다. 그러나 산업혁명 당시 노동시장이 지리적 · 계층별 · 직종별로 나눠져 있었고 이동성도 공급탄력성도 그다지 높지 않았으므로 이러한 가설은 적절치 못하다는 것이 지적되어 왔다(e.g. Pollard 1978). 위와 같은 논의를 차례로 검토해 보자.

영국인구사의 경우 캠브리지 그룹이 20여 년 동안 404개 교구의 기록을 수집 · 분석하여 거의 새로운 인구추계(1541~1871)와 이에 근거한 연구결과를 발표하였다(Wrigley and Schofield 1981, Wrigley 1983). 그 결과 1540~

1640년 기간에는 이전에 생각했던 것보다 인구성장이 더 빨랐고 1656~
1686년 기간에는 인구가 감소하였으며, 또 18세기 중에는 성장률이 더 높
았다는 즉 18세기를 지나 19세기 초 1815년 정점까지 출생률이 증가하였
다는 등의 새로운 인구동태를 밝혀냈다. 또한 결혼출산율보다 초혼 연령이
낮아지고 미혼율이 줄어든 것이 출생율 변화에 큰 역할을 했음이 성분분석
(component study)을 통해 확인되었다. 리글리Wrigley et al.(1997)의 결과는
결혼출산율도 증가한 것으로 밝혀졌는데, 산모의 영양상태가 좋아짐에 따
라 유산과 사산이 줄어들었기 때문이라고 한다(Wrigley 1998).

산업혁명과 관련하여 주목할 것이 있다. 프랑스는 공업화 기간 중에도
인구가 거의 같은 수준에 머물러 있었으며, 스웨덴 같은 나라는 지속적인
인구 증가가 공업화보다 먼저였고, 영국은 공업화와 인구의 급속한 증가
를 동시에 경험하였다는 사실이다. 자연스럽게 인구증가가 경제성장에 기
인하였는지 혹은 인구증가가 공업화를 촉진하였는지의 논의가 시작되었
다(e.g. Habakkuk 1963). 이러한 논의는 곧 인구증가의 원인이 출생률 증
가인지 사망률 감소인지의 방향으로 질문의 형태를 바꾸게 하였는데, 이
제 18세기 말 19세기 초의 인구증가는 출생률 급증에 더 크게 기인했다는
것이 거의 밝혀진 것이다.[15] 물론 19세기 후반의 인구증가는 사망률 감소
에 의한 것임은 의문의 여지가 없다(Goldstone 1986). 원래 출생률이냐 사
망률이냐의 논란은 인구증가의 외생성 여부를 따져서 공업화와의 인과관
계를 추론할 목적으로 시작된 것이지만, 당시 사망률 감소에 기여한 것은
결핵 등 영양결핍성 질환과 콜레라의 쇠퇴였다. 즉 출산뿐 아니라 사망도
경제적 요인 즉 영양상태의 호전 등에 영향을 받았을 것이므로(McKeown
1976, Fogel 1986), 출생률인지 사망률인지로의 질문전환은 그 의미가 반감

---

15 당시 출생률자료의 신빙성을 의심하는 학자들도 다수 있다(e.g. Lindert 1983).

되고 있다. 결국 당시 인구와 경제의 움직임은 서로 작용하는 관계라고 해야 할 것이다.[16] 그러나 인구증가가 외생적이 아니더라도 공업화 기간 인구의 연령구성이 변화함에 따라 노동시장의 성격도 바뀌어 갔으리라는 것은 상상하기 어렵지 않다.

노동시장의 분할과 이동성 결여는 앞에서 언급한 바와 같다. 즉 임금격차가 크더라도 장거리 이주는 전통적 관습에 의해, 또는 구빈법이나 이주금지법의 유산에서 오는 심리적 영향 때문에 꺼려 왔다는 것이다. 이러한 괴리를 메운 것은 특히 1830년대 이후에 유입된 대규모 아일랜드 이주민이었다(Pollard 1978). 그러나 이들은 대부분 미숙련노동자들이었고, 공장보다는 농촌지역에 정착하였다. 광산이나 토건업에 취업한 아일랜드 이민들도 있었지만 1841년까지도 그 숫자는 불과 얼마 안 되어 영국의 총노동자 수요와 비교할 때 최대한으로 잡아도 9퍼센트 정도였다. 물론 작은 규모는 아니었지만, 대세를 바꿀 정도로 큰 규모도 아니었다(Williamson 1986). 다만 상대적 과잉인구가 크게 늘면서 값싼 노동을 유지하는 데 도움을 주었다고 할 수 있다.

농촌에서 도시로, 농업부문에서 비농업부문으로의 노동력 이동은 소위 '농업혁명'과 밀접한 관련이 있다. 흔히 17세기 말부터 19세기까지 계속되어 왔다는 농업혁명[17]의 내용은 클로버와 순무를 도입하여 새로운 윤작체계를 확립하고, 곡물과 가축의 품종을 개량하고, 새로운 비료와 농기계를 도입하고 관개시설을 개량했다는 것 등이다(Mingay ed. 1977). 그 결과

---

16 영양결핍성 질환이라고 볼 수 없는 천연두, 페스트, 장티푸스 등이 창궐하던 시기에는 결론이 달라진다.

17 농업혁명의 시기에 관해서는 이견이 많다. 산업혁명과 같은 시기 또는 그 직전을 지칭하는 것이 전통적 설명이라면 최근의 연구들은 훨씬 이전의 시기, 즉 1600~1750년을 농업생산성의 빠른 증가기간으로 본다(Clark 1993, Allen 1999). 심지어 '농업혁명'의 존재 자체를 부인하기도 한다(Clark 1993).

농업생산성이 크게 늘어 급증하는 인구를 부양할 만큼 식량공급이 증가하였고, 농업부문에서 잉여 노동력을 배출하여 산업노동자군을 형성했다는 것이다.[18] 이러한 농업생산성 향상이 영농 규모의 확대에 따른 TFP의 상승에서 온 것인지 질소 화합작물 도입 형태로서 자본형성에 기인한 것인지에 대해서는 아직 논쟁이 계속되고 있으나, 언뜻 보기에 둘이 서로 배타적인 가설인지 분명치 않다(Clark 1991, Allen 1991). 개방 경지를 사유화하는 인클로저enclosure가 신농법 도입을 촉진시켜 농업생산성을 향상시켰다는 전통적 설명에 대한 반박도 상당부분 설득력을 얻고 있다(Clark 1998, 1999).

농업혁명의 중요성을 과대평가할 우려가 있음도 지적되었다. 즉 농산물 자급도 추계를 더 자세히 관찰해 볼 때, 인클로저와 신농법 도입을 이끌던 잉글랜드는 웨일즈, 스코틀랜드, 아일랜드 등지로부터의 식량수입을 계속 상당한 비중(추계에 따라 산업혁명기간 식량소요량의 50퍼센트 가까이)으로 유지했으며, 오히려 영국농업의 황금기는 19세기 후반으로 늦추어 잡아야 한다는 것이다. 1760년대부터 아일랜드에서 육류를, 나중에는 곡물을 수입하였으며, 1795~1815년 전쟁 중에는 곡물가가 급상승하고 수입이 더욱 급증하였고 특히 남부 잉글랜드 쪽에 타격이 심했다. 1815~1846년에는 곡물수입제한법(Corn Law)이 발효 중인데도 식료품수입이 계속 증가하였다. 〈표 6〉에서 보는 것처럼 이 기간 중 브리튼Britain 섬 음식물 수요의 3분의 1 가량을 수입하고 있었으며, 잉글랜드만 따지면 이 비중은 더욱 높아질 것이다. 수입농산물 때문에 이 시기에도 남부잉글랜드 농업이 극히 피폐했다(Thomas 1982).

---

18 이에 더하여 농업소득의 증대가 공산품수요를 확대시키고 농기구제조를 위해 철강산업이 발달하기도 하였으며 농업부문에서 자본, 경영방법, 기술 등을 공업부문으로 이전하였다는 주장까지 있다(Bairoch 1969).

〈표 6〉	브리튼 : 농산물가액에 대비한 음식물 수입			(연평균 경상가격)
	농림수산업소득 (£1000)	음식물수입 (£1000)	수입액비중 (%)	재수출을 제외한 순수입액 비중(%)
1814~1816	91,700	31,127	34.0	23.2
1824~1826	77,500	25,758	33.2	27.3
1834~1836	89,700	28,465	31.7	27.2
1844~1846	103,200	34,657	33.7	29.9
1854~1856	112,700	52,769	46.7	41.7

자료 : Thomas(1982: 148)

곡물법폐지로 영농구성이 목축으로 신속히 옮겨감에 따라 오히려 가축
의 분뇨라는 풍부한 비료 덕택에 곡물수확량도 늘고 새로운 농업경영방법
이 확산되어 1847년부터 1870년까지 소위 '황금기'를 맞게 된다(Hueckel
1981). 또한 농업혁명기가 인클로저 운동과 관련이 있다고 한다면 최근 추
계된 인클로저 진행의 시계열과 일치하지도 않는다.[19] 다른 나라들과의 농
업생산성 비교에 있어서도 당시 관찰자들의 기록과는 반대로 18세기 영국
의 농업생산성은 프랑스나 아일랜드보다 우월한 것이 아니었다는 통계가
등장하고 있다. 물론 이러한 결론은 아직 보편적으로 받아들여지지 않고
있기는 하다(Allen and O'Grada 1988, Schmitt 1990).[20] 오히려 최근의 1300
년부터 1800년까지의 유럽 각국 농업노동생산성 재검토에 의하면, 영국,
네덜란드의 우위가 확연하고 이탈리아, 스페인, 독일, 오스트리아는 정체

19　레스터셔Leicestershire의 사례를 보면, 1550년까지 총 경작지의 45.0퍼센트, 1599년까지
　　2.0퍼센트, 1699년까지 24.0퍼센트, 1799년까지 13.0퍼센트, 1914년까지 11.6퍼센트, 그 이
　　후 4.6퍼센트가 인클로저 되었다(Wordie 1983). 이것은 레스터셔의 특수성에 기인한 것인지
　　도 모른다. 클라크Clark(1998)에 따르면 1600~1720년 동안에는 인클로저가 거의 이루어지
　　지 않았고 1760년 무렵 이후 급신장하고 있다. 클라크Clark와 클라크 Clark(2001)는 공동지
　　의 잔존률을 1600년 26.6퍼센트, 1700년 21.5퍼센트, 1750년 19.5퍼센트, 1800년 7.5퍼센트
　　로 보고하고 있다.
20　브런트Brunt(2003)는 영Arthur Young의 기록을 경작지 규모, 경작가능 면적률에 따라 조
　　정하면 훨씬 더 믿을 만한 해석을 얻을 수 있다고 주장한다.

하였으며, 프랑스, 벨기에 등은 중간 정도인 것으로 나타났다(Allen 2000).

수입에 상당히 의존하기는 했어도 인구 급증에 따른 식량수요를 대부분 국내생산으로 충당한 사실은 부인할 수 없을 터인데, 이처럼 영국의 농업 생산성의 우월성이 자료로서 입증이 안 된다는 현상은 '불가사의(food puzzle)'라고까지 지칭되고 있다. 농산물이 아닌 식품수요의 증가, 식품수요소득탄력성의 급감, 도시화와 공업화가 식품수요를 억제하였다는 등의 설명이 시도되고 있으나, 앞으로 더욱 미시적인 자료를 활용할 수 있으면 문제가 쉽게 해결될 수 있을지 모른다(Clark, Huberman and Lindert 1995). 영국의 농업생산성 추계가 상향조정될 가능성이 있다는 주장도 만만치 않다(Tranter 1990).[21]

인구증가와 농업혁명은 다같이 노동공급과 연관이 있어 산업혁명기 노동공급의 원천이 인클로저인지 인구증가인지를 따지는 것이 고전적인 논쟁의 하나였다. 그러나 이 논쟁은 그 의미가 희석되고 있는 느낌이다. 우선 당시 노동력의 지역별(특히 장거리) 부문별 이동성이 그다지 크지 않아서 인구가 공급과잉인 남부농업지대에서 북부공업지대로 노동력 이전이 원활하게 이루어지지 않았고 따라서 임금격차도 오래 지속되었다. 또한 인구증가도, 농업부문에서의 노동력배출도 산업노동자 공급에 직접적인 기여를 하지 않았다는 것이다. 인클로저의 경우 공동지의 사유화와 관습소작권의 박탈[22] 등으로 농민들을 농토에서 축출하였다는 면이(물론 임노동자의 창출, 토지소유권의 근대화 등의 의미가 더 크겠지만) 주로 통계적으로

---

21 식량수요를 과다추정한 면이 있다. 새로운 소득, 임금자료(Feinstein 1998)가 '불가사의'의 상당부분을 설명할 수 있을 것이다.

22 공동지 이용권과 관습소작권이 하층농민에게 원래 그다지 많이 주어지지 않고 있었기 때문에 인클로저에 의해 박탈당한 것이 별로 없었고 하층 농민의 노동자화(proletarianization)는 의회 인클로저 이전에 이미 거의 완성되었다는 최근 연구가 있다(Shaw-Taylor 2001). 또한 인클로저 이후에도 소규모 채마밭을 가구마다 할당하여 여성이나 아동들이 감자와 야채 등을 재배할 수 있게 한 경우도 논의되고 있다(Moselle 1995).

검증되었다. 노팅엄셔Nottinghamshire의 사례연구를 통해 인클로저 지역이 오히려 인구가 늘었다는 결론을 내린 챔버스Chambers(1953)는 인클로저로 신농법 도입이 가능하여 휴한지가 없어지므로 노동력이 더 필요했고, 인클로저 사업 자체가 노동수요를 증가시켰다고 설명하고 있다. 즉 산업혁명기 의회 인클로저는 산업노동자 형성과 무관했다는 것이다. 그러나 다른 여러 지역을 고려하고 시기도 확장했을 경우 인클로저가 이주를 초래했다는 회귀분석이 나오고 있다(Crafts 1978). 다만 이 시기의 인구증가를 고려하면 농촌인구의 절대적 증감보다 상대적 감소에 더 주의를 기울일 필요가 있다고 생각된다. 농업노동자의 비중이 1688년에 56퍼센트, 1759년 48퍼센트, 1801년 36퍼센트, 1841년 21퍼센트로 하락한 것을 인클로저를 통해서든 아니든 설명해야 한다. 과연 농업생산성 향상으로 잉여 노동력이 도시산업부문으로 배출되었을 것인가. 인구증가와 농산물수요의 소득탄력성에서 수요량을 계산하고 적절한 생산함수를 가정하면 농산물 수급 상태에 따라 공업화 또는 탈공업화의 여부를 결정할 수 있다. 크래프츠Crafts(1980)는 소득탄력성을 0.73, 생산함수에서 농업노동의 가중치를 0.4로 가정하여 다음과 같은 결론을 내렸다. 즉 1700년에서 1760년까지 농업과잉노동이 배출되었으나, 1760부터 1800년까지는 무리한 공업화로 농업노동을 흡인, 농업부문에 압력을 가하여 식량부족과 농산물가격상승을 초래하였으며, 1820년부터 1840년까지는 대규모 식량수입에 의하여서만 농업노동력의 배출이 가능하던 기간으로 보아야 한다는 것이다.[23]

산업혁명기간에 노동시간이 늘었다는 것이 통설인데, 얼마나 늘었는지에 대해서는 최근까지 어림짐작 수준에 그치고 있었다(Bienefeld, 1972).

---

23 파인스틴Feinstein(1998), 클라크Clark(1999), 클라크Clark와 클라크Clark(2001), 앨런 Allen(1999) 등의 새로운 추계 때문에 이 결론은 수정되어야 할 것으로 보인다.

포스Voth(1998, 2001)는 재판기록을 이용하여 1750～1800년의 런던, 1760
～1830년의 잉글랜드의 연간 성인 남성 노동시간을 추정하였다. 범죄는
아무 때나 일어나므로 범죄 발생일과 그 전날 중인들의 기상, 출근, 식사,
퇴근, 취침 등 행적을 추적하면 노동시간을 유추해 낼 수 있다는 것이다.
결과만 기록한다면, 1750년(1749～1763) 런던에서는 연간 2,631시간에서
1800년(1799～1803)에 3,538시간으로, 잉글랜드에서는 1760년 2,576시
간, 1800년 3,328시간, 1830년 3,356시간으로 노동시간이 늘어난 것으로
추정되었다. 이것은 노동생산성과 TFP 추계를 하향조정해야함을 의미하
며, 여가를 고려할 때 생활수준이 그만큼 낮아졌다고 생각할 수 있다. 부
가적으로 노동력 참여율이나 취업률에 관한 정보도 부문별·계절별·지
역별로 얻을 수 있었는데 둘다 모두 평균적으로 줄어든 것이 나타났다.[24]

산업노동자의 공급은 양적인 문제라기보다는 질적인 문제라는 지적은
곳곳에서 여러 차례 강조되고 있다. 노동의 본질적 변화, 즉 작업장노동,
선대제노동에서 시간관념과 규율이 강제되는 근대적 공장노동으로의 변
화를 고찰해야 할 것인데, 이 과정은 절대 자연스럽게 이루어진 것이 아니
다. 이는 다음 절에서 다른 각도로 고찰하기로 한다.

7. 공장제와 가정경제의 변모

1절에서 '산업조직설'이라고 이름붙인 견해를 따른다면, 기계나 새로운
기술만으로 산업혁명이 이루어진 것은 아니다. 기존 생산양식에 대한 긴

---

24 한편 일당을 성과급으로 나누어 1일 노동시간을 추정하고 연간 임금을 일당으로 나누어 연
  간 노동일을 구하는 방식으로 농촌노동의 노동투입을 추계한 결과는 1450～1500년 이후
  1850년 정도까지 농촌노동시간이 그다지 늘어나지 않은 것으로 보고되었다. 클라크Clark와
  반 데 베르프van der Werf(1998) 참조.

장이 고조되자 생산수단과 함께 생산조직도 근본적으로 변화되지 않을 수 없게 되었다. 농촌의 유휴노동력을 이용하여 원료와 도구를 대여하고 일정기간 후 생산된 제품을 회수하던 선대제공업으로서는 대량생산을 감당할 수 없었다. 그리하여 많은 노동자를 한 곳에 모아 과업별 감독을 시행하고 규율을 강제하는 공장생산제도가 성립하게 되었다. 다시 말해 공장제의 본질은 기계화 자체라기보다 규율이요, 노동을 지휘하고 통제하는 조직이다(e.g. Marglin 1974, 1975, Berg 1985). 선대제의 가장 큰 약점은 노동통제의 취약성에 있었으며, 18세기 후반 농촌의 가내수공업자들이 일터를 공장으로 옮기는 것에 극력 저항했음을 보더라도 산업조직설의 주창자들의 견해를 가늠할 수 있다.

이러한 생산조직의 혁명적 변화가 하루아침에 이루어질 수 없었음은 물론이다. 산업혁명기의 가장 천재적인 경영자들에게도 근로자로 하여금 시간을 엄수하고 능률적으로 작업을 수행케 하는 데에는 수십 년에 걸친 회유와 강제가 필요하였다(Pollard 1963). 이는 산업혁명 전까지 인류가 자연과 조화된 불규칙한 생활의 리듬에 오래 익숙해 있었던 데서 비롯되었다. 농업, 목축, 어로 등 계절에 따라 일의 강도가 바뀌는 생업에서는 물론이거니와 공업에서도 일의 불규칙한 리듬은 오랫동안 남아 있었다. 선대제 하의 가내 수공업자들이 누리던 소위 성월요일(St. Monday)의 관습이 19세기 후반까지 자취를 감추지 않았다는 사실이 이를 대변해 주고 있다. 대개 제품 회수와 다음 주에 필요한 원료 보급이 토요일 저녁에 있었으므로 가내수공업자들은 목요일, 금요일까지 미친 듯이 일하고, 주말에는 지나친 음주와 향락으로 탈진하여 월요일에 일을 시작하지 못하고 쉬었다. 기계화된 공장에서는 과업 위주의 노동보다 같은 시간에 서로 조정된 규칙적인 노동이 필요했기 때문에 이러한 불규칙한 리듬을 깨부수지 않으면 안 되었다. 자본가 계급 특히 공장주들이 노동자들에게 시간관념을 불어넣기 위한 노력은 감리교와 복음주의 등 종교적 계몽, 교화와 공장에서의 각종 금전적·신체적 강제 등으로 나타났으며, 이에 대응하여 노동자 계급은 기계파괴 운동, 태업 등으로 저항하였다.

그러나 세대가 교체되면서 노동운동도 규칙적인 노동리듬의 한계 내에서 노동시간을 단축하려는 운동으로 변모하게 된다. 즉 토요일 오전 근무, 하루 10시간 노동 등이 주창되면서 성월요일은 19세기 후반에 오면서 자취를 감추었다(Thompson 1967, Reid 1976, 1996).[25] 이처럼 아마도 충동적으로 일하는 것이 본능인 인류를 정확하고 능률적인 산업노동자계층으로 만들기까지는 여러 세대를 걸친 시간이 필요했다. 실제로 당시 노동자들이 공장취업을 군대나 감옥에 가는 것처럼 여겼다는 기록도 허다하다 (Mantoux 1928: 409). 그러나 공장제의 궁극적 성패는 기술진보가 동반하였느냐에 달려 있고(Mokyr 1993: 111), 상대적으로 높은 임금을 받아내기 위해 노동자들이 자발적으로 노동규율에 동참하였다는 연구결과도 발표되고 있다(Clark 1994).[26] 공장제 성립에 관한 또 하나의 설명은 거래비용절감설로, 이는 코우즈Coase(1937)의 관점을 이어받은 듯이 보인다 (Williamson 1991). 미국에 비해 영국 노동자들이 공장규율에 늦게 적응한 것은 영국농업노동의 계절성이 더 심했다는 데 그 이유가 있다는 지적도 있다(Sokoloff and Dollar 1991).

공장생산에 적합한 산업노동자군이 형성되기 전까지는 여성, 아동, 부랑자, 해외이민 등 한계적 노동에 크게 의존할 수밖에 없었다. 여성과 아

---

25 레이드Reid(1976)는 1766~1876년 간 당시 버밍햄Birmingham 사람들의 기록에 의거하여 성월요일 관습이 19세기 후반까지 사라지지 않고 있었다고 서술하였다. 그는 최근 버밍햄, 브리스톨Bristol, 블랙번Blackburn, 맨체스터Manchester의 결혼기록을 분석하여 월요일에 오전 일을 하지 않고 결혼식에 참여하는 비율이 20세기 초까지 높게 유지되었다는 사실을 추가하였다. 레이드Reid(1996) 참조.

26 클라크Clark(1994)의 생각에는 동의할 수 있으나 글은 설득력을 잃고 있다. 그림과 표를 잘 보면 오류가 분명하며, 글 자체도 허수아비를 찌르는 식으로 되어 있다.

동을 노동력으로 동원하게 된 것은 이를 가능케 한 인구의 성별·연령별 구성과 교육, 가족제도 등 사회적·제도적 요인 뿐 아니라 새로운 생산기술의 특성과도 밀접한 관련을 가진다. 제니jenny와 수력방적기 시대의 방적기술은 단기간에 습득할 수 있었으며[27] 또한 강한 체력을 요구하지도 않았다. 그러나 쉽게 예상할 수 있듯이 나이 어린 노동자의 이점은 더욱 중요한 곳에 있었다. 약한 체력을 가진 근로 어린이들은 유순하였고, 성년 노동자보다 수동적인 복종의 상대로 통제하기 쉬웠으며, 임금부담도 극히 미미했다.

〈표 7〉	영국 각 산업에서의 아동고용상황(1833~1834)			
산업	최소고용 연령(세)	연소자의 연령분포(세)	일일평균 노동시간(시간)	총노동자수에 대한 16세미만 아동의 비율(%)
면직	8	8~18	13	35
레이스	4	4~14	12~13	40
모직	6	6~18	12~13	40
견직	6	6~18	12~14	46
아마	6	7~14	12~13	40
탄광	4	4~12	8~18	22
금속광산				
지하	7	7~12	8	–
노변	5	5~12	10~12	–
굴뚝소제	4	4~8	12	–

자료 : 양동휴(1994: 298)

〈표 7〉은 산업혁명 말기에도 아동노동의 비중이 얼마나 컸는지를 보여주고 있다. 통일된 아동노동시장이 존재하지 않았을 때이므로 곳에 따라서는 부랑아들이 특히 농촌지역에 큰 부담으로 작용하였을 것이나 (Cunningham 1990), 취업아동들은 공장도시에 밀집하여 가계에 도움을 줄

---

[27] 1833년의 자료에 의하면 상당기간의 직업훈련(OJT)이 필요한 고도의 숙련이 요구되었고 성취되었다는 연구가 있다(Boot 1995).

뿐 아니라 성인이 된 뒤 공장규율과 정확성에 단련된 새로운 근대적 산업 노동자세대를 형성했을 것이다(Nardinelli 1990).

〈표 7〉에 나타난 최소고용연령은 최근 미시자료(household budget data)를 이용한 호렐Horrell과 험프리즈Humphries(1995b)의 연구결과를 밑돌고 있다. 세심한 분석을 통한 그들 논문의 결과를 요약하면 다음과 같다. 즉 공업화 초기에 아동노동과 아동의 공장노동이 증가하였으며, 최초 고용연령은 낮아졌다. 노동을 시작하는 시기가 빨라진 것은 가계 구조와 관련이 있다. 상대적으로 나이가 많은 아이들이 일찍 경제적으로 독립을 하고, 동생들로 하여금 가계소득을 보충하도록 한 것이다. 공업화가 아동노동에 미친 영향은 일시적인 것으로 19세기 중엽 이후에는 아동노동이 줄어드는 추세로 반전하였다. 그러나 여아와 남아에 따라 노동시장변화의 효과가 달랐던 까닭에 그 뒤 노동의 성별분업에 장기적인 영향을 남겼다. 이와 같은 결론은 그다지 새로울 것은 없으나 미시 자료의 뒷받침을 제공했다는 점에서 후속연구를 자극할 것임에 틀림없다. 이들이 사용하고 있는 가계연보 자료는 다방면에 이용가치가 있는 것으로 보인다.

산업혁명과 가족관계 변모와의 관계는 최근 여성사학계의 급속한 발전과 함께 다각도로 재조명되고 있다. 클라크A. Clark(1919), 핀치벡 Pinchbeck(1930) 등 고전을 언급하는 것은 생략하고 우선 시장자본주의의 도래와 함께 핵가족이 두드러지게 나타남을 살펴보자. 이 전에는 가족구성원이 여가생활을 함께 하지 않았다. 남성은 선술집, 여성은 뜨개질이나 잡담 등 성별로 구분된 집단행위로 저녁시간을 보냈으며, 출산(세례), 결혼, 장례 등 집안행사도 온 마을사람들이 참여하는 공동체적인 삶이 전통적 패턴이었다. 가정 내부의 불미스러운 사건이 있을 때 이웃들이 조직적으로 개입하는 샤리바리charivari등이 이러한 전통을 잘 나타내준다.

그러나 18세기 말 19세기 초 중산층에서부터 이러한 관습이 사라지고

<표 8> 　　　　　　　　　　기혼여성의 노동참여율 추이　　　　　　　　　　 (단위 : %)

	고임금농업	저임금농업	광업	공장	outwork (옥외노동)	상업	임시직	계
1787~1815	54.8 (42)	84.9 (99)	40.0 (5)	36.8 (19)	45.5 (22)	62.5 (8)	100.0 (1)	65.7 (196)
1816~1820	34.2 (38)	–	27.8 (54)	4.2 (24)	41.9 (198)	30.0 (30)	66.7 (3)	49.4 (347)
1821~1840	22.2 (45)	84.6 (136)	33.3 (6)	85.7 (28)	54.3 (94)	62.5 (8)	66.7 (12)	61.7 (329)
1841~1845	40.0 (5)	55.6 (9)	9.4 (32)	100.0 (2)	72.7 (44)	100.0 (1)	0.0 (1)	57.5 (94)
1846~1865	47.8 (46)	63.0 (81)	0.0 (1)	100.0 (5)	69.1 (55)	42.9 (7)	–	45.3 (195)

주 : 가계연보자료에서 추계한 것이므로 관측치의 수가 서로 달라 소그룹끼리의 비교는 유의하
　　지 않을 수 있다. 괄호 안은 관측치의 수
자료 : Horrell and Humphries(1995a: 98)에서 계산

공동체보다는 친족에 감정적으로 더 가까워졌다.[28] 이것은 또 여성의 임노
동자화와도 관련이 있다. 면공장노동력의 절반정도가 성인이나 미성년자
를 막론하고 여성이었던 것은 다 알려진 사실이다. 물론 직물업은 예외적
이라 할 수 있고, 거시적으로 보면 기계화되지 않은 전통부문에 취업하는
일이 훨씬 많았다. 1851년 통계를 보더라도 여성 노동인구의 40퍼센트가
가내하녀나 가정부였다. 이는 도시의 성격에 따라 고용형태가 달랐음을
의미한다. 프레스톤Preston이나 스톡포트Stockport 등 직물공업도시에서
는 14세 소녀 76퍼센트가 공장노동자였고, 30세미만 공장노동자 40퍼센
트가 여성이었으나, 요크York 같은 상업도시에는 여성노동의 60퍼센트가
가내하녀였으며 30퍼센트 정도는 수공업이나 소상업에 종사하였고 린넨
등 근대적 부문에는 1퍼센트 정도가 고용되는 데 머물렀다. 광업도시 등

---

28 이는 지방주의 '도덕경제(Thompson 1971의 용어를 원용한다면)'가 쇠퇴하고 시장경쟁과
　　개인주의가 팽배하였으며 가족소득의 증대에 따라 여성의 모성본능이 표출될 가능성이 커진
　　때문이라고 설명한다. 지방자치의 약화와 촌락원로나 사제의 도덕적 권위 하락 등도 이러한
　　가족중심주의(domesticity) 강화의 한 요인이라고 지적되었다(Shorter 1975: chs.6-7).

에서는 여성의 광산노동 참여율이 매우 낮았고 반 이상의 여성은 소상업이나 의류제조 등에 고용되었다. 공장여성 노동 중 연소자나 미혼녀, 독신녀의 비중이 컸던 것은 따로 지적할 필요가 없다(Tilly and Scott 1978: ch.4, 특히 p.87 〈표 4-5〉). 그러나 〈표 8〉에서 보듯이 기혼녀의 노동참여율도 상당히 높아서 공업화가 여성의 고용기회를 확대하였다는 가설도 무시할 수가 없다(Horrell and Humphries 1995a).

가장 큰 변화라면 남성과 여성의 일터가 분리되었다는 것과 임금노동이 늘어났다는 것이다. 틸리Tilly와 스콧Scott(1978)의 개념을 쓴다면 '가계생산양식'에서 '가족임금경제'로 이행한 것이다. 농경이나 선대제 가내공업 시기에는 가족의 일터가 가정 내에 국한되었는데 도시화와 공장제 생산의 확대로 가족구성원의 일하는 장소가 분리되었다. 이와 같이 일터가 분리됨으로써 핵가족의 가족구성원 간 유대가 소원해지는 경향도 있었고 이에 따라 가부장의 권위가 하락하는 면이 있기도 하였다.

반면 산업혁명과 자본제의 도래가 가부장적 권위를 더욱 공고히했다는 여성학적 입장도 만만치 않다. 가부장제가 자본주의와 결합하여 여성의 노동시장 참여를 조직적으로 제한하고 노동시장의 성적차별을 공고히 하였으며, 가정으로부터 일을 분리시켜 남녀의존관계를 변모시켰다는 것이다(Hartman 1976). 노동과정에서의 숙련도는 근력과 상관없는데도 성별로 구분하여 임금 격차를 정당화했다는 주장도 있다(Rose 1986).[29]

당시 기술진보를 설명하는 데에도 이와 같은 접근이 가능하다. 즉 기계나 생산과정의 혁신이 값싸고 유순한 여성과 아동 노동에 적합한 방향으

---

[29] 특히 뮬mule방적기의 작동을 남성이 독점한 것은 기술적으로 하등 이유가 없으며 10시간 노동운동 등도 여성의 노동참여를 제한하려는 의도가 다분히 포함되었다는 지적이 있다 (Valverde 1988). 또한 18세기에 농업에 있어서도 성별분업이 확산되었다는 논의가 샤프 Sharpe(1995, 특히 p.357)에서 검토되고 있다. 그러나 이러한 가설들은 다방면의 세심한 사례연구에 의해 뒷받침되어야 할 것이다.

로 진행되었다는 것이다(Marglin, 1974). 전통적인 숙련공들의 관습이나 제도에 구애받지 않는 새로운 노동공급의 원천이 신기술에 융합될 수 있다는 이점(기술적 그리고 이윤동기를 포함하여)을 발명가나 제조업자들이 포착했다는 것이다. 국지적 빈곤을 해결하기 위해 고용창출의 기회를 제공하려는 구빈당국자들의 이해와 이 같은 요인이 결합하여 기술진보의 방향을 결정지은 것이 아닌지 조심스러운 가설까지 등장하고 있다(Berg 1993). 이 역시 수많은 사례연구가 축적될 때까지 평가를 유보하는 수밖에 없다.

가정경제의 변모 논의는 자연스럽게 프로토공업화론(proto-industrialization)과 연결이 된다. 멘델스Mendels(1972)가 주창하고 일군의 마르크스주의 학자들이 확산시킨 이 견해는 선대제가 16세기 이후 도시에서 농촌으로 이전된 형태인 농촌수공업이 공업화의 첫 단계(proto-industry)이며, 둘째 단계인 산업혁명으로 자연스럽게 이행되었다고 한다. 농민들이 유휴노동력을 이용, 상인자본의 지배 하에 원격지 시장을 상대로 제조업 제품을 생산하는 이 형태는 자본이 노동조건에 신축적으로 적응하는 과정이었다. 이 결과로 농촌부문의 봉건질서가 해체되고 농업지역별로 생산이 특화되었으며, 농촌인구가 증가하고 가족 내 분업관계가 근본적으로 변화했다는 것이다(Kriedte, Medick and Schlumbohm 1981, 1993).

이 학설은 많은 이론적·실증적 문제점을 해결하지 못한 채 논란의 대상이 되고 있다. 우선 빈곤한 지역인 목초지나 산간지역에 값싼 유휴노동력이 많아 농촌수공업이 번성했다는 설이 사실과 부합되지 않는다. 오히려 '프로토공업' 지역이 임금도 상대적으로 높고 부유한 농촌인 경우가 많았다. 농촌수공업지역의 인구증가율이 상대적으로 높지 않았고, 가족규모도 증가하지 않았다. 농촌수공업의 도래 이전과 그 이후의 결혼관습이나 출산행위에 차이가 보이지 않고 있다. 또한 가족공동체적 심성(mentality)

은 농촌수공업이 확산되기 오래 전에 쇠퇴하였고, 개인주의는 훨씬 일찍 도래하기 시작했던 것이다. 이러한 전제적인 사실을 부인하는 것 외에 프로토공업이 산업혁명을 불러일으켰다는 추론에 대해서도 많은 비판이 따른다. 즉 농촌수공업이 자본축적에 의해 공장건설을 가능케 하였고, 인구를 증가시켜 노동공급을 촉진하였다는 주장과는 달리 자본형성의 원천은 매우 다양하였으며 노동공급도 프로토공업 이외의 지역에서 더 많았다 (Coleman 1983, Houston and Snell 1984, Clarkson 1985). 오히려 농촌수공업지역의 노동자들이 공장노동에 배타적이었다는 것은 이미 지적한 바와 같다. 노동공급량에서도 문제이나 산업노동자계층의 본질을 생각한다면 농촌수공업에서 공장제공업으로 전환하는 과정이 결코 자연스러웠을 리가 없다. 그리고 실제 공장밀집 지역이 선대제수공업 번성지와 일치하지도 않는다. 그런데도 프로토공업화론은 인구, 가족관계, 사회구조, 농촌수공업, 공장제의 성립 등을 종합적으로 조망할 기회를 제공하여 많은 새로운 연구들을 자극하였고, 아직도 논리적 정합성과 실증적 근거를 추구하고 있는 듯이 보인다(Engerman 1992, Mager 1993, Rudolph 1992). 농촌수공업이나 노동공급, 또 가족관계의 변모는 구빈제도(Poor Relief)와 매우 밀접한 관계가 있고, 이 방면의 연구 또한 매우 활발하나(Landau 1991; Snell 1991, 1992; Brundage, Eastwood and Mandler 1990) 여기서는 다음과 같은 가설만을 소개하고 지나가자.

영국 구빈제도의 특성은 교구마다 거의 같고 포괄적이었으며, 재산소득에 대한 과세로 조달되었다. 구휼심사가 상대적으로 정규적이었고 비교적 인색하지 않았다. 그 결과 구빈제도는 교구민들에게 일종의 보험형태인 셈이었다. 이에 따라 저축률이 낮았고 노후보장 등을 우려할 필요가 없었으므로 출생률을 저수준으로 유지하게 하였으며 해고의 위험이 따르는 임노동을 회피하지 않게 하여 인클로저와 경영규모 확대를 촉진시켰다. 자연히 생산성도 증가하고 적어도 급속한 도시화에 의해 농촌인구의 연령구성이 변하기 전까지는 영국경제 발전에 일조했다는 것이다(Solar 1995).

8. 생활수준 논쟁

산업혁명기 하층민의 생활수준이 향상되었는지 하락했는지의 문제는 이데올로기의 측면이 개입되어 첨예한 관심사일 뿐더러 아직도 합의에 이르지 못하고 있다. 보수주의자들은 '낙관론'을 지지하는 경향이 있고, '비관론'은 주로 사회주의 또는 좌익편향 학자들이 내놓고 있다. 이 문제는 '하층민'을 노동자, 공장노동자, 실업자, 극빈층 어느 계층으로 규정할 것인지, 생활수준의 변화에 영향을 준 기근, 전쟁, 도시화 등의 효과를 제거할 것인지 어떻게 제거할 것인지 하는 난점 때문에 더욱 복잡해진다.

생활수준을 측정하는 전통적인 지표는 실질임금이었다. 실업자추계, 직업구성변화, 가계소비행태의 변화, 경기변동, 적절한 표본추출의 문제, 디플레이터의 선정, 자료 제약 등으로 난항을 거듭한 이 분야의 연구결과가 약 20년 전까지는 1820년 무렵까지 실질임금의 하락 또는 정체, 1850년까지 임금 상승정도 미약(Taylor 1975, Deane 1969)으로 요약되었으나, 그 이후의 실질임금추계는 훨씬 낙관적으로 흐르고 있다. 즉 1760년에서 1820년까지 실질임금은 거의 변하지 않았으나, 1850년 무렵까지는 가파르게 상승하여 1819년에서 1851년까지 생산직근로자의 임금은 80퍼센트(연율 1.9퍼센트), 모든 노동자의 임금은 116퍼센트나 올랐다(Lindert and Williamson 1983b). 그러나 이들의 디플레이터 선정 등에 문제가 제기되었고 부가적인 자료를 이용해 1750년에서 1813년까지 실질임금이 거의 변하지 않았고, 1813년에서 1913년까지는 연율 1.2퍼센트로 증가하는 추세였다는 수정추계가 제시되었다(Crafts 1985b, Crafts and Mills 1994). 런던의 자료를 이용한 스워츠Schwarz(1985)의 연구결과는 1750년에서 1800년까지 실질임금이 40퍼센트나 하락하여 이를 회복하는 데 다시 50년이 걸렸다는 강력한 비관론을 제기하였는데 지리적인 임금분포를 감안한 비판에 봉착하였다. 즉 런던은 예외적인 경우고 북부공업지대의 임금이(농업임금까지도) 높았을 뿐더러 절대적으로 또 상대적으로 꾸준히 상승추세에 있었다는 것이다. 이는 노스 스태포드셔North Staffordshire의 일반노동자, 목수, 벽돌공, 도자기공들의 임금자료로 뒷받침되었다(Hunt and Botham 1987, Hunt 1986).[30] 이러한 연구결과들은 전부 남성노동자를 대상으로 한 것이어서 여성과 아동의 임금을 고려해야만 '가족'의 생활수준을 파악할 수 있을 것이다. 〈표 9〉에서 보는 것처럼 가족소득의 상승속도는 낙관론적인 실질임금추계보다 상당히 낮아서 임금이나 소득 자료의 평가에 더욱 조심성을 기울여야 함을 보여 주고 있다(Horrell and Humphries 1992).

〈표 9〉	남성의 실질임금과 가족소득 상승속도				(연율, %)	
	Horrell & Humphries				Lindert & Williamson 생산직	Crafts
	남성임금		가족소득			
디플레이터	L&W	Crafts	L&W	Crafts		
1791/95~1846/50	1.23	1.12	0.99	0.88	1.02	0.80
1791/95~1816/20	−0.41	−0.36	0.02	0.06	0.32	0.71
1816/20~1846/50	2.61	2.37	1.81	1.57	1.87	0.94

자료 : Horrell and Humphries(1992: 871)에서 계산, Lindert and Williamson(1983b), Crafts(1985a)

임금지표의 문제점을 감안할 때 직접 소비수준을 관찰하는 것도 생활수준 판단의 기준이 될 수 있다. 단편적인 기술 사료에 의하면 식생활의 경

---

30 더욱더 비관적인 자료들이 나오고 있다(Feinstein 1998, Clark 2001a).

우 일인당 소비가 증가한 품목은 감자, 차, 설탕, 진과 위스키 등이며 밀빵, 육류, 맥주 등의 섭취는 감소하였다. 면직의류나 비누, 양초 등의 소비가 증가한 것은 당연하다고 할 수 있다. 주거의 경우 주택 자체가 개선된 것은 사실이나 문제는 상·하수도가 마련되어 있지 않았고, 밀집지역 공중위생의 열악함과 전염병에의 노출 등 때문에 주생활 자체가 오히려 악화되었을 가능성이 있다는 것이다(e.g. Thompson 1963: ch.10). 소비수준을 더 체계적으로 이용하여 소득수준을 추정한 시도도 있다. 설탕, 차, 담배 등 전량을 수입에 의존하는 품목은 일인당 소비를 정확하게 계산할 수 있게 한다. 상대가격효과, 소비구성의 변화, 소득탄력성의 문제 등이 없다고 가정하면 소비함수가 안정적이라고 할 수 있다. 소득과 가격을 요소로 하는 소비함수를 $Q = f(Y,P)$라 하고 자료가 가용한 1855~1900년 기간에서 파라메타parameter를 추정하면 Q와 P의 자료를 이용하여 1791~1850년 간 Y의 예측치 $\hat{Y}$를 구할 수 있다. 이러한 작업 결과 $\hat{Y}$가 1840년대 말까지 거의 불변이라는 결과를 얻었다. 이는 산업혁명기간 동안 생활수준이 전혀 나아가지 않았다는 것을 의미한다(Mokyr 1988). 물론 소비함수가 해당 기간 동안 안정적이라는 가정이 필수적이기는 하다.

소득이나 소비 이외에 산업혁명기간 동안의 생활이 어떤 인구학적 결과를 낳았는지를 살펴봄으로써 간접적으로 생활수준을 추론하는 방법이 있다. '노동자위생조건조사위원회'(1842) 위원장이던 채드윅Chadwick의 추계에 따르면 18세기 말 이후 계속 유아사망률이 줄어들었는데도 공장지역 노동자의 경우 위생조건이 극악했던 까닭에 평균수명이 20세를 못 미쳤다(〈표 10〉참조). 티프스, 콜레라, 결핵, 천연두 등이 만연하여 1840년 무렵 맨체스터와 리버풀의 노동자계층 자녀들 60퍼센트 정도가 5세 이전에 목숨을 잃었다고 한다(Chadwick 1843: ch.4). 최근 인구사의 발달로 영국의 산업혁명기간 동안 평균수명이 약 35세에서 약 40세로 늘어났고 출생률

<표 10> | 평균사망연령(1842)

	젠트리	상인	노동자
트루로	40	33	28
더비	49	38	21
맨체스터	38	20	17
러트란드셔	52	41	38
볼튼유니온	34	23	18
베트날그린	45	26	16
리즈	44	27	19
리버풀	35	22	15

자료 : Chadwick(1843: ch.4)

도 급히 상승하였다는 것이 밝혀졌으나, 지역별·계층별 추계에서는 채드윅의 자료를 대신할 것이 아직 나오지 않고 있다.[31]

　생활수준 논쟁에 새로 자리를 잡은 생물학적 자료는 신체적 척도, 특히 연령별 평균신장이다. 인체성장학(auxology)의 진보에 따라 영양상태와 연령별신장의 관계가 더욱 공고히 밝혀지자 하층민 또는 공장근로자의 복지 지표로서 역사적 신장기록을 분석하기 시작한 것이다. 성년이 되기까지의 신체발달은 노동의 강도에 따른 소모분을 제외한 순영양에 따라 결정되는데, 발육기의 순영양 부족은 일차적으로 키가 크는 시기를 지연시키며 심하면 성년이 되어도 단신으로 머물게 한다. 따라서 연령별 신장의 절대적·상대적 관찰을 통하여 생활수준을 유추할 수 있다는 것이다 (Fogel et al. 1983, Fogel 1994 Tanner 1978). 생활수준 논쟁에 가장 중요한 의미를 갖는 연구는 플럿Floud, 왁터Wachter와 그레고리Gregory(1990: ch.4)로서, 이들은 신장지표로 판단한 순영양 상태가 1760년에서 1820년 사이에 향상되었으며 그 이후 약 반세기 가량 악화되었다는 결과를 발표하였다. 이것이 의미하는 바는 1820년 이후 실질임금이 향상되었다면 이

---

31 스레터Szreter와 무니Mooney(1998)가 도시의 성격에 따른 사망률을 다각도로 분석하여 당시 영국의 인구사에 관한 시사를 하고 있다.

는 신체적인 희생을 통하여 이루어졌다는 것이다. 임금자료가 지속적인 복지향상을 시사하는 기간에 신장지표가 하락하고 있는 것은 아마도 임금자료는 하층노동자에 국한하여 추계하였고 신장은 더 포괄적인 대상에서 측정했기 때문일 것이다. 아니면 소득수준은 높아지되 도시생활의 비위생과 불건전 때문에 신체발달에 지장을 주었다고 생각할 수도 있다. 코믈로스Komlos(1993)의 비판대로 신장측정기법(anthropometrics)에 아직 개선 가능성이 많은지도 모른다.[32] 1820년 이전의 결과에 대해서도 반론이 없지 않다. 호주로 유형된 범죄자들의 신장은 1770년에서 1815년까지 계속 하락하였으며(Nicholas and Steckel 1991), 런던경시청과 지방경찰 기록에 나타난 범죄자들도 1812년에서 1857년까지 신장하락을 보이고 있다(Johnson and Nicholas 1995). 여성과 아동의 신장기록도 산업혁명기간 중 하락세를 보이고 있다. 1795년에서 1820년까지 잉글랜드 여성들의 신장하락은 남성이나 아일랜드 여성에 비해서도 속도가 빨랐으며(Nicholas and Oxley 1993), 18세기 말까지 출생한 런던 머린 소사이어티London Marine Society 소년들의 평균키는 지극히 작아서 고금을 막론하고 뉴기니아의 루미족을 제외하고는 비교할 수도 없는 정도다(Floud and Wachter 1982).[33]

결국 산업혁명기의 생활수준 논쟁의 결과는 실질임금수준, 소비수준, 건강상태 어느 척도로 보더라도 낙관론 쪽으로 쉽게 결론을 내릴 수 없다.

논쟁의 또 하나의 차원은 산업혁명이 없었더라면 생활수준이 어느 시기

---

32 이것이 신체적 희생인지는 아직 밝혀지지 않고 있다. 신장관련 자료가 계속 분석되면서 영국 산업혁명뿐이 아니라 여러 지역, 시기의 생활수준(?) 평가가 줄을 잇고 있다. 코믈로스 Komlos(1998, 1999) 참조. 특히 코믈로스(1998)는 인구와 소득분배에 관한 논쟁적 가설을 내어 놓았는데 앞으로 논란이 기대된다.
33 14세 기준 135.5센티미터. 참고로 한국의 중학교3학년 남학생(14세)의 평균 신장은 1960년에 149.6센티미터, 2003년에 167.7센티미터다(교육부, 2003년도 초중등학생 신체검사 결과).

에 얼마나 하락(또는 상승?)했을 것인가. 또한 하층민의 상대적 희생을 줄이면서도 같은 수준의 경제발전을 이룩할 수 있었을 것인지 하는 질문들이다. 다분히 몰역사적인 접근이지만 전자에 관해서는 모키르Mokyr(1993: 120)를, 후자의 경우는 폰 툰젤만von Tunzelman(1985)을 참조하도록 미루어둔다.

하층민의 절대적 생활수준이 향상되었다고 하더라도 소득분배가 악화되었다면 상대적 빈곤감을 느끼지 않을 수 없었을 것이다. 따라서 소득분배의 변화가 생활수준 논쟁의 일부로 자리잡아 왔다. 쿠즈네츠 Kuznets(1955)의 고전적 가설대로, 공업화 초기의 영국에서도 소득분배가 악화되었음이 관찰되었다. 지니계수가 1760년에 0.49에서 1800년에 0.52, 1870년에 0.55로, 상위 10퍼센트가 차지하는 소득이 1759년에 45.1 퍼센트에서 1801~1803년 사이에 48.8퍼센트, 1867년에 53.7퍼센트로 늘어갔던 것이다(Lindert and Williamson 1983b). 이를 설명하기 위해 마르크스Marx의 상대적 과잉인구론, 맬서스Malthus의 절대적 과잉인구론, 밀J. S. Mill의 숙련도 차이론 등이 검증되었으나(Williamson 1985, 1987), 결과는 명쾌하지 않은 것 같다(Feinstein 1988b 참조). 오히려 수직적·온정주의적 지방주의 유대사회에서 수평적 계급사회로 나아감에 따른 하층민의 소외를 다루어야 할 것이다(Thompson 1991: chs.4-5, Perkin 1969).

9. 맺음말

신경제사적 방법은 역사연구에 유용한 도구임에는 틀림이 없으나 그 방법으로 대답할 수 있도록 질문의 형태를 조정해야 한다는 난점이 있다. 질문을 바꿈으로써 논의의 초점을 흐리는 결과를 초래할 우려가 있으며, 질문을 바꿀 수도 없는 문제는 접근하기 곤란하다는 한계가 있다. 영국의 산업혁명 연구에 있어서도 문제 제기에 따라 전통적 관념을 타파하고 새롭고 더욱 진실된 역사해석을 낳는 결과가 많지만, 오히려 논점을 오도한 경우도 없지 않다. 가장 큰 난점은 쉽게 원용할 수 있는 경제이론이 주로 정태적 이론이므로 효율이나 생산성 변화를 한계적으로만(at the margin) 설명하게 된다는 것이다. 한계적 변화란 불과 몇 분의 1, 몇 십 분의 1의 분수 형태로 표시될 수밖에 없는데, 그러한 변화가 다각도로 일어났을 때 각각 한계적 변화의 곱은 더욱 작은 분수를 낳고 이런 식으로는(맥클로스키 McCloskey의 표현을 따르자면 하버거Harberger의 법칙에 따라) 대규모의 동태적 변화를 설명할 수 없다는 것이다. "경제학자들이 근대적 경제성장을 설명하지 못하고 있다는 사실은 일종의 과학(scientific) 스캔들이다(Landes, 1993: 151)." 그러나 정태적 분석이 아무런 역할을 하지 못하는 것은 아니다. 그 반대로 정태분석은 무엇을 설명해야 할 필요가 있는지를 알아내는 중요한 수단이 된다. 예를 들어, 비용과 수익의 정태적 모형은 가격에 대한 풍부한 자료를 이용하여 생산성 변화를 측정할 수 있게 해 준다(McClosky 1994: 270). 그러나 정태모형이든 동태적 분석틀이든 간에 역사해석에 있어서는 경제현상이라고 하더라도 경제학적 이론 이외의 접근이 부가적으로 동원되어야 할 필요가 당연히 있다. 질문의 형태를 바꾸기도 곤란한 문제들, 예를 들어 하층민의 의식구조, 농민운동, 노동계급의 형성, 노동운동, 낭만주의 같은 산업혁명과 관련된 문제들은 어떻게 접근할 것인가? 요컨대, 사회사 · 문화사 학계와의 끊임없는 교류를 통해 단점을 보완하고 장점을 키워나가 영국 산업혁명의 실체를 더 정확히 파악하게 되리라는 것을 기대해 마지 않는다.

『경제논집』 43-4, 2004. 12

참고문헌

교육부(2003): 「2003년도 초중등학생 신체검사 결과」.

양동휴(1994): 『미국경제사 탐구』, 서울대 출판부.

──────(1996): 「영국산업혁명과 신경제사」, 김종현 편, 『공업화의 제 유형(I)』, 경문사, pp.49-97.

──────(2001): 「기술·경제·역사 연구사설」, 『경제논집』 40-2·3, pp.149-173.

Abramovitz, M.(1993): "The Search for the Sources of Growth: Areas of Ignorance, Old and New," *Journal of Economic History*, 53, pp.217-243.

Allen, R.C.(1991): "Labor Productivity and Farm Size in English Agriculture before Mechanization: Reply to Clark," *Explorations in Economic History*, 28, pp.478-492.

──────────(1999): "Tracking the Agricultural Revolution in England," *Economic History Review*, 52, pp.209-235.

──────────(2000): "Economic Structure and Agricultural Productivity in Europe, 1300-1800," *European Review of Economic History*, 4, pp.1-25.

Allen, Robert C., and Cormac O'Gráda(1988): "On the Road Again with Arthur Young: English, Irish, and French Agriculture During the Industrial Revolution," *Journal of Economic History*, 38, pp.93-116.

Antras, Pol, and Hans-Joachim Voth(2003): "Factor Prices and Productivity Growth during the English Industrial Revolution," *Explorations in Economic History*, 40, 1, January, pp.52-77.

Bairoch, Paul(1969): "Agriculture and the Industrial Revolution, 1700-1914," in *Fontana Economic History of Europe*, vol.3, pp.452-506.

Berg, Maxine(1985): *The Age of Manufactures*, London, Fontana Press.

──────────(1993): "What Difference did Women's Work Make to the Industrial Revolution?," *History Workshop Journal*, 35, pp.22-44.

──────────(2002): "From imitation to invention: creating commodities in eighteenth century Britain," *Economic History Review*, 55, 1, February.

Berg, Maxine, and Pat Hudson(1992): "Rehabilitating the Industrial Revolution," *Economic History Review*, 45, pp.24-50.

Brunt, Liam(2003): "Rehabilitating Arthur Young," *Economic History Review*, 56, pp.265-299.

Bienefeld, M. A.(1972): *Working Hours in British Industry: An economic history*, London, Weiderfield and Nicolson.

Boot, H. M.(1995): "How Skilled were Lancashire Cotton Factory Workers in 1833?," *Economic History Review*, 48, pp.283-303.

Braudel, Fernand(1984): *The Perspective of the World: Civilization and Capitalism, 15th-18th Century*, New York, Harper and Row.

Brezis, E. S.(1995): "Foreign Capital Flows in the Century of British Industrial Revolution: New Estimates, Controlled Conjectures," *Economic History Review*, 48, pp.46-67.

Brown, M. B.(1988): "Away with All the Great Arches: Anderson's History of British Capitalism," *New Left Review*, 167, pp.2-53.

Brundage, A., D. Eastwood, and P. Mandler(1990): "Debate: The Making of the New Poor Law Redivivus," *Past and Present*, 127, pp.183-201.

Cameron, Rondo(1991): "Review of The Lever of Riches by Joel Mokyr," *American Historical Review*, 96, pp.1164-1165.

Cannadine, David(1984): "The Present and the Past in the English Industrial Revolution, 1880-1980," *Past and Present*, 103, May, pp.131-172.

Chadwick, E.(1843): Report on the Sanitary Condition of Labouring Population of Great Britain, ed. by M. W. Flinn, 1965, Edinburgh.

Chambers, J. D.(1953): "Enclosure and Labour Supply in the Industrial Revolution," *Economic History Review*, 5, pp.319-343.

Chenery, H. B., and M. Syrquin(1975): *Patterns of Development, 1950-1970*, Oxford, Oxford University Press.

Clapham, J. H.(1930): *An Economic History of Modern Britain*, vol.1, *The Early Railway Age 1820-1850*, 2nd ed., Cambridge, Cambridge University Press.

Clark, A.(1919): *Working Life of Women in the Seventeenth Century*, London, Routledge.

Clark, G.(1991): "Labor Productivity and Farm Size in English Agriculture before Mechanization: A Note," *Explorations in Economic History*, 28, pp.248-257.

―――(1993): "Too Much Revolution: Agriculture in the Industrial Revolution, 1700-1860," in Mokyr(ed.), *The British Industrial Revolution: An Economic Perspective*, Boulder, Westview Press.

―――(1994): "Factory Discipline," *Journal of Economic History*, 54, pp.128-163.

―――(1998): "Commons Sense: Common Property Rights, Efficiency and Institutional Change," *Journal of Economic History*, 58, pp.73-102, also see *Journal of Economic History*, 59, pp.447-455.

―――(2001a): "The Secret History of the Industrial Revolution", University of California at Davis, typescript.

―――(2001b): "Debt deficits, and crowding out: England 1727-1840," *European Review of Economic History*, 5, December, pp.403-436.

―――(2001c): "Farm Wages and Living Standards in the Industrial Revolution: England, 1670-1869," *Economic History Review*, 54, pp.477-505.

—————(2002): "Shelter from the Storm: Housing and the Industrial Revolution, 1550–1909," *Journal of Economic History*, 62, 2, June, pp.489–511.

Clark, Gregory, and Anthony Clark(2001): "Common Rights to Land in England, 1475–1839," *Journal of Economic History*, 61, 4, December, pp.1009–1036.

Clark, G., M. Huberman and P. H. Lindert(1995): "A British Food Puzzle, 1770–1850," *Economic History Review*, 48, pp.215–237.

G. Clark, and Y. von der Werf(1998): "Work in Progress? The Industrious Revolution," *Journal of Economic History*, 58, pp.830–843.

Clarkson, L. A.(1985): *Proto-industrialization: The First Phase of Industrialization?*, Cambridge: Cambridge University Press.

Coase, R. H.(1937): "The Nature of the Firm," *Economica*, 4, pp.386–401.

Coleman, D. C.(1983): "Proto-industrialization: A Concept Too Many," *Economic History Review*, 36, pp.435–448.

Crafts, N. F. R.(1977): "Industrial Revolution in Britain and France: Some Thoughts on the Question 'Why Was England First?'" *Economic History Review*, 30, pp.429–441.

—————(1978): "Enclosure and Labor Supply Revisited," *Explorations in Economic History*, 15, pp.172–183.

—————(1980): "Income Elasticities of Demand and the Release of Labor by Agriculture during the British Industrial Revolution: A Further Appraisal," *Journal of European Economic History*, 9, pp.153–68.

—————(1983): "British Economic Growth, 1700–1831: A Review of the Evidence," *Economic History Review*, 36.

—————(1984): "Economic Growth in France and Britain, 1830–1910: A Review of the Evidence." *Journal of Economic History*, 44, pp.49–67.

—————(1985a): *British Economic Growth During the Industrial Revolution*, Oxford, Oxford University Press.

—————(1985b): "English Workers' Real Wages During the Industrial Revolution: Some Remaining Problems," *Journal of Economic History*, 45, pp.139–144.

—————(1985c): "Income Elasticities of Demand and the Release of Labor by Agriculture During the British Industrial Revolution: A Further Appraisal," in J. Mokyr(ed.), *Economics of the Industrial Revolution*, Totowa, N. J.

—————(1987): "British Economic Growth, 1700–1850: Some Difficulties of Interpretation," *Explorations in Economic History*, 24, pp.245–268.

—————(1989): "British Industrialization in an International Context," *Journal of Interdisciplinary History*, 19, pp.415–428.

—————(1994): "The Industrial Revolution," in Roderick Floud and Donald N. McCloskey(eds.), *The Economic History of Britain Since 1700*, 2nd ed., vol.1, Cambridge, Cambridge University Press, pp.44–59.

—————(1995): "Exogenous or Endogenous Growth? The Industrial Revolution Reconsidered," *Journal of Economic History*, 55, pp.745–772.

——————(1996): "The First Industrial Revolution: A Guided Tour for Growth Economists," *American Economic Review Papers and Proceedings*, 86, pp.197-201.

——————(2004): "Productivity Growth in the Industrial Revolution: A New Growth Accounting Perspective," *Journal of Economic History*, 64, 2, June, pp.521-535.

Crafts, N. F. R. and C. K. Harley(1992): "Output Growth and the Industrial Revolution: A Restatement of the Crafts-Harley View," *Economic History Review*, 45, pp.703-730.

Crafts, N. F. R. and T. C. Mills(1994a): "Trends in Real Wages in Britain, 1750-1913," *Explorations in Economic History*, 31, pp.176-194.

——————(1994b): "The Industrial Revolution as a Macroeconomic Epoch: An Alternative View," *Economic History Review*, 47, pp.769-775.

——————(1996): "Trend Growth in British Industrial Output 1700-1913: A Reappraisal," *Explorations in Economic History*, 33, pp.277-295.

Cuenca Esteban, J.(1977): "The rising Share of British Industrial Exports in Industrial Output 1700-1851," *Journal of Economic History*, 57, pp.809-906.

——————(1994) "British Textile Prices, 1770-1831: Are British Growth Rates Worth Revising Once Again?," *Economic History Review*, 47, pp.66-105.

——————(2001): "The British Balance of Payments, 1772-1820 : India Tranfers and War Finance, " *Economic History Review*, 54, pp.58-86.

Cunningham, H.(1990): "The Employment and Unemployment of Children in England, c. 1680-1851," *Past and Present*, 126, pp.115-150.

Daunton, M. J.(1989): " 'Gentlemanly Capitalism' and British Industry, 1820-1914," *Past and Present*, 122, pp.119-158.

Davis, L. E. and R. A. Huttenback(1986): *Mammon and the Pursuit of Empire*, Cambridge, Cambridge University Press.

Deane, Phyllis(1969): *The First Industrial Revolution*, Cambridge, Cambridge University Press.

Deane, Phyllis, and W. A. Cole(1962): *British Economic Growth, 1688-1959*, Cambridge, Cambridge University Press.

Dobb, M.(1946): *Studies in the Development of Capitalism*, New York, International Publisher.

Eltis, D. and S. L. Engerman(2000): "The Importance of Slavery and the Slave Trade in Industrializing Britain," *Journal of Economic History*, 60, pp.123-144.

Engerman, S. L.(1992): "Expanding Protoindustrialization," *Journal of Family History*, 17, pp.241-251.

——————(1994): "Mercantilism and Overseas Trade, 1700-1800," in Roderick Floud and Donald N. McCloskey(eds.), *The Economic History of Britain Since 1700*, 2nd ed., vol.1, Cambridge, Cambridge University Press, pp.182-204.

Epstein, S. R.(1998): "Craft Guilds, Apprenticeship, and Technological Change in Preindustrial Europe," *Journal of Economic History*, 58, pp.684-713.

Feinstein, Charles(1981): "Capital Accumulation and the Industrial Revolution," in Roderick

Floud and Donald N. McCloskey(eds.), *The Economic History of Britain Since 1700*, vol.1, Cambridge, Cambridge University Press, pp.128-142.

───────────(1988a): "National Statistics," in Charles Feinstein and Sidney Pollard (eds.), *Studies in the Capital Formation in the United Kingdom, 1750-1920*, Cambridge, Cambridge University Press.

───────────(1988b): "The Rise and Fall of the Williamson Curve," *Journal of Economic History*, 48 pp.699-729.

───────────(1998): "Pessimism Perpetuated: Real Wages and the Standard of Living in Britain during and after the Industrial Revolution," *Journal of Economic History*, 58, pp.625-658.

Fine, Ben, and Ellen Leopold(1990): "Consumerism and the Industrial Revolution," *Social History*, 15, pp.151-179.

Floud, Roderick, and Donald McCloskey(eds.)(1981): *The Economic History of Britain Since 1700*, Cambridge, Cambridge University Press.

───────────────────(eds.)(1994): *The Economic History of Britain Since 1700*, 2nd ed., Cambridge, Cambridge University Press.

Floud, Roderick and Kenneth Wachter(1982): "Poverty and Physical Stainre: Evidence on the Standard of Living og London Boys, 1770-1870." *Social Science History*, 6, pp.422-452.

Floud, Roderick, Kenneth Wachter, and Annabel Gregory(1990): *Height, Health and History: Nutritional Status in the United Kingdom, 1750-1980*, Cambridge, Cambridge University Press.

Fogel, R. W.(1986): "Nutrition and the Decline of Mortality since 1700: Some Preliminary Findings," in S. L. Engerman and R. E. Gallman(eds.), *Long-Term Factors in American Economic Growth, Studies in Income and Wealth*, 51, Chicago, University of Chicago Press, pp.439-555.

───────────(1994): "Economic Growth, Population Theory and Physiology," *American Economic Review*, 84, pp.369-395.

Fogel, R. W., S. Engerman, R. Floud, R. Steckel, J. Trussell, K. Wachter, R. Margo, K. Sokoloff, and G. Villaflor(1983): "Secular Changes in American and British Stature and Nutrition," *Journal of Interdisciplinary History*, 14, pp.445-481.

Gerschenkron, Alexander(1962): *Economic Backwardness in Historical Perspective: A Book of Essays*, Cambridge, Mass: Harvard University Press, Belknap Press.

Goldstone, J. A.(1986): "The Demographic Revolution in England: A Reexamination," *Population Studies*, 40, pp.5-33.

Greasley, D. and L. Oxley(1994): "Rehabilitation Sustained: The Industrial Revolution as a Macroeconomic Epoch," *Economic History Review*, 47, pp.760-768.

Habakkuk, H. J.(1963): "Population Problems and European Economic Development in the Late Eighteenth and Nineteenth Centuries," *American Economic Review*, 53, pp.607-618.

Harley, C. K.(1982): "British Industrialisation Before 1841: Evidence of Slower Growth During the Industrial Revolution," *Journal of Economic History*, 42.

──────(1993) "Reassessing the Industrial Revolution: A Macro View," in Mokyr(ed.), *The British Industrial Revolution: An Economic Perspective*, Boulder, Westview Press, pp.171-226.

──────(1998): "Cotton Textile Prices and the Industrial Revolution," *Economic History Review*, 51, pp.49-83, See also *Economic History Review*, 52, pp.749-765.

Harley, C. K. and Crafts, N. F. R.(2000): "Simulating the Two Views of the Industrial Revolution," *Journal of Economic History*, 60, pp.819-841. See also Temin's response in Journal of Economic History, 60, pp.842-846.

Harris, R.(1994): "The Bubble Act : Its Passage and its Effects on Business Organization," *Journal of Economic History*, 54, pp.610-627.

──────(1997): "Political Economy, Interest Groups, Legal Institutions and the Repeal of the Bubble Act in 1825," *Economic History Review*, 50, pp.675-696.

Hartman, Heidi(1976): "Capitalism, Patriarchy and Job Segregation by Sex," *SIGNS*, 1, pp.137-169.

Hartwell, R. M.(1967): *The Causes of the Industrial Revolution in England*, Methuen.

Heim, Carol, and Philip Mirowski(1987) "Interest Rates and Crowding-Out During Britain's Industrial Revolution," *Journal of Economic History*, 47, pp.117-139.

Higman, B. W.(2000): "The Sugar Revolution," *Economic History Review*, 53, pp. 213-236.

Hobsbawn, E. J.(1954): "The General Crisis of the European Economy in the 17th Century," *Past and Present*, 5, pp.33-53; 6, pp.44-65.

Hobson, J. M.(1993) "The Military-extraction Gap and the Wary Titan: the Fiscal Sociology of British Defence Policy, 1870-1913," *Journal of European Economic History*, 22, pp.461-506.

Honeyman, K.(1994): "Review of Periodical Literature published in 1992, (iii)1700-1850," *Economic History Review*, 47, pp.180-186.

Hoppit, Julian(1990): "Counting the Industrial Revolution," *Economic History Review*, 43, pp.173-193.

Horrell, S.(1996): "Home Demand and British Industrialization," *Journal of Economic History*, 56, pp.561-604.

Horrell, Sara and Jane Humphries(1992): "Old Questions, New Data, and Alternative Perspectives: Families' Living Standards in the Industrial Revolution," *Journal of Economic History*, 52, pp.849-880.

──────────────(1995a): "Women's Labour Force Participation and the Transition to the Male-Breadwinner Family, 1790-1865," *Economic History Review*, 48, pp.89-117.

──────────────(1995b): " 'The Exploitation of Little Children?' : Child Labor and the Family Economy in the Industrial Revolution," *Explorations in Economic History*, 32, pp.485-516.

Houston, Rab and K. D. M. Snell(1984): "Proto-industrialization? Cottage Industry, Social Change, and Industrial Revolution," *Historical Journal*, 27, pp.473-492.

Hueckel, Glenn(1981): "Agriculture During Industrialization," in R. C. Floud and D. N. McCloskey(eds.), *The Economic History of Britain Since 1700*, vol.1, Cambridge, Cambridge University Press, pp.182-203.

Hunt, E. H.(1981): *British Labour History, 1815-1914*, Atlantic Highlands, N. J.

_____(1986): "Industrialization and Regional Inequality: Wages in Britain, 1760-1914," *Journal of Economic History*, 46, pp.935-966.

Hunt, E. H., and F. W. Botham(1987): "Wages in Britain During the Industrial Revolution," *Economic History Review*, 40, pp.380-399.

Imlah, J. A. H.(1958): *Economic Elements in the Pax Britannica: Studies in British Foreign Trade in the Nineteenth Century*, Cambridge, Mass., Harvard University Press.

Ingham, G.(1988): "Commercial Capital and British Development: A Reply to Michael Barratt Brown," *New Left Review*, 172, pp.45-65.

Jackson, R.V.(1992): "Rates of Industrial Growth During the Industrial Revolution," *Economic History Review*, 45, pp.1-23.

Johnson, P. and S. J. Nicholas(1995): "Male and Female Living Standards in England and Wales, 1812-1857: Evidence from Criminal Height Records," *Economic History Review*, 48, pp.470-481.

Komlos, J.(1989): "Thinking about the Industrial Revolution." *Journal of European Economic History*, 18, pp.191-206.

_____(1993): "The Secular Trend in the Biological Standard of Living in the UK, 1730-1860," *Economic History Review*, 46, pp.115-144.

_____(1998): "Shrinking in a Growing Economy? The Mystery of Physical Stature during the Industrial Revolution," *Journal of Economic History*, 58, pp.779-802.

_____(1999): "On the Nature of the Malthusian Threat in the Eighteenth Century," *Economic History Review*, 52, pp.730-748.

Kriedte, P., H. Medick, and J. Schlumbohm(eds.)(1981): *Industrialization Before Industrialization*, Cambridge, Cambridge University Press.

_____(1993): "Proto-industrialization Revisited: Demography, Social Structure and Modern Domestic Industry," *Continuity and Change*, 8, pp.217-252.

Kuznets, Simon(1955): "Economic Growth and Income Inequality," *American Economic Review*, 45, pp.1-28.

_____(1966): *Modern Economic Growth: Rate, Structure and Spread*, New Haven, Yale University Press.

_____(1971): *Economic Growth of Nations*, Cambridge, M. A.

Landau, N.(1991): "The Eighteenth-century Context of the Laws of Settlement," *Continuity and Change*, 67, pp.417-439.

Landes, David S.(1969): *The Unbound Prometheus: Technological Change and Industrial*

Development in Western Europe from 1750 to the Present, Cambridge, Cambridge University Press.

――――――――(1993): "The Fable of the Dead Horse; or, The Industrial Revolution Revisited," in Joel Mokyr(ed.), *The British Industrial Revolution: An Economic Perspective*, Boulder, Westview Press, pp.132-170.

――――――――(1994): "What Room for Accident in History?: Explaining Big Changes by Small Events." *Economic History Review*, 47, pp.637-656. also see discussions in *Economic History Review*, 48, pp.591-601.

Lindert, Peter H.(1983): "English Living Standards, Population Growth and Wrigley-Schofield," *Explorations in Economic History*, 20, pp.131-155.

Lindert, Peter H., and Jeffrey G. Williamson(1982): "Revising England's Social Tables, 1688-1812," *Explorations in Economic History*, 19, pp.385-408.

――――――――――――――――――(1983a): "Reinterpreting England's Social Tables, 1688-1913," *Explorations in Economic History*, 20, pp.94-109.

――――――――――――――――――(1983b): "English Workers' Living Standards During the Industrial Revolution: A New Look," *Economic History Review*, 36, pp.1-25.

Mager, W.(1993): "Proto-industrialization and Proto-industry: the Uses and Drawbacks of Two Concepts," *Continuity and Change*, 8, pp.181-215.

Malthus, T. R.(1973): *An Essay on the Principle of Population*, London.

Mantoux, Paul([1928], 1961): *The Industrial Revolution in the Eighteenth Century*, New York, Harper Torchbooks, Rev. ed.

Marglin, S. A.(1974-1975): "What Do Bosses Do?" *Review of Radical Political Economy*, 6, pp.33-60.

Marx, Karl([1867], 1887, 1967): *Das Kapital*, English translation, Capital, by Samuel Moore and Edward Aveling with preface by Friedrich Engels, 2 vols. London, S. Sonnenschein, Lawrey, and Co., 1887, Reprint, New York, International Publishers, 1967.

Mathias, P.(1969): *The First Industrial Nation: An Economic History of Britain 1700-1914*, London.

McCloskey, D. N.(1981): "The Industrial Revolution 1780-1860: A Survey," in R. Floud and D. N. McCloskey(eds.), *The Economic History of Britain Since 1700*, vol.1, Cambridge, Cambridge University Press, pp.103-127.

――――――――(1994): "1780-1860: A Survey," in Roderick Floud and Donald N. Mc-Closkey(eds.), *The Economic History of Britain Since 1700*, 2nd ed., vol.1, Cambridge, Cambridge University Press, pp.242-270.

McKeown, Thomas(1976): *The Modern Rise of Population*, Cambridge, Edward Arnold.

Mendels, F. F.(1972): "Proto-Industrialization: The First Phase of the Industrialization Process," *Journal of Economic History*, 32.

Mingay, Gordon, ed.(1977), *The Agricultural Revolution: Changes in Agriculture, 1650-*

1880, London, Adam and Charles Back.

Mokyr, Joel(1977) "Demand vs. Supply in the Industrial Revolution," *Journal of Economic History*, 37, pp.981-1008.

───────(1985): "The Industrial Revolution and the New Economic History," in Joel Mokyr(ed.), *The Economics of the Industrial Revolution*, London, Allen and Unwin, pp.1-51.

───────(1987): "Has the Industrial Revolution Been Crowded Out? Some Reflections on Crafts and Williamson," *Explorations in Economic History*, 24, pp.293-319.

───────(1988): "Is There Still Life in the Pessimist Case? Consumption During the Industrial Revolution, 1790-1850," *Journal of Economic History*, 48, pp.69-92.

───────(1990): *The Lever of Riches: Technological Creativity and Economic Progress*, Oxford University Press, chs. 5, 10; pp.81-112, 239-269

───────(1993): "The New Economic History and the Industrial Revolution," in Mokyr(ed.), *The British Industrial Revolution: An Economic Perspective*, Boulder, Westview Press, pp.1-131.

───────(1994): "Technological Change, 1700-1830," in Roderick Floud and Donald N. McCloskey(eds.), *The Economic History of Britain Since 1700*, 2nd ed., vol.1, Cambridge, Cambridge University Press, pp.12-43.

Moselle, B.(1995): "Allotments, Enclosure, and Proletarianization in Early Nineteenth-century Southern England," *Economic History Review*, 48, pp.482-500.

Nardinelli, Clark(1990): *Child Labor and the Industrial Revolution*, Bloomington, Indiana University Press.

Neal, Larry(1990): *The Rise of Financial Capitalism: International Capital Markets in the Age of Reason*, Cambridge, Cambridge University Press.

Nicholas, S., and D. Oxley(1993): "The Living Standards of Women during the Industrial Revolution, 1795-1820," *Economic History Review*, 46, pp.723-749.

Nicholas, S., R. H. Steckel(1991): "Heights and Living Standards of English Workers during the Early Years of Industrialization, 1770-1815," *Journal of Economic History*, 51, pp.937-957.

North, D. C. and B. R. Weingast(1989): "Constitutions and Commitment: The Evolution of Institutions Governing Public Choice in Seventeenth-Century England," *Journal of Economic History*, 49, pp.803-832.

O'Brien, P. K.(1996) "Path Dependency, or Why Britain Became an Industrialized and Urbanized Economy Long before France," *Economic History Review*, 49, pp.213-249.

O'Brien, Patrick, and Caglar Keyder(1978): *Economic Growth in Britain and France, 1780-1914: Two Paths to the 20th Century*, London, Allen and Unwin.

Offer, A.(1993) "The British Empire, 1870-1914: A Waste of Money?" *Economic History Review*, 46, pp.215-238.

Perkin, Harold J.(1969): *The Origins of Modern English Society, 1780-1880*, London,

Routledge and Kegan Paul.

Pinchbeck, I.(1930): *Women Workers and the Industrial Revolution, 1750-1850* with a New Introduction by Kerry Hamilton, London, Virago, 1981.

Pinchbeck, I., and Hewiit, M.(1973): *Children in English Society*, London.

Pollard, Sidney(1963): "Factory Discipline in the Industrial Revolution," *Economic History Review*, 16, pp.254-271.

————(1964): "Fixed Capital in the Industrial Revolution," *Journal of Economic History*, 24, pp.299-314.

————(1978): "Labour in Great Britain," in Mathias and Postan(eds.), *The Cambridge Economic History of Europe*, vol.7-1, Cambridge, Cambridge University Press, pp.97-179.

Porter, A.(1990): " 'Gentlemanly Capitalism' and Empire: the British Experience since 1750?", *Journal of Imperial and Common Wealth History*, 18, pp.265-295.

Rebelo, S.(1991): "Long-Run Policy Analysis and Long-Run Growth," *Journal of Political Economy*, 99, pp.500-521.

Reid, D. A.(1976): "The Decline of St. Monday, 1766-1876," *Past and Present*, 71, pp.76-101.

————(1996): "Weddings, Weekdays, Work and Leisure in Urban England, 1791-1911: The Decline of Saint Monday Revisited," *Past and Present*, 153, pp.135-163.

Richardson, Philip(1989): "The Structure of Capital During the Industrial Revolution Revisited: Two Case Studies from the Cotton Textile Industry," *Economic History Review*, 42, p.484-503.

Roehl, Richard(1976): "French Industrialization: A Reconsideration," *Explorations in Economic History*, 13, pp.233-281.

Rose, M., Taylor, P., and Winstanley, M. J.(1989): "The Economic Origins of Paternalism: Some Objections," *Social History*, 14.

Rose, S.(1986): "Gender at Work: Sex, Class and Industrial Capitalism," *History Workshop Journal*, 21, pp.113-32.

————(1988): "Gender Antagonism and Class Conflict: Exclusionist Strategies of Male Trade Unionists in Nineteenth Century Britain," *Social History*, 13.

Rostow, W. W.(1960): *The Stages of Economic Growth*, Cambridge, Cambridge University Press.

Rudolph, R. L.(1992): "The European Family and Economy: Central Themes and Issues," *Journal of Family History*, 17, pp.119-138.

Sabel, Charles, and Jonathan Zeitlin(1985): "Historical Alternatives to Mass Production: Politics, Markets, and Technology in Nineteenth-Century Industrialization," *Past and Present*, 108, pp.133-176.

Schmitt, G.(1990): "Agriculture in Nineteenth-century France and Britain: Another Explanation of International and Intersectoral Productivity Differences," *Journal of European Economic History*, 19, pp.91-115.

Schwarz, L. D.(1985): "The Standard of Living in the Long Run: London, 1700-1860," *Economic History Review*, 38, pp.24-41.

Sharpe, Pamela(1995): "Continuity and Change: Women's History and Economic History in Britain," *Economic History Review*, 48, pp.353-369.

Shorter, Edward(1975): *The Making of the Modern Family*, New York: Basic Books.

Shaw-Taylor, L.(2001): "Labourers, Cows, Common Rights and Parliamentary Enclosure : The Evidence of Contemporary Comment c. 1760-1810," *Past and Present*, 171, pp.95-126.

Snell, K. D. M.(1991): "Pauper Settlement and the Right to Poor Relief in England and Wales," *Continuity and Change*, 67, pp.375-415.

──────────(1992): "Settlement, Poor Law and the Rural Historian: New Approaches and Opportunities," *Rural History*, 3, pp.145-172.

Sokoloff, Kenneth L., and David Dollar(1991): "Agricultural Seasonality and the Organization of Manufacturing During early Industrialization: The Contrast Between Britain and the United States," *NBER Working Paper Series on Historical Factors in Long-Run Growth*, No. 30, Cambridge, Mass.

Solar, P. M.(1995): "Poor Relief and English Economic Development before the Industrial Revolution," *Economic History Review*, 48, pp.1-22.

Solow, R. M.(1994): "Perspectives on Growth Theory," *Journal of Economic Perspectives*, 8, pp.45-54.

Solow, R. M. and Peter Temin(1985): "The Inputs for Growth," in Joel Mokyr(ed.), *The Economics of the Industrial Revolution*, London, Allen and Unwin, pp.75-96.

Styles, J.(2000): "Product Innovation in Early Modern London," *Past and Present*, 170, pp.124-168.

Tanner, J. M.(1978): *Foetus into Man: Physical Growth from Conception to Maturity*, Cambridge, Cambridge University Press.

Taylor, Arthur J.(ed.)(1975): *The Standard of Living in Britain in the Industrial Revolution*, London, Methuen.

Temin, P.(1997): "Two Views of the British Industrial Revolution," *Journal of Economic History*, 57, pp.63-82.

Thomas, Brinley(1982): "Food Supply in the United Kingdom during the Industrial Revolution," *Agricultural History*, 56, pp.328-42.

Thompson, E. P.(1963): *The Making of the English Working Class*, New York, Vintage Books.

──────────(1967): "Time, Work-Discipline and Industrial Capitalism," *Past and Present*, 38, pp.56-97.

──────────(1971): "The Moral Economy of the English Crowd in the Eighteenth Century," *Past and Present*, 50, pp.76-136.

──────────(1991): *Customs in Common: Studies in Traditional Popular Culture*, New York, New Press.

Tilly, L. A. and J. W. Scott(1978): *Women, Work and Family*, New York, Holt, Rinehart and Winston.

Toynbee, Arnold([1884], 1969): *Toynbee's Industrial Revolution: A reprint of Lectures on the Industrial Revolution*, New York and Newton Abbot: David and Charles.

Tranter, N.(1990): "The Agricultural Sector in the Age of Industrialization," *Historical Journal*, 33, pp.189-194.

Valverde, M.(1988): " 'Giving the Female a Domestic Turn': the Social, Legal and Moral Regulation of Women's Work in British Cotton Mills, 1820-1850," *Journal of Social History*, 21, pp.619-634.

Von Tunzelman, G. N.(1981): "Technical Progress," in Floud and McCloskey(eds.), An *Economic History of Britain since 1700*, vol.1, Cambridge.

──────────(1985): "The Standard of Living Debate and Optimal Economic Growth," in Joel Mokyr(ed.), *The Economics of the Industrial Revolution*, London, Allen and Unwin, pp.207-226.

Voth, H-J.(1998): "Time and Work in Eighteenth-century London," *Journal of Economic History*, 58, pp.29-58.

──────(2001): "The Longest Years: New Estimates of Labor Input in England, 1760-1830" *Journal of Economic History*, 61, pp.1065-1082.

Ward, J. R.(1994): "The Industrial Revolution and British Imperialism, 1750-1850." *Economic History Review*, 47, pp.44-65.

Weir, David(1989): "Tontines, Public Finance, and Revolution in France and England, 1688-1789," *Journal of Economic History*, 49, pp.95-124.

Williamson, Jeffrey G.(1984): "Why Was British Growth So Slow During the Industrial Revolution?" *Journal of Economic History*, 44, pp.687-712.

──────────(1985): *Did British Capitalism Breed Inequality?*, London, Allen and Unwin.

──────────(1986): "The Impact of the Irish on British Labor Markets during the Industrial Revolution," *Journal of Economic History*, 46, pp.693-720.

──────────(1987): "Debating the British Industrial Revolution," *Explorations in Economic History*, 24, pp.269-292.

Williamson, O. E.(1991): "The Logic of Economic Organization," in O. E. Williamson and S. G. Winter(eds.), *The Nature of the Firm: Origins, Evolution, and Development*, Oxford, Oxford University Press.

Wordie, J. R.(1983): "The Chronology of English Enclosure, 1500-1914," *Economic History Review*, 36, pp.483-505.

Wrigley, E. A.(1983): "The Growth of population in Eighteenth-Century England: A Conundrum Resolved," *Past and Present*, 98, pp.121-150.

──────(1988): *Continuity, Chance and Change: The Character of the Industrial Revolution in England*, Cambridge, Cambridge University Press.

──────(1994): "The Classical Economists, The Stationary State and the Industrial

Revolution," in G. D. Snooks(ed.), *Was the Industrial Revolution Necessary?*, London, Routledge.

──────(1998): "Explaining the Rise in Marital Fertility in England in the 'Long' Eighteenth Century," *Economic History Review*, 51, pp.435-464.

Wright, J. F.(1997): "The Contribution of Overseas Savings to the Funded National Debt of Great Britain, 1750-1815," *Economic History Review*, 50, pp.657-674.

──────(1999): "British Government Borrowing in Wartime, 1750-1815," *Economic History Review*, 52, pp.355-361.

Wrigley, E. A., and R. S. Schofield(1981): *The Population History of England, 1541-1871: A Reconstruction*, Cambridge, Cambridge University Press.

Wrigley, E. Anthony, Robert S. Davies, James E. Oeppen, and Roger S. Schofield(1997): *English Population History from Family Reconstitution, 1580-1837*, Cambridge University Press.

찾아보기

■ 사항

■ 인명

Buxton, N. K.   66

C

Cable, Vincent   298, 302
Calomiris, Charles W.   38, 44
Cannadine, David   347
Capie, Forrest   65
Cecchetti, S. G.   30, 32
Chadwick, E.   382
Chambers, J. D.   370
Chandler, Alfred D., JR.   62, 241
Chenery, Hollis B.   355
Chiswick, Barry R.   283, 284
Choy, Ammanda   301
Churchill, Winston   296
Clapham, J. H.   347
Clark, Alice   375
Clark, Gregory   364, 367, 369, 373
Clarkson, L. A.   379
Coase, R. H.   373
Cohen, Lizabeth   138
Cohn, R. L.   67, 68, 109, 116,
Cole, W. A.   348, 349, 351
Coleman, D. C.   379
Couch, Jim F.   152
Crafts, N. F. R.   243, 244, 255, 256,
    263, 331, 349~351, 354, 355, 362,
    363, 370, 381
Cuenca Esteban   350, 364
Cunningham, H.   374

D

Daunton, Martin J.   358
David, Paul A.   319, 321~323, 327,
    335, 336
Davis, Lance E.   358
Deane, Phyllis   348, 349, 351, 380
de Gaule, Charles   184
de Jong, H.   312
de Melo, Jaime   294
Delong   179, 227, 259
Denison, Edward F.   247
Dobb, Maurice   355
Dollar, David   373
Donahue, John D.   297
Dornbusch, Rudiger   226
Dosi, G.   316

E

Eastwood, D.   379
Economides, N.   136
Eichengreen, Barry J.   18, 24, 26, 27,
    30, 31, 33, 37, 39~41, 46, 50, 58, 78,
    179, 181, 195, 197~199, 226~228,
    257, 259, 260, 262, 267, 278, 280,
    282, 291
Emmer, R. E.   205
Engerman, Stanley L.   358, 379
Erhard, Ludwig   203
Esposito, Chiarella   181, 184, 185,

V

van Ark, B.   255, 256
von Kruedener, J. B.   96
von Tunzelman, G. N.   66, 385
Voth, Hans-Joachim   100, 371

W

Wachter, Kenneth   383, 384
Wallerstein, Immanuel   273, 274
Wallis, John Joseph   63, 152
Weil, David N.   157
Weingast, B. R.   355
Weinstein, Michael M.   44, 62, 139
Weir, David   355
Weisskopf, Thomas   239, 249
Weitzman, M. L.   329
Wexler, Imanuel   172, 182, 183

Whatley, Warren C.   45, 62, 144
White, Eugene N.   18, 43, 49, 133
    134 136
Wigmore, Barry A.   46, 63, 117, 118
Williamson, Jeffrey G.   22, 274~276,
    280, 283, 284, 286, 287, 289, 349,
    363, 366, 373, 380, 385
Winch, D.   63
Wolcott, S.   79
Wolfe, M.   69, 113
Worswick, G. D. N.   66
Wright, Gavin   60, 152, 241, 322,
    323, 336, 364
Wright, J. F.   364
Wrigley, E. A.   347, 349, 364, 365

Z

Zeitlin, Jonathan   356

대공황에서 세계화까지
20세기 경제사

1판 1쇄 펴낸날 2006년 2월 28일
1판 2쇄 펴낸날 2009년 7월 20일

지은이 ㅣ 양동휴
펴낸이 ㅣ 김시연

펴낸곳 ㅣ (주)일조각
등록 ㅣ 1953년 9월 14일 제300-1953-1호(구 : 제1-298호)
주소 ㅣ 110-062 서울시 종로구 신문로 2가 1-335
전화 ㅣ 734-3545 / 733-8811(편집부)
733-5430 / 733-5431(영업부)
팩스 ㅣ 735-9994(편집부) / 738-5857(영업부)
이메일 ㅣ ilchokak@hanmail.net
홈페이지 ㅣ www.ilchokak.co.kr

ISBN 978-89-337-0490-5 93320
값 28,000원

* 저자와 협의하여 인지를 생략합니다.
* 이 도서의 국립중앙도서관 출판시도서목록(CIP)은 e-CIP 홈페이지
http://www.nl.go.kr/ecip에서 이용하실 수 있습니다.
(CIP제어번호 : CIP2006000384)